全国红色旅游经典景区网络热度研究

（2020）

马丽君◎主编

罗　栋　陈喆芝　李卫飞◎副主编

湘潭大学出版社
XIANGTAN UNIVERSITY PRESS

图书在版编目（CIP）数据

全国红色旅游经典景区网络热度研究. 2020 / 马丽君主编. -- 湘潭 : 湘潭大学出版社, 2022.7
ISBN 978-7-5687-0836-4

Ⅰ. ①全… Ⅱ. ①马… Ⅲ. ①革命纪念地一旅游市场一研究一中国 Ⅳ. ① F592.3

中国版本图书馆 CIP 数据核字（2022）第 132921 号

全国红色旅游经典景区网络热度研究· 2020

QUANGUO HONGSE LÜYOU JINGDIAN JINGQU WANGLUO REDU YANJIU（2020）

马丽君 主编

责任编辑：刘 丹 张宝香
封面设计：李 平
出版发行：湘潭大学出版社
社 址：湖南省湘潭大学工程训练大楼
电 话：0731-58298960 0731-58298966（传真）
邮 编：411105
网 址：http://press.xtu.edu.cn/
印 刷：长沙超峰印刷有限公司
经 销：湖南省新华书店
开 本：787 mm×1092 mm 1/16
印 张：24.5
字 数：522 千字
版 次：2022 年 7 月第 1 版
印 次：2022 年 7 月第 1 次印刷
书 号：ISBN 978-7-5687-0836-4
定 价：72.00 元

前　言

作为红色旅游研究重镇，湘潭大学红色旅游研究团队在长期的红色旅游研究中，已经取得了丰硕的成果。近些年来，大数据与旅游相结合的研究越来越受到旅游研究者们的重视。在此背景下，湘潭大学红色旅游团队希望能够将这些技术和方法运用到红色旅游研究之中。于是，在马丽君老师、罗栋老师、张伟伟老师、陈喆芝老师和笔者本人等团队成员的提议下，经过几次反复的策划和讨论，我们决定运用大数据技术和方法来研究我国红色旅游经典景区的网络关注度问题。在形成了初步方案之后，我们又邀请了著名红色旅游研究专家刘建平教授、阎友兵教授、方世敏教授、林龙飞教授和龙祖坤教授，对我们的方案进行指导和评估。最终讨论的结果是，运用大数据技术来研究红色旅游经典景区的网络关注度问题具有可行性。多次的讨论和意见征询最终坚定了我们做这项研究的决心。

在展开这项研究的初期，我们确定了本研究中的研究对象、数据来源和数据处理策略。之后，在我们的实际操作中，我们发现由于研究对象样本大，时间跨度长，导致样本的数据量巨大，因此我们急需一些相对专业的人来加入我们的团队，以完成该项研究。幸运的是，我们优秀的2018级旅游管理本科生为我们的工作提供了大量有价值的帮助，这些同学是韩凯云、宁希、肖勇梅、陈芳源、甄黎明、青觃玄、姚美龄、张淑惠、孙莉霞、徐玲玲、吕倩、朱玲玲、罗楚怡、丁艳玲、鲍娅彤、齐鑫等。在接近一年的实际工作中，参与这项研究的同学展现了极强的学习能力、热情和团队合作精神，没有他们的帮助我们无法如此高效地完成这项研究。一直以来，我都对湘潭大学培养的本科生充满了信心，而他们在这项工作中的表现更加坚定了我的这一信心。

最后要向读者们交代的是，受限于我们自身认识和能力，我们的这项工作还存在一些不足，如果您在阅读此书的过程中发现了任何问题，随时欢迎您指出。我们后续还会推出与本研究相关的系列研究，也欢迎读者们参阅。

李卫飞于湘大泽园

目　录

绪 论

自2004年底，中共中央办公厅、国务院办公厅陆续颁布实施《2004—2010年全国红色旅游发展规划纲要》《2011—2015年全国红色旅游发展规划纲要》《2016—2020年全国红色旅游发展规划纲要》以来，历经三个发展规划纲要的培育发展，红色旅游已经成为旅游业和人们日常生活不可或缺的重要组成部分；当前，红色旅游在带动地方经济发展、国民思想政治教育、红色文化与红色基因传承等多个方面发挥着重要作用，其经济工程、文化工程、政治工程的定位已然确立。但在红色旅游高质量发展理念、全域旅游理念、融合创新理念的新时代，如何增强红色旅游持续健康发展新动能，更好发挥红色旅游综合效益，成为红色旅游研究者急需研究和解决的新问题、新课题。在此背景下，湘潭大学红色旅游研究团队，依托国家红色旅游创新发展研究中心和湖南省红色旅游旅游研究基地，借助大数据分析技术，以红色旅游景区网络关注热度为分析对象，就新时代背景下全国红色旅游经典景区的市场需求状况进行全面、深入的研究，以期为我国红色旅游实现高质量发展，更好发挥红色旅游的政治、经济、文化功能做出贡献。

本书希望借助该研究实现以下三个目的：

（1）为国家从宏观层面掌握红色旅游市场需求现状提供帮助。本研究将从国家整体层面对我国红色旅游的总体市场需求总量、红色旅游游客的整体年龄分布、红色旅游游客的整体性别分布做出全面、深入的分析，为国家从整体上掌握红色旅游游客的基本特征和需求现状提供帮助。

（2）为地方从中观层面把握区域红色旅游市场竞合态势提供依据。本研究将以区域和省份为划分标准，详细分析全国7大区域和各省（自治区、直辖市、特别行政区）的红色旅游需求水平、主要客源市场、游客特征等需求状况，为区域和地方把握区域内及区域间红色旅游市场竞合态势提供依据。

（3）为红色旅游景区从微观层面明确其市场地位提供参考。本研究对我国红色旅游经典景区的网络关注度（简称为“网络热度”）进行了排名，详细分析了这些景区的主要客源市场和游客特征，为红色旅游景区明确其在全国和区域内的市场地位提供参考。

一、研究对象：

《全国红色旅游经典景区名录》是国家发展改革委在2016年按照中央办公厅、国务院办公厅印发的《2016—2020年全国红色旅游发展规划纲要》的要求所印发给各省（自治区、直辖市、特别行政区）的红色旅游景区名单。《全国红色旅游经典景区名录》中共收录红色旅游景区300处，其中有148处景区被百度指数收录，除此之外还有部分被百度指数收录但并未在《全国红色旅游经典景区名录》内的知名红色旅游景区。故本报告的分析对象为被百度指数收录的148处红色旅游经典景区。

148处红色旅游经典景区中，东北地区9处（黑龙江省3处、吉林省1处、辽宁省5处），华北地区31处（北京市13处、天津市3处、山西省6处、河北省7处、内蒙古自治区2处），华东地区44处（上海市6处、江苏省10处、浙江省3处、安徽省2处、福建省4处、江西省10处、山东省9处），华南地区24处（广东省17处、广西壮族自治区7处），西北地区11处（陕西省8处、甘肃省3处），西南地区14处（四川省6处、贵州省3处、云南省4处、重庆市1处），华中地区15处（湖北省2处、湖南省13处）。按照景区等级来看，AAAAA级景区25处（东北1处、华北5处、华东10处、华南1处、华中5处、西北1处、西南2处），AAAA级景区61处（东北7处、华北11处、华东16处、华南10处、华中6处、西北4处、西南7处），AAA级景区17处（东北1处、华北4处、华东7处、华南2处、西北1处、西南2处），AA级景区2处（华北1处、华东1处），其他景区（未查到等级的景区）43处（华北10处、华东10处、华南11处、华中4处、西北5处、西南3处），无A级景区。

二、数据来源：

百度指数是以百度网页搜索和百度新闻搜索为基础的免费海量数据分析服务，用以反映不同关键词在过去一段时间里的“用户关注度”和“媒体关注度”。其中，“用户关注度”是以数千万网民在百度的搜索量为数据基础，以关键词为统计对象，科学分析并计算出各个关键词在百度网页搜索中搜索频次的加权和，并以曲线图的形式展现。本报告以“用户关注度”来衡量景区热度。截至2019年，百度指数的主要功能模块有：基于单个词的趋势研究（包含整体趋势、PC趋势和移动趋势）、需求图谱、舆情管家、人群画像；基于行业的整体趋势、地域分布、人群属性、搜索时间特征。PC趋势积累了2006年6月至今的数据，移动趋势上线稍晚，积累了从2011年1月至今的数据。

借助百度指数官方平台，检索的关键词为景区名称，收集2020年度

（2020. 01. 01—2020. 12. 31）34 个省（自治区、直辖市、特别行政区）对 148 处景区网络关注度（百度指数）的日均值、十一假期（2020. 10. 1—2020. 10. 8）间的日均值、春节假期（2020. 1. 22—2020. 2. 4）间的日均值、男女占比、不同年龄阶段占比等数据，并进行汇总整理，作为分析红色旅游经典景区热度的基础数据。

三、数据处理：

将 148 个景区数据收集整理后，用日均值乘以 366 得到年总值、十一期间的日均值乘以 8 得到十一期间总值、春节期间日均值乘以 10 得到春节期间总值。然后对全国红色旅游经典景区热度基本情况、全国红色旅游经典景区热度排名、节假日红色旅游经典景区热度排名、不同级别红色旅游经典景区热度排名、不同年龄段红色旅游经典景区偏好热度排名、不同性别红色旅游经典景区偏好热度排名和红色旅游经典景区客源市场热度排名的数据进行处理，具体如下。

（一）全国红色旅游经典景区热度基本情况的数据处理

将 148 个景区的热度年总值、十一期间总值、春节期间总值分别相加再除以 148，得到全年、十一和春节期间的整体均值。将不同等级的景区热度年总值分别相加并除以各级别景区个数，得到不同等级景区热度均值。用每个景区的年总值乘以各个年龄段的占比，得到每个景区各年龄段的热度，将 148 个景区相同年龄段的热度相加再除以 148，得到各年龄段热度均值。用每个景区的年总值乘以性别占比，得到每个景区男女各自的热度，将 148 个景区男女热度分别相加，再分别除以总热度，得到总体性别占比。将全国分为东北、华北、华东、华南、华中、西北、西南七个区，每个区域内红色旅游景区按照上述方式进行数据处理，得到全国各区域的基本情况。

（二）全国红色旅游经典景区热度排名的数据处理

按热度年总值的大小对 148 个景区进行排序（倒序），得到全国红色旅游经典景区全年热度排名；然后对东北、华北、华东、华南、华中、西北、西南七个区每个区所包含的景区按照年总值大小分别进行排序（倒序），得到各区域景区全年热度排名。

（三）全国红色旅游经典景区节假日热度排名的数据处理

（1）十一假期热度排名：按十一期间热度总值的大小对 148 个景区进行热度排名（倒序），得到全国景区十一假期间热度排名。然后对东北、华北、华东、华南、华中、西北、西南七个区，每个区所包含的景区按照十一期间热度总值的大小分别进行排序（倒序），得到各区域景区十一假期热度排名。

（2）春节假期热度排名：按春节期间热度总值的大小对148个景区进行热度排名（倒序），得到全国景区春节假期间热度排名。然后对东北、华北、华东、华南、华中、西北、西南七个区，每个区所包含的景区按照春节期间热度总值的大小分别进行排序（倒序），得到各区域景区春节假期热度排名。

（四）不同级别红色旅游经典景区热度排名的数据处理

将每个等级（AAAAA、AAAA、AAA、AA、其他）的红色旅游经典景区年热度总值分别相加再分别除以各级别景区个数得到每个等级景区的年热度均值，然后根据各个等级景区年热度均值的大小进行排序（倒序），得到全国不同等级红色旅游经典景区热度排名。对东北、华北、华东、华南、华中、西北、西南七个区，每个区不同等级的红色旅游经典景区年热度总值分别相加再分别除以各级别景区个数得到每个等级红色旅游经典景区的年热度均值，然后根据各个等级景区年热度均值的大小进行排序（倒序），得到各区域不同等级红色旅游经典景区热度排名。

（五）不同年龄对红色旅游经典景区偏好热度排名的数据处理

按每个景区检索者的年龄段所占百分比的大小，对19岁以下、20～29、30～39、40～49和50岁以上五个年龄段分别进行排名（倒序），得到全国红色旅游经典景区不同年龄段偏好热度排名。利用同样的方法，对东北、华北、华东、华南、华中、西北、西南七个区进行分析，得到各区域内红色旅游经典景区不同年龄段偏好热度排名。

（六）红色旅游经典景区性别偏好热度排名的数据处理

按每个景区检索者性别所占百分比的大小，对148个红色旅游经典景区分别进行男女偏好排名，得到全国红色旅游经典景区性别偏好热度排名。利用同样的方法，对东北、华北、华东、华南、华中、西北、西南七个区进行分析，得到各区域内红色旅游经典景区性别偏好热度排名。

（七）红色旅游经典景区客源市场热度排名的数据处理

将34个省（自治区、直辖市、特别行政区）中每个省（自治区、直辖市、特别行政区）检索148个景区的年总值相加再除以34个省（自治区、直辖市、特别行政区）检索148个景区年总值的和，得到每个省（自治区、直辖市、特别行政区）的热度占有率，按照各省（自治区、直辖市、特别行政区）占有率的大小进行排序（倒序），得到全国红色旅游经典景区客源市场排名。将34个省（自治区、直辖市、特别行政区）中每个省（自治区、直辖市、特别行政区）检索各区域（东北、华北、华东、华南、华中、西北、西南）内景区的年总值相加再除以34个省（自治区、直辖市、特别行政区）检索每个区域内景区年总值的和，得到每个省（自治区、直辖市、特别行政区）的热度占有率，按照各省（自治区、直辖市、特别行政区）占有率的大小进行排序（倒序），得到各区域红色旅游经典景区客源市场排名。

第一章　红色旅游经典景区网络热度概况

第一节　红色旅游经典景区网络热度基本情况

一、全国红色旅游经典景区网络热度基本情况

全国红色旅游经典景区热度基本情况如表1所示。从表1中可以看到，全国148个红色旅游经典景区热度年总值为17124240次，将其除以景区个数148，得年均值为115704次，十一假期间的热度总值为565018次，期均值为3818次，春节假期的热度总值为285440次，期均值为1929次。

5A级红色旅游经典景区的热度年总值为4965720次，将其除以5A级景区个数25，得年均值约为198629次，占148个景区年总值的29.00%。4A级红色旅游景区的热度年总值为6220536次，将其除以4A级景区个数61，得年均值约为101976次，占148个景区年总值的36.33%。3A级红色旅游经典景区的热度年总值为1559160次，将其除以3A级景区个数17，得年均值约为91715次，占148个景区年总值的9.10%。2A级红色旅游经典景区的热度年总值为136518次，将其除以2A级景区个数2，得年均值约为68295次，占148个景区年总值的0.80%。其他级别的红色旅游经典景区的热度年总值为4242306次，将其除以其他级别景区个数43，得年均值约为98658次，占148个景区年总值的24.77%。景区热度年均值最高的是5A级景区，后面依次是4A、其他、3A、2A级景区。

19岁以下检索者的年检索总值（148个红色旅游经典景区中有16个景区的年龄偏好数据缺失）为2178783次，将其除以有效景区个数132，得年均值约为16506次，占检索年总值的13.07%。20~29岁的检索者年检索总值为5445909次，将其除以有效景区个数132，得年均值约为41257次，占检索年总值的32.68%。30~39岁的检索者年检索总值为4772730次，将其除以有效景区个数132，得年均值约为36157次，占检索

年总值的28.64%。40～49岁的检索者年检索总值为2680336次，将其除以有效景区个数132，得年均值约为20306次，占检索年总值的16.08%。50岁以上的检索者年检索总值为1586054次，将其除以有效景区个数132，得年均值约为12016次，占检索年总值的9.52%。20～29岁检索者的年检索总值最高，其后依次是30～39岁、40～49岁、19岁以下、50岁以上。

男性检索者的年检索总值（148个红色旅游经典景区中有15个景区的性别偏好数据缺失）为9630204次，将其除以有效景区个数133，得年均值约为72408次，占检索年总值的57.73%。女性检索者的年检索总值为7050407次，将其除以景区个数133，得年均值约为53011次，占检索年总值的42.27%。男性检索者的年检索总值高于女性检索者的年检索总值。

表1　全国红色旅游经典景区网络热度基本情况

全国红色旅游经典景区热度基本情况	全年		年总值（次）	17124240
			年均值（次）	115704
	十一		期总值（次）	565018
			期均值（次）	3818
	春节		期总值（次）	285440
			期均值（次）	1929
	不同等级景区热度	AAAAA	景区个数（个）	25
			年总值（次）	4965720
			年均值（次）	198629
			占有率（%）	29.00
		AAAA	景区个数（个）	61
			年总值（次）	6220536
			年均值（次）	101976
			占有率（%）	36.33
		AAA	景区个数（个）	17
			年总值（次）	1559160
			年均值（次）	91715
			占有率（%）	9.10
		AA	景区个数（个）	2
			年总值（次）	136518
			年均值（次）	68259
			占有率（%）	0.80
		其他	景区个数（个）	43
			年总值（次）	4242306
			年均值（次）	98658
			占有率（%）	24.77

续表

全国红色旅游经典景区热度基本情况	年龄热度	19 岁及以下	年总值（次）	2178783
			年均值（次）	16506
			占有率（%）	13.07
		20—29	年总值（次）	5445909
			年均值（次）	41257
			占有率（%）	32.68
		30—39	年总值（次）	4772730
			年均值（次）	36157
			占有率（%）	28.64
		40—49	年总值（次）	2680336
			年均值（次）	20306
			占有率（%）	16.08
		50 岁及以上	年总值（次）	1586054
			年均值（次）	12016
			占有率（%）	9.52
	性别热度	男性	年总值（次）	9630204
			年均值（次）	72408
			占有率（%）	57.73
		女性	年总值（次）	7050407
			年均值（次）	53011
			占有率（%）	42.27

二、分区红色旅游经典景区热度基本情况

将全国分为东北、华北、华东、华南、华中、西北、西南七个区，每个区内红色旅游经典景区热度基本情况如表 2 所示。通过各区域之间的横向比较，可知：红色旅游经典景区热度年总值最高是华东，其次是华北、华中、华南、西北、西南、东北。十一假期热度总值最高的是华东，其次是华北、华中、华南、西北、东北、西南。春节假期热度总值最高的是华东，其次是华北、华中、华南、西北、西南、东北。5A 级景区热度年总值最高的是华东，其次是华中、华北、华南、西南、西北、东北。4A 级景区热度年总值排名依次是华东、西南、东北、华中、华南、华北、西北。3A 级景区热度年总值依次是华东、华北、西北、华南、西南、东北（华中无 3A 级红色旅游经典景区）。2A 级景区热度年总值依次是华北、华东（东北、华中、西南、西北、华南无 2A 级红色旅游经典景区）。其他等级景区百度指数年检索总值最高的是华北，其次是

华东、华中、西北、华南、西南（东北无其他等级红色旅游经典景区）。

表 2 分区红色旅游经典景区热度基本情况

<table>
<tr><th colspan="4"></th><th>东北</th><th>华北</th><th>华东</th><th>华南</th><th>华中</th><th>西北</th><th>西南</th></tr>
<tr><td rowspan="33">分区红色旅游经典景区热度基本情况</td><td colspan="3">景区个数（个）</td><td>8</td><td>29</td><td>41</td><td>10</td><td>15</td><td>7</td><td>11</td></tr>
<tr><td colspan="2" rowspan="2">全年</td><td>年总值（次）</td><td>987468</td><td>3113196</td><td>5736150</td><td>1591002</td><td>2822592</td><td>1512678</td><td>1361154</td></tr>
<tr><td>年均值（次）</td><td>6672</td><td>21035</td><td>38758</td><td>10750</td><td>19072</td><td>10221</td><td>9197</td></tr>
<tr><td colspan="2" rowspan="2">十一</td><td>期总值（次）</td><td>39576</td><td>120360</td><td>198284</td><td>51406</td><td>74280</td><td>42192</td><td>38920</td></tr>
<tr><td>期均值（次）</td><td>267</td><td>813</td><td>1340</td><td>347</td><td>502</td><td>285</td><td>263</td></tr>
<tr><td colspan="2" rowspan="2">春节</td><td>期总值（次）</td><td>16690</td><td>51540</td><td>92510</td><td>30590</td><td>49900</td><td>25580</td><td>18630</td></tr>
<tr><td>期均值（次）</td><td>113</td><td>348</td><td>625</td><td>207</td><td>337</td><td>173</td><td>126</td></tr>
<tr><td rowspan="20">不同等级景区网络热度</td><td rowspan="4">AAAAA</td><td>景区个数（个）</td><td>1</td><td>5</td><td>10</td><td>1</td><td>5</td><td>1</td><td>2</td></tr>
<tr><td>年总值（次）</td><td>81984</td><td>823866</td><td>2491560</td><td>122244</td><td>1222440</td><td>102846</td><td>120780</td></tr>
<tr><td>年均值（次）</td><td>81984</td><td>164773</td><td>249156</td><td>122244</td><td>244488</td><td>102846</td><td>60390</td></tr>
<tr><td>占有率（%）</td><td>8. 30%</td><td>26. 46%</td><td>43. 44%</td><td>7. 68%</td><td>43. 31%</td><td>6. 80%</td><td>8. 87%</td></tr>
<tr><td rowspan="4">AAAA</td><td>景区个数（个）</td><td>7</td><td>11</td><td>16</td><td>10</td><td>6</td><td>4</td><td>7</td></tr>
<tr><td>年总值（次）</td><td>882060</td><td>692106</td><td>1865868</td><td>729804</td><td>753594</td><td>359046</td><td>938058</td></tr>
<tr><td>年均值（次）</td><td>126009</td><td>62919</td><td>116617</td><td>72980</td><td>125599</td><td>89762</td><td>134008</td></tr>
<tr><td>占有率（%）</td><td>89. 33%</td><td>22. 23%</td><td>32. 53%</td><td>45. 87%</td><td>26. 70%</td><td>23. 74%</td><td>68. 92%</td></tr>
<tr><td rowspan="4">AAA</td><td>景区个数（个）</td><td>1</td><td>4</td><td>7</td><td>2</td><td>0</td><td>1</td><td>2</td></tr>
<tr><td>年总值（次）</td><td>23424</td><td>308538</td><td>488610</td><td>233874</td><td>0</td><td>285846</td><td>218868</td></tr>
<tr><td>年均值（次）</td><td>23424</td><td>77135</td><td>69801</td><td>116937</td><td>0</td><td>285846</td><td>109434</td></tr>
<tr><td>占有率（%）</td><td>2. 37%</td><td>9. 91%</td><td>8. 52%</td><td>14. 70%</td><td>0. 00%</td><td>18. 90%</td><td>16. 08%</td></tr>
<tr><td rowspan="4">AA</td><td>景区个数（个）</td><td>0</td><td>1</td><td>1</td><td>0</td><td>0</td><td>0</td><td>0</td></tr>
<tr><td>年总值（次）</td><td>0</td><td>94062</td><td>42456</td><td>0</td><td>0</td><td>0</td><td>0</td></tr>
<tr><td>年均值（次）</td><td>0</td><td>94062</td><td>42456</td><td>0</td><td>0</td><td>0</td><td>0</td></tr>
<tr><td>占有率（%）</td><td>0</td><td>3. 02%</td><td>0. 74%</td><td>0</td><td>0</td><td>0</td><td>0</td></tr>
<tr><td rowspan="4">其他</td><td>景区个数（个）</td><td>0</td><td>10</td><td>10</td><td>11</td><td>4</td><td>5</td><td>3</td></tr>
<tr><td>年总值（次）</td><td>0</td><td>1194624</td><td>847656</td><td>505080</td><td>846558</td><td>764940</td><td>83448</td></tr>
<tr><td>年均值（次）</td><td>0</td><td>119462</td><td>84766</td><td>45916</td><td>211640</td><td>152988</td><td>27816</td></tr>
<tr><td>占有率（%）</td><td>0. 00%</td><td>38. 37%</td><td>14. 78%</td><td>31. 75%</td><td>29. 99%</td><td>50. 57%</td><td>6. 13%</td></tr>
<tr><td rowspan="6">年龄网络热度</td><td rowspan="3">19 岁以下</td><td>年总值（次）</td><td>117927</td><td>303806</td><td>725196</td><td>196797</td><td>507682</td><td>232247</td><td>95128</td></tr>
<tr><td>年均值（次）</td><td>13103</td><td>11252</td><td>18595</td><td>9840</td><td>36263</td><td>21113</td><td>7927</td></tr>
<tr><td>占有率（%）</td><td>11. 94%</td><td>10. 33%</td><td>12. 88%</td><td>13. 17%</td><td>18. 19%</td><td>15. 35%</td><td>7. 28%</td></tr>
<tr><td rowspan="3">20 – 29</td><td>年总值（次）</td><td>341126</td><td>925470</td><td>1853557</td><td>509276</td><td>895616</td><td>481868</td><td>438996</td></tr>
<tr><td>年均值（次）</td><td>37903</td><td>34277</td><td>47527</td><td>25464</td><td>63973</td><td>43806</td><td>36583</td></tr>
<tr><td>占有率（%）</td><td>34. 55%</td><td>31. 46%</td><td>32. 91%</td><td>34. 09%</td><td>32. 10%</td><td>31. 86%</td><td>33. 62%</td></tr>
</table>

续表

				东北	华北	华东	华南	华中	西北	西南
分区红色旅游经典景区网络热度基本情况	景区个数（个）			8	29	41	10	15	7	11
	年龄网络热度	30—39	年总值（次）	266451	973656	1560356	388780	772753	426377	384358
			年均值（次）	29606	36061	40009	19439	55197	38762	32030
			占有率（%）	26.98%	33.10%	27.71%	26.02%	27.69%	28.19%	29.43%
		40—49	年总值（次）	169976	502823	901869	232745	411700	229539	231683
			年均值（次）	18886	18623	23125	11637	29407	20867	19307
			占有率（%）	17.21%	17.09%	16.01%	15.58%	14.75%	15.17%	17.74%
		50岁以上	年总值（次）	91987	235787	590862	166415	202634	142648	155722
			年均值（次）	10221	8733	15150	8321	14474	12968	12977
			占有率（%）	9.32%	8.02%	10.49%	11.14%	7.26%	9.43%	11.92%
	性别网络热度	男性	年总值（次）	613970	1664486	3320075	906858	1418956	857928	847931
			年均值（次）	68219	61648	85130	43184	101354	77993	70661
			占有率（%）	62.18%	56.59%	58.99%	59.89%	50.85%	56.72%	64.93%
		女性	年总值（次）	373498	1277056	2308435	607284	1371428	654750	457957
			年均值（次）	41500	47298	59191	28918	97959	59523	38163
			占有率（%）	37.82%	43.41%	41.01%	40.11%	49.15%	43.28%	35.07%

第二节　红色旅游经典景区网络热度排名

一、红色旅游经典景区全年网络热度排名

（一）全国红色旅游经典景区全年网络热度排名

如表3所示，全国2020年热度排名前二十的红色旅游经典景区依次是井冈山红色旅游系列景区、湖南第一师范学校旧址、南泥湾革命旧址、黄冈市大别山红色旅游区、南京市中山陵、天安门广场、石家庄市平山县西柏坡红色旅游系列景区（点）、岳麓山景区、庐山会议旧址、衡阳市南岳忠烈祠、永新三湾改编旧址、中国国家博物馆、湘潭市韶山市毛泽东故居和纪念馆、枣庄市台儿庄大战遗址、大庆市大庆油田历史陈列馆、汇川区、桐梓县娄山关景区、洛川会议旧址、侵华日军南京大屠杀遇难同胞纪念馆、保山市龙陵县滇西抗战松山战役遗址、滁州市凤阳县小岗村。各景区全年热度在10248～943914次，平均值约为115704次。148个景区中有39个景区在平均水平以上，

其中，年总值超过 10 万次的景区有 44 个，少于 10 万次的有 104 个，分别占比 29.73%、70.27%，说明高热度集中在排名靠前的景区。

表 3　全国 2020 年红色旅游经典景区热度排名

景区名称	景区等级	所属省份	日均值（次）	年总值（次）	排名
井冈山红色旅游系列景区	AAAAA	江西省	2579	943914	1
湖南第一师范学校旧址		湖南省	1882	688812	2
南泥湾革命旧址		陕西省	1321	483486	3
黄冈市大别山红色旅游区	AAAA	湖北省	1261	461526	4
南京市中山陵	AAAAA	江苏省	1253	458598	5
天安门广场		北京市	1484	444324	6
石家庄市平山县西柏坡红色旅游系列景区（点）	AAAAA	河北省	1148	410286	7
岳麓山景区	AAAAA	湖南省	1095	400770	8
庐山会议旧址		江西省	1032	377712	9
衡阳市南岳忠烈祠	AAAAA	湖南省	1019	372954	10
永新三湾改编旧址	AAAA	江西省	1011	370026	11
中国国家博物馆		北京市	917	335622	12
湘潭市韶山市毛泽东故居和纪念馆	AAAAA	湖南省	846	309636	13
枣庄市台儿庄大战遗址	AAAAA	山东省	843	308538	14
大庆市大庆油田历史陈列馆	AAAA	黑龙江省	837	306342	15
汇川区、桐梓县娄山关景区	AAAA	贵州省	811	296826	16
洛川会议旧址	AAA	陕西省	781	285846	17
侵华日军南京大屠杀遇难同胞纪念馆	AAAA	江苏省	770	281820	18
保山市龙陵县滇西抗战松山战役遗址	AAAA	云南省	730	267180	19
滁州市凤阳县小岗村	AAAA	安徽省	709	259494	20
刘公岛甲午战争遗址博物馆	AAAAA	山东省	681	249246	21
莲花山公园	AAAA	广东省	530	193980	22
凉山州中国西昌卫星发射中心	AAA	四川省	514	188124	23
梅州市大埔县“八一”起义军三河坝战役纪念园	AAA	广东省	474	173484	24
成都市崇州街子古镇	AAAA	四川省	432	158112	25
宝塔山景区	AAAA	陕西省	385	140910	26
涞水县野三坡平西抗日根据地	AAAAA	河北省	383	140178	27
丹东市抗美援朝纪念馆	AAAA	辽宁省	373	136518	28
昆仑关战役旧址景区		广西壮族自治区	373	136518	28
鸭绿江断桥景区	AAAA	辽宁省	369	135054	30

续表

景区名称	景区等级	所属省份	日均值（次）	年总值（次）	排名
龙华烈士陵园	AAAA	上海市	343	125538	31
泰兴市黄桥战役纪念馆	AAA	江苏省	342	125172	32
周恩来纪念馆	AAAAA	江苏省	336	122976	33
宋庆龄故居纪念馆及陵园	AAAA	上海市	335	122610	34
宋庆龄故居	AAA	北京市	335	122610	34
中山市孙中山故居	AAAAA	广东省	334	122244	36
周恩来故居	AAAAA	江苏省	333	148878	37
嘉兴市南湖风景名胜区（中共一大旧址）	AAAAA	浙江省	333	148878	37
厦门市胡里山炮台	AAAA	福建省	322	117852	39
广东东江纵队纪念馆	AAAA	广东省	303	110898	40
中国人民革命军事博物馆		北京市	303	110898	40
宁乡市花明楼刘少奇故居	AAAAA	湖南省	292	106872	42
延安革命纪念馆	AAAAA	陕西省	281	102846	43
莱芜市莱芜战役纪念馆	AAA	山东省	279	102114	44
中国人民抗日战争纪念馆	AAAA	北京市	273	99918	45
上海世博园		上海市	270	98820	46
长春市长春电影制片厂	AAAA	吉林省	268	98088	47
安新县白洋淀景区	AAAAA	河北省	266	97356	48
雨花台烈士陵园	AAAA	江苏省	258	94428	49
呼伦贝尔市诺门罕战役遗址及陈列馆	AAA	内蒙古自治区	257	94062	50
大同煤矿“万人坑”遗址纪念馆	AA	山西省	257	94062	50
阿坝州理县桃坪羌寨	AAAA	四川省	250	91500	52
圆明园遗址公园	AAAAA	北京市	249	91134	53
辽沈战役纪念馆	AAAA	辽宁省	247	90402	54
中国航空博物馆	AAAA	北京市	241	88206	55
平津战役纪念馆	AAAA	天津市	236	86376	56
北京奥林匹克公园	AAAAA	北京市	232	84912	57
东兰红色旅游区	AAAA	广西壮族自治区	232	84912	57
会宁红军会宁会师旧址	AAAA	甘肃省	229	83814	59
鸡西市侵华日军虎头要塞遗址	AAAAA	黑龙江省	224	81984	60
青岛市中国人民解放军海军博物馆	AAA	山东省	223	81618	61
湘潭市湘潭县彭德怀故居	AAAA	湖南省	219	80154	62

续表

景区名称	景区等级	所属省份	日均值（次）	年总值（次）	排名
丰润区潘家峪惨案纪念馆		河北省	217	79422	63
徐州市淮海战役纪念馆	AAAA	江苏省	216	79056	64
习仲勋陵园		陕西省	210	76860	65
鲁迅纪念馆		浙江省	210	76860	65
酒泉市玉门油田	AAAA	甘肃省	208	76128	67
南昌八一广场		江西省	206	75396	68
吴起镇革命旧址		陕西省	206	75396	68
广州市黄埔陆军军官学校旧址		广东省	200	73200	70
清苑区冉庄地道战遗址	AAA	河北省	198	72468	71
上饶市上饶集中营革命烈士陵园	AAAA	江西省	195	71370	72
南通市海安市七战七捷纪念馆	AAA	江苏省	195	71370	72
香山双清别墅	AAAA	北京市	188	68808	74
鲁迅故居	AAAA	浙江省	182	66612	75
陇南市两当县两当兵变旧址		甘肃省	179	65514	76
韶关南雄市梅关古道景区	AAAA	广东省	178	65148	77
杨开慧故居	AAAA	湖南省	175	64050	78
“西安事变”纪念馆		陕西省	174	63684	79
汝城县湘南起义汝城会议旧址		湖南省	173	63318	80
文水县刘胡兰纪念馆		山西省	172	62952	81
黎城县黄崖洞景区	AAAA	山西省	170	62220	82
广州起义烈士陵园	AAAA	广东省	169	61854	83
东风航天城旅游景区	AAAA	内蒙古自治区	168	61488	84
汶川县水磨古镇	AAAAA	四川省	167	61122	85
孙中山大元帅府纪念馆	AAA	广东省	165	60390	86
邓小平纪念馆	AAAAA	四川省	163	59658	87
大沽口炮台遗址博物馆	AAAA	天津市	163	59658	87
东莞市鸦片战争博物馆	AAAA	广东省	162	59292	89
胡耀邦故居	AAAA	湖南省	161	58926	90
陆军讲武堂旧址	AAAA	云南省	160	58560	91
“九一八”历史博物馆	AAAA	辽宁省	160	58560	91
渭南市华县渭华起义纪念馆	AAAA	陕西省	159	58194	93
蒙阴县、沂南县沂蒙山孟良崮战役遗址	AAAA	山东省	158	57828	94

续表

景区名称	景区等级	所属省份	日均值（次）	年总值（次）	排名
牡丹江市侵华日军东宁要塞遗址	AAAA	黑龙江省	156	57096	95
叶剑英故居	AAAA	广东省	152	55632	96
法卡山英雄纪念碑园		广西壮族自治区	151	55266	97
乐亭县李大钊故居和纪念馆	AAAA	河北省	148	54168	98
南昌市新建区小平小道陈列馆	AAA	江西省	146	53436	99
湘潭市湘乡东山学校旧址	AAAA	湖南省	142	51972	100
桑植县贺龙故居		湖南省	141	51606	101
惠州市惠阳区叶挺纪念馆	AAAA	广东省	140	51240	102
梅园新村纪念馆	AAAA	江苏省	139	50874	103
鲁西南战役纪念馆		山东省	137	50142	104
上海市城市规划展示馆	AAAA	上海市	136	49776	105
济南战役纪念馆		山东省	134	49044	106
中国共产党第一次全国代表大会会址纪念馆		上海市	132	48312	107
周恩来邓颖超纪念馆	AAAA	天津市	132	48312	107
上杭县古田会议旧址	AAAAA	福建省	131	47946	109
聊城市东昌府区孔繁森同志纪念馆	AAAA	山东省	129	47214	110
镇江市句容县茅山新四军纪念馆	AAAAA	江苏省	127	46482	111
南昌八一起义纪念馆	AAAA	江西省	122	44652	112
南宁邓颖超纪念馆		广西壮族自治区	148	44286	113
周恩来同志革命活动旧址		广东省	120	43920	114
保山市施甸县杨善洲精神教育基地	AAAA	云南省	119	43554	115
桂东县“三大纪律六项注意”颁布旧址		湖南省	117	42822	116
上海鲁迅故居	AA	上海市	116	42456	117
安顺市王若飞故居		贵州省	108	39528	118
徐向前故居		山西省	107	39162	119
李大钊烈士陵园		北京市	105	38430	120
汨罗市任弼时故居	AAAA	湖南省	101	36966	148
粤东会馆		广西壮族自治区	97	35502	122
凭祥友谊关遗址	AAAA	广西壮族自治区	96	35136	123
叶挺独立团团部旧址纪念馆		广东省	94	34404	124
灵丘县平型关大捷遗址		山西省	93	34038	125
福州市福建省革命历史纪念馆		福建省	91	33306	126

续表

景区名称	景区等级	所属省份	日均值（次）	年总值（次）	排名
宜昌市长江三峡水利枢纽工程	AAAAA	湖北省	88	32208	127
红岩魂陈列馆		重庆市	88	32208	127
华东革命烈士陵园	AAA	山东省	86	31476	129
易县狼牙山风景区	AAAA	河北省	86	31476	129
北京规划展览馆	AAAA	北京市	86	31476	129
黔南州荔波县邓恩铭烈士故居	AAA	贵州省	84	30744	132
彭湃故居		广东省	81	29646	133
江西革命烈士纪念堂		江西省	76	27816	134
宣城市泾县皖南事变烈士陵园	AAAA	安徽省	73	26718	135
新文化运动纪念馆		北京市	73	26718	135
秋收起义广场	AAA	江西省	64	23424	137
抗美援朝烈士陵园	AAA	辽宁省	64	23424	137
夜袭阳明堡机场遗址		山西省	63	23058	139
川陕革命根据地红军烈士陵园	AAAA	四川省	61	22326	140
大瑶山剿匪纪念公园		广西壮族自治区	55	20130	141
顺义区焦庄户地道战遗址纪念馆	AAA	北京市	53	19398	142
北伐战争纪念馆		广东省	52	19032	143
赣州市、吉安市、抚州市中央苏区政府根据地红色旅游系列景区	AAAAA	江西省	44	16104	144
阮啸仙故居		广东省	36	13176	145
广州市黄花岗七十二烈士墓	AAAA	广东省	32	11712	146
昭通市罗炳辉将军故居		云南省	32	11712	146
漳州市毛主席率领红军攻克漳州陈列馆		福建省	28	10248	148

（二）东北地区红色旅游经典景区全年热度排名

如表4所示，东北地区红色旅游经典景区全年热度排名依次是大庆市大庆油田历史陈列馆、丹东市抗美援朝纪念馆、鸭绿江断桥景区、长春市长春电影制片厂、辽沈战役纪念馆、鸡西市侵华日军虎头要塞遗址、“九一八”历史博物馆、牡丹江市侵华日军东宁要塞遗址、抗美援朝烈士陵园。各景区热度在23424～306342次，差值为282918次，平均值为109719次。9个景区中大庆市大庆油田历史陈列馆、丹东市抗美援朝纪念馆和鸭绿江断桥景区3个景区在平均水平以上，大庆油田历史陈列馆的热度排第一名，约为平均值的2.79倍。

表4　东北地区红色旅游经典景区全年热度排名

景区名称	景区等级	所属省份	日均值（次）	年总值（次）	排名
大庆市大庆油田历史陈列馆	AAAA	黑龙江省	837	306342	1
丹东市抗美援朝纪念馆	AAAA	辽宁省	373	136518	2
鸭绿江断桥景区	AAAA	辽宁省	369	135054	3
长春市长春电影制片厂	AAAA	吉林省	268	98088	4
辽沈战役纪念馆	AAAA	辽宁省	247	90402	5
鸡西市侵华日军虎头要塞遗址	AAAAA	黑龙江省	224	81984	6
“九一八”历史博物馆	AAAA	辽宁省	160	58560	7
牡丹江市侵华日军东宁要塞遗址	AAAA	黑龙江省	156	57096	8
抗美援朝烈士陵园	AAA	辽宁省	64	23424	9

（三）华北地区红色旅游经典景区全年热度排名

华北地区红色旅游经典景区全年热度排名如表5所示，全年热度排名前二十的红色旅游景区依次是天安门广场、石家庄市平山县西柏坡红色旅游系列景区（点）、中国国家博物馆、涞水县野三坡平西抗日根据地、宋庆龄故居、中国人民革命军事博物馆、中国人民抗日战争纪念馆、安新县白洋淀景区、呼伦贝尔市诺门罕战役遗址及陈列馆、大同煤矿“万人坑”遗址纪念馆、圆明园遗址公园、中国航空博物馆、平津战役纪念馆、北京奥林匹克公园、丰润区潘家峪惨案纪念馆、清苑区冉庄地道战遗址、香山双清别墅、文水县刘胡兰纪念馆、黎城县黄崖洞景区、东风航天城旅游景区。华北地区可检索到的红色旅游经典景区有31个，全年热度在19398～444324次，差值为424926次，平均值为100426次，31个景区中只有6个景区在平均水平以上，北京市天安门广场的热度为444324次，约为平均值的4.42倍。

表5　华北地区红色旅游经典景区全年热度排名

景区名称	景区等级	所属省份	日均值（次）	年总值（次）	排名
天安门广场		北京市	1484	444324	1
石家庄市平山县西柏坡红色旅游系列景区（点）	AAAAA	河北省	1148	410286	2
中国国家博物馆		北京市	917	335622	3
涞水县野三坡平西抗日根据地	AAAAA	河北省	383	140178	4
宋庆龄故居	AAA	北京市	335	122610	5
中国人民革命军事博物馆		北京市	303	110898	6
中国人民抗日战争纪念馆	AAAA	北京市	273	99918	7
安新县白洋淀景区	AAAAA	河北省	266	97356	8

续表

景区名称	景区等级	所属省份	日均值（次）	年总值（次）	排名
呼伦贝尔市诺门罕战役遗址及陈列馆	AAA	内蒙古自治区	257	94062	9
大同煤矿“万人坑”遗址纪念馆	AA	山西省	257	94062	10
圆明园遗址公园	AAAAA	北京市	249	91134	11
中国航空博物馆	AAAA	北京市	241	88206	12
平津战役纪念馆	AAAA	天津市	236	86376	13
北京奥林匹克公园	AAAAA	北京市	232	84912	14
丰润区潘家峪惨案纪念馆		河北省	217	79422	15
清苑区冉庄地道战遗址	AAA	河北省	198	72468	16
香山双清别墅	AAAA	北京市	188	68808	17
文水县刘胡兰纪念馆		山西省	172	62952	18
黎城县黄崖洞景区	AAAA	山西省	170	62220	19
东风航天城旅游景区	AAAA	内蒙古自治区	168	61488	20
大沽口炮台遗址博物馆	AAAA	天津市	163	59658	21
乐亭县李大钊故居和纪念馆	AAAA	河北省	148	54168	22
周恩来邓颖超纪念馆	AAAA	天津市	132	48312	23
徐向前故居		山西省	107	39162	24
李大钊烈士陵园		北京市	105	38430	25
灵丘县平型关大捷遗址		山西省	93	34038	26
易县狼牙山风景区	AAAA	河北省	86	31476	27
北京规划展览馆	AAAA	北京市	86	31476	28
新文化运动纪念馆		北京市	73	26718	29
夜袭阳明堡机场遗址		山西省	63	23058	30
顺义区焦庄户地道战遗址纪念馆	AAA	北京市	53	19398	31

（四）华东地区红色旅游经典景区全年热度排名

华东地区红色旅游经典景区全年热度排名如表6所示。全年热度排名前二十的红色旅游经典景区依次是井冈山红色旅游系列景区、南京市中山陵、庐山会议旧址、永新三湾改编旧址、枣庄市台儿庄大战遗址、侵华日军南京大屠杀遇难同胞纪念馆、滁州市凤阳县小岗村、刘公岛甲午战争遗址博物馆、龙华烈士陵园、泰兴市黄桥战役纪念馆、周恩来纪念馆、宋庆龄故居纪念馆及陵园、周恩来故居、嘉兴市南湖风景名胜区（中共一大旧址）、厦门市胡里山炮台、莱芜市莱芜战役纪念馆、上海世博园、雨花台烈士陵园、青岛市中国人民解放军海军博物馆、徐州市淮海战役纪念馆。华东地区可检索到的红色旅游经典景区是 7 个区域中数量最多的，共有 44 个，各景区全年热度在 10248 ~943914 次，包括了全国热度最高和最低的两个景区，差值为 933666 次，平均值为 130367 次。44 个景区中只有 8 个景区在平均水平以上。

表 6　华东地区红色旅游经典景区全年热度排名

景区名称	景区等级	所属省份	日均值（次）	年总值（次）	排名
井冈山红色旅游系列景区	AAAAA	江西省	2579	943914	1
南京市中山陵	AAAAA	江苏省	1253	458598	2
庐山会议旧址		江西省	1032	377712	3
永新三湾改编旧址	AAAA	江西省	1011	370026	4
枣庄市台儿庄大战遗址	AAAAA	山东省	843	308538	5
侵华日军南京大屠杀遇难同胞纪念馆	AAAA	江苏省	770	281820	6
滁州市凤阳县小岗村	AAAA	安徽省	709	259494	7
刘公岛甲午战争遗址博物馆	AAAAA	山东省	681	249246	8
龙华烈士陵园	AAAA	上海市	343	125538	9
泰兴市黄桥战役纪念馆	AAA	江苏省	342	125172	10
周恩来纪念馆	AAAAA	江苏省	336	122976	11
宋庆龄故居纪念馆及陵园	AAAA	上海市	335	122610	12
周恩来故居	AAAAA	江苏省	333	148878	13
嘉兴市南湖风景名胜区（中共一大旧址）	AAAAA	浙江省	333	148878	14
厦门市胡里山炮台	AAAA	福建省	322	117852	15
莱芜市莱芜战役纪念馆	AAA	山东省	279	102114	16
上海世博园		上海市	270	98820	17
雨花台烈士陵园	AAAA	江苏省	258	94428	18
青岛市中国人民解放军海军博物馆	AAA	山东省	223	81618	19
徐州市淮海战役纪念馆	AAAA	江苏省	216	79056	20
鲁迅纪念馆		浙江省	210	76860	21
南昌八一广场		江西省	206	75396	22
上饶市上饶集中营革命烈士陵园	AAAA	江西省	195	71370	23
南通市海安市七战七捷纪念馆	AAA	江苏省	195	71370	24
鲁迅故居	AAAA	浙江省	182	66612	25
蒙阴县、沂南县沂蒙山孟良崮战役遗址	AAAA	山东省	158	57828	26
南昌市新建区小平小道陈列馆	AAA	江西省	146	53436	27

续表

景区名称	景区等级	所属省份	日均值（次）	年总值（次）	排名
梅园新村纪念馆	AAAA	江苏省	139	50874	28
鲁西南战役纪念馆		山东省	137	50142	29
上海市城市规划展示馆	AAAA	上海市	136	49776	30
济南战役纪念馆		山东省	134	49044	31
中国共产党第一次全国代表大会会址纪念馆		上海市	132	48312	32
上杭县古田会议旧址	AAAAA	福建省	131	47946	33
聊城市东昌府区孔繁森同志纪念馆	AAAA	山东省	129	47214	34
镇江市句容县茅山新四军纪念馆	AAAAA	江苏省	127	46482	35
南昌八一起义纪念馆	AAAA	江西省	122	44652	36
上海鲁迅故居	AA	上海市	116	42456	37
福州市福建省革命历史纪念馆		福建省	91	33306	38
华东革命烈士陵园	AAA	山东省	86	31476	39
江西革命烈士纪念堂		江西省	76	27816	40
宣城市泾县皖南事变烈士陵园	AAAA	安徽省	73	26718	41
秋收起义广场	AAA	江西省	64	23424	42
赣州市、吉安市、抚州市中央苏区政府根据地红色旅游系列景区	AAAAA	江西省	44	16104	43
漳州市毛主席率领红军攻克漳州陈列馆		福建省	28	10248	44

（五）华南地区红色旅游经典景区全年热度排名

华南地区红色旅游经典景区全年热度排名如表 7 所示。全年热度排名前二十的红色旅游经典景区依次是莲花山公园、梅州市大埔县“八一”起义军三河坝战役纪念园、昆仑关战役旧址景区、中山市孙中山故居、广东东江纵队纪念馆、东兰红色旅游区、广州市黄埔陆军军官学校旧址、韶关南雄市梅关古道景区、广州起义烈士陵园、孙中山大元帅府纪念馆、东莞市鸦片战争博物馆、叶剑英故居、法卡山英雄纪念碑园、惠州市惠阳区叶挺纪念馆、南宁邓颖超纪念馆、周恩来同志革命活动旧址、粤东会馆、凭祥友谊关遗址、叶挺独立团团部旧址纪念馆、彭湃故居。华南地区可检索到的红色旅游经典景区有 24 个，全年热度在 11712 ~ 193980 次，差值为 182268 次，平均值为 66292 次，24 个景区中有 7 个景区在平均水平以上，排名第一的广东省莲花山公园热度约为平均值的 2. 93 倍。

表7　华南地区红色旅游经典景区全年热度排名

景区名称	景区等级	所属省份	日均值（次）	年总值（次）	排名
莲花山公园	AAAA	广东省	530	193980	1
梅州市大埔县“八一”起义军三河坝战役纪念园	AAA	广东省	474	173484	2
昆仑关战役旧址景区		广西壮族自治区	373	136518	3
中山市孙中山故居	AAAAA	广东省	334	122244	4
广东东江纵队纪念馆	AAAA	广东省	303	110898	5
东兰红色旅游区	AAAA	广西壮族自治区	232	84912	6
广州市黄埔陆军军官学校旧址		广东省	200	73200	7
韶关南雄市梅关古道景区	AAAA	广东省	178	65148	8
广州起义烈士陵园	AAAA	广东省	169	61854	9
孙中山大元帅府纪念馆	AAA	广东省	165	60390	10
东莞市鸦片战争博物馆	AAAA	广东省	162	59292	11
叶剑英故居	AAAA	广东省	152	55632	12
法卡山英雄纪念碑园		广西壮族自治区	151	55266	13
惠州市惠阳区叶挺纪念馆	AAAA	广东省	140	51240	14
南宁邓颖超纪念馆		广西壮族自治区	148	44286	15
周恩来同志革命活动旧址		广东省	120	43920	16
粤东会馆		广西壮族自治区	97	35502	17
凭祥友谊关遗址	AAAA	广西壮族自治区	96	35136	18
叶挺独立团团部旧址纪念馆		广东省	94	34404	19
彭湃故居		广东省	81	29646	20
大瑶山剿匪纪念公园		广西壮族自治区	55	20130	21
北伐战争纪念馆		广东省	52	19032	22
阮啸仙故居		广东省	36	13176	23
广州市黄花岗七十二烈士墓	AAAA	广东省	32	11712	24

（六）华中地区红色旅游经典景区全年热度排名

华中地区红色旅游经典景区全年热度排名如表8所示。全年热度排名依次为湖南第一师范学校旧址、黄冈市大别山红色旅游区、岳麓山景区、衡阳市南岳忠烈祠、湘潭市韶山市毛泽东故居和纪念馆、宁乡市花明楼刘少奇故居、湘潭市湘潭县彭德怀故居、杨开慧故居、汝城县湘南起义汝城会议旧址、胡耀邦故居、湘潭市湘乡东山学校旧址、桑植县贺龙故居、桂东县“三大纪律六项注意”颁布旧址、汨罗市任弼时故居、宜昌市长江三峡水利枢纽工程。华中地区可检索到的红色旅游经典景区有15个，全年热度在 32208 ~ 688812 次，差值为 656604 次，平均值为 188173 次。15 个景区中有 5 个景区在平均水平以上，排名第一的湖南第一师范学校旧址热度约为平均值的 3.66 倍。

表 8　华中地区红色旅游经典景区全年热度排名

景区名称	景区等级	所属省份	日均值（次）	年总值（次）	排名
湖南第一师范学校旧址		湖南省	1882	688812	1
黄冈市大别山红色旅游区	AAAA	湖北省	1261	461526	2
岳麓山景区	AAAAA	湖南省	1095	400770	3
衡阳市南岳忠烈祠	AAAAA	湖南省	1019	372954	4
湘潭市韶山市毛泽东故居和纪念馆	AAAAA	湖南省	846	309636	5
宁乡市花明楼刘少奇故居	AAAAA	湖南省	292	106872	6
湘潭市湘潭县彭德怀故居	AAAA	湖南省	219	80154	7
杨开慧故居	AAAA	湖南省	175	64050	8
汝城县湘南起义汝城会议旧址		湖南省	173	63318	9
胡耀邦故居	AAAA	湖南省	161	58926	10
湘潭市湘乡东山学校旧址	AAAA	湖南省	142	51972	11
桑植县贺龙故居		湖南省	141	51606	12
桂东县“三大纪律六项注意”颁布旧址		湖南省	117	42822	13
汨罗市任弼时故居	AAAA	湖南省	101	36966	14
宜昌市长江三峡水利枢纽工程	AAAAA	湖北省	88	32208	15

（七）西北地区红色旅游经典景区全年热度排名

西北地区红色旅游经典景区全年热度排名如表 9 所示。全年热度排名依次是南泥湾革命旧址、洛川会议旧址、宝塔山景区、延安革命纪念馆、会宁红军会宁会师旧址、习仲勋陵园、酒泉市玉门油田、吴起镇革命旧址、陇南市两当县两当兵变旧址、“西安事变”纪念馆、渭南市华县渭华起义纪念馆。西北地区可检索到的红色旅游经典景区有 11 个，全年热度整体在 58194 ~ 483486 次，差值为 425292 次，平均值为 137516 次，11 个景区中只有 3 个景区在平均水平以上，排名第一的陕西省南泥湾革命旧址热度为平均值的 3.5 倍。

表 9　西北地区红色旅游经典景区全年热度排名

景区名称	景区等级	所属省份	日均值（次）	年总值（次）	排名
南泥湾革命旧址		陕西省	1321	483486	1
洛川会议旧址	AAA	陕西省	781	285846	2

续表

景区名称	景区等级	所属省份	日均值（次）	年总值（次）	排名
宝塔山景区	AAAA	陕西省	385	140910	3
延安革命纪念馆	AAAAA	陕西省	281	102846	4
会宁红军会宁会师旧址	AAAA	甘肃省	229	83814	5
习仲勋陵园		陕西省	210	76860	6
酒泉市玉门油田	AAAA	甘肃省	208	76128	7
吴起镇革命旧址		陕西省	206	75396	8
陇南市两当县两当兵变旧址		甘肃省	179	65514	9
“西安事变”纪念馆		陕西省	174	63684	10
渭南市华县渭华起义纪念馆	AAAA	陕西省	159	58194	11

（八）西南地区红色旅游经典景区全年热度排名

西南地区红色旅游经典景区全年热度排名如表 10 所示。全年热度排名依次是汇川区、桐梓县娄山关景区、保山市龙陵县滇西抗战松山战役遗址、凉山州中国西昌卫星发射中心、成都市崇州街子古镇、阿坝州理县桃坪羌寨、汶川县水磨古镇、邓小平纪念馆、陆军讲武堂旧址、保山市施甸县杨善洲精神教育基地、安顺市王若飞故居、红岩魂陈列馆、黔南州荔波县邓恩铭烈士故居、川陕革命根据地红军烈士陵园、昭通市罗炳辉将军故居。西南地区可检索到的红色旅游经典景区有 14 个，全年热度在 11712 ~296826 次，差值为 285114 次，平均值为 97225 次。14 个景区中有 4 个景区在平均水平以上，排名第一的汇川区、桐梓县娄山关景区热度约为平均值的 3. 05 倍。

表 10　西南地区红色景区全年热度排名

景区名称	景区等级	所属省份	日均值（次）	年总值（次）	排名
汇川区、桐梓县娄山关景区	AAAA	贵州省	811	296826	1
保山市龙陵县滇西抗战松山战役遗址	AAAA	云南省	730	267180	2
凉山州中国西昌卫星发射中心	AAA	四川省	514	188124	3
成都市崇州街子古镇	AAAA	四川省	432	158112	4
阿坝州理县桃坪羌寨	AAAA	四川省	250	91500	5
汶川县水磨古镇	AAAAA	四川省	167	61122	6
邓小平纪念馆	AAAAA	四川省	163	59658	7
陆军讲武堂旧址	AAAA	云南省	160	58560	8
保山市施甸县杨善洲精神教育基地	AAAA	云南省	119	43554	9

续表

景区名称	景区等级	所属省份	日均值（次）	年总值（次）	排名
安顺市王若飞故居		贵州省	108	39528	10
红岩魂陈列馆		重庆市	88	32208	11
黔南州荔波县邓恩铭烈士故居	AAA	贵州省	84	30744	12
川陕革命根据地红军烈士陵园	AAAA	四川省	61	22326	13
昭通市罗炳辉将军故居		云南省	32	11712	14

二、节假日红色旅游经典景区网络热度排名

（一）十一假期红色旅游经典景区网络热度排名

1. 全国十一假期红色旅游经典景区热度排名

148 个景区十一期间的热度排名如表 11 所示。从表中可以看到，各景区热度在 320 ~34568 次，差距比较大。其中，热度超过 1 万次的景区有 11 个，从高到低排名依次是天安门广场、井冈山红色旅游系列景区、南京市中山陵、岳麓山景区、枣庄市台儿庄大战遗址、石家庄市平山县西柏坡红色旅游系列景区（点）、侵华日军南京大屠杀遇难同胞纪念馆、刘公岛甲午战争遗址博物馆、南泥湾革命旧址、衡阳市南岳忠烈祠、黄冈市大别山红色旅游区，少于 1 万次但超过 1 千次的有 115 个，少于 1 千次的有 22 个，分别占比 7.43%、77.70%、14.86%。

根据表 3，2020 年 148 个景区热度的全年日均值为 317 次，全国范围内仅有 39 家超过这个均值，从高到低排名分别是井冈山红色旅游系列景区、湖南第一师范学校旧址、南泥湾革命旧址、黄冈市大别山红色旅游区、南京市中山陵、天安门广场、石家庄市平山县西柏坡红色旅游系列景区（点）、岳麓山景区、庐山会议旧址、衡阳市南岳忠烈祠、永新三湾改编旧址、中国国家博物馆、湘潭市韶山市毛泽东故居和纪念馆、枣庄市台儿庄大战遗址、大庆市大庆油田历史陈列馆、汇川区、桐梓县娄山关景区、洛川会议旧址、侵华日军南京大屠杀遇难同胞纪念馆、保山市龙陵县滇西抗战松山战役遗址、滁州市凤阳县小岗村、刘公岛甲午战争遗址博物馆、莲花山公园、凉山州中国西昌卫星发射中心、梅州市大埔县“八一”起义军三河坝战役纪念园、成都市崇州街子古镇、宝塔山景区、涞水县野三坡平西抗日根据地、丹东市抗美援朝纪念馆、昆仑关战役旧址景区、鸭绿江断桥景区、龙华烈士陵园、泰兴市黄桥战役纪念馆、周恩来纪念馆、宋庆龄故居纪念馆及陵园、宋庆龄故居、中山市孙中山故居、周恩来故居、嘉兴市南湖风景名胜区（中共一大旧址）、厦门市胡里山炮台，而十一期间则有 63 个景区的热度日均值超过 317 次，是高于日常平均水平的，充分说明了假期对游客需求

的推动作用。十一期间148个景区热度的平均值为3818次，其中有42个景区超过此平均值，这说明十一期间的红色旅游经典景区热度相对集中于排名前1/3的景区。

表11　全国“十一”假期间红色旅游经典景区热度排名

景区名称	景区等级	所属省份	日均值（次）	期总值（次）	排名
天安门广场		北京市	4321	34568	1
井冈山红色旅游系列景区	AAAAA	江西省	3130	25040	2
南京市中山陵	AAAAA	江苏省	2909	23272	3
岳麓山景区	AAAAA	湖南省	2063	16504	4
枣庄市台儿庄大战遗址	AAAAA	山东省	1653	13224	5
石家庄市平山县西柏坡红色旅游系列景区（点）	AAAAA	河北省	1570	12560	6
侵华日军南京大屠杀遇难同胞纪念馆	AAAA	江苏省	1532	12256	7
刘公岛甲午战争遗址博物馆	AAAAA	山东省	1515	14820	8
南泥湾革命旧址		陕西省	1449	11592	9
衡阳市南岳忠烈祠	AAAAA	湖南省	1292	10336	10
黄冈市大别山红色旅游区	AAAA	湖北省	1279	10232	11
湘潭市韶山市毛泽东故居和纪念馆	AAAAA	湖南省	1232	9856	12
中国国家博物馆		北京市	1170	9360	13
湖南第一师范学校旧址		湖南省	1144	9152	14
龙华烈士陵园	AAAA	上海市	1109	8872	15
丹东市抗美援朝纪念馆	AAAA	辽宁省	1085	8680	16
庐山会议旧址		江西省	1021	8168	17
鸭绿江断桥景区	AAAA	辽宁省	953	7624	18
永新三湾改编旧址	AAAA	江西省	924	7392	19
汇川区、桐梓县娄山关景区	AAAA	贵州省	909	7272	20
宋庆龄故居纪念馆及陵园	AAAA	上海市	870	6960	21
宋庆龄故居	AAA	北京市	870	6960	21
成都市崇州街子古镇	AAAA	四川省	855	6840	23
莲花山公园	AAAA	广东省	815	6520	24
梅州市大埔县“八一”起义军三河坝战役纪念园	AAA	广东省	785	6280	25
滁州市凤阳县小岗村	AAAA	安徽省	765	6120	26
中山市孙中山故居	AAAAA	广东省	757	6056	27
宝塔山景区	AAAA	陕西省	741	5928	28
涞水县野三坡平西抗日根据地	AAAAA	河北省	733	5864	29
大庆市大庆油田历史陈列馆	AAAA	黑龙江省	730	5840	30

续表

景区名称	景区等级	所属省份	日均值（次）	期总值（次）	排名
洛川会议旧址	AAA	陕西省	715	5720	31
周恩来故居	AAAAA	江苏省	707	5656	32
辽沈战役纪念馆	AAAA	辽宁省	693	5544	33
周恩来纪念馆	AAAAA	江苏省	672	5376	34
保山市龙陵县滇西抗战松山战役遗址	AAAA	云南省	646	5168	35
延安革命纪念馆	AAAAA	陕西省	623	4984	36
厦门市胡里山炮台	AAAA	福建省	555	4440	37
阿坝州理县桃坪羌寨	AAAA	四川省	554	4432	38
宁乡市花明楼刘少奇故居	AAAAA	湖南省	551	4408	39
嘉兴市南湖风景名胜区（中共一大旧址）	AAAAA	浙江省	520	4160	40
昆仑关战役旧址景区		广西壮族自治区	513	4104	41
凉山州中国西昌卫星发射中心	AAA	四川省	511	4088	42
安新县白洋淀景区	AAAAA	河北省	477	3816	43
平津战役纪念馆	AAAA	天津市	443	3544	44
清苑区冉庄地道战遗址	AAA	河北省	417	3336	45
上海世博园		上海市	417	3336	45
鲁迅纪念馆		浙江省	415	3320	47
长春市长春电影制片厂	AAAA	吉林省	392	3136	48
中国航空博物馆	AAAA	北京市	379	3032	49
泰兴市黄桥战役纪念馆	AAA	江苏省	375	3000	50
湘潭市湘潭县彭德怀故居	AAAA	湖南省	361	2888	51
青岛市中国人民解放军海军博物馆	AAA	山东省	357	2856	52
会宁红军会宁会师旧址	AAAA	甘肃省	350	2800	53
鲁迅故居	AAAA	浙江省	345	2760	54
北京奥林匹克公园	AAAAA	北京市	345	2760	54
雨花台烈士陵园	AAAA	江苏省	338	2704	56
徐州市淮海战役纪念馆	AAAA	江苏省	334	2672	57
莱芜市莱芜战役纪念馆	AAA	山东省	333	2664	58
“西安事变”纪念馆		陕西省	331	2648	59
鸡西市侵华日军虎头要塞遗址	AAAAA	黑龙江省	322	2576	60
大同煤矿“万人坑”遗址纪念馆	AA	山西省	322	2576	60
圆明园遗址公园	AAAAA	北京市	321	2568	62

续表

景区名称	景区等级	所属省份	日均值（次）	期总值（次）	排名
中国人民抗日战争纪念馆	AAAA	北京市	317	2536	63
东风航天城旅游景区	AAAA	内蒙古自治区	315	2520	64
文水县刘胡兰纪念馆		山西省	314	2512	65
中国人民革命军事博物馆		北京市	309	2472	66
汶川县水磨古镇	AAAAA	四川省	301	2408	67
南昌八一广场		江西省	291	2328	68
广州市黄埔陆军军官学校旧址		广东省	290	2320	69
广东东江纵队纪念馆	AAAA	广东省	283	2264	70
牡丹江市侵华日军东宁要塞遗址	AAAA	黑龙江省	274	2192	71
上饶市上饶集中营革命烈士陵园	AAAA	江西省	268	2144	72
吴起镇革命旧址		陕西省	267	2136	73
叶剑英故居	AAAA	广东省	265	2120	74
韶关南雄市梅关古道景区	AAAA	广东省	265	2120	74
孙中山大元帅府纪念馆	AAA	广东省	261	2088	76
陆军讲武堂旧址	AAAA	云南省	259	2072	77
呼伦贝尔市诺门罕战役遗址及陈列馆	AAA	内蒙古自治区	257	2056	78
丰润区潘家峪惨案纪念馆		河北省	257	2056	78
“九一八”历史博物馆	AAAA	辽宁省	257	2056	78
习仲勋陵园		陕西省	247	1976	81
抗美援朝烈士陵园	AAA	辽宁省	241	1928	82
广州起义烈士陵园	AAAA	广东省	239	1912	83
杨开慧故居	AAAA	湖南省	238	1904	84
蒙阴县、沂南县沂蒙山孟良崮战役遗址	AAAA	山东省	237	1896	85
黎城县黄崖洞景区	AAAA	山西省	235	1880	86
大沽口炮台遗址博物馆	AAAA	天津市	235	1880	86
香山双清别墅	AAAA	北京市	226	1808	88
惠州市惠阳区叶挺纪念馆	AAAA	广东省	221	1768	89
东莞市鸦片战争博物馆	AAAA	广东省	219	1752	90
胡耀邦故居	AAAA	湖南省	218	1744	91
陇南市两当县两当兵变旧址		甘肃省	216	1728	92
南通市海安市七战七捷纪念馆	AAA	江苏省	216	1728	92
中国共产党第一次全国代表大会会址纪念馆		上海市	211	1688	94

续表

景区名称	景区等级	所属省份	日均值（次）	期总值（次）	排名
汝城县湘南起义汝城会议旧址		湖南省	205	1640	95
济南战役纪念馆		山东省	202	1616	96
酒泉市玉门油田	AAAA	甘肃省	202	1616	96
东兰红色旅游区	AAAA	广西壮族自治区	202	1616	96
上海市城市规划展示馆	AAAA	上海市	196	1568	99
南宁邓颖超纪念馆		广西壮族自治区	194	1552	100
湘潭市湘乡东山学校旧址	AAAA	湖南省	192	1536	101
桑植县贺龙故居		湖南省	191	1528	102
梅园新村纪念馆	AAAA	江苏省	190	1520	103
周恩来邓颖超纪念馆	AAAA	天津市	186	1488	104
乐亭县李大钊故居和纪念馆	AAAA	河北省	184	1472	105
南昌八一起义纪念馆	AAAA	江西省	180	1440	106
周恩来同志革命活动旧址		广东省	173	1384	107
上杭县古田会议旧址	AAAAA	福建省	172	1376	108
上海鲁迅故居	AA	上海市	162	1296	109
邓小平纪念馆	AAAAA	四川省	157	1256	110
聊城市东昌府区孔繁森同志纪念馆	AAAA	山东省	153	1224	111
法卡山英雄纪念碑园		广西壮族自治区	152	1486	112
福州市福建省革命历史纪念馆		福建省	150	1200	113
安顺市王若飞故居		贵州省	149	1192	114
南昌市新建区小平小道陈列馆	AAA	江西省	147	1176	115
粤东会馆		广西壮族自治区	147	1176	115
易县狼牙山风景区	AAAA	河北省	144	1152	117
叶挺独立团团部旧址纪念馆		广东省	142	1136	118
江西革命烈士纪念堂		江西省	136	1088	119
徐向前故居		山西省	136	1088	119
镇江市句容县茅山新四军纪念馆	AAAAA	江苏省	135	1080	121
漳州市毛主席率领红军攻克漳州陈列馆		福建省	135	1080	121
渭南市华县渭华起义纪念馆	AAAA	陕西省	133	1064	123
保山市施甸县杨善洲精神教育基地	AAAA	云南省	132	1056	124
灵丘县平型关大捷遗址		山西省	129	1032	125
鲁西南战役纪念馆		山东省	128	1024	126

续表

景区名称	景区等级	所属省份	日均值（次）	期总值（次）	排名
汨罗市任弼时故居	AAAA	湖南省	119	952	127
黔南州荔波县邓恩铭烈士故居	AAA	贵州省	118	944	128
北京规划展览馆	AAAA	北京市	116	928	129
凭祥友谊关遗址	AAAA	广西壮族自治区	116	928	129
宜昌市长江三峡水利枢纽工程	AAAAA	湖北省	112	896	131
红岩魂陈列馆		重庆市	112	896	131
华东革命烈士陵园	AAA	山东省	107	856	133
秋收起义广场	AAA	江西省	97	776	134
新文化运动纪念馆		北京市	96	768	135
川陕革命根据地红军烈士陵园	AAAA	四川省	94	752	136
宣城市泾县皖南事变烈士陵园	AAAA	安徽省	93	744	137
彭湃故居		广东省	92	736	138
桂东县“三大纪律六项注意”颁布旧址		湖南省	88	704	139
北伐战争纪念馆		广东省	86	688	140
李大钊烈士陵园		北京市	84	672	141
顺义区焦庄户地道战遗址纪念馆	AAA	北京市	81	648	142
广州市黄花岗七十二烈士墓	AAAA	广东省	78	624	143
昭通市罗炳辉将军故居		云南省	68	544	144
大瑶山剿匪纪念公园		广西壮族自治区	57	456	145
夜袭阳明堡机场遗址		山西省	56	448	146
赣州市、吉安市、抚州市中央苏区政府根据地红色旅游系列景区	AAAAA	江西省	46	368	147
阮啸仙故居		广东省	40	320	148

2. 东北地区十一假期红色旅游经典景区热度排名

十一期间东北地区红色旅游经典景区热度排名如表 12 所示。各景区热度全都少于 1 万次但超过 1 千次，其中区内排名第一的丹东市抗美援朝纪念馆热度接近 1 万次。区内 9 个景区热度的全年日均值约为 301 次，其中有 3 个景区超过这个均值（如表 4），分别是大庆市大庆油田历史陈列馆、丹东市抗美援朝纪念馆、鸭绿江断桥景区，而十一期间有 6 个景区超过此均值，这说明东北地区的红色旅游经典景区热度受十一假期影响较大。十一期间 9 个景区热度平均值为 4397 次，而其中有 4 个景区超过平均值，分别是丹东市抗美援朝纪念馆、鸭绿江断桥景区、大庆市大庆油田历史陈列馆、辽沈战役纪念馆，这说明十一期间的东北地区红色旅游经典景区热度分布相对集中于排名前列的景区。

表 12　东北地区“十一”假期红色旅游经典景区热度排名

景区名称	景区等级	所属省份	日均值（次）	期总值（次）	排名
丹东市抗美援朝纪念馆	AAAA	辽宁省	1085	8680	1
鸭绿江断桥景区	AAAA	辽宁省	953	7624	2
大庆市大庆油田历史陈列馆	AAAA	黑龙江省	730	5840	3
辽沈战役纪念馆	AAAA	辽宁省	693	5544	4
长春市长春电影制片厂	AAAA	吉林省	392	3136	5
鸡西市侵华日军虎头要塞遗址	AAAAA	黑龙江省	322	2576	6
牡丹江市侵华日军东宁要塞遗址	AAAA	黑龙江省	274	2192	7
“九一八”历史博物馆	AAAA	辽宁省	257	2056	8
抗美援朝烈士陵园	AAA	辽宁省	241	1928	9

3. 华北地区十一假期红色旅游经典景区热度排名

表 13 对华北地区 31 个景区十一期间的热度进行了排名。从表 13 中可以看到，各景区热度期总值在 448 ~ 34568 次。本区排名前三的景区分别是天安门广场、石家庄市平山县西柏坡红色旅游系列景区（点）、中国国家博物馆，全都进入了全国十一热度排名的前十。31 个景区中，热度超过 1 万次的有 2 个，分别是天安门广场、石家庄市平山县西柏坡红色旅游系列景区（点），少于 1 万次但超过 1 千次的有 24 个，分别是中国国家博物馆、宋庆龄故居、涞水县野三坡平西抗日根据地、安新县白洋淀景区、平津战役纪念馆、清苑区冉庄地道战遗址、中国航空博物馆、北京奥林匹克公园、大同煤矿“万人坑”遗址纪念馆、圆明园遗址公园、中国人民抗日战争纪念馆、东风航天城旅游景区、文水县刘胡兰纪念馆、中国人民革命军事博物馆、丰润区潘家峪惨案纪念馆、呼伦贝尔市诺门罕战役遗址及陈列馆、黎城县黄崖洞景区、大沽口炮台遗址博物馆、香山双清别墅、周恩来邓颖超纪念馆、乐亭县李大钊故居和纪念馆、易县狼牙山风景区、徐向前故居、灵丘县平型关大捷遗址。少于 1 千次的有 5 个，分别是北京规划展览馆、新文化运动纪念馆、李大钊烈士陵园、顺义区焦庄户地道战遗址纪念馆、夜袭阳明堡机场遗址，分别占比 6. 45%、77. 42%、16. 13%。区内 31 个景区热度的全年日均值约为 275 次，十一期间有 16 个景区超过这个均值，分别是天安门广场、石家庄市平山县西柏坡红色旅游系列景区（点）、中国国家博物馆、宋庆龄故居、涞水县野三坡平西抗日根据地、安新县白洋淀景区、平津战役纪念馆、清苑区冉庄地道战遗址、中国航空博物馆、北京奥林匹克公园、大同煤矿“万人坑”遗址纪念馆、圆明园遗址公园、中国人民抗日战争纪念馆、东风航天城旅游景区、文水县刘胡兰纪念馆、中国

人民革命军事博物馆。而从全年的数据来看只有6个景区超过（如表5），分别是天安门广场、石家庄市平山县西柏坡红色旅游系列景区（点）、中国国家博物馆、涞水县野三坡平西抗日根据地、宋庆龄故居、中国人民革命军事博物馆，这说明华北地区的红色旅游经典景区热度受十一假期影响较大。另外，十一期间31个景区热度期总值的平均值为约为3883次，而其中有5个景区超过平均值，分别是天安门广场、石家庄市平山县西柏坡红色旅游系列景区（点）、中国国家博物馆、宋庆龄故居、涞水县野三坡平西抗日根据地，这说明十一期间的华北地区红色旅游经典景区热度分布相对集中于排名前列的景区。

表13　华北地区“十一”假期红色旅游经典景区热度排名

景区名称	景区等级	所属省份	日均值（次）	期总值（次）	排名
天安门广场		北京市	4321	34568	1
石家庄市平山县西柏坡红色旅游系列景区（点）	AAAAA	河北省	1570	12560	2
中国国家博物馆		北京市	1170	9360	3
宋庆龄故居	AAA	北京市	870	6960	4
涞水县野三坡平西抗日根据地	AAAAA	河北省	733	5864	5
安新县白洋淀景区	AAAAA	河北省	477	3816	6
平津战役纪念馆	AAAA	天津市	443	3544	7
清苑区冉庄地道战遗址	AAA	河北省	417	3336	8
中国航空博物馆	AAAA	北京市	379	3032	9
北京奥林匹克公园	AAAAA	北京市	345	2760	10
大同煤矿“万人坑”遗址纪念馆	AA	山西省	322	2576	11
圆明园遗址公园	AAAAA	北京市	321	2568	12
中国人民抗日战争纪念馆	AAAA	北京市	317	2536	13
东风航天城旅游景区	AAAA	内蒙古自治区	315	2520	14
文水县刘胡兰纪念馆		山西省	314	2512	15
中国人民革命军事博物馆		北京市	309	2472	16
丰润区潘家峪惨案纪念馆		河北省	257	2056	17
呼伦贝尔市诺门罕战役遗址及陈列馆	AAA	内蒙古自治区	257	2056	18
黎城县黄崖洞景区	AAAA	山西省	235	1880	19
大沽口炮台遗址博物馆	AAAA	天津市	235	1880	20
香山双清别墅	AAAA	北京市	226	1808	21
周恩来邓颖超纪念馆	AAAA	天津市	186	1488	22
乐亭县李大钊故居和纪念馆	AAAA	河北省	184	1472	23
易县狼牙山风景区	AAAA	河北省	144	1152	24

续表

景区名称	景区等级	所属省份	日均值（次）	期总值（次）	排名
徐向前故居		山西省	136	1088	25
灵丘县平型关大捷遗址		山西省	129	1032	26
北京规划展览馆	AAAA	北京市	116	928	27
新文化运动纪念馆		北京市	96	768	28
李大钊烈士陵园		北京市	84	672	29
顺义区焦庄户地道战遗址纪念馆	AAA	北京市	81	648	30
夜袭阳明堡机场遗址		山西省	56	448	31

4. 华东地区十一假期红色旅游经典景区热度排名

表 14 对华东地区 44 个景区十一期间的热度进行了排名。从表 14 中可以看到，各景区热度期总值在 368～25040 次。本区排名前五的景区分别是井冈山红色旅游系列景区、南京市中山陵、枣庄市台儿庄大战遗址、侵华日军南京大屠杀遇难同胞纪念馆、刘公岛甲午战争遗址博物馆，以上景区位于全国十一热度排名的第 2 名、第 3 名、第 5 名和第 7 名。44 个景区中，热度超过 1 万次的有 5 个，分别是井冈山红色旅游系列景区、南京市中山陵、枣庄市台儿庄大战遗址、侵华日军南京大屠杀遇难同胞纪念馆、刘公岛甲午战争遗址博物馆。少于 1 万次但超过 1 千次的有 35 个，分别是龙华烈士陵园、庐山会议旧址、永新三湾改编旧址、宋庆龄故居纪念馆及陵园、滁州市凤阳县小岗村、周恩来故居、周恩来纪念馆、厦门市胡里山炮台、嘉兴市南湖风景名胜区（中共一大旧址）、上海世博园、鲁迅纪念馆、泰兴市黄桥战役纪念馆、青岛市中国人民解放军海军博物馆、鲁迅故居、雨花台烈士陵园、徐州市淮海战役纪念馆、莱芜市莱芜战役纪念馆、南昌八一广场、上饶市上饶集中营革命烈士陵园、蒙阴县、沂南县沂蒙山孟良崮战役遗址、南通市海安市七战七捷纪念馆、中国共产党第一次全国代表大会会址纪念馆、济南战役纪念馆、上海市城市规划展示馆、梅园新村纪念馆、南昌八一起义纪念馆、上杭县古田会议旧址、上海鲁迅故居、聊城市东昌府区孔繁森同志纪念馆、福州市福建省革命历史纪念馆、南昌市新建区小平小道陈列馆、江西革命烈士纪念堂、镇江市句容县茅山新四军纪念馆、漳州市毛主席率领红军攻克漳州陈列馆、鲁西南战役纪念馆。少于 1 千次的有 4 个，分别是华东革命烈士陵园、秋收起义广场、宣城市泾县皖南事变烈士陵园、赣州市、吉安市、抚州市中央苏区政府根据地红色旅游系列景区，分别占 11.36%、79.55%、9.09%。区内 44 个景区热度的全年日均值为 357 人次，从全年数据来看，有 8 个景区超过这个均值（如表 6），分别是井冈山红色旅游系列景区、南京市中山陵、庐山会议旧址、永新三湾改编旧址、枣庄市台儿庄大战遗址、侵华日军南京大屠杀遇难同胞纪念馆、滁州市凤阳县小岗村、刘公岛甲午战

争遗址博物馆，而十一期间有 18 个景区超过此均值，分别是枣庄市台儿庄大战遗址、侵华日军南京大屠杀遇难同胞纪念馆、井冈山红色旅游系列景区、南京市中山陵、庐山会议旧址、滁州市凤阳县小岗村、永新三湾改编旧址、周恩来故居、刘公岛甲午战争遗址博物馆、龙华烈士陵园、宋庆龄故居纪念馆级陵园、周恩来纪念馆、厦门市胡里山炮台、嘉兴市南湖风景名胜区（中共一大旧址）、上海世博园、鲁迅纪念馆、泰兴市黄桥战役纪念馆、青岛市中国人民解放军海军博物馆，这说明华东地区的红色旅游经典景区热度整体受十一假期影响较大。另外，十一期间 44 个景区热度期总值的平均值约为4506 次，有 12 个景区超过平均值，分别是井冈山红色旅游系列景区、南京市中山陵、枣庄市台儿庄大战遗址、侵华日军南京大屠杀遇难同胞纪念馆、刘公岛甲午战争遗址博物馆、龙华烈士陵园、庐山会议旧址、永新三湾改编旧址、宋庆龄故居纪念馆及陵园、滁州市凤阳县小岗村、周恩来故居、周恩来纪念馆，这说明十一期间的华东地区红色旅游经典景区热度分布相对集中于排名前列的景区。

表 14　华东地区“十一”假期红色旅游经典景区热度排名

景区名称	景区等级	所属省份	日均值（次）	期总值（次）	排名
井冈山红色旅游系列景区	AAAAA	江西省	3130	25040	1
南京市中山陵	AAAAA	江苏省	2909	23272	2
枣庄市台儿庄大战遗址	AAAAA	山东省	1653	13224	3
侵华日军南京大屠杀遇难同胞纪念馆	AAAA	江苏省	1532	12256	4
刘公岛甲午战争遗址博物馆	AAAAA	山东省	1515	14820	5
龙华烈士陵园	AAAA	上海市	1109	8872	6
庐山会议旧址		江西省	1021	8168	7
永新三湾改编旧址	AAAA	江西省	924	7392	8
宋庆龄故居纪念馆及陵园	AAAA	上海市	870	6960	9
滁州市凤阳县小岗村	AAAA	安徽省	765	6120	10
周恩来故居	AAAAA	江苏省	707	5656	11
周恩来纪念馆	AAAAA	江苏省	672	5376	12
厦门市胡里山炮台	AAAA	福建省	555	4440	13
嘉兴市南湖风景名胜区（中共一大旧址）	AAAAA	浙江省	520	4160	14
上海世博园		上海市	417	3336	15
鲁迅纪念馆		浙江省	415	3320	16
泰兴市黄桥战役纪念馆	AAA	江苏省	375	3000	17
青岛市中国人民解放军海军博物馆	AAA	山东省	357	2856	18
鲁迅故居	AAAA	浙江省	345	2760	19
雨花台烈士陵园	AAAA	江苏省	338	2704	20

续表

景区名称	景区等级	所属省份	日均值（次）	期总值（次）	排名
徐州市淮海战役纪念馆	AAAA	江苏省	334	2672	21
莱芜市莱芜战役纪念馆	AAA	山东省	333	2664	22
南昌八一广场		江西省	291	2328	23
上饶市上饶集中营革命烈士陵园	AAAA	江西省	268	2144	24
蒙阴县、沂南县沂蒙山孟良崮战役遗址	AAAA	山东省	237	1896	25
南通市海安市七战七捷纪念馆	AAA	江苏省	216	1728	26
中国共产党第一次全国代表大会会址纪念馆		上海市	211	1688	27
济南战役纪念馆		山东省	202	1616	28
上海市城市规划展示馆	AAAA	上海市	196	1568	29
梅园新村纪念馆	AAAA	江苏省	190	1520	30
南昌八一起义纪念馆	AAAA	江西省	180	1440	31
上杭县古田会议旧址	AAAAA	福建省	172	1376	32
上海鲁迅故居	AA	上海市	162	1296	33
聊城市东昌府区孔繁森同志纪念馆	AAAA	山东省	153	1224	34
福州市福建省革命历史纪念馆		福建省	150	1200	35
南昌市新建区小平小道陈列馆	AAA	江西省	147	1176	36
江西革命烈士纪念堂		江西省	136	1088	37
镇江市句容县茅山新四军纪念馆	AAAAA	江苏省	135	1080	38
漳州市毛主席率领红军攻克漳州陈列馆		福建省	135	1080	39
鲁西南战役纪念馆		山东省	128	1024	40
华东革命烈士陵园	AAA	山东省	107	856	41
秋收起义广场	AAA	江西省	97	776	42
宣城市泾县皖南事变烈士陵园	AAAA	安徽省	93	744	43
赣州市、吉安市、抚州市中央苏区政府根据地红色旅游系列景区	AAAAA	江西省	46	368	44

5. 华南地区十一假期红色旅游经典景区热度排名

表 15 对华南地区的 24 个红色旅游经典景区十一期间的热度进行了排名。从表 15 可以看到，各景区热度期总值范围在 320 ~ 6520 人次，区内 24 个景区热度的全年日均值约为 182 次，十一期间有 14 个景区超过这个均值，分别是莲花山公园、梅州市大埔县“八一”起义军三河坝战役纪念园、中山市孙中山故居、昆仑关战役旧址景区、广州市黄埔陆军军官学校旧址、广东东江纵队纪念馆、叶剑英故居、韶关南雄市梅关古道景区、孙中山大元帅府纪念馆、广州起义烈士陵园、惠州市惠阳区叶挺纪念馆、东莞市鸦片战争博物馆、东兰红色旅游区、南宁邓颖超纪念馆。而从全年的数据来看有 7

个景区超过（如表7），分别是莲花山公园、梅州市大埔县“八一”起义军三河坝战役纪念园、昆仑关战役旧址景区、中山市孙中山故居、广东东江纵队纪念馆、东兰红色旅游区、广州市黄埔陆军军官学校旧址。另外，十一期间24个景区热度期总值的平均值为2142次，有6个景区超过平均值，分别是莲花山公园、梅州市大埔县“八一”起义军三河坝战役纪念园、中山市孙中山故居、昆仑关战役旧址景区、广州市黄埔陆军军官学校旧址、广东东江纵队纪念馆，说明十一期间的华南地区红色旅游经典景区热度分布相对集中于排名前列的景区。

表15 华南地区“十一”假期红色旅游经典景区热度排名

景区名称	景区等级	所属省份	日均值（次）	期总值（次）	排名
莲花山公园	AAAA	广东省	815	6520	1
梅州市大埔县“八一”起义军三河坝战役纪念园	AAA	广东省	785	6280	2
中山市孙中山故居	AAAAA	广东省	757	6056	3
昆仑关战役旧址景区		广西壮族自治区	513	4104	4
广州市黄埔陆军军官学校旧址		广东省	290	2320	5
广东东江纵队纪念馆	AAAA	广东省	283	2264	6
叶剑英故居	AAAA	广东省	265	2120	7
韶关南雄市梅关古道景区	AAAA	广东省	265	2120	8
孙中山大元帅府纪念馆	AAA	广东省	261	2088	9
广州起义烈士陵园	AAAA	广东省	239	1912	10
惠州市惠阳区叶挺纪念馆	AAAA	广东省	221	1768	11
东莞市鸦片战争博物馆	AAAA	广东省	219	1752	12
东兰红色旅游区	AAAA	广西壮族自治区	202	1616	13
南宁邓颖超纪念馆		广西壮族自治区	194	1552	14
法卡山英雄纪念碑园		广西壮族自治区	152	1486	15
周恩来同志革命活动旧址		广东省	173	1384	16
粤东会馆		广西壮族自治区	147	1176	17
叶挺独立团团部旧址纪念馆		广东省	142	1136	18
凭祥友谊关遗址	AAAA	广西壮族自治区	116	928	19
彭湃故居		广东省	92	736	20
北伐战争纪念馆		广东省	86	688	21
广州市黄花岗七十二烈士墓	AAAA	广东省	78	624	22
大瑶山剿匪纪念公园		广西壮族自治区	57	456	23
阮啸仙故居		广东省	40	320	24

6. 华中地区十一假期红色旅游经典景区热度排名

表16对华中地区15个景区十一期间的热度进行了排名。从表16中可以看到，各

景区热度期总值范围在 704 ~ 16504 次。15 个景区中，热度超过 1 万次的有 3 个，分别是岳麓山景区、衡阳市南岳忠烈祠、黄冈市大别山红色旅游区，少于 1 万次但超过 1 千次的有 9 个，分别是湘潭市韶山市毛泽东故居和纪念馆、湖南第一师范学校旧址、宁乡市花明楼刘少奇故居、湘潭市湘潭县彭德怀故居、杨开慧故居、胡耀邦故居、汝城县湘南起义汝城会议旧址、湘潭市湘乡东山学校旧址、桑植县贺龙故居。少于 1 千次的有 3 个，分别是汨罗市任弼时故居、宜昌市长江三峡水利枢纽工程、桂东县“三大纪律六项注意”颁布旧址，分别占 20%、60%、20%。15 个景区中有 13 个位于湖南省，2 个位于湖北省，区内 15 个景区热度的全年日均值约为 516 人次，十一期间有 6 个景区超过这个均值，分别是岳麓山景区、湘潭市韶山市毛泽东故居和纪念馆、衡阳市南岳忠烈祠、黄冈市大别山红色旅游区、湖南第一师范学校旧址、宁乡市花明楼刘少奇故居。而从全年的数据来看有 5 个景区超过（如表 8），分别是湖南第一师范学校旧址、黄冈市大别山红色旅游区、岳麓山景区、湘潭市韶山市毛泽东故居和纪念馆、衡阳市南岳忠烈祠。十一期间 15 个景区热度期总值的平均值为 4952 次，其中有 5 个景区超过平均值，分别是岳麓山景区、衡阳市南岳忠烈祠、黄冈市大别山红色旅游区、湘潭市韶山市毛泽东故居和纪念馆、湖南第一师范学校旧址，说明十一期间的华中地区红色旅游经典景区热度分布相对集中于排名前列的景区。

表 16　华中地区“十一”假期红色旅游经典景区热度排名

景区名称	景区等级	所属省份	日均值（次）	期总值（次）	排名
岳麓山景区	AAAAA	湖南省	2063	16504	1
衡阳市南岳忠烈祠	AAAAA	湖南省	1292	10336	2
黄冈市大别山红色旅游区	AAAA	湖北省	1279	10232	3
湘潭市韶山市毛泽东故居和纪念馆	AAAAA	湖南省	1232	9856	4
湖南第一师范学校旧址		湖南省	1144	9152	5
宁乡市花明楼刘少奇故居	AAAAA	湖南省	551	4408	6
湘潭市湘潭县彭德怀故居	AAAA	湖南省	361	2888	7
杨开慧故居	AAAA	湖南省	238	1904	8
胡耀邦故居	AAAA	湖南省	218	1744	9
汝城县湘南起义汝城会议旧址		湖南省	205	1640	10
湘潭市湘乡东山学校旧址	AAAA	湖南省	192	1536	11
桑植县贺龙故居		湖南省	191	1528	12
汨罗市任弼时故居	AAAA	湖南省	119	952	13
宜昌市长江三峡水利枢纽工程	AAAAA	湖北省	112	896	14
桂东县“三大纪律六项注意”颁布旧址		湖南省	88	704	15

7. 西北地区十一假期红色旅游经典景区热度排名

表 17 对西北地区 11 个景区十一期间的热度进行了排名。从表 17 可以看到，区内排名第一的南泥湾革命旧址的热度期总值超过 1 万次，排名最末渭南市华县渭华起义纪念馆的热度仅 1064 次。11 个景区中，8 个位于陕西省，分别是南泥湾革命旧址、宝塔山景区、洛川会议旧址、延安革命纪念馆、“西安事变”纪念馆、吴起镇革命旧址、习仲勋陵园、酒泉市玉门油田、渭南市华县渭华起义纪念馆；3 个位于甘肃省，会宁红军会宁会师旧址、陇南市两当县两当兵变旧址、酒泉市玉门油田。区内 11 个景区热度的全年日均值为 377 次，十一期间有 4 个景区超过这个均值，分别是南泥湾革命旧址、宝塔山景区、洛川会议旧址、延安革命纪念馆。而从全年的数据来看有 3 个景区超过此均值（如表 9），分别是南泥湾革命旧址、洛川会议旧址、宝塔山景区。十一期间 11 个景区热度期总值的平均值为 3836 次，其中有 4 个景区超过平均值，分别是南泥湾革命旧址、宝塔山景区、洛川会议旧址、延安革命纪念馆，说明十一期间的西北地区红色旅游经典景区热度分布相对集中于排名前列的景区。

表 17　西北地区“十一”假期红色旅游经典景区热度排名

景区名称	景区等级	所属省份	日均值（次）	期总值（次）	排名
南泥湾革命旧址		陕西省	1449	11592	1
宝塔山景区	AAAA	陕西省	741	5928	2
洛川会议旧址	AAA	陕西省	715	5720	3
延安革命纪念馆	AAAAA	陕西省	623	4984	4
会宁红军会宁会师旧址	AAAA	甘肃省	350	2800	5
“西安事变”纪念馆		陕西省	331	2648	6
吴起镇革命旧址		陕西省	267	2136	7
习仲勋陵园		陕西省	247	1976	8
陇南市两当县两当兵变旧址		甘肃省	216	1728	9
酒泉市玉门油田	AAAA	甘肃省	202	1616	10
渭南市华县渭华起义纪念馆	AAAA	陕西省	133	1064	11

8. 西南地区十一假期红色旅游经典景区热度排名

表 18 对西南地区 14 个景区十一期间的热度进行了排名。从表 18 中可以看到，各景区热度期总值在 544 ~ 7272 次。区内 14 个景区热度的全年日均值约为 266 次，十一期间有 6 个景区超过这个均值，分别是汇川区、桐梓县娄山关景区、成都市崇州街子古镇、凉山州中国西昌卫星发射中心、保山市龙陵县滇西抗战松山战役遗址、汶川县水磨古镇、阿坝州理县桃坪羌寨。而从全年的数据来看只有 4 个景区超过（如表 10），

分别是汇川区、桐梓县娄山关景区、成都市崇州街子古镇、凉山州中国西昌卫星发射中心、保山市龙陵县滇西抗战松山战役遗址，说明华北地区的红色旅游经典景区热度受十一假期影响较大。十一期间14个景区热度期总值的平均值为2780次，其中只有5个景区超过平均值，分别是汇川区、桐梓县娄山关景区、成都市崇州街子古镇、保山市龙陵县滇西抗战松山战役遗址、阿坝州理县桃坪羌寨、凉山州中国西昌卫星发射中心，说明十一期间的西南地区红色旅游经典景区热度分布相对集中于排名前列的景区。

表18　西南地区“十一”假期红色旅游经典景区热度排名

景区名称	景区等级	所属省份	日均值（次）	期总值（次）	排名
汇川区、桐梓县娄山关景区	AAAA	贵州省	909	7272	1
成都市崇州街子古镇	AAAA	四川省	855	6840	2
保山市龙陵县滇西抗战松山战役遗址	AAAA	云南省	646	5168	3
阿坝州理县桃坪羌寨	AAAA	四川省	554	4432	4
凉山州中国西昌卫星发射中心	AAA	四川省	511	4088	5
汶川县水磨古镇	AAAAA	四川省	301	2408	6
陆军讲武堂旧址	AAAA	云南省	259	2072	7
邓小平纪念馆	AAAAA	四川省	157	1256	8
安顺市王若飞故居		贵州省	149	1192	9
保山市施甸县杨善洲精神教育基地	AAAA	云南省	132	1056	10
黔南州荔波县邓恩铭烈士故居	AAA	贵州省	118	944	11
红岩魂陈列馆		重庆市	112	896	12
川陕革命根据地红军烈士陵园	AAAA	四川省	94	752	13
昭通市罗炳辉将军故居		云南省	68	544	14

（二）春节（1.24—2.2）假期红色旅游经典景区热度排名

1. 全国春节期间红色旅游经典景区热度排名

春节期间，全国热度排名第1～10的分别是井冈山红色旅游系列景区、黄冈市大别山红色旅游区、南泥湾革命旧址、衡阳市南岳忠烈祠、天安门广场、湖南第一师范学校旧址、枣庄市台儿庄大战遗址、南京市中山陵、石家庄市平山县西柏坡红色旅游系列景区（点）、大庆市大庆油田历史陈列馆。148个景区当中，热度超过1万次的有3个，少于1万次但超过1千次的有85个，少于1千次的有60个，分别占2.03%、57.43%、40.54%。根据日均值，有20个景区在春节期间的热度要高于2020年的平均水平，128个景区春节期间的热度要低于2020年的平均水平，说明全国大部分景区在春节期间是旅游淡季。全国春节期间景区的平均热度为1929次，热度在平均值以上的景区有36个，说明春节期间，全国各红色旅游经典景区的热度分布比较集中于排名前列的景区（具体如表19所示）。

表19　春节期间全国红色旅游经典景区热度排名

景区名称	景区等级	所属省份	日均值（次）	期总值（次）	排名
井冈山红色旅游系列景区	AAAAA	江西省	2174	21740	1
黄冈市大别山红色旅游区	AAAA	湖北省	1256	12560	2
南泥湾革命旧址		陕西省	1051	10510	3
衡阳市南岳忠烈祠	AAAAA	湖南省	964	9640	4
天安门广场		北京市	844	8440	5
湖南第一师范学校旧址		湖南省	804	8040	6
枣庄市台儿庄大战遗址	AAAAA	山东省	795	7950	7
南京市中山陵	AAAAA	江苏省	711	7110	8
石家庄市平山县西柏坡红色旅游系列景区（点）	AAAAA	河北省	696	6960	9
大庆市大庆油田历史陈列馆	AAAA	黑龙江省	643	6430	10
湘潭市韶山市毛泽东故居和纪念馆	AAAAA	湖南省	636	6360	11
庐山会议旧址		江西省	629	6290	12
莲花山公园	AAAA	广东省	511	5110	13
中国国家博物馆		北京市	495	4950	14
岳麓山景区	AAAAA	湖南省	490	4900	15
滁州市凤阳县小岗村	AAAA	安徽省	482	4820	16
永新三湾改编旧址	AAAA	江西省	459	4590	17
汇川区、桐梓县娄山关景区	AAAA	贵州省	429	4290	18
保山市龙陵县滇西抗战松山战役遗址	AAAA	云南省	409	4090	19
梅州市大埔县“八一”起义军三河坝战役纪念园	AAA	广东省	371	3710	20
刘公岛甲午战争遗址博物馆	AAAAA	山东省	316	3160	21
洛川会议旧址	AAA	陕西省	315	3150	22
凉山州中国西昌卫星发射中心	AAA	四川省	287	2870	23
昆仑关战役旧址景区		广西壮族自治区	287	2870	23
中山市孙中山故居	AAAAA	广东省	223	2230	25
莱芜市莱芜战役纪念馆	AAA	山东省	222	2220	26
成都市崇州街子古镇	AAAA	四川省	222	2220	26
宋庆龄故居纪念馆及陵园	AAAA	上海市	219	2190	28
鸭绿江断桥景区	AAAA	辽宁省	219	2190	28
宋庆龄故居	AAA	北京市	219	2190	28

续表

景区名称	景区等级	所属省份	日均值（次）	期总值（次）	排名
呼伦贝尔市诺门罕战役遗址及陈列馆	AAA	内蒙古自治区	217	2170	31
泰兴市黄桥战役纪念馆	AAA	江苏省	212	2120	32
周恩来纪念馆	AAAAA	江苏省	210	2100	33
周恩来故居	AAAAA	江苏省	205	2050	34
宝塔山景区	AAAA	陕西省	200	2000	35
北京奥林匹克公园	AAAAA	北京市	197	1970	36
广东东江纵队纪念馆	AAAA	广东省	191	1910	37
中国人民革命军事博物馆		北京市	191	1910	37
长春市长春电影制片厂	AAAA	吉林省	190	1900	39
中国航空博物馆	AAAA	北京市	188	1880	40
圆明园遗址公园	AAAAA	北京市	187	1870	41
丰润区潘家峪惨案纪念馆		河北省	184	1840	42
宁乡市花明楼刘少奇故居	AAAAA	湖南省	175	1750	43
上海世博园		上海市	174	1740	44
厦门市胡里山炮台	AAAA	福建省	174	1740	44
酒泉市玉门油田	AAAA	甘肃省	171	1710	46
东兰红色旅游区	AAAA	广西壮族自治区	171	1710	46
平津战役纪念馆	AAAA	天津市	166	1660	48
阿坝州理县桃坪羌寨	AAAA	四川省	165	1650	49
南通市海安市七战七捷纪念馆	AAA	江苏省	165	1650	49
鸡西市侵华日军虎头要塞遗址	AAAAA	黑龙江省	159	1590	51
雨花台烈士陵园	AAAA	江苏省	157	1570	52
延安革命纪念馆	AAAAA	陕西省	154	1540	53
嘉兴市南湖风景名胜区（中共一大旧址）	AAAAA	浙江省	154	1540	53
涞水县野三坡平西抗日根据地	AAAAA	河北省	154	1540	53
上饶市上饶集中营革命烈士陵园	AAAA	江西省	145	1450	56
广州市黄埔陆军军官学校旧址		广东省	143	1430	57
黎城县黄崖洞景区	AAAA	山西省	142	1420	58
鲁迅纪念馆		浙江省	140	1400	59
中国人民抗日战争纪念馆	AAAA	北京市	139	1390	60
鲁迅故居	AAAA	浙江省	138	1380	61
徐州市淮海战役纪念馆	AAAA	江苏省	138	1380	61

续表

景区名称	景区等级	所属省份	日均值（次）	期总值（次）	排名
会宁红军会宁会师旧址	AAAA	甘肃省	137	1370	63
清苑区冉庄地道战遗址	AAA	河北省	137	1370	63
香山双清别墅	AAAA	北京市	137	1370	63
法卡山英雄纪念碑园		广西壮族自治区	137	1370	63
大沽口炮台遗址博物馆	AAAA	天津市	137	1370	63
习仲勋陵园		陕西省	135	1350	68
吴起镇革命旧址		陕西省	134	1340	69
牡丹江市侵华日军东宁要塞遗址	AAAA	黑龙江省	133	1330	70
青岛市中国人民解放军海军博物馆	AAA	山东省	132	1320	71
龙华烈士陵园	AAAA	上海市	132	1320	71
辽沈战役纪念馆	AAAA	辽宁省	130	1300	73
韶关南雄市梅关古道景区	AAAA	广东省	128	1280	74
南昌八一广场		江西省	127	1270	75
湘潭市湘潭县彭德怀故居	AAAA	湖南省	119	1190	76
邓小平纪念馆	AAAAA	四川省	118	1180	77
孙中山大元帅府纪念馆	AAA	广东省	114	1140	78
丹东市抗美援朝纪念馆	AAAA	辽宁省	114	1140	78
汝城县湘南起义汝城会议旧址		湖南省	113	1130	80
湘潭市湘乡东山学校旧址	AAAA	湖南省	108	1080	81
广州起义烈士陵园	AAAA	广东省	107	1070	82
乐亭县李大钊故居和纪念馆	AAAA	河北省	107	1070	82
蒙阴县、沂南县沂蒙山孟良崮战役遗址	AAAA	山东省	103	1030	84
渭南市华县渭华起义纪念馆	AAAA	陕西省	102	1020	85
凭祥友谊关遗址	AAAA	广西壮族自治区	102	1020	85
叶剑英故居	AAAA	广东省	101	1010	87
鲁西南战役纪念馆		山东省	101	1010	87
陇南市两当县两当兵变旧址		甘肃省	99	990	89
侵华日军南京大屠杀遇难同胞纪念馆	AAAA	江苏省	99	990	89
安新县白洋淀景区	AAAAA	河北省	99	990	89
东风航天城旅游景区	AAAA	内蒙古自治区	98	980	92
东莞市鸦片战争博物馆	AAAA	广东省	95	950	93
南昌市新建区小平小道陈列馆	AAA	江西省	88	880	94

续表

景区名称	景区等级	所属省份	日均值（次）	期总值（次）	排名
杨开慧故居	AAAA	湖南省	87	870	95
上杭县古田会议旧址	AAAAA	福建省	87	870	95
文水县刘胡兰纪念馆		山西省	87	870	95
“九一八”历史博物馆	AAAA	辽宁省	81	810	98
桑植县贺龙故居		湖南省	79	790	99
陆军讲武堂旧址	AAAA	云南省	78	780	100
惠州市惠阳区叶挺纪念馆	AAAA	广东省	73	730	101
胡耀邦故居	AAAA	湖南省	73	730	101
大瑶山剿匪纪念公园		广西壮族自治区	71	710	103
汶川县水磨古镇	AAAAA	四川省	66	660	104
周恩来同志革命活动旧址		广东省	63	630	105
济南战役纪念馆		山东省	63	630	105
周恩来邓颖超纪念馆	AAAA	天津市	63	630	105
徐向前故居		山西省	61	610	108
“西安事变”纪念馆		陕西省	60	600	109
保山市施甸县杨善洲精神教育基地	AAAA	云南省	54	540	110
桂东县“三大纪律六项注意”颁布旧址		湖南省	50	500	111
叶挺独立团团部旧址纪念馆		广东省	49	490	112
聊城市东昌府区孔繁森同志纪念馆	AAAA	山东省	44	440	113
灵丘县平型关大捷遗址		山西省	43	430	114
上海市城市规划展示馆	AAAA	上海市	42	420	115
镇江市句容县茅山新四军纪念馆	AAAAA	江苏省	42	420	115
易县狼牙山风景区	AAAA	河北省	40	400	117
彭湃故居		广东省	38	380	118
上海鲁迅故居	AA	上海市	37	370	119
南宁邓颖超纪念馆		广西壮族自治区	37	370	119
宜昌市长江三峡水利枢纽工程	AAAAA	湖北省	30	300	121
北京规划展览馆	AAAA	北京市	30	300	121
大同煤矿“万人坑”遗址纪念馆	AA	山西省	30	300	121
华东革命烈士陵园	AAA	山东省	24	240	124
安顺市王若飞故居		贵州省	24	240	124
福州市福建省革命历史纪念馆		福建省	24	240	124

续表

景区名称	景区等级	所属省份	日均值（次）	期总值（次）	排名
李大钊烈士陵园		北京市	24	240	124
北伐战争纪念馆		广东省	18	180	128
中国共产党第一次全国代表大会会址纪念馆		上海市	18	180	128
梅园新村纪念馆	AAAA	江苏省	18	180	128
夜袭阳明堡机场遗址		山西省	18	180	128
广州市黄花岗七十二烈士墓	AAAA	广东省	17	170	132
宣城市泾县皖南事变烈士陵园	AAAA	安徽省	17	170	132
赣州市、吉安市、抚州市中央苏区政府根据地红色旅游系列景区	AAAAA	江西省	12	120	134
秋收起义广场	AAA	江西省	12	120	134
新文化运动纪念馆		北京市	12	120	134
顺义区焦庄户地道战遗址纪念馆	AAA	北京市	12	120	134
粤东会馆		广西壮族自治区	12	120	134
红岩魂陈列馆		重庆市	11	110	139
汨罗市任弼时故居	AAAA	湖南省	6	60	140
江西革命烈士纪念堂		江西省	5	50	141
南昌八一起义纪念馆	AAAA	江西省	5	50	141
阮啸仙故居		广东省	0	0	143
川陕革命根据地红军烈士陵园	AAAA	四川省	0	0	143
昭通市罗炳辉将军故居		云南省	0	0	143
黔南州荔波县邓恩铭烈士故居	AAA	贵州省	0	0	143
漳州市毛主席率领红军攻克漳州陈列馆		福建省	0	0	143
抗美援朝烈士陵园	AAA	辽宁省	0	0	143

2. 东北地区春节期间红色旅游经典景区热度排名

如表 20 所示，东北地区春节期间，热度排名第 1 的是位于黑龙江省的 4A 级景区大庆市大庆油田历史陈列馆，其间的日均热度为 643 次，总热度达 6430 次。其次是位于辽宁省的鸭绿江断桥景区，其间的日均热度为 219 次，总热度达 2190 次。热度排名第 3 的是位于吉林省的 4A 级景区长春市长春电影制片厂，其间的日均热度为 190 次，总热度达 1900 次。热度排名第 4 的是位于黑龙江省的 4A 级景区鸡西市侵华日军虎头要塞遗址，其间的日均热度为 159 次，总热度达 1590 次。热度排名第 5 的是位于黑龙江省的 4A 级景区牡丹江市侵华日军东宁要塞遗址，其间的日均热度为 133 次，总热度达1330次。热度排名第6的是位于辽宁省的4A级景区辽沈战役纪念馆，其间的日均热度为130次，总热度达1300次。热度排名第7的是位于辽宁省的4A级景区丹东市抗美援朝纪念馆，其间的日均热度为114次，总热度达1140次。热度排名第8的是位于辽宁省的4A级景区“九一八”历史博物馆，其间景区的日均热度为81次，总热度达810次。排名热度第9的是位于辽宁省的3A级景区抗美援朝烈士陵园，其间景区的日均热值为0，总热度为0。

9个景区中，热度少于1万次但超过1千次的有7个，少于1千次的有2个，分别占比77.78%、22.22%。通过对比东北地区各个景区春节期间和2020年热度日均值可以看到，有1个景区在春节期间的热度要高于2020年的平均水平，8个景区的热度低于2020年的平均水平，说明春节期间为东北地区各景区的旅游淡季。东北地区春节期间的景区平均热度为1854次，热度在平均值以上的景区有3个。

表20　东北地区春节期间红色旅游经典景区热度排名

景区名称	景区等级	所属省份	日均值（次）	期总值（次）	排名
大庆市大庆油田历史陈列馆	AAAA	黑龙江省	643	6430	1
鸭绿江断桥景区	AAAA	辽宁省	219	2190	2
长春市长春电影制片厂	AAAA	吉林省	190	1900	3
鸡西市侵华日军虎头要塞遗址	AAAAA	黑龙江省	159	1590	4
牡丹江市侵华日军东宁要塞遗址	AAAA	黑龙江省	133	1330	5
辽沈战役纪念馆	AAAA	辽宁省	130	1300	6
丹东市抗美援朝纪念馆	AAAA	辽宁省	114	1140	7
“九一八”历史博物馆	AAAA	辽宁省	81	810	8
抗美援朝烈士陵园	AAA	辽宁省	0	0	9

3. 华北地区春节期间红色旅游经典景区热度排名

如表21所示，华北地区春节期间，热度排名第1～10名的分别是天安门广场、石家庄市平山县西柏坡红色旅游系列景区（点）、中国国家博物馆、宋庆龄故居、呼伦贝尔市门罕战役遗址及陈列馆、北京奥林匹克公园、中国人民革命军事博物馆、中国航空博物馆、圆明园遗址公园、丰润区潘家峪惨案纪念馆。31个景区中，热度少于1万次但超过1千次的有18个，少于1千次的有13个，分别占58.06%、41.94%。通过对比华北地区各个景区春节期间和2020年热度日均值可以看到，有3个景区在春节期间的热度要高于2020年的平均水平，28个景区的热度要低于2020年的平均水平，说明华北地区的大部分景区在春节期间是旅游淡季。华北地区春节期间的景区平均热度为1662次，热度在平均值以上的景区仅为10个，说明春节期间，华北地区景区的热度分布较为集中。

表 21　华北地区春节期间红色旅游经典景区热度排名

景区名称	景区等级	所属省份	日均值（次）	期总值（次）	排名
天安门广场		北京市	844	8440	1
石家庄市平山县西柏坡红色旅游系列景区（点）	AAAAA	河北省	696	6960	2
中国国家博物馆		北京市	495	4950	3
宋庆龄故居	AAA	北京市	219	2190	4
呼伦贝尔市诺门罕战役遗址及陈列馆	AAA	内蒙古自治区	217	2170	5
北京奥林匹克公园	AAAAA	北京市	197	1970	6
中国人民革命军事博物馆		北京市	191	1910	7
中国航空博物馆	AAAA	北京市	188	1880	8
圆明园遗址公园	AAAAA	北京市	187	1870	9
丰润区潘家峪惨案纪念馆		河北省	184	1840	10
平津战役纪念馆	AAAA	天津市	166	1660	11
涞水县野三坡平西抗日根据地	AAAAA	河北省	154	1540	12
黎城县黄崖洞景区	AAAA	山西省	142	1420	13
中国人民抗日战争纪念馆	AAAA	北京市	139	1390	14
清苑区冉庄地道战遗址	AAA	河北省	137	1370	15
香山双清别墅	AAAA	北京市	137	1370	16
大沽口炮台遗址博物馆	AAAA	天津市	137	1370	17
乐亭县李大钊故居和纪念馆	AAAA	河北省	107	1070	18
安新县白洋淀景区	AAAAA	河北省	99	990	19
东风航天城旅游景区	AAAA	内蒙古自治区	98	980	20
文水县刘胡兰纪念馆		山西省	87	870	21
周恩来邓颖超纪念馆	AAAA	天津市	63	630	22
徐向前故居		山西省	61	610	23
灵丘县平型关大捷遗址		山西省	43	430	24
易县狼牙山风景区	AAAA	河北省	40	400	25
大同煤矿“万人坑”遗址纪念馆	AA	山西省	30	300	26
北京规划展览馆	AAAA	北京市	30	300	27
李大钊烈士陵园		北京市	24	240	28
夜袭阳明堡机场遗址		山西省	18	180	29
新文化运动纪念馆		北京市	12	120	30
顺义区焦庄户地道战遗址纪念馆	AAA	北京市	12	120	31

4. 华东地区春节期间红色旅游经典景区热度排名

如表 22 所示，华东地区春节期间，热度排名第 1～10 的分别是井冈山红色旅游系列景区、枣庄市台儿庄大战遗址、南京市中山陵、庐山会议旧址、滁州市凤阳县小岗村、永新三湾改编旧址、刘公岛甲午战争遗址博物馆、莱芜市莱芜战役纪念馆、宋庆龄故居纪念馆及陵园、泰兴市黄桥战役纪念馆。44 个景区中，热度超过 1 万次的有 1 个，少于 1 万次但超过 1 千次的有 25 个，少于 1 千次的有 18 个，分别占 2.27%、56.82%、49.91%。通过对比华东地区各个景区春节期间和 2020 年热度日均值可以看到，有 6 个景区在春节期间的热度要高于 2020 年的平均水平，38 个景区的热度要低于 2020 年的平均水平。华东地区春节期间景区的平均热度为 2103 次，热度在平均值以上的景区有 10 个。

表 22　华东地区春节期间红色旅游经典景区热度排名

景区名称	景区等级	所属省份	日均值（次）	期总值（次）	排名
井冈山红色旅游系列景区	AAAAA	江西省	2174	21740	1
枣庄市台儿庄大战遗址	AAAAA	山东省	795	7950	2
南京市中山陵	AAAAA	江苏省	711	7110	3
庐山会议旧址		江西省	629	6290	4
滁州市凤阳县小岗村	AAAA	安徽省	482	4820	5
永新三湾改编旧址	AAAA	江西省	459	4590	6
刘公岛甲午战争遗址博物馆	AAAAA	山东省	316	3160	7
莱芜市莱芜战役纪念馆	AAA	山东省	222	2220	8
宋庆龄故居纪念馆及陵园	AAAA	上海市	219	2190	9
泰兴市黄桥战役纪念馆	AAA	江苏省	212	2120	10
周恩来纪念馆	AAAAA	江苏省	210	2100	11
周恩来故居	AAAAA	江苏省	205	2050	12
上海世博园		上海市	174	1740	13
厦门市胡里山炮台	AAAA	福建省	174	1740	14
南通市海安市七战七捷纪念馆	AAA	江苏省	165	1650	15
雨花台烈士陵园	AAAA	江苏省	157	1570	16
嘉兴市南湖风景名胜区（中共一大旧址）	AAAAA	浙江省	154	1540	17
上饶市上饶集中营革命烈士陵园	AAAA	江西省	145	1450	18
鲁迅纪念馆		浙江省	140	1400	19
鲁迅故居	AAAA	浙江省	138	1380	20
徐州市淮海战役纪念馆	AAAA	江苏省	138	1380	21

续表

景区名称	景区等级	所属省份	日均值（次）	期总值（次）	排名
青岛市中国人民解放军海军博物馆	AAA	山东省	132	1320	22
龙华烈士陵园	AAAA	上海市	132	1320	23
南昌八一广场		江西省	127	1270	24
蒙阴县、沂南县沂蒙山孟良崮战役遗址	AAAA	山东省	103	1030	25
鲁西南战役纪念馆		山东省	101	1010	26
侵华日军南京大屠杀遇难同胞纪念馆	AAAA	江苏省	99	990	27
南昌市新建区小平小道陈列馆	AAA	江西省	88	880	28
上杭县古田会议旧址	AAAAA	福建省	87	870	29
济南战役纪念馆		山东省	63	630	30
聊城市东昌府区孔繁森同志纪念馆	AAAA	山东省	44	440	31
上海市城市规划展示馆	AAAA	上海市	42	420	32
镇江市句容县茅山新四军纪念馆	AAAAA	江苏省	42	420	33
上海鲁迅故居	AA	上海市	37	370	34
华东革命烈士陵园	AAA	山东省	24	240	35
福州市福建省革命历史纪念馆		福建省	24	240	36
中国共产党第一次全国代表大会会址纪念馆		上海市	18	180	37
梅园新村纪念馆	AAAA	江苏省	18	180	38
宣城市泾县皖南事变烈士陵园	AAAA	安徽省	17	170	39
秋收起义广场	AAA	江西省	12	120	40
赣州市、吉安市、抚州市中央苏区政府根据地红色旅游系列景区	AAAAA	江西省	12	120	41
南昌八一起义纪念馆	AAAA	江西省	5	50	42
江西革命烈士纪念堂		江西省	5	50	43
漳州市毛主席率领红军攻克漳州陈列馆		福建省	0	0	44

5. 华南地区春节期间红色旅游经典景区热度排名

如表 23 所示，华南地区春节期间，热度排名第 1 的是位于广东省的 4A 级景区莲花山公园，其间的日均热度为 511 次，总热度达 5110 次。热度排名第 2 的是位于广东省的 3A 级景区梅州市大埔县“八一”起义军三河坝战役纪念园，其间的日均热度为 371 次，总热度达 3710 次。热度排名第 3 的是位于广西壮族自治区的昆仑关战役旧址景区，其间的日均热度为 287 次，总热度达 2870 次。热度排名第 4 的是位于广东省的 5A 级景区中山市孙中山故居，其间的日均热度为 223 次，总热度达 2230 次。热度排名第 5 的是位于广东省的 4A 级景区广东东江纵队纪念馆，其间的日均热度为 191 次，总热度达 1910 次。热度排名第 6 的是位于广西壮族自治区的 4A 级景区东兰红色旅游区，其间的日均热度为 171 次，总热度达 1710 次。热度排名第 7 的是位于广东省的景区广州市黄埔陆军军官学校旧址，其间的日均热度为 143 次，总热度达 1430 次。热度排名第 8 的是位于广西壮族自治区的法卡山英雄纪念碑园，其间的日均热度为 137 次，总热度达 1370 次。热度排名第 9 的是位于广东省的 4A 级景区韶关南雄市梅关古道景区，其间的日均热度为 128 次，总热度达 1280 次。热度排名第 10 的是位于广东省的 3A 级景区孙中山大元帅府纪念馆，其间的日均热度为 114 次，总热度达 1140 次。

24 个景区中，热度少于 1 万次但超过 1 千次的有 13 个，少于 1 千次的有 11 个，分别占比 54.17%、45.83%。通过对比华南地区各个景区春节期间和 2020 年热度日均值可以看到，有 2 个景区在春节期间的热度要明显高于 2020 年的平均水平，22 个景区春节期间的热度要低于 2020 年的平均水平，说明华南地区的大部分景区在春节期间是旅游淡季。华南地区春节期间的平均热度为 1275 次，热度在平均值以上的景区有 9 个。

表 23　华南地区春节期间红色旅游经典景区热度排名

景区名称	景区等级	所属省份	日均值（次）	期总值（次）	排名
莲花山公园	AAAA	广东省	511	5110	1
梅州市大埔县“八一”起义军三河坝战役纪念园	AAA	广东省	371	3710	2
昆仑关战役旧址景区		广西壮族自治区	287	2870	3
中山市孙中山故居	AAAAA	广东省	223	2230	4
广东东江纵队纪念馆	AAAA	广东省	191	1910	5
东兰红色旅游区	AAAA	广西壮族自治区	171	1710	6
广州市黄埔陆军军官学校旧址		广东省	143	1430	7
法卡山英雄纪念碑园		广西壮族自治区	137	1370	8
韶关南雄市梅关古道景区	AAAA	广东省	128	1280	9
孙中山大元帅府纪念馆	AAA	广东省	114	1140	10
广州起义烈士陵园	AAAA	广东省	107	1070	11
凭祥友谊关遗址	AAAA	广西壮族自治区	102	1020	12
叶剑英故居	AAAA	广东省	101	1010	13
东莞市鸦片战争博物馆	AAAA	广东省	95	950	14
惠州市惠阳区叶挺纪念馆	AAAA	广东省	73	730	15
大瑶山剿匪纪念公园		广西壮族自治区	71	710	16
周恩来同志革命活动旧址		广东省	63	630	17
叶挺独立团团部旧址纪念馆		广东省	49	490	18
彭湃故居		广东省	38	380	19
南宁邓颖超纪念馆		广西壮族自治区	37	370	20
北伐战争纪念馆		广东省	18	180	21

续表

景区名称	景区等级	所属省份	日均值（次）	期总值（次）	排名
广州市黄花岗七十二烈士墓	AAAA	广东省	17	170	22
粤东会馆		广西壮族自治区	12	120	23
阮啸仙故居		广东省	0	0	24

6. 华中地区春节期间红色旅游经典景区热度排名

如表24所示，华南地区春节期间，热度排名第1～10的分别是黄冈市大别山红色旅游区、衡阳市南岳忠烈祠、湖南第一师范学校旧址、湘潭市韶山市毛泽东故居和纪念馆、岳麓山景区、宁乡市花明楼刘少奇故居、湘潭市湘潭县彭德怀故居、汝城县湘南起义汝城会议旧址、湘潭市湘乡东山学校旧址、杨开慧故居。15个景区中，热度超过1万次的有1个，少于1万次但超过1千次的有8个，少于1千次的有6个，分别占6.67%、53.33%、40%。通过对比华中地区各个景区春节期间和2020年热度日均值可以看到，有5个景区在春节期间的热度要高于2020年的平均水平，10个景区春节期间的搜索热度要低于2020年的平均水平。华中地区春节期间景区的平均热度为3327次，热度在平均值以上的景区有5个。

表24　华中地区春节期间红色旅游经典景区热度排名

景区名称	景区等级	所属省份	日均值（次）	期总值（次）	排名
黄冈市大别山红色旅游区	AAAA	湖北省	1256	12560	1
衡阳市南岳忠烈祠	AAAAA	湖南省	964	9640	2
湖南第一师范学校旧址		湖南省	804	8040	3
湘潭市韶山市毛泽东故居和纪念馆	AAAAA	湖南省	636	6360	4
岳麓山景区	AAAAA	湖南省	490	4900	5
宁乡市花明楼刘少奇故居	AAAAA	湖南省	175	1750	6
湘潭市湘潭县彭德怀故居	AAAA	湖南省	119	1190	7
汝城县湘南起义汝城会议旧址		湖南省	113	1130	8
湘潭市湘乡东山学校旧址	AAAA	湖南省	108	1080	9
杨开慧故居	AAAA	湖南省	87	870	10
桑植县贺龙故居		湖南省	79	790	11
胡耀邦故居	AAAA	湖南省	73	730	12
桂东县“三大纪律六项注意”颁布旧址		湖南省	50	500	13
宜昌市长江三峡水利枢纽工程	AAAAA	湖北省	30	300	14
汨罗市任弼时故居	AAAA	湖南省	6	60	15

7. 西北地区春节期间红色旅游经典景区热度排名

如表 25 所示，西北地区春节期间，热度排名第 1 的是位于陕西省的南泥湾革命旧址，春节期间的日均热度为 1051 次，总热度达 10510 次。热度排名第 2 的是位于陕西省的 3A 级景区洛川会议旧址，春节期间的日均热度为 315 次，总热度达 3150 次。排名第 3 的是位于陕西省的 4A 级景区宝塔山景区，春节期间的日均热度为 200 次，总热度达 2000 次。热度排名第 4 的是位于甘肃省的 4A 级景区酒泉市玉门油田，春节期间的日均热度为 171 次，总热度达 1710 次。热度排名第 5 的是位于陕西省的 5A 级景区延安革命纪念馆，春节期间的日均热度为 154 次，总热度达 1540 次。热度排名第 6 的是位于甘肃省的 4A 级景区会宁红军会宁会师旧址，其间的日均热度为 137 次，总热度达 1370 次。热度排名第 7 的是位于陕西省的景区习仲勋陵园，春节期间的日均热度为 135 次，总热度达 1350 次。热度排名第 8 的是位于陕西省的吴起镇革命旧址，春节期间的日均热度为 134 次，总热度达 1340 次。热度排名第 9 的是陕西省的 3A 级景区渭南市华县渭华起义纪念馆，春节期间的日均热度为 102 次，总热度达 1020 次。热度排名第 10 的是位于甘肃省的陇南市两当县两当兵变旧址，春节期间的日均热度为 99 次，总热度达 990 次。

11 个景区中，热度超过 1 万的有 1 个，热度少于 1 万次但超过 1 千次的有 8 个，少于 1 千次的有 2 个，分别占 9.09%、72.73% 和 18.18%。通过对比西北地区各个景区春节期间和 2020 年热度日均值可以看到，有 1 个景区在春节期间的热度要高于 2020 年的平均水平，10 个景区春节期间的热度低于 2020 年的平均水平，说明西北地区的大部分景区在春节期间是旅游淡季。西北地区春节期间的平均热度为 2325 次，热度在平均值以上的景区有 2 个。

表 25　西北地区春节期间红色旅游经典景区热度排名

景区名称	景区等级	所属省份	日均值（次）	期总值（次）	排名
南泥湾革命旧址		陕西省	1051	10510	1
洛川会议旧址	AAA	陕西省	315	3150	2
宝塔山景区	AAAA	陕西省	200	2000	3
酒泉市玉门油田	AAAA	甘肃省	171	1710	4
延安革命纪念馆	AAAAA	陕西省	154	1540	5
会宁红军会宁会师旧址	AAAA	甘肃省	137	1370	6
习仲勋陵园		陕西省	135	1350	7
吴起镇革命旧址		陕西省	134	1340	8
渭南市华县渭华起义纪念馆	AAAA	陕西省	102	1020	9
陇南市两当县两当兵变旧址		甘肃省	99	990	10
“西安事变”纪念馆		陕西省	60	600	11

8. 西南地区春节期间红色旅游经典景区热度排名

如表 26 所示，西南地区春节期间，热度排名第 1 的是位于贵州省的 4A 级景区汇川区、桐梓县娄山关景区，春节期间的日均热度为 429 次，总热度达 4290 次。热度排名第 2 的是位于云南省的保山市龙陵县滇西抗战松山战役遗址，春节期间的日均热度为 409 次，总热度达 4090 次。热度排名第 3 的是位于四川省的凉山州中国西昌卫星发射中心，春节期间的日均热度为 287 次，总热度达 2870 次。热度排名第 4 的是位于四川省的 4A 级景区成都市崇州街子古镇，春节期间的日均热度为 222 次，总热度达 2220 次。热度排名第 5 的是位于四川省的 4A 级景区阿坝州理县桃坪羌寨，春节期间的日均热度为 165 次，总热度达 1650 次。热度排名第 6 的是位于四川省的 5A 级景区邓小平纪念馆，春节期间的日均热度为 118 次，总热度达 1180 次。热度排名第 7 的是位于云南省的 4A 级景区陆军讲武堂旧址，春节期间的日均热度为 78 次，总热度达 780 次。热度排名第 8 的是位于四川省的 5A 级景区汶川县水磨古镇，春节期间的日均热度为 66 次，总热度达 660 次。热度排名第 9 的是位于云南省的 3A 级景区保山市施甸县杨善洲精神教育基地，春节期间的日均热度为 54 次，总热度达 540 次。热度排名第 10 的是位于贵州省的安顺市王若飞故居，春节期间的日均热度为 24 次，总热度达 240 次。热度排名第 11 的是位于重庆市的“红岩魂陈列馆”，春节期间的日均热度为 11 次，总热度达 110 次。热度排名第 12 的是位于云南省的“川陕革命根据地红军烈士陵园”，春节期间的日均热度为 0 次，总热度达 0 次。热度排名第 13 的是位于云南省的昭通市罗炳辉将军故居，春节期间的日均热度为 0 次，总热度达 0 次。热度排名第 14 的是位于贵州省的黔南州荔波县邓恩铭烈士故居，春节期间的日均热度为 0 次，总热度达 0 次。

14 个景区中，热度少于 1 万次但超过 1 千次的有 6 个，少于 1 千次的有 8 个，分别占 42.86%、57.14%。通过对比西南地区各个景区春节期间和 2020 年热度日均值可以看到，有 2 个景区在春节期间的热度要高于 2020 年的平均水平，12 个景区春节期间的搜索热度要低于 2020 年的平均水平，说明西南地区的大部分景区在春节期间是旅游淡季。西南地区春节期间的平均热度为 1331 次，热度在平均值以上的景区有 5 个。

表 26　西南地区春节期间红色旅游经典景区热度排名

景区名称	景区等级	所属省份	日均值（次）	期总值（次）	排名
汇川区、桐梓县娄山关景区	AAAA	贵州省	429	4290	1
保山市龙陵县滇西抗战松山战役遗址	AAAA	云南省	409	4090	2
凉山州中国西昌卫星发射中心	AAA	四川省	287	2870	3
成都市崇州街子古镇	AAAA	四川省	222	2220	4

续表

景区名称	景区等级	所属省份	日均值（次）	期总值（次）	排名
阿坝州理县桃坪羌寨	AAAA	四川省	165	1650	5
邓小平纪念馆	AAAAA	四川省	118	1180	6
陆军讲武堂旧址	AAAA	云南省	78	780	7
汶川县水磨古镇	AAAAA	四川省	66	660	8
保山市施甸县杨善洲精神教育基地	AAAA	云南省	54	540	9
安顺市王若飞故居		贵州省	24	240	10
红岩魂陈列馆		重庆市	11	110	11
川陕革命根据地红军烈士陵园	AAAA	四川省	0	0	12
昭通市罗炳辉将军故居		云南省	0	0	13
黔南州荔波县邓恩铭烈士故居	AAA	贵州省	0	0	14

三、不同级别红色旅游经典景区热度排名

（一）全国不同级别红色旅游经典景区热度排名

如表 27 所示，全国可检索到的红色旅游经典景区有 148 个，其中 5A 级有 25 个，4A 级有 61 个，3A 级有 17 个，2A 级有 2 个，1A 级的没有，其他级别的有 43 个。热度最高的是 5A 级，其次是 4A 级，说明景区级别对景区热度或游客需求会有一定的影响。

表 27　全国不同等级红色旅游经典景区热度排名

景区等级	景区个数	等级均值（次）	排名
AAAAA	25	196469	1
AAAA	61	101976	2
AAA	17	91715	3
AA	2	68259	5
其他	43	98658	4

5A 级景区中热度前十的是井冈山红色旅游系列景区、南京市中山陵、石家庄市平山县西柏坡红色旅游系列景区（点）、岳麓山景区、衡阳市南岳忠烈祠、湘潭市韶山市毛泽东故居和纪念馆、枣庄市台儿庄大战遗址、刘公岛甲午战争遗址博物馆、涞水县野三坡平西抗日根据地、周恩来纪念馆，具体排名如表 28 所示。

表 28　全国 AAAAA 级红色旅游经典景区热度排名

景区名称	所属省份	日均值（次）	年总值（次）	排名
井冈山红色旅游系列景区	江西省	2579	943914	1
南京市中山陵	江苏省	1253	458598	2
石家庄市平山县西柏坡红色旅游系列景区（点）	河北省	1148	410286	3
岳麓山景区	湖南省	1095	400770	4
衡阳市南岳忠烈祠	湖南省	1019	372954	5
湘潭市韶山市毛泽东故居和纪念馆	湖南省	846	309636	6
枣庄市台儿庄大战遗址	山东省	843	308538	7
刘公岛甲午战争遗址博物馆	山东省	681	249246	8
涞水县野三坡平西抗日根据地	河北省	383	140178	9
周恩来纪念馆	江苏省	336	122976	10
中山市孙中山故居	广东省	334	122244	11
周恩来故居	江苏省	333	148878	12
嘉兴市南湖风景名胜区（中共一大旧址）	浙江省	333	148878	13
宁乡市花明楼刘少奇故居	湖南省	292	106872	14
延安革命纪念馆	陕西省	281	102846	15
安新县白洋淀景区	河北省	266	97356	16
圆明园遗址公园	北京市	249	91134	17
北京奥林匹克公园	北京市	232	84912	18
鸡西市侵华日军虎头要塞遗址	黑龙江省	224	81984	19
汶川县水磨古镇	四川省	167	61122	20
邓小平纪念馆	四川省	163	59658	21
上杭县古田会议旧址	福建省	131	47946	22
镇江市句容县茅山新四军纪念馆	江苏省	127	46482	23
宜昌市长江三峡水利枢纽工程	湖北省	88	32208	24
赣州市、吉安市、抚州市中央苏区政府根据地红色旅游系列景区	江西省	44	16104	25

4A 级景区中热度前十的是黄冈市大别山红色旅游区、永新三湾改编旧址、大庆市大庆油田历史陈列馆、汇川区、桐梓县娄山关景区、侵华日军南京大屠杀遇难同胞纪念馆、保山市龙陵县滇西抗战松山战役遗址、滁州市凤阳县小岗村、莲花山公园、成都市崇州街子古镇、宝塔山景区，具体排名如表 29 所示。

表 29　全国 AAAA 级红色旅游经典景区热度排名

景区名称	所属省份	日均值（次）	年总值（次）	排名
黄冈市大别山红色旅游区	湖北省	1261	461526	1
永新三湾改编旧址	江西省	1011	370026	2
大庆市大庆油田历史陈列馆	黑龙江省	837	306342	3
汇川区、桐梓县娄山关景区	贵州省	811	296826	4
侵华日军南京大屠杀遇难同胞纪念馆	江苏省	770	281820	5
保山市龙陵县滇西抗战松山战役遗址	云南省	730	267180	6
滁州市凤阳县小岗村	安徽省	709	259494	7
莲花山公园	广东省	530	193980	8
成都市崇州街子古镇	四川省	432	158112	9
宝塔山景区	陕西省	385	140910	10
丹东市抗美援朝纪念馆	辽宁省	373	136518	11
鸭绿江断桥景区	辽宁省	369	135054	12
龙华烈士陵园	上海市	343	125538	13
宋庆龄故居纪念馆及陵园	上海市	335	122610	14
厦门市胡里山炮台	福建省	322	117852	15
广东东江纵队纪念馆	广东省	303	110898	16
中国人民抗日战争纪念馆	北京市	273	99918	17
长春市长春电影制片厂	吉林省	268	98088	18
雨花台烈士陵园	江苏省	258	94428	19
阿坝州理县桃坪羌寨	四川省	250	91500	20
辽沈战役纪念馆	辽宁省	247	90402	21
中国航空博物馆	北京市	241	88206	22
平津战役纪念馆	天津市	236	86376	23
东兰红色旅游区	广西壮族自治区	232	84912	24
会宁红军会宁会师旧址	甘肃省	229	83814	25
湘潭市湘潭县彭德怀故居	湖南省	219	80154	26
徐州市淮海战役纪念馆	江苏省	216	79056	27
酒泉市玉门油田	甘肃省	208	76128	28
上饶市上饶集中营革命烈士陵园	江西省	195	71370	29
香山双清别墅	北京市	188	68808	30
鲁迅故居	浙江省	182	66612	31
韶关南雄市梅关古道景区	广东省	178	65148	32
杨开慧故居	湖南省	175	64050	33

续表

景区名称	所属省份	日均值（次）	年总值（次）	排名
黎城县黄崖洞景区	山西省	170	62220	34
广州起义烈士陵园	广东省	169	61854	35
东风航天城旅游景区	内蒙古自治区	168	61488	36
大沽口炮台遗址博物馆	天津市	163	59658	37
东莞市鸦片战争博物馆	广东省	162	59292	38
胡耀邦故居	湖南省	161	58926	39
陆军讲武堂旧址	云南省	160	58560	40
“九一八”历史博物馆	辽宁省	160	58560	41
渭南市华县渭华起义纪念馆	陕西省	159	58194	42
蒙阴县、沂南县沂蒙山孟良崮战役遗址	山东省	158	57828	43
牡丹江市侵华日军东宁要塞遗址	黑龙江省	156	57096	44
叶剑英故居	广东省	152	55632	45
乐亭县李大钊故居和纪念馆	河北省	148	54168	46
湘潭市湘乡东山学校旧址	湖南省	142	51972	47
惠州市惠阳区叶挺纪念馆	广东省	140	51240	48
梅园新村纪念馆	江苏省	139	50874	49
上海市城市规划展示馆	上海市	136	49776	50
周恩来邓颖超纪念馆	天津市	132	48312	51
聊城市东昌府区孔繁森同志纪念馆	山东省	129	47214	52
南昌八一起义纪念馆	江西省	122	44652	53
保山市施甸县杨善洲精神教育基地	云南省	119	43554	54
汨罗市任弼时故居	湖南省	101	36966	55
凭祥友谊关遗址	广西壮族自治区	96	35136	56
易县狼牙山风景区	河北省	86	31476	57
北京规划展览馆	北京市	86	31476	58
宣城市泾县皖南事变烈士陵园	安徽省	73	26718	59
川陕革命根据地红军烈士陵园	四川省	61	22326	60
广州市黄花岗七十二烈士墓	广东省	32	11712	61

3A 级景区中热度前十的是洛川会议旧址、凉山州中国西昌卫星发射中心、梅州市大埔县“八一”起义军三河坝战役纪念园、泰兴市黄桥战役纪念馆、宋庆龄故居、莱芜市莱芜战役纪念馆、呼伦贝尔市诺门罕战役遗址及陈列馆、青岛市中国人民解放军

海军博物馆、清苑区冉庄地道战遗址、南通市海安市七战七捷纪念馆，具体排名如表30所示。

表30　全国AAA级红色旅游经典景区热度排名

景区名称	所属省份	日均值（次）	年总值（次）	排名
洛川会议旧址	陕西省	781	285846	1
凉山州中国西昌卫星发射中心	四川省	514	188124	2
梅州市大埔县“八一”起义军三河坝战役纪念园	广东省	474	173484	3
泰兴市黄桥战役纪念馆	江苏省	342	125172	4
宋庆龄故居	北京市	335	122610	5
莱芜市莱芜战役纪念馆	山东省	279	102114	6
呼伦贝尔市诺门罕战役遗址及陈列馆	内蒙古自治区	257	94062	7
青岛市中国人民解放军海军博物馆	山东省	223	81618	8
清苑区冉庄地道战遗址	河北省	198	72468	9
南通市海安市七战七捷纪念馆	江苏省	195	71370	10
孙中山大元帅府纪念馆	广东省	165	60390	11
南昌市新建区小平小道陈列馆	江西省	146	53436	12
华东革命烈士陵园	山东省	86	31476	13
黔南州荔波县邓恩铭烈士故居	贵州省	84	30744	14
秋收起义广场	江西省	64	23424	15
抗美援朝烈士陵园	辽宁省	64	23424	16
顺义区焦庄户地道战遗址纪念馆	北京市	53	19398	17

2A级景区中能检索到的是大同煤矿“万人坑”遗址纪念馆以及上海鲁迅故居，热度如表31所示。

表31　全国AA级红色旅游经典景区热度排名

景区名称	所属省份	日均值（次）	年总值（次）	排名
大同煤矿“万人坑”遗址纪念馆	山西省	257	94062	1
上海鲁迅故居	上海市	116	42456	2

其他级别的景区中热度前十的是湖南第一师范学校旧址、南泥湾革命旧址、天安门广场、庐山会议旧址、中国国家博物馆、昆仑关战役旧址景区、中国人民革命军事博物馆、上海世博园、丰润区潘家峪惨案纪念馆、习仲勋陵园，具体排名如表32所示。

表32　全国其他级别红色旅游经典景区热度排名

景区名称	所属省份	日均值（次）	年总值（次）	排名
湖南第一师范学校旧址	湖南省	1882	688812	1
南泥湾革命旧址	陕西省	1321	483486	2
天安门广场	北京市	1484	444324	3
庐山会议旧址	江西省	1032	377712	4
中国国家博物馆	北京市	917	335622	5
昆仑关战役旧址景区	广西壮族自治区	373	136518	6
中国人民革命军事博物馆	北京市	303	110898	7
上海世博园	上海市	270	98820	8
丰润区潘家峪惨案纪念馆	河北省	217	79422	9
习仲勋陵园	陕西省	210	76860	10
鲁迅纪念馆	浙江省	210	76860	11
南昌八一广场	江西省	206	75396	12
吴起镇革命旧址	陕西省	206	75396	13
广州市黄埔陆军军官学校旧址	广东省	200	73200	14
陇南市两当县两当兵变旧址	甘肃省	179	65514	15
“西安事变”纪念馆	陕西省	174	63684	16
汝城县湘南起义汝城会议旧址	湖南省	173	63318	17
文水县刘胡兰纪念馆	山西省	172	62952	18
法卡山英雄纪念碑园	广西壮族自治区	151	55266	19
桑植县贺龙故居	湖南省	141	51606	20
鲁西南战役纪念馆	山东省	137	50142	21
济南战役纪念馆	山东省	134	49044	22
中国共产党第一次全国代表大会会址纪念馆	上海市	132	48312	23
南宁邓颖超纪念馆	广西壮族自治区	148	44286	24
周恩来同志革命活动旧址	广东省	120	43920	25
桂东县“三大纪律六项注意”颁布旧址	湖南省	117	42822	26
安顺市王若飞故居	贵州省	108	39528	27
徐向前故居	山西省	107	39162	28
李大钊烈士陵园	北京市	105	38430	29
粤东会馆	广西壮族自治区	97	35502	30
叶挺独立团团部旧址纪念馆	广东省	94	34404	31
灵丘县平型关大捷遗址	山西省	93	34038	32
福州市福建省革命历史纪念馆	福建省	91	33306	33

续表

景区名称	所属省份	日均值（次）	年总值（次）	排名
红岩魂陈列馆	重庆市	88	32208	34
彭湃故居	广东省	81	29646	35
江西革命烈士纪念堂	江西省	76	27816	36
新文化运动纪念馆	北京市	73	26718	37
夜袭阳明堡机场遗址	山西省	63	23058	38
大瑶山剿匪纪念公园	广西壮族自治区	55	20130	39
北伐战争纪念馆	广东省	52	19032	40
阮啸仙故居	广东省	36	13176	41
昭通市罗炳辉将军故居	云南省	32	11712	42
漳州市毛主席率领红军攻克漳州陈列馆	福建省	28	10248	43

（二）东北地区不同级别红色旅游经典景区热度排名

如表 33 所示，东北地区可检索到的红色旅游经典景区有 9 个，其中 4A 级有 7 个，5A 级有 1 个，3A 级有 1 个，2A 级和其他级别的没有。热度均值最高的是 4A 级，其次是 5A 级别。

表 33　东北地区不同等级红色旅游经典景区热度排名

景区等级	景区个数	等级均值（次）	排名
AAAA	7	126009	1
AAAAA	1	81984	2
AAA	1	23424	3
AA	0	0	4
其他	0	0	5

东北地区 4A 级景区热度排名为大庆市大庆油田历史陈列馆、丹东市抗美援朝纪念馆、鸭绿江断桥景区、长春市长春电影制片厂、辽沈战役纪念馆、“九一八”历史博物馆、牡丹江市侵华日军东宁要塞遗址，具体排名如表 34 所示。

表 34　东北地区 AAAA 级红色旅游经典景区热度排名

景区名称	所属省份	日均值（次）	年总值（次）	排名
大庆市大庆油田历史陈列馆	黑龙江省	837	306342	1
丹东市抗美援朝纪念馆	辽宁省	373	136518	2
鸭绿江断桥景区	辽宁省	369	135054	3
长春市长春电影制片厂	吉林省	268	98088	4

续表

景区名称	所属省份	日均值（次）	年总值（次）	排名
辽沈战役纪念馆	辽宁省	247	90402	5
“九一八”历史博物馆	辽宁省	160	58560	6
牡丹江市侵华日军东宁要塞遗址	黑龙江省	156	57096	7

其他级别可检索到的经典红色旅游景区是抗美援朝烈士陵园，在整个东北地区热度排名第二，热度如表 35 所示。

表 35　东北地区 AAA 级别红色旅游经典景区热度排名

景区名称	所属省份	日均值（次）	年总值（次）	排名
抗美援朝烈士陵园	辽宁省	64	23424	1

（三）华北地区不同级别红色旅游经典景区热度排名

如表 36 所示，华北地区可检索到的红色旅游经典景区有 31 个，其中 5A 级有 5 个，4A 级有 11 个，3A 级有 4 个，2A 级有 1 个，1A 级的没有，其他级别的有 10 个。热度均值最高的是 5A 级，其次是其他级别、2A 级、3A 级、4A 级。

表 36　华北地区不同级别红色旅游经典景区热度排名

景区等级	景区个数	等级均值（次）	排名
AAAAA	5	164773	1
其他	10	119462	2
AA	1	94062	3
AAA	4	77135	4
AAAA	11	62919	5

5A 级景区热度排名依次为石家庄市平山县西柏坡红色旅游系列景区（点）、涞水县野三坡平西抗日根据地、安新县白洋淀景区、圆明园遗址公园、北京奥林匹克公园，具体排名如表 37 所示。

表 37　华北地区 AAAAA 级红色旅游经典景区热度排名

景区名称	所属省份	日均值（次）	年总值（次）	排名
石家庄市平山县西柏坡红色旅游系列景区（点）	河北省	1148	410286	1
涞水县野三坡平西抗日根据地	河北省	383	140178	2
安新县白洋淀景区	河北省	266	97356	3
圆明园遗址公园	北京市	249	91134	4
北京奥林匹克公园	北京市	232	84912	5

4A级景区热度排名依次是中国人民抗日战争纪念馆、中国航空博物馆、平津战役纪念馆、香山双清别墅、黎城县黄崖洞景区、东风航天城旅游景区、大沽口炮台遗址博物馆、乐亭县李大钊故居和纪念馆、周恩来邓颖超纪念馆、易县狼牙山风景区、北京规划展览馆，具体排名如表38所示。

表38　华北地区AAAA级红色旅游经典景区热度排名

景区名称	所属省份	日均值（次）	年总值（次）	排名
中国人民抗日战争纪念馆	北京市	273	99918	1
中国航空博物馆	北京市	241	88206	2
平津战役纪念馆	天津市	236	86376	3
香山双清别墅	北京市	188	68808	4
黎城县黄崖洞景区	山西省	170	62220	5
东风航天城旅游景区	内蒙古自治区	168	61488	6
大沽口炮台遗址博物馆	天津市	163	59658	7
乐亭县李大钊故居和纪念馆	河北省	148	54168	8
周恩来邓颖超纪念馆	天津市	132	48312	9
易县狼牙山风景区	河北省	86	31476	10
北京规划展览馆	北京市	86	31476	11

3A级景区热度排名依次是宋庆龄故居、呼伦贝尔市诺门罕战役遗址及陈列馆、清苑区冉庄地道战遗址、顺义区焦庄户地道战遗址纪念馆，具体排名如表39所示。

表39　华北地区AAA级红色旅游经典景区热度排名

景区名称	所属省份	日均值（次）	年总值（次）	排名
宋庆龄故居	北京市	335	122610	1
呼伦贝尔市诺门罕战役遗址及陈列馆	内蒙古自治区	257	94062	2
清苑区冉庄地道战遗址	河北省	198	72468	3
顺义区焦庄户地道战遗址纪念馆	北京市	53	19398	4

2A级景区中能检索到的是大同煤矿“万人坑”遗址纪念馆，热度如表40所示。

表40　华北地区AA级红色旅游经典景区热度排名

景区名称	所属省份	日均值（次）	年总值（次）	排名
大同煤矿“万人坑”遗址纪念馆	山西省	257	94062	1

其他级别的景区热度排名依次是天安门广场、中国国家博物馆、中国人民革命军事博物馆、丰润区潘家峪惨案纪念馆、文水县刘胡兰纪念馆、徐向前故居、李大钊烈

士陵园、灵丘县平型关大捷遗址、新文化运动纪念馆、夜袭阳明堡机场遗址，具体排名如表 41 所示。

表 41　华北地区其他级别红色旅游经典景区热度排名

景区名称	所属省份	日均值（次）	年总值（次）	排名
天安门广场	北京市	1484	444324	1
中国国家博物馆	北京市	917	335622	2
中国人民革命军事博物馆	北京市	303	110898	3
丰润区潘家峪惨案纪念馆	河北省	217	79422	4
文水县刘胡兰纪念馆	山西省	172	62952	5
徐向前故居	山西省	107	39162	6
李大钊烈士陵园	北京市	105	38430	7
灵丘县平型关大捷遗址	山西省	93	34038	8
新文化运动纪念馆	北京市	73	26718	9
夜袭阳明堡机场遗址	山西省	63	23058	10

（四）华东地区不同级别红色旅游经典景区热度排名

如表 42 所示，华东地区可检索到的红色旅游经典景区有 44 个，其中 5A 级有 10 个，4A 级有 16 个，3A 级有 7 个，2A 级的有 1 个，1A 级的没有，其他级别的有 10 个。热度均值最高的是 5A 级，其次是 4A 级、其他级别、3A 级、2A 级。

表 42　华东地区不同级别红色旅游经典景区热度排名

景区等级	景区个数	等级均值（次）	排名
AAAAA	10	249156	1
AAAA	16	116617	2
其他	10	84766	3
AAA	7	69801	4
AA	1	42456	5

5A 级景区热度排名依次是井冈山红色旅游系列景区、南京市中山陵、枣庄市台儿庄大战遗址、威海市环翠区刘公岛甲午海战纪念地、周恩来纪念馆、周恩来故居、嘉兴市南湖风景名胜区（中共一大旧址）、上杭县古田会议旧址、镇江市句容县茅山新四军纪念馆、赣州市、吉安市、抚州市中央苏区政府根据地红色旅游系列景区，具体排名如表 43 所示。

表 43　华东地区 AAAAA 级红色旅游经典景区热度排名

景区名称	所属省份	日均值（次）	年总值（次）	排名
井冈山红色旅游系列景区	江西省	2579	943914	1
南京市中山陵	江苏省	1253	458598	2
枣庄市台儿庄大战遗址	山东省	843	308538	3
刘公岛甲午战争遗址博物馆	山东省	681	249246	4
周恩来纪念馆	江苏省	336	122976	5
周恩来故居	江苏省	333	148878	6
嘉兴市南湖风景名胜区（中共一大旧址）	浙江省	333	148878	7
上杭县古田会议旧址	福建省	131	47946	8
镇江市句容县茅山新四军纪念馆	江苏省	127	46482	9
赣州市、吉安市、抚州市中央苏区政府根据地红色旅游系列景区	江西省	44	16104	10

4A 级景区热度排名依次为永新三湾改编旧址、侵华日军南京大屠杀遇难同胞纪念馆、滁州市凤阳县小岗村、龙华烈士陵园、宋庆龄故居纪念馆及陵园、厦门市胡里山炮台、雨花台烈士陵园、徐州市淮海战役纪念馆、上饶市上饶集中营革命烈士陵园、鲁迅故居、蒙阴县、沂南县沂蒙山孟良崮战役遗址、梅园新村纪念馆、上海市城市规划展示馆、聊城市东昌府区孔繁森同志纪念馆、南昌八一起义纪念馆、宣城市泾县皖南事变烈士陵园，具体排名如表 44 所示。

表 44　华东地区 AAAA 级红色旅游经典景区热度排名

景区名称	所属省份	日均值（次）	年总值（次）	排名
永新三湾改编旧址	江西省	1011	370026	1
侵华日军南京大屠杀遇难同胞纪念馆	江苏省	770	281820	2
滁州市凤阳县小岗村	安徽省	709	259494	3
龙华烈士陵园	上海市	343	125538	4
宋庆龄故居纪念馆及陵园	上海市	335	122610	5
厦门市胡里山炮台	福建省	322	117852	6
雨花台烈士陵园	江苏省	258	94428	7
徐州市淮海战役纪念馆	江苏省	216	79056	8
上饶市上饶集中营革命烈士陵园	江西省	195	71370	9
鲁迅故居	浙江省	182	66612	10
蒙阴县、沂南县沂蒙山孟良崮战役遗址	山东省	158	57828	11
梅园新村纪念馆	江苏省	139	50874	12
上海市城市规划展示馆	上海市	136	49776	13

续表

景区名称	所属省份	日均值（次）	年总值（次）	排名
聊城市东昌府区孔繁森同志纪念馆	山东省	129	47214	14
南昌八一起义纪念馆	江西省	122	44652	15
宣城市泾县皖南事变烈士陵园	安徽省	73	26718	16

3A 级景区热度排名依次是泰兴市黄桥战役纪念馆、莱芜市莱芜战役纪念馆、青岛市中国人民解放军海军博物馆、南通市海安市七战七捷纪念馆、南昌市新建区小平小道陈列馆、华东革命烈士陵园、秋收起义广场，具体排名如表 45 所示。

表 45　华东地区 AAA 级红色旅游经典景区热度排名

景区名称	所属省份	日均值（次）	年总值（次）	排名
泰兴市黄桥战役纪念馆	江苏省	342	125172	1
莱芜市莱芜战役纪念馆	山东省	279	102114	2
青岛市中国人民解放军海军博物馆	山东省	223	81618	3
南通市海安市七战七捷纪念馆	江苏省	195	71370	4
南昌市新建区小平小道陈列馆	江西省	146	53436	5
华东革命烈士陵园	山东省	86	31476	6
秋收起义广场	江西省	64	23424	7

其他级别的景区热度排名依次是上海世博园、鲁迅纪念馆、鲁西南战役纪念馆、中国共产党第一次全国代表大会会址纪念馆、福州市福建省革命历史纪念馆、江西革命烈士纪念堂、漳州市毛主席率领红军攻克漳州陈列馆，具体排名如表 46 所示。

表 46　华东地区其他级别红色旅游经典景区热度排名

景区名称	所属省份	日均值（次）	年总值（次）	排名
庐山会议旧址	江西省	1032	377712	1
上海世博园	上海市	270	98820	2
鲁迅纪念馆	浙江省	210	76860	3
南昌八一广场	江西省	206	75396	4
鲁西南战役纪念馆	山东省	137	50142	5
济南战役纪念馆	山东省	134	49044	6
中国共产党第一次全国代表大会会址纪念馆	上海市	132	48312	7
福州市福建省革命历史纪念馆	福建省	91	33306	8
江西革命烈士纪念堂	江西省	76	27816	9
漳州市毛主席率领红军攻克漳州陈列馆	福建省	28	10248	10

（五）华南地区不同级别红色旅游经典景区热度排名

如表 47 所示，华南地区可检索到的红色旅游经典景区有 24 个，其中 5A 级有 1 个，4A 级有 10 个，3A 级有 2 个，2A 级和 1A 级的没有，其他级别的有 11 个。热度均值最高的是 3A 级，其次是 5A 级、4A 级、其他级别、2A 级。

表 47　华南地区不同级别红色旅游经典景区热度排名

景区等级	景区个数	等级均值（次）	排名
AAA	2	233874	1
AAAAA	1	122244	2
AAAA	10	72980	3
其他	11	45916	4
AA	0	0	5

5A 级景区中热度排名第一的是中山市孙中山故居，热度如表 48 所示。

表 48　华南地区 AAAAA 级红色旅游经典景区热度排名

景区名称	所属省份	日均值（次）	年总值（次）	排名
中山市孙中山故居	广东省	334	122244	1

4A 级景区热度排名依次为莲花山公园、广东东江纵队纪念馆、东兰红色旅游区、韶关南雄市梅关古道景区、广州起义烈士陵园、东莞市鸦片战争博物馆、叶剑英故居、惠州市惠阳区叶挺纪念馆、凭祥友谊关遗址、广州市黄花岗七十二烈士墓，具体排名如表 49 所示。

表 49　华南地区 AAAA 级红色旅游经典景区热度排名

景区名称	所属省份	日均值（次）	年总值（次）	排名
莲花山公园	广东省	530	193980	1
广东东江纵队纪念馆	广东省	303	110898	2
东兰红色旅游区	广西壮族自治区	232	84912	3
韶关南雄市梅关古道景区	广东省	178	65148	4
广州起义烈士陵园	广东省	169	61854	5
东莞市鸦片战争博物馆	广东省	162	59292	6
叶剑英故居	广东省	152	55632	7
惠州市惠阳区叶挺纪念馆	广东省	140	51240	8
凭祥友谊关遗址	广西壮族自治区	96	35136	9
广州市黄花岗七十二烈士墓	广东省	32	11712	10

3A 级别的景区热度排名依次为梅州市大埔县“八一”起义军三河坝战役纪念园、孙中山大元帅府纪念馆，具体排名如表 50 所示。

表 50 华南地区 AAA 级红色旅游经典景区热度排名

景区名称	所属省份	日均值（次）	年总值（次）	排名
梅州市大埔县“八一”起义军三河坝战役纪念园	广东省	474	173484	1
孙中山大元帅府纪念馆	广东省	165	60390	2

其他级别的景区热度排名依次为周恩来同志革命活动旧址叶挺独立团团部旧址纪念馆、北伐战争纪念馆、阮啸仙故居、广州市黄埔陆军军官学校旧址、彭湃故居、大瑶山剿匪纪念公园、法卡山英雄纪念碑园、南宁邓颖超纪念馆、昆仑关战役旧址景区、粤东会馆，具体排名如表 51 所示。

表 51 华南地区其他级别红色旅游经典景区热度排名

景区名称	所属省份	日均值（次）	年总值（次）	排名
周恩来同志革命活动旧址	广西壮族自治区	373	136518	1
叶挺独立团团部旧址纪念馆	广东省	200	73200	2
北伐战争纪念馆	广西壮族自治区	151	55266	3
阮啸仙故居	广西壮族自治区	148	44286	4
广州市黄埔陆军军官学校旧址	广东省	120	43920	5
彭湃故居	广西壮族自治区	97	35502	6
大瑶山剿匪纪念公园	广东省	94	34404	7
法卡山英雄纪念碑园	广东省	81	29646	8
南宁邓颖超纪念馆	广西壮族自治区	55	20130	9
昆仑关战役旧址景区	广东省	52	19032	10
粤东会馆	广东省	36	13176	11

（六）华中地区不同级别红色旅游经典景区热度排名

如表 52 所示，华中地区可检索到的红色旅游经典景区有 15 个，其中 5A 级有 5 个，4A 级有 6 个，3A 级、2A 级和 1A 级的没有，其他级别的有 4 个。热度均值最高的是 5A 级，其次是其他级别、4A 级。

表 52 华中地区不同级别红色旅游经典景区热度排名

景区等级	景区个数	等级均值（次）	排名
AAAAA	5	244488	1
其他	4	211640	2

续表

景区等级	景区个数	等级均值（次）	排名
AAAA	6	125599	3
AAA	0	0	4
AA	0	0	5

5A级景区热度排名依次为岳麓山景区、衡阳市南岳忠烈祠、湘潭市韶山市毛泽东故居和纪念馆、宁乡市花明楼刘少奇故居、宜昌市长江三峡水利枢纽工程，具体排名如表53所示。

表53 华中地区AAAAA级红色旅游经典景区热度排名

景区名称	所属省份	日均值（次）	年总值（次）	排名
岳麓山景区	湖南省	1095	400770	1
衡阳市南岳忠烈祠	湖南省	1019	372954	2
湘潭市韶山市毛泽东故居和纪念馆	湖南省	846	309636	3
宁乡市花明楼刘少奇故居	湖南省	292	106872	4
宜昌市长江三峡水利枢纽工程	湖北省	88	32208	5

4A级景区热度排名依次是黄冈市大别山红色旅游区、湘潭市湘潭县彭德怀故居、杨开慧故居、胡耀邦故居、湘潭市湘乡东山学校旧址、汨罗市任弼时故居，具体排名如表54所示。

表54 华中地区AAAA级红色旅游经典景区热度排名

景区名称	所属省份	日均值（次）	年总值（次）	排名
黄冈市大别山红色旅游区	湖北省	1261	461526	1
湘潭市湘潭县彭德怀故居	湖南省	219	80154	2
杨开慧故居	湖南省	175	64050	3
胡耀邦故居	湖南省	161	58926	4
湘潭市湘乡东山学校旧址	湖南省	142	51972	5
汨罗市任弼时故居	湖南省	101	36966	6

其他级别的景区热度排名依次是湖南第一师范学校旧址、汝城县湘南起义汝城会议旧址、桑植县贺龙故居、桂东县“三大纪律六项注意”颁布旧址，具体排名如表55所示。

表 55 华中地区其他级别红色旅游经典景区热度排名

景区名称	所属省份	日均值（次）	年总值（次）	排名
湖南第一师范学校旧址	湖南省	1882	688812	1
汝城县湘南起义汝城会议旧址	湖南省	173	63318	2
桑植县贺龙故居	湖南省	141	51606	3
桂东县“三大纪律六项注意”颁布旧址	湖南省	117	42822	4

（七）西北地区不同级别红色旅游经典景区热度排名

如表 56 所示，西北地区可检索到的红色旅游经典景区有 11 个，其中 5A 级有 1 个，4A 级有 4 个，3A 级有 1 个，2A 级和 1A 级的没有，其他级别的有 5 个。热度均值最高的是其他级别，其次是 3A 级、5A 级、4A 级。

表 56 西北地区不同级别红色旅游经典景区热度排名

景区等级	景区个数	等级均值（次）	排名
其他	5	764940	1
AAA	1	285846	2
AAAAA	1	102846	3
AAAA	4	89762	4
AA	0	0	5

5A 级可检索到的红色旅游经典景区是延安革命纪念馆，在整个西北地区热度排名第三，热度如表 57 所示。

表 57 西北地区 AAAAA 级红色旅游经典景区热度排名

景区名称	所属省份	日均值（次）	年总值（次）	排名
延安革命纪念馆	陕西省	281	102846	1

4A 级景区中热度第一的是宝塔山景区，第二是会宁红军会宁会师旧址，第三是酒泉市玉门油田，第四是渭南市华县渭华起义纪念馆，具体排名如表 58 所示。

表 58 西北地区 AAAA 级红色旅游经典景区热度排名

景区名称	所属省份	日均值（次）	年总值（次）	排名
宝塔山景区	陕西省	385	140910	1
会宁红军会宁会师旧址	甘肃省	229	83814	2
酒泉市玉门油田	甘肃省	208	76128	3
渭南市华县渭华起义纪念馆	陕西省	159	58194	4

3A 级可检索到的红色旅游经典景区是洛川会议旧址，在整个西北地区热度排名第二，热度如表 59 所示。

表 59　西北地区 AAA 级红色旅游经典景区热度排名

景区名称	所属省份	日均值（次）	年总值（次）	排名
洛川会议旧址	陕西省	781	285846	1

其他级别的景区热度排名是南泥湾革命旧址、习仲勋陵园、吴起镇革命旧址、陇南市两当县两当兵变旧址、“西安事变”纪念馆，具体排名如表 60 所示。

表 60　西北地区其他级别红色旅游经典景区热度排名

景区名称	所属省份	日均值（次）	年总值（次）	排名
南泥湾革命旧址	陕西省	1321	483486	1
习仲勋陵园	陕西省	210	76860	2
吴起镇革命旧址	陕西省	206	75396	3
陇南市两当县两当兵变旧址	甘肃省	179	65514	4
“西安事变”纪念馆	陕西省	174	63684	5

（八）西南地区不同级别红色旅游经典景区热度排名

如表 61 所示，西南地区可检索到的红色旅游经典景区有 14 个，其中 5A 级有 2 个，4A 级有 7 个，3A 级有 2 个，2A 级和 1A 级的没有，其他级别的有 3 个。热度均值最高的是 4A 级，其次是 3A 级、5A 级、其他级别。

表 61　西南地区不同级别红色旅游经典景区热度排名

景区等级	景区个数	等级均值（次）	排名
AAAA	7	134008	1
AAA	2	109434	2
AAAAA	2	60390	3
其他	3	27816	4
AA	0	0	5

5A 级景区中热度排名第一的是汶川县水磨古镇，第二是邓小平纪念馆，热度如表 62 所示。

表 62　西南地区 AAAAA 级红色旅游经典景区热度排名

景区名称	所属省份	日均值（次）	年总值（次）	排名
汶川县水磨古镇	四川省	167	61122	1
邓小平纪念馆	四川省	163	59658	2

4A 级景区热度排名依次是汇川区、桐梓县娄山关景区、保山市龙陵县滇西抗战松山战役遗址、成都市崇州街子古镇、阿坝州理县桃坪羌寨、陆军讲武堂旧址、保山市施甸县杨善洲精神教育基地、川陕革命根据地红军烈士陵园，具体排名如表 63 所示。

表 63　西南地区 AAAA 级红色旅游经典景区热度排名

景区名称	所属省份	日均值（次）	年总值（次）	排名
汇川区、桐梓县娄山关景区	贵州省	811	296826	1
保山市龙陵县滇西抗战松山战役遗址	云南省	730	267180	2
成都市崇州街子古镇	四川省	432	158112	3
阿坝州理县桃坪羌寨	四川省	250	91500	4
陆军讲武堂旧址	云南省	160	58560	5
保山市施甸县杨善洲精神教育基地	云南省	119	43554	6
川陕革命根据地红军烈士陵园	四川省	61	22326	7

3A 级可检索到的红色旅游经典景区排名第一的是凉山州中国西昌卫星发射中心，第二是黔南州荔波县邓恩铭烈士故居，具体排名如表 64 所示。

表 64　西南地区 AAA 级红色旅游经典景区热度排名

景区名称	所属省份	日均值（次）	年总值（次）	排名
凉山州中国西昌卫星发射中心	四川省	514	188124	1
黔南州荔波县邓恩铭烈士故居	贵州省	84	30744	2

其他级别的景区热度排名依次是安顺市王若飞故居、红岩魂陈列馆、昭通市罗炳辉将军故居，具体排名情况如表 65 所示。

表 65　西南地区其他级别红色旅游经典景区热度排名

景区名称	所属省份	日均值（次）	年总值（次）	排名
安顺市王若飞故居	贵州省	108	39528	1
红岩魂陈列馆	重庆市	88	32208	2
昭通市罗炳辉将军故居	云南省	32	11712	3

四、红色旅游经典景区性别偏好热度排名

（一）全国红色旅游经典景区性别偏好热度排名

表 66 对全国 133 个有效景区（15 个无效景区）2020 年年内检索人群的性别分布进行了排序，其中有 11 个景区的男性占比超过 80%（分别为庐山会议旧址、保山市龙陵县滇西抗战松山战役遗址、邓小平纪念馆、陇南市两当县两当兵变旧址、习仲勋陵

园、渭南市华县渭华起义纪念馆、呼伦贝尔市诺门罕战役遗址及陈列馆、东风航天城旅游景区、南通市海安市七战七捷纪念馆、北京规划展览馆、夜袭阳明堡机场遗址），即以上景区更受男性游客喜爱，有50个景区的男性占比在60%～80%之间（分别为惠州市惠阳区叶挺纪念馆、广东东江纵队纪念馆、梅州市大埔县“八一”起义军三河坝战役纪念园、叶剑英故居、上饶市上饶集中营革命烈士陵园、黄冈市大别山红色旅游区、青岛市中国人民解放军海军博物馆、莱芜市莱芜战役纪念馆、蒙阴县、沂南县沂蒙山孟良崮战役遗址、广州起义烈士陵园、汶川县水磨古镇、鲁西南战役纪念馆、汇川区、桐梓县娄山关景区、酒泉市玉门油田、黔南州荔波县邓恩铭烈士故居、湘潭市湘潭县彭德怀故居、汝城县湘南起、汝城会议旧址、湘潭市湘乡东山学校旧址、桑植县贺龙故居、桂东县“三大纪律六项注意”颁布旧址、凉山州中国西昌卫星发射中心、鲁迅故居、滁州市凤阳县小岗村、周恩来纪念馆、嘉兴市南湖风景名胜区（中共一大旧址）、安新县白洋淀景区、清苑区冉庄地道战遗址、雨花台烈士陵园、上海市城市规划展示馆、上杭县古田会议旧址、涞水县野三坡平西抗日根据地、丰润区潘家峪惨案纪念馆、泰兴市黄桥战役纪念馆、周恩来邓颖超纪念馆、徐向前故居、大瑶山剿匪纪念公园、抗美援朝烈士陵园、中国航空博物馆、长春市长春电影制片厂、东兰红色旅游区、凭祥友谊关遗址、鸡西市侵华日军虎头要塞遗址、法卡山英雄纪念碑园、牡丹江市侵华日军东宁要塞遗址、丹东市抗美援朝纪念馆、鸭绿江断桥景区、大庆市大庆油田历史陈列馆、刘公岛甲午战争遗址博物馆、昆仑关战役旧址景区、大沽口炮台遗址博物馆），即以上景区较为受男性喜爱。而133个有效红色旅游经典景区中，女性占比均未超过80%，仅有9个景区的女性占比达到60%（分别是周恩来同志革命活动旧址、叶挺独立团团部旧址纪念馆、北伐战争纪念馆、阮啸仙故居、南昌市新建区小平小道陈列馆、红岩魂陈列馆、川陕革命根据地红军烈士陵园、安顺市王若飞故居、湖南第一师范学校旧址）。因此，在整体来说，红色旅游景区更受男性游客青睐。通过计算可知，133个有效景区的男性平均占比为59.02%，女性平均占比为40.98%。

表66　全国红色旅游经典景区性别偏好热度排名

景区名称	景区等级	所属省份	性别分布		占比排名	
			男性	女性	男性	女性
夜袭阳明堡机场遗址		山西省	90.00%	10.00%	1	133
南通市海安市七战七捷纪念馆	AAA	江苏省	89.47%	10.53%	2	132
陇南市两当县两当兵变旧址		甘肃省	89.39%	10.61%	3	131
保山市龙陵县滇西抗战松山战役遗址	AAAA	云南省	86.89%	13.11%	4	130
邓小平纪念馆	AAAAA	四川省	86.54%	13.46%	5	129
习仲勋陵园		陕西省	86.05%	13.95%	6	128
庐山会议旧址		江西省	84.62%	15.38%	7	127

续表

景区名称	景区等级	所属省份	性别分布		占比排名	
			男性	女性	男性	女性
呼伦贝尔市诺门罕战役遗址及陈列馆	AAA	内蒙古自治区	84.44%	15.56%	8	126
渭南市华县渭华起义纪念馆	AAAA	陕西省	83.33%	16.67%	9	125
东风航天城旅游景区	AAAA	内蒙古自治区	82.05%	17.95%	10	124
北京规划展览馆	AAAA	北京市	81.82%	18.18%	11	123
鲁西南战役纪念馆		山东省	80.00%	20.00%	12	122
莱芜市莱芜战役纪念馆	AAA	山东省	79.68%	20.32%	13	121
法卡山英雄纪念碑园		广西壮族自治区	79.25%	20.75%	14	120
大瑶山剿匪纪念公园		广西壮族自治区	78.57%	21.43%	15	119
广东东江纵队纪念馆	AAAA	广东省	77.38%	22.62%	16	118
昆仑关战役旧址景区		广西壮族自治区	76.32%	23.68%	17	117
东兰红色旅游区	AAAA	广西壮族自治区	75.43%	24.57%	18	116
凭祥友谊关遗址	AAAA	广西壮族自治区	75.00%	25.00%	19	115
抗美援朝烈士陵园	AAA	辽宁省	74.29%	25.71%	20	114
湘潭市湘潭县彭德怀故居	AAAA	湖南省	72.31%	27.69%	21	113
叶剑英故居	AAAA	广东省	71.62%	28.38%	22	112
桑植县贺龙故居		湖南省	71.43%	28.57%	23	111
牡丹江市侵华日军东宁要塞遗址	AAAA	黑龙江省	70.83%	29.17%	24	110
汝城县湘南起义汝城会议旧址		湖南省	70.79%	29.21%	25	109
鸡西市侵华日军虎头要塞遗址	AAAAA	黑龙江省	70.69%	29.31%	26	108
酒泉市玉门油田	AAAA	甘肃省	70.30%	29.70%	27	107
上饶市上饶集中营革命烈士陵园	AAAA	江西省	70.00%	30.00%	28	106
周恩来邓颖超纪念馆	AAAA	天津市	70.00%	30.00%	29	105
汶川县水磨古镇	AAAAA	四川省	68.42%	31.58%	30	104
汇川区、桐梓县娄山关景区	AAAA	贵州省	67.48%	32.52%	31	103
泰兴市黄桥战役纪念馆	AAA	江苏省	67.45%	32.55%	32	102
蒙阴县、沂南县沂蒙山孟良崮战役遗址	AAAA	山东省	66.67%	33.33%	33	101
黔南州荔波县邓恩铭烈士故居	AAA	贵州省	66.67%	33.33%	34	100
桂东县“三大纪律六项注意”颁布旧址		湖南省	66.67%	33.33%	35	99
涞水县野三坡平西抗日根据地	AAAAA	河北省	66.67%	33.33%	36	98
凉山州中国西昌卫星发射中心	AAA	四川省	66.07%	33.93%	37	97
青岛市中国人民解放军海军博物馆	AAA	山东省	66.00%	34.00%	38	96
滁州市凤阳县小岗村	AAAA	安徽省	65.70%	34.30%	39	95

续表

景区名称	景区等级	所属省份	性别分布		占比排名	
			男性	女性	男性	女性
徐向前故居		山西省	65.00%	35.00%	40	94
长春市长春电影制片厂	AAAA	吉林省	64.86%	35.14%	41	93
梅州市大埔县“八一”起义军三河坝战役纪念园	AAA	广东省	63.39%	36.61%	42	92
丰润区潘家峪惨案纪念馆		河北省	63.20%	36.80%	43	91
雨花台烈士陵园	AAAA	江苏省	63.04%	36.96%	44	90
黄冈市大别山红色旅游区	AAAA	湖北省	63.02%	36.98%	45	89
丹东市抗美援朝纪念馆	AAAA	辽宁省	62.96%	37.04%	46	88
大庆市大庆油田历史陈列馆	AAAA	黑龙江省	62.80%	37.20%	47	87
清苑区冉庄地道战遗址	AAA	河北省	62.79%	37.21%	48	86
上海市城市规划展示馆	AAAA	上海市	62.75%	37.25%	49	85
鲁迅故居	AAAA	浙江省	62.50%	37.50%	50	84
大沽口炮台遗址博物馆	AAAA	天津市	62.50%	37.50%	51	83
鸭绿江断桥景区	AAAA	辽宁省	62.44%	37.56%	52	82
中国航空博物馆	AAAA	北京市	62.07%	37.93%	53	81
嘉兴市南湖风景名胜区（中共一大旧址）	AAAAA	浙江省	61.70%	38.30%	54	80
广州起义烈士陵园	AAAA	广东省	61.40%	38.60%	55	79
惠州市惠阳区叶挺纪念馆	AAAA	广东省	61.11%	38.89%	56	78
周恩来纪念馆	AAAAA	江苏省	60.95%	39.05%	57	77
安新县白洋淀景区	AAAAA	河北省	60.71%	39.29%	58	76
刘公岛甲午战争遗址博物馆	AAAAA	山东省	60.59%	39.41%	59	75
湘潭市湘乡东山学校旧址	AAAA	湖南省	60.42%	39.58%	60	74
上杭县古田会议旧址	AAAAA	福建省	60.00%	40.00%	61	73
石家庄市平山县西柏坡红色旅游系列景区（点）	AAAAA	河北省	59.51%	40.49%	62	72
圆明园遗址公园	AAAAA	北京市	59.09%	40.91%	63	71
广州市黄埔陆军军官学校旧址		广东省	59.00%	41.00%	64	70
枣庄市台儿庄大战遗址	AAAAA	山东省	58.84%	41.16%	65	69
徐州市淮海战役纪念馆	AAAA	江苏省	58.75%	41.25%	66	68
南京市中山陵	AAAAA	江苏省	57.89%	42.11%	67	67
湘潭市韶山市毛泽东故居和纪念馆	AAAAA	湖南省	57.81%	42.19%	68	66
镇江市句容县茅山新四军纪念馆	AAAAA	江苏省	57.69%	42.31%	69	65
黎城县黄崖洞景区	AAAA	山西省	57.50%	42.50%	70	64
厦门市胡里山炮台	AAAA	福建省	57.36%	42.64%	71	63

续表

景区名称	景区等级	所属省份	性别分布		占比排名	
			男性	女性	男性	女性
陆军讲武堂旧址	AAAA	云南省	57.14%	42.86%	72	62
周恩来故居	AAAAA	江苏省	56.93%	43.07%	73	61
韶关南雄市梅关古道景区	AAAA	广东省	56.79%	43.21%	74	60
灵丘县平型关大捷遗址		山西省	56.52%	43.48%	75	59
中国人民革命军事博物馆		北京市	56.15%	43.85%	76	58
会宁红军会宁会师旧址	AAAA	甘肃省	56.10%	43.90%	77	57
吴起镇革命旧址		陕西省	55.64%	44.36%	78	56
南昌八一起义纪念馆	AAAA	江西省	55.56%	44.44%	79	55
香山双清别墅	AAAA	北京市	55.22%	44.78%	80	54
胡耀邦故居	AAAA	湖南省	54.76%	45.24%	81	53
宝塔山景区	AAAA	陕西省	54.30%	45.70%	82	52
井冈山红色旅游系列景区	AAAAA	江西省	53.63%	46.37%	83	51
济南战役纪念馆		山东省	53.49%	46.51%	84	50
华东革命烈士陵园	AAA	山东省	53.33%	46.67%	85	49
宁乡市花明楼刘少奇故居	AAAAA	湖南省	53.33%	46.67%	86	48
永新三湾改编旧址	AAAA	江西省	52.08%	47.92%	87	47
中国国家博物馆		北京市	51.84%	48.16%	88	46
辽沈战役纪念馆	AAAA	辽宁省	51.76%	48.24%	89	45
“西安事变”纪念馆		陕西省	51.73%	48.27%	90	44
南泥湾革命旧址		陕西省	51.63%	48.37%	91	43
杨开慧故居	AAAA	湖南省	51.25%	48.75%	92	42
聊城市东昌府区孔繁森同志纪念馆	AAAA	山东省	51.22%	48.78%	93	41
侵华日军南京大屠杀遇难同胞纪念馆	AAAA	江苏省	50.12%	49.88%	94	40
汨罗市任弼时故居	AAAA	湖南省	50.00%	50.00%	95	39
上海鲁迅故居	AA	上海市	50.00%	50.00%	96	38
梅园新村纪念馆	AAAA	江苏省	50.00%	50.00%	97	37
宋庆龄故居纪念馆及陵园	AAAA	上海市	50.00%	50.00%	98	36
宋庆龄故居	AAA	北京市	50.00%	50.00%	99	35
阿坝州理县桃坪羌寨	AAAA	四川省	49.47%	50.53%	100	34
岳麓山景区	AAAAA	湖南省	48.85%	51.15%	101	33
莲花山公园	AAAA	广东省	48.81%	51.19%	102	32
延安革命纪念馆	AAAAA	陕西省	48.80%	51.20%	103	31

续表

景区名称	景区等级	所属省份	性别分布		占比排名	
			男性	女性	男性	女性
上海世博园		上海市	48.72%	51.28%	104	30
天安门广场		北京市	48.41%	51.59%	105	29
东莞市鸦片战争博物馆	AAAA	广东省	48.33%	51.67%	106	28
孙中山大元帅府纪念馆	AAA	广东省	48.28%	51.72%	107	27
衡阳市南岳忠烈祠	AAAAA	湖南省	48.17%	51.83%	108	26
北京奥林匹克公园	AAAAA	北京市	48.00%	52.00%	109	25
洛川会议旧址	AAA	陕西省	46.52%	53.48%	110	24
乐亭县李大钊故居和纪念馆	AAAA	河北省	45.83%	54.17%	111	23
南宁邓颖超纪念馆		广西壮族自治区	45.71%	54.29%	112	22
鲁迅纪念馆		浙江省	45.50%	54.50%	113	21
南昌八一广场		江西省	45.45%	54.55%	114	20
中国共产党第一次全国代表大会会址纪念馆		上海市	44.44%	55.56%	115	19
福州市福建省革命历史纪念馆		福建省	44.44%	55.56%	116	18
中山市孙中山故居	AAAAA	广东省	43.97%	56.03%	117	17
成都市崇州街子古镇	AAAA	四川省	43.50%	56.50%	118	16
李大钊烈士陵园		北京市	42.86%	57.14%	119	15
“九一八”历史博物馆	AAAA	辽宁省	42.86%	57.14%	120	14
龙华烈士陵园	AAAA	上海市	42.04%	57.96%	121	13
中国人民抗日战争纪念馆	AAAA	北京市	41.96%	58.04%	122	12
文水县刘胡兰纪念馆		山西省	41.57%	58.43%	123	11
平津战役纪念馆	AAAA	天津市	40.18%	59.82%	124	10
叶挺独立团团部旧址纪念馆		广东省	40.00%	60.00%	125	9
阮啸仙故居		广东省	40.00%	60.00%	126	8
川陕革命根据地红军烈士陵园	AAAA	四川省	37.50%	62.50%	127	7
南昌市新建区小平小道陈列馆	AAA	江西省	36.59%	63.41%	128	6
周恩来同志革命活动旧址		广东省	35.71%	64.29%	129	5
湖南第一师范学校旧址		湖南省	33.90%	66.10%	130	4
北伐战争纪念馆		广东省	33.33%	66.67%	131	3
安顺市王若飞故居		贵州省	30.77%	69.23%	132	2
红岩魂陈列馆		重庆市	28.57%	71.43%	133	1

续表

景区名称	景区等级	所属省份	性别分布		占比排名	
			男性	女性	男性	女性
新文化运动纪念馆		北京市				
顺义区焦庄户地道战遗址纪念馆	AAA	北京市				
大同煤矿“万人坑”遗址纪念馆	AA	山西省				
粤东会馆		广西壮族自治区				
江西革命烈士纪念堂		江西省				
赣州市、吉安市、抚州市中央苏区政府根据地红色旅游系列景区	AAAAA	江西省				
宜昌市长江三峡水利枢纽工程	AAAAA	湖北省				
保山市施甸县杨善洲精神教育基地	AAAA	云南省				
昭通市罗炳辉将军故居		云南省				
易县狼牙山风景区	AAAA	河北省				
漳州市毛主席率领红军攻克漳州陈列馆		福建省				
宣城市泾县皖南事变烈士陵园	AAAA	安徽省				
彭湃故居		广东省				
广州市黄花岗七十二烈士墓	AAAA	广东省				
秋收起义广场	AAA	江西省				

（二）东北地区红色旅游经典景区性别偏好热度排名

表67对东北地区9个有效景区的检索人群性别分布进行了排序，其中没有景区的男性占比超过80%，有7个景区的男性占比在60%～80%之间，分别为抗美援朝烈士陵园、牡丹江市侵华日军东宁要塞遗址、鸡西市侵华日军东宁要塞遗址、长春市长春电影制片厂、丹东市抗美援朝纪念馆、大庆市大庆油田历史陈列馆、鸭绿江断桥景区，表明以上景区较为受男性喜爱。9个景区中，没有景区的女性占比超过80%，也没有景区的女性占比超过60%。通过计算可知，9个景区的男性平均占比为62.61%，女性平均占比为37.39%，其中有6个景区的男性占比超过男性平均占比，分别是抗美援朝烈士陵园、牡丹江市侵华日军东宁要塞遗址、鸡西市侵华日军虎头要塞遗址、长春市长春电影制片厂、丹东市抗美援朝纪念馆、大庆市大庆油田历史陈列馆，有3个景区的女性占比超过女性平均占比，分别是“九一八”历史博物馆、辽沈战役纪念馆、鸭绿江断桥景区。

表 67　东北地区红色旅游经典景区性别偏好热度排名

景区名称	景区等级	所属省份	性别分布		占比排名	
			男性	女性	男性	女性
抗美援朝烈士陵园	AAA	辽宁省	74.29%	25.71%	1	9
牡丹江市侵华日军东宁要塞遗址	AAAA	黑龙江省	70.83%	29.17%	2	8
鸡西市侵华日军虎头要塞遗址	AAAAA	黑龙江省	70.69%	29.31%	3	7
长春市长春电影制片厂	AAAA	吉林省	64.86%	35.14%	4	6
丹东市抗美援朝纪念馆	AAAA	辽宁省	62.96%	37.04%	5	5
大庆市大庆油田历史陈列馆	AAAA	黑龙江省	62.80%	37.20%	6	4
鸭绿江断桥景区	AAAA	辽宁省	62.44%	37.56%	7	3
辽沈战役纪念馆	AAAA	辽宁省	51.76%	48.24%	8	2
“九一八”历史博物馆	AAAA	辽宁省	42.86%	57.14%	9	1

（三）华北地区红色旅游经典景区性别偏好热度排名

表 68 对华北地区的 27 个有效景区（4 个无效景区），检索人群性别分布进行了排序，其中有 4 个景区的男性占比超过 80%，分别是夜袭阳明堡机场遗址、呼伦贝尔市诺门罕战役遗址及陈列馆、东风航天城旅游景区、北京规划展览馆。有 8 个景区的男性占比在 60% ~80% 之间，分别是周恩来邓颖超纪念馆、涞水县野三坡平西抗日根据地、徐向前故居、丰润区潘家峪惨案纪念馆、清苑区冉庄地道战遗址、大沽口炮台遗址博物馆、中国航空博物馆、安新县白洋淀景区，表明以上景区较受男性喜爱。27 个有效景区中，没有景区女性占比超过 80%，也没有景区的女性占比超过 60%。通过计算可知，27 个有效景区的男性平均占比为 59.48%，女性平均占比为 40.52%，其中有 13 个景区的男性占比超过男性平均占比，分别是夜袭阳明堡机场遗址、呼伦贝尔市诺门罕战役遗址及陈列馆、东风航天城旅游景区、北京规划展览馆、周恩来邓颖超纪念馆、涞水县野三坡平西抗日根据地、徐向前故居、丰润区潘家峪惨案纪念馆、清苑区冉庄地道战遗址、大沽口炮台遗址博物馆、中国航空博物馆、安新县白洋淀景区、石家庄市平山县西柏坡红色旅游系列景区（点）。14 个景区的女性占比超过女性平均占比，分别是平津战役纪念馆、文水县刘胡兰纪念馆、中国人民抗日战争纪念馆、李大钊烈士陵园、乐亭县李大钊故居和纪念馆、北京奥林匹克公园、天安门广场、宋庆龄故居、中国国家博物馆、香山双清别墅、中国人民革命军事博物馆、灵丘县平型关大捷遗址、黎城县黄崖洞景区、圆明园遗址公园。

表 68　华北地区红色旅游经典景区性别偏好热度排名

景区名称	景区等级	所属省份	性别分布		占比排名	
			男性	女性	男性	女性
夜袭阳明堡机场遗址		山西省	90.00%	10.00%	1	27
呼伦贝尔市诺门罕战役遗址及陈列馆	AAA	内蒙古自治区	84.44%	15.56%	2	26
东风航天城旅游景区	AAAA	内蒙古自治区	82.05%	17.95%	3	25
北京规划展览馆	AAAA	北京市	81.82%	18.18%	4	24
周恩来邓颖超纪念馆	AAAA	天津市	70.00%	30.00%	5	23
涞水县野三坡平西抗日根据地	AAAAA	河北省	66.67%	33.33%	6	22
徐向前故居		山西省	65.00%	35.00%	7	21
丰润区潘家峪惨案纪念馆		河北省	63.20%	36.80%	8	20
清苑区冉庄地道战遗址	AAA	河北省	62.79%	37.21%	9	19
大沽口炮台遗址博物馆	AAAA	天津市	62.50%	37.50%	10	18
中国航空博物馆	AAAA	北京市	62.07%	37.93%	11	17
安新县白洋淀景区	AAAAA	河北省	60.71%	39.29%	12	16
石家庄市平山县西柏坡红色旅游系列景区（点）	AAAAA	河北省	59.51%	40.49%	13	15
圆明园遗址公园	AAAAA	北京市	59.09%	40.91%	14	14
黎城县黄崖洞景区	AAAA	山西省	57.50%	42.50%	15	13
灵丘县平型关大捷遗址		山西省	56.52%	43.48%	16	12
中国人民革命军事博物馆		北京市	56.15%	43.85%	17	11
香山双清别墅	AAAA	北京市	55.22%	44.78%	18	10
中国国家博物馆		北京市	51.84%	48.16%	19	9
宋庆龄故居	AAA	北京市	50.00%	50.00%	20	8
天安门广场		北京市	48.41%	51.59%	21	7
北京奥林匹克公园	AAAAA	北京市	48.00%	52.00%	22	6
乐亭县李大钊故居和纪念馆	AAAA	河北省	45.83%	54.17%	23	5
李大钊烈士陵园		北京市	42.86%	57.14%	24	4
中国人民抗日战争纪念馆	AAAA	北京市	41.96%	58.04%	25	3
文水县刘胡兰纪念馆		山西省	41.57%	58.43%	26	2
平津战役纪念馆	AAAA	天津市	40.18%	59.82%	27	1
大同煤矿“万人坑”遗址纪念馆	AA	山西省				
易县狼牙山风景区	AAAA	河北省				
新文化运动纪念馆		北京市				
顺义区焦庄户地道战遗址纪念馆	AAA	北京市				

（四）华东地区红色旅游经典景区性别偏好热度排名

表69对华东地区39个有效景区（5个无效景区）的检索人群性别分布进行了排序，其中有3个景区的男性占比超达到80%，分别是南通市海安市七战七捷纪念馆、庐山会议旧址、鲁西南战役纪念馆。有13个景区的男性占比在60%～80%之间，分别是莱芜市莱芜战役纪念馆、上饶市上饶集中营革命烈士陵园、泰兴市黄桥战役纪念馆、蒙阴县、沂南县沂蒙山孟良崮战役遗址、青岛市中国人民解放军海军博物馆、滁州市凤阳县小岗村、雨花台烈士陵园、上海市城市规划展示馆、鲁迅故居、嘉兴市南湖风景名胜区（中共一大旧址）、周恩来纪念馆、刘公岛甲午战争遗址博物馆、上杭县古田会议旧址，表明以上景区较受男性喜爱。没有景区的女性占比超过80%，仅有1个景区的女性占比超过60%（即南昌市新建区小平小道陈列馆）。通过计算可知，39个有效景区的男性平均占比为58.34%，女性平均占比为41.66%，其中有18个景区的男性占比超过男性平均占比，分别是南通市海安市七战七捷纪念馆、庐山会议旧址、鲁西南战役纪念馆、莱芜市莱芜战役纪念馆、上饶市上饶集中营革命烈士陵园、泰兴市黄桥战役纪念馆、蒙阴县、沂南县沂蒙山孟良崮战役遗址、青岛市中国人民解放军海军博物馆、滁州市凤阳县小岗村、雨花台烈士陵园、上海市城市规划展示馆、鲁迅故居、嘉兴市南湖风景名胜区（中共一大旧址）、周恩来纪念馆、刘公岛甲午战争遗址博物馆、上杭县古田会议旧址、枣庄市台儿庄大战遗址、徐州市淮海战役纪念馆。21个景区的女性占比超过女性平均占比，分别是南昌市新建区小平小道陈列馆、龙华烈士陵园、福州市福建省革命历史纪念馆、中国共产党第一次全国代表大会会址纪念馆、南昌八一广场、鲁迅纪念馆、上海世博园、上海鲁迅故居、梅园新村纪念馆、宋庆龄故居纪念馆及陵园、侵华日军南京大屠杀遇难同胞纪念馆、聊城市东昌府区孔繁森同志纪念馆、永新三湾改编旧址、华东革命烈士陵园、济南战役纪念馆、井冈山红色旅游系列景区、南昌八一起义纪念馆、周恩来故居、厦门市胡里山炮台、镇江市句容县茅山新四军纪念馆、南京市中山陵。

表69　华东地区红色旅游经典景区性别偏好热度排名

景区名称	景区等级	所属省份	性别分布		占比排名	
			男性	女性	男性	女性
南通市海安市七战七捷纪念馆	AAA	江苏省	89.47%	10.53%	1	39
庐山会议旧址		江西省	84.62%	15.38%	2	38
鲁西南战役纪念馆		山东省	80.00%	20.00%	3	37
莱芜市莱芜战役纪念馆	AAA	山东省	79.68%	20.32%	4	36
上饶市上饶集中营革命烈士陵园	AAAA	江西省	70.00%	30.00%	5	35
泰兴市黄桥战役纪念馆	AAA	江苏省	67.45%	32.55%	6	34

续表

景区名称	景区等级	所属省份	性别分布		占比排名	
			男性	女性	男性	女性
蒙阴县、沂南县沂蒙山孟良崮战役遗址	AAAA	山东省	66.67%	33.33%	7	33
青岛市中国人民解放军海军博物馆	AAA	山东省	66.00%	34.00%	8	32
滁州市凤阳县小岗村	AAAA	安徽省	65.70%	34.30%	9	31
雨花台烈士陵园	AAAA	江苏省	63.04%	36.96%	10	30
上海市城市规划展示馆	AAAA	上海市	62.75%	37.25%	11	29
鲁迅故居	AAAA	浙江省	62.50%	37.50%	12	28
嘉兴市南湖风景名胜区(中共一大旧址)	AAAAA	浙江省	61.70%	38.30%	13	27
周恩来纪念馆	AAAAA	江苏省	60.95%	39.05%	14	26
刘公岛甲午战争遗址博物馆	AAAAA	山东省	60.59%	39.41%	15	25
上杭县古田会议旧址	AAAAA	福建省	60.00%	40.00%	16	24
枣庄市台儿庄大战遗址	AAAAA	山东省	58.84%	41.16%	17	23
徐州市淮海战役纪念馆	AAAA	江苏省	58.75%	41.25%	18	22
南京市中山陵	AAAAA	江苏省	57.89%	42.11%	19	21
镇江市句容县茅山新四军纪念馆	AAAAA	江苏省	57.69%	42.31%	20	20
厦门市胡里山炮台	AAAA	福建省	57.36%	42.64%	21	19
周恩来故居	AAAAA	江苏省	56.93%	43.07%	22	18
南昌八一起义纪念馆	AAAA	江西省	55.56%	44.44%	23	17
井冈山红色旅游系列景区	AAAAA	江西省	53.63%	46.37%	24	16
济南战役纪念馆		山东省	53.49%	46.51%	25	15
华东革命烈士陵园	AAA	山东省	53.33%	46.67%	26	14
永新三湾改编旧址	AAAA	江西省	52.08%	47.92%	27	13
聊城市东昌府区孔繁森同志纪念馆	AAAA	山东省	51.22%	48.78%	28	12
侵华日军南京大屠杀遇难同胞纪念馆	AAAA	江苏省	50.12%	49.88%	29	11
宋庆龄故居纪念馆及陵园	AAAA	上海市	50.00%	50.00%	30	10
梅园新村纪念馆	AAAA	江苏省	50.00%	50.00%	31	9
上海鲁迅故居	AA	上海市	50.00%	50.00%	32	8
上海世博园		上海市	48.72%	51.28%	33	7
鲁迅纪念馆		浙江省	45.50%	54.50%	34	6
南昌八一广场		江西省	45.45%	54.55%	35	5
中国共产党第一次全国代表大会会址纪念馆		上海市	44.44%	55.56%	36	4
福州市福建省革命历史纪念馆		福建省	44.44%	55.56%	37	3
龙华烈士陵园	AAAA	上海市	42.04%	57.96%	38	2

续表

景区名称	景区等级	所属省份	性别分布		占比排名	
			男性	女性	男性	女性
南昌市新建区小平小道陈列馆	AAA	江西省	36.59%	63.41%	39	1
江西革命烈士纪念堂		江西省				
宣城市泾县皖南事变烈士陵园	AAAA	安徽省				
秋收起义广场	AAA	江西省				
赣州市、吉安市、抚州市中央苏区政府根据地红色旅游系列景区	AAAAA	江西省				
漳州市毛主席率领红军攻克漳州陈列馆		福建省				

（五）华南地区红色旅游经典景区性别偏好热度排名

表70对华南地区21个有效景区（3个无效景区）的检索人群性别分布进行了排序，有10个景区的男性占比在60%～80%之间，分别是法卡山英雄纪念碑园、大瑶山剿匪纪念公园、广东东江纵队纪念馆、昆仑关战役旧址景区、东兰红色旅游区、凭祥友谊关遗址、叶剑英故居、梅州市大埔县“八一”起义军三河坝战役纪念园、广州起义烈士陵园、惠州市惠阳区叶挺纪念馆。有4个景区的女性占比达到60%，分别为北伐战争纪念馆、周恩来同志革命活动旧址、阮啸仙故居、叶挺独立团团部旧址纪念馆。通过计算可知，21个有效景区的男性平均占比为58.07%，女性平均占比为41.93%，其中有11个景区的男性占比超过男性平均占比，分别是法卡山英雄纪念碑园、大瑶山剿匪纪念公园、广东东江纵队纪念馆、昆仑关战役旧址景区、东兰红色旅游区、凭祥友谊关遗址、叶剑英故居、梅州市大埔县“八一”起义军三河坝战役纪念园、广州起义烈士陵园、惠州市惠阳区叶挺纪念馆、广州市黄埔陆军军官学校旧址。10个景区的女性占比超过女性平均占比，分别是北伐战争纪念馆、周恩来同志革命活动旧址、阮啸仙故居、叶挺独立团团部旧址纪念馆、中山市孙中山故居、南宁邓颖超纪念馆、孙中山大元帅府纪念馆、东莞市鸦片战争博物馆、莲花山公园、韶关南雄市梅关古道景区。

表70　华南地区红色旅游经典景区性别偏好热度排名

景区名称	景区等级	所属省份	性别分布		占比排名	
			男性	女性	男性	女性
法卡山英雄纪念碑园		广西壮族自治区	79.25%	20.75%	1	21
大瑶山剿匪纪念公园		广西壮族自治区	78.57%	21.43%	2	20
广东东江纵队纪念馆	AAAA	广东省	77.38%	22.62%	3	19

续表

景区名称	景区等级	所属省份	性别分布		占比排名	
			男性	女性	男性	女性
昆仑关战役旧址景区		广西壮族自治区	76.32%	23.68%	4	18
东兰红色旅游区	AAAA	广西壮族自治区	75.43%	24.57%	5	17
凭祥友谊关遗址	AAAA	广西壮族自治区	75.00%	25.00%	6	16
叶剑英故居	AAAA	广东省	71.62%	28.38%	7	15
梅州市大埔县“八一”起义军三河坝战役纪念园	AAA	广东省	63.39%	36.61%	8	14
广州起义烈士陵园	AAAA	广东省	61.40%	38.60%	9	13
惠州市惠阳区叶挺纪念馆	AAAA	广东省	61.11%	38.89%	10	12
广州市黄埔陆军军官学校旧址		广东省	59.00%	41.00%	11	11
韶关南雄市梅关古道景区	AAAA	广东省	56.79%	43.21%	12	10
莲花山公园	AAAA	广东省	48.81%	51.19%	13	9
东莞市鸦片战争博物馆	AAAA	广东省	48.33%	51.67%	14	8
孙中山大元帅府纪念馆	AAA	广东省	48.28%	51.72%	15	7
南宁邓颖超纪念馆		广西壮族自治区	45.71%	54.29%	16	6
中山市孙中山故居	AAAAA	广东省	43.97%	56.03%	17	5
叶挺独立团团部旧址纪念馆		广东省	40.00%	60.00%	18	4
阮啸仙故居		广东省	40.00%	60.00%	19	3
周恩来同志革命活动旧址		广东省	35.71%	64.29%	20	2
北伐战争纪念馆		广东省	33.33%	66.67%	21	1
粤东会馆		广西壮族自治区				
彭湃故居		广东省				
广州市黄花岗七十二烈士墓	AAAA	广东省				

（六）华中地区红色旅游经典景区性别偏好热度排名

表71对华中地区14个有效景区（1个无效景区）的检索人群性别分布进行了排序，没有景区的男性占比超过80%，有6个景区的男性占比在60%~80%之间，分别是湘潭市湘潭县彭德怀故居、桑植县贺龙故居、汝城县湘南起义汝城会议旧址、桂东县“三大纪律六项注意”颁布旧址、黄冈市大别山红色旅游区、湘潭市湘乡东山学校旧址，表明以上景区较为受男性喜爱。有1个景区的女性占比超过60%（即湖南第一师范学校旧址）。通过计算可知，14个景区的男性平均占比为57.34%，女性平均占比

为42.66%，其中有7个景区超过男性平均占比，分别是湘潭市湘潭县彭德怀故居、桑植县贺龙故居、汝城县湘南起义汝城会议旧址、桂东县“三大纪律六项注意”颁布旧址、黄冈市大别山红色旅游区、湘潭市湘乡东山学校旧址、湘潭市韶山市毛泽东故居和纪念馆。7个景区超过女性平均占比，分别是胡耀邦故居、宁乡市花明楼刘少奇故居、杨开慧故居、汨罗市任弼时故居、岳麓山景区、衡阳市南岳忠烈祠、湖南第一师范学校旧址。

表71　华中地区红色旅游经典景区性别偏好热度排名

景区名称	景区等级	所属省份	性别分布		占比排名	
			男性	女性	男性	女性
湘潭市湘潭县彭德怀故居	AAAA	湖南省	72.31%	27.69%	1	14
桑植县贺龙故居		湖南省	71.43%	28.57%	2	13
汝城县湘南起义汝城会议旧址		湖南省	70.79%	29.21%	3	12
桂东县“三大纪律六项注意”颁布旧址		湖南省	66.67%	33.33%	4	11
黄冈市大别山红色旅游区	AAAA	湖北省	63.02%	36.98%	5	10
湘潭市湘乡东山学校旧址	AAAA	湖南省	60.42%	39.58%	6	9
湘潭市韶山市毛泽东故居和纪念馆	AAAAA	湖南省	57.81%	42.19%	7	8
胡耀邦故居	AAAA	湖南省	54.76%	45.24%	8	7
宁乡市花明楼刘少奇故居	AAAAA	湖南省	53.33%	46.67%	9	6
杨开慧故居	AAAA	湖南省	51.25%	48.75%	10	5
汨罗市任弼时故居	AAAA	湖南省	50.00%	50.00%	11	4
岳麓山景区	AAAAA	湖南省	48.85%	51.15%	12	3
衡阳市南岳忠烈祠	AAAAA	湖南省	48.17%	51.83%	13	2
湖南第一师范学校旧址		湖南省	33.90%	66.10%	14	1
宜昌市长江三峡水利枢纽工程	AAAAA	湖北省				

（七）西北地区红色旅游经典景区性别偏好热度排名

表72对西北地区11个有效景区的检索人群性别分布进行了排序，其中有3个景区的男性占比超过80%，分别是陇南市两当县两当兵变旧址、习仲勋陵园、渭南市华县渭华起义纪念馆。有1个景区的男性占比在60%～80%之间（即酒泉市玉门油田），表明以上景区较受男性喜爱。没有景区的女性占比超过60%。通过计算可知，11个景区的男性平均占比为63.07%，女性平均占比为36.93%，其中有4个景区的男性占比超过男性平均占比，分别是陇南市两当县两当兵变旧址、习仲勋陵园、渭南市华县渭华起义纪念馆、酒泉市玉门油田。7个景区的女性占比超过女性平均占比，分别是洛川会

议旧址、延安革命纪念馆、南泥湾革命旧址、“西安事变”纪念馆、宝塔山景区、吴起镇革命旧址、会宁红军会宁会师旧址。

表 72 西北地区红色旅游经典景区性别偏好热度排名

景区名称	景区等级	所属省份	性别分布		占比排名	
			男性	女性	男性	女性
陇南市两当县两当兵变旧址		甘肃省	89.39%	10.61%	1	11
习仲勋陵园		陕西省	86.05%	13.95%	2	10
渭南市华县渭华起义纪念馆	AAAA	陕西省	83.33%	16.67%	3	9
酒泉市玉门油田	AAAA	甘肃省	70.30%	29.70%	4	8
会宁红军会宁会师旧址	AAAA	甘肃省	56.10%	43.90%	5	7
吴起镇革命旧址		陕西省	55.64%	44.36%	6	6
宝塔山景区	AAAA	陕西省	54.30%	45.70%	7	5
“西安事变”纪念馆		陕西省	51.73%	48.27%	8	4
南泥湾革命旧址		陕西省	51.63%	48.37%	9	3
延安革命纪念馆	AAAAA	陕西省	48.80%	51.20%	10	2
洛川会议旧址	AAA	陕西省	46.52%	53.48%	11	1

(八) 西南地区红色旅游经典景区性别偏好热度排名

表 73 对西南地区 12 个有效景区（2 个无效景区）的检索人群性别分布进行了排序，其中有 2 个景区的男性占比超过 80%，分别是保山市龙陵县滇西抗战松山战役遗址、邓小平纪念馆。有 4 个景区的男性占比在 60% ~80% 之间，分别为汶川县水磨古镇、汇川区、桐梓县娄山关景区、黔南州荔波县邓恩铭烈士故居、凉山州中国西昌卫星发射中心，表明以上景区较受男性喜爱。而没有景区的女性占比超过 80%，仅有 3 个景区的女性占比超过 60%，分别于川陕革命根据地红军烈士陵园、安顺市王若飞故居、红岩魂陈列馆。通过计算可知，12 个景区的男性平均占比为 57.42%，女性平均占比为 42.58%，其中有 6 个景区的男性占比超过男性平均占比，分别是保山市龙陵县滇西抗战松山战役遗址、邓小平纪念馆、汶川县水磨古镇、汇川区、桐梓县娄山关景区、黔南州荔波县邓恩铭烈士故居、凉山州中国西昌卫星发射中心。6 个景区的女性占比超过女性平均占比，分别是陆军讲武堂旧址、阿坝州理县桃坪羌寨、成都市崇州街子古镇、川陕革命根据地红军烈士陵园、安顺市王若飞故居、红岩魂陈列馆。

表73 西南地区红色旅游经典景区性别偏好热度排名

景区名称	景区等级	所属省份	性别分布		占比排名	
			男性	女性	男性	女性
保山市龙陵县滇西抗战松山战役遗址	AAAA	云南省	86.89%	13.11%	1	12
邓小平纪念馆	AAAAA	四川省	86.54%	13.46%	2	11
汶川县水磨古镇	AAAAA	四川省	68.42%	31.58%	3	10
汇川区、桐梓县娄山关景区	AAAA	贵州省	67.48%	32.52%	4	9
黔南州荔波县邓恩铭烈士故居	AAA	贵州省	66.67%	33.33%	5	8
凉山州中国西昌卫星发射中心	AAA	四川省	66.07%	33.93%	6	7
陆军讲武堂旧址	AAAA	云南省	57.14%	42.86%	7	6
阿坝州理县桃坪羌寨	AAAA	四川省	49.47%	50.53%	8	5
成都市崇州街子古镇	AAAA	四川省	43.50%	56.50%	9	4
川陕革命根据地红军烈士陵园	AAAA	四川省	37.50%	62.50%	10	3
安顺市王若飞故居		贵州省	30.77%	69.23%	11	2
红岩魂陈列馆		重庆市	28.57%	71.43%	12	1
保山市施甸县杨善洲精神教育基地	AAAA	云南省				
昭通市罗炳辉将军故居		云南省				

五、红色旅游经典景区年龄段偏好热度排名

根据红色旅游经典景区各年龄段热度（或称检索量）占比情况进行排名。由于存在数据缺失的情况，排名过程中将数据缺失的各年龄段占比定为0%，排名中占比相同者视为并列。

（一）全国红色旅游经典景区年龄段偏好热度排名

经统计，19岁以下人员热度占比排名第1的是位于广东省的北伐战争纪念馆，占比达41.67%。该景区20~29岁、30~39岁、40~49岁以及50岁以上人员热度占比分别41.67%、16.66%、0.00%以及0.00%，所对应的排名分别为第17名、第118名、第128名，以及第123名。19岁以下人员热度占比排名第2的是位于湖南省的湖南第一师范学校旧址，占比达40.11%。该景区20~29岁、30~39岁、40~49岁以及50岁以上人员热度占比分别25.66%、20.26%、11.63%以及2.34%，所对应的排名分别为第99名、第105名、第99名，以及第119名。19岁以下人员热度占比排名第3的是位于山东省的华东革命烈士陵园，占比达40.00%。该景区20~29岁、30~39岁、40~49岁以及50岁以上人员热度占比分别20.00%、40.00%、0.00%以及0.00%，所对应的排名分别为第117名、第12名、第129名以及第124名。19岁以下人员热度占

比排名第 4 的是位于陕西省的洛川会议旧址，占比达 38.04%。该景区 20～29 岁、30～39 岁、40～49 岁以及 50 岁以上人员热度占比分别 37.56%、10.16%、9.78% 以及 4.46%，所对应的排名分别为第 38 名、第 129 名、第 111 名，以及第 111 名。19 岁以下人员热度占比排名第 5 的是位于山东省的济南战役纪念馆，占比达 37.21%。该景区 20～29 岁、30～39 岁、40～49 岁以及 50 岁以上人员热度占比分别 20.93%、34.88%、6.98% 以及 0.00%，所对应的排名分别为第 115 名、第 25 名、第 118 名以及第 125 名。19 岁以下人员热度占比排名第 6 的是位于江苏省的镇江市句容县茅山新四军纪念馆，占比达 34.62%。该景区 20～29 岁、30～39 岁、40～49 岁以及 50 岁以上人员热度占比分别 19.23%、19.23%、15.38% 以及 11.54%，所对应的排名分别为第 121 名、第 113 名、第 69 名以及第 49 名。19 岁以下人员热度占比排名第 7 的是位于湖南省的桂东县“三大纪律六项注意”颁布旧址，占比达 33.33%。该景区 20～29 岁、30～39 岁、40～49 岁以及 50 岁以上人员热度占比分别 22.22%、27.78%、5.56% 以及 11.11%，所对应的排名分别为第 112 名、第 67 名、第 123 名，以及第 53 名。19 岁以下人员热度占比排名第 8 的是位于江西省的南昌市新建区小平小道陈列馆，占比达 29.27%。该景区 20～29 岁、30～39 岁、40～49 岁以及 50 岁以上人员热度占比分别 24.38%、19.51%、21.96% 以及 4.88%，所对应的排名分别为第 103 名、第 111 名、第 21 名以及第 105 名。19 岁以下人员热度占比排名第 9 的是位于辽宁省的“九一八”历史博物馆，占比达 28.67%。该景区 20～29 岁、30～39 岁、40～49 岁以及 50 岁以上人员热度占比分别 3.57%、28.57%、39.19% 以及 0.00%，所对应的排名分别为第 132 名、第 62 名、第 1 名以及第 126 名。19 岁以下人员热度占比排名第 10 的是位于陕西省的“西安事变”纪念馆，占比达 28.57%。该景区 20～29 岁、30～39 岁、40～49 岁以及 50 岁以上人员热度占比分别 26.79%、37.50%、7.14% 以及 0.00%，所对应的排名分别为第 95 名、第 21 名、第 117 名以及第 127 名。

19 岁以下人员热度占比排名第 10 的是位于重庆市的红岩魂陈列馆，占比达 28.57%。该景区 20～29 岁、30～39 岁、40～49 岁以及 50 岁以上人员热度占比分别 21.43%、35.17%、14.83% 以及 0.00%，所对应的排名分别为第 114 名、第 23 名、第 76 名，以及第 128 名。19 岁以下人员热度占比排名第 10 的是位于广东省的周恩来同志革命活动旧址，占比达 28.57%。该景区 20～29 岁、30～39 岁、40～49 岁以及 50 岁以上人员热度占比分别 17.86%、25.00%、14.28% 以及 14.29%，所对应的排名分别为第 125 名、第 86 名、第 81 名以及第 27 名。19 岁以下人员热度占比排名第 13 的是位于江西省的永新三湾改编旧址，占比达 28.30%。该景区 20～29 岁、30～39 岁、40～49 岁以及 50 岁以上人员热度占比分别 36.38%、19.17%、11.83% 以及 4.32%，所对应的排名分别为第 45 名、第 115 名、第 98 名，以及第 112 名。19 岁以下人员热度占比排名第 14 的是位于山东省的聊城市东昌府区孔繁森同志纪念馆，占比达 26.83%。

该景区 20～29 岁、30～39 岁、40～49 岁以及 50 岁以上人员热度占比分别 26.83%、14.68%、19.49%以及 12.20%，所对应的排名分别为第 94 名、第 123 名、第 44 名以及第 41 名。19 岁以下人员热度占比排名第 15 的是位于山东省的蒙阴县、沂南县沂蒙山孟良崮战役遗址，占比达 26.67%。该景区 20～29 岁、30～39 岁、40～49 岁以及 50 岁以上人员热度占比分别 37.78%、22.22%、4.44%以及 8.89%，所对应的排名分别为第 37 名、第 101 名、第 125 名以及第 70 名。19 岁以下人员热度占比排名第 16 的是位于广西壮族自治区的南宁邓颖超纪念馆，占比达 25.71%。该景区 20～29 岁、30～39 岁、40～49 岁以及 50 岁以上人员热度占比分别 42.86%、20.00%、5.72%以及 5.71%，所对应的排名分别为第 16 名、第 106 名、第 120 名以及第 96 名。19 岁以下人员热度占比排名第 17 的是位于广东省的东莞市鸦片战争博物馆，占比达 25.00%。该景区 20～29 岁、30～39 岁、40～49 岁以及 50 岁以上人员热度占比分别 46.67%、15.00%、10.00%以及 3.33%，所对应的排名分别为第 6 名、第 121 名、第 108 名以及第 115 名。19 岁以下人员热度占比排名第 17 的是位于广东省的叶挺独立团团部旧址纪念馆，占比达 25.00%。该景区 20～29 岁、30～39 岁、40～49 岁以及 50 岁以上人员热度占比分别 35.00%、10.00%、5.00%以及 25.00%，所对应的排名分别为第 53 名、第 130 名、第 122 名以及第 7 名。19 岁以下人员热度占比排名第 17 的是位于湖南省的汨罗市任弼时故居，占比达 25.00%。该景区 20～29 岁、30～39 岁、40～49 岁以及 50 岁以上人员热度占比分别 33.33%、16.67%、25.00%以及 0.00%，所对应的排名分别为第 56 名、第 117 名、第 11 名以及第 129 名。19 岁以下人员热度占比排名第 20 的是位于北京市的李大钊烈士陵园，占比达 23.81%。该景区 20～29 岁、30～39 岁、40～49 岁以及 50 岁以上人员热度占比分别 47.62%、14.29%、4.76%以及 9.52%，所对应的排名分别为第 5 名、第 125 名、第 124 名以及第 65 名。

19 岁以下人员热度占比排名第 21 的是位于湖南省的汝城县湘南起义汝城会议旧址，占比达 23.60%。该景区 20～29 岁、30～39 岁、40～49 岁以及 50 岁以上人员热度占比分别 17.98%、14.61%、13.47%以及 30.34%，所对应的排名分别为第 124 名、第 124 名、第 89 名以及第 3 名。19 岁以下人员热度占比排名第 22 的是位于贵州省的安顺市王若飞故居，占比达 23.08%。该景区 20～29 岁、30～39 岁、40～49 岁以及 50 岁以上人员热度占比分别 30.77%、30.77%、7.69%以及 7.69%，所对应的排名分别为第 73 名、第 48 名、第 116 名以及第 80 名。19 岁以下人员热度占比排名第 23 的是位于辽宁省的辽沈战役纪念馆，占比达 22.62%。该景区 20～29 岁、30～39 岁、40～49 岁以及 50 岁以上人员热度占比分别 36.90%、19.05%、13.10%以及 8.33%，所对应的排名分别为第 42 名、第 116 名、第 92 名，以及第 75 名。19 岁以下人员热度占比排名第 24 的是位于江苏省的徐州市淮海战役纪念馆，占比达 22.50%。该景区 20～29 岁、30～39 岁、40～49 岁以及 50 岁以上人员热度占比分别 28.75%、33.75%、

5.00%以及10.00%，所对应的排名分别为第83名、第30名、第122名以及第60名。19岁以下人员热度占比排名第25的是位于山西省的文水县刘胡兰纪念馆，占比达22.47%。该景区20~29岁、30~39岁、40~49岁以及50岁以上人员热度占比分别31.46%、24.72%、12.36%以及8.99%，所对应的排名分别为第68名、第91名、第96名以及第67名。19岁以下人员热度占比排名第26的是位于广东省的梅州市大埔县“八一”起义军三河坝战役纪念园，占比达22.32%。该景区20~29岁、30~39岁、40~49岁以及50岁以上人员热度占比分别33.04%、22.32%、14.73%以及7.59%，所对应的排名分别为第59名、第100名、第78名以及第82名。19岁以下人员热度占比排名第27的是位于天津市的平津战役纪念馆，占比达21.43%。该景区20~29岁、30~39岁、40~49岁以及50岁以上人员热度占比分别25.00%、34.82%、13.39%以及5.36%，所对应的排名分别为第100名、第26名、第90名以及第100名。19岁以下人员热度占比排名第28的是位于广东省的广州起义烈士陵园，占比达21.05%。该景区20~29岁、30~39岁、40~49岁以及50岁以上人员热度占比分别45.61%、15.79%、8.78%以及8.77%，所对应的排名分别为第8名、第120名、第115名以及第71名。19岁以下人员热度占比排名第29的是位于河北省的清苑区冉庄地道战遗址，占比达20.93%。该景区20~29岁、30~39岁、40~49岁以及50岁以上人员热度占比分别39.53%、11.63%、16.28%以及11.63%，所对应的排名分别为第29名、第128名、第63名以及第48名。19岁以下人员热度占比排名第30的是位于山西省的夜袭阳明堡机场遗址，占比达20.00%。该景区20~29岁、30~39岁、40~49岁以及50岁以上人员热度占比分别20.00%、30.00%、20.00%以及10.00%，所对应的排名分别为第117名、第55名、第36名以及第60名。

19岁以下人员热度占比排名第31的是位于上海市的龙华烈士陵园，占比达19.75%。该景区20~29岁、30~39岁、40~49岁以及50岁以上人员热度占比分别28.03%、31.85%、18.46%以及1.91%，所对应的排名分别为第86名、第40名、第52名以及第121名。19岁以下人员热度占比排名第32的是位于江苏省的雨花台烈士陵园，占比达19.57%。该景区20~29岁、30~39岁、40~49岁以及50岁以上人员热度占比分别27.54%、26.81%、17.38%以及8.70%，所对应的排名分别为第90名、第76名、第57名以及第73名。19岁以下人员热度占比排名第33的是位于陕西省的延安革命纪念馆，占比达19.20%。该景区20~29岁、30~39岁、40~49岁以及50岁以上人员热度占比分别32.00%、27.20%、16.80%以及4.80%，所对应的排名分别为第64名、第71名、第60名以及第106名。19岁以下人员热度占比排名第34的是位于山西省的灵丘县平型关大捷遗址，占比达17.39%。该景区20~29岁、30~39岁、40~49岁以及50岁以上人员热度占比分别39.13%、30.43%、13.05%以及0.00%，所对应的排名分别为第32名、第52名、第93名以及第130名。19岁以下人员热度占比排名并列第35的是位于山东省的鲁西南战役纪念馆，占比达16.67%。该景区20~29岁、30~39岁、40~49岁以及50岁以上人员热度占比分别40.00%、6.67%、33.33%以及3.33%，所对应的排名分别为第24名、第131名、第2名以及第115名。19岁以下人员热度占比排名并列第35的是位于天津市的周恩来邓颖超纪念馆，占比达16.67%。该景区20~29岁、30~39岁、40~49岁以及50岁以上人员热度占比分别40.00%、33.33%、10.00%以及0.00%，所对应的排名分别为第24名、第32名、第108名以及第131名。19岁以下人员热度占比排名并列第35的是位于江苏省的梅园新村纪念馆，占比达16.67%。该景区20~29岁、30~39岁、40~49岁以及50岁以上人员热度占比分别36.67%、16.66%、20.00%以及10.00%，所对应的排名分别为第43名、第118名、第36名以及第60名。19岁以下人员热度占比排名并列第35的是位于福建省的上杭县古田会议旧址，占比达16.67%。该景区20~29岁、30~39岁、40~49岁以及50岁以上人员热度占比分别36.67%、20.00%、20.00%以及6.66%，所对应的排名分别为第43名、第106名、第36名以及第88名。19岁以下人员热度占比排名并列第35的是位于河北省的乐亭县李大钊故居和纪念馆，占比达16.67%。该景区20~29岁、30~39岁、40~49岁以及50岁以上人员热度占比分别22.92%、27.08%、22.91%以及10.42%，所对应的排名分别为第109名、第73名、第17名以及第58名。19岁以下人员热度占比排名第40的是位于湖南省的宁乡市花明楼刘少奇故居，占比达16.30%。该景区20~29岁、30~39岁、40~49岁以及50岁以上人员热度占比分别22.22%、22.96%、23.71%以及14.81%，所对应的排名分别为第112名、第97名、第14名以及第26名。

19岁以下人员热度占比排名第41的是位于广东省的广州市黄埔陆军军官学校旧址，占比达16.16%。该景区20~29岁、30~39岁、40~49岁以及50岁以上人员热度占比分别17.17%、26.26%、23.24%以及17.17%，所对应的排名分别为第129名、第79名、第16名以及第18名。19岁以下人员热度占比排名第42的是位于江苏省的侵华日军南京大屠杀遇难同胞纪念馆，占比达16.01%。该景区20~29岁、30~39岁、40~49岁以及50岁以上人员热度占比分别35.08%、28.23%、14.28%以及6.40%，所对应的排名分别为第52名、第65名、第81名以及第90名。19岁以下人员热度占比排名第43的是位于辽宁省的丹东市抗美援朝纪念馆，占比达15.43%。该景区20~29岁、30~39岁、40~49岁以及50岁以上人员热度占比分别45.06%、24.07%、10.49%以及4.95%，所对应的排名分别为第9名、第95名、第105名以及第103名。19岁以下人员热度占比排名第44的是位于山西省的黎城县黄崖洞景区，占比达15.00%。该景区20~29岁、30~39岁、40~49岁以及50岁以上人员热度占比分别22.50%、32.50%、17.50%以及12.50%，所对应的排名分别为第111名、第36名、第56名，以及第38名。19岁以下人员热度占比排名第45的是位于江西省的南昌八一起义纪念馆，占比达 14.81%。该景区 20～29 岁、30～39 岁、40～49 岁以及 50 岁以上人员热度占比分别 48.15%、14.81%、14.82%以及 7.41%，所对应的排名分别为第 4 名、第 122 名、第 77 名以及第 84 名。19 岁以下人员热度占比排名第 46 的是位于云南省的陆军讲武堂旧址，占比达 14.29%。该景区 20～29 岁、30～39 岁、40～49 岁以及 50 岁以上人员热度占比分别 31.43%、40.00%、14.28%以及 0.00%，所对应的排名分别为第 69 名、第 12 名、第 81 名以及第 132 名。19 岁以下人员热度占比排名第 47 的是位于甘肃省的会宁红军会宁会师旧址，占比达 13.82%。该景区 20～29 岁、30～39 岁、40～49 岁以及 50 岁以上人员热度占比分别 28.46%、23.58%、21.13%以及 13.01%，所对应的排名分别为第 84 名、第 96 名、第 28 名，以及第 36 名。19 岁以下人员热度占比排名第 48 的是位于江苏省的周恩来纪念馆，占比达 13.61%。该景区 20～29 岁、30～39 岁、40～49 岁以及 50 岁以上人员热度占比分别 39.64%、24.85%、14.21%以及 7.69%，所对应的排名分别为第 28 名、第 90 名、第 84 名以及第 80 名。19 岁以下人员热度占比排名第 49 的是位于四川省的邓小平纪念馆，占比达 13.46%。该景区 20～29 岁、30～39 岁、40～49 岁以及 50 岁以上人员热度占比分别 32.69%、19.23%、5.77%以及 28.85%，所对应的排名分别为第 60 名、第 113 名、第 119 名以及第 5 名。19 岁以下人员热度占比排名第 50 的是位于贵州省的黔南州荔波县邓恩铭烈士故居，占比达 13.33%。该景区 20～29 岁、30～39 岁、40～49 岁以及 50 岁以上人员热度占比分别 33.33%、0.00%、13.34%以及 40.00%，所对应的排名分别为第 56 名、第 132 名、第 91 名以及第 1 名。

19 岁以下人员热度占比排名第 51 的是位于湖南省的湘潭市韶山市毛泽东故居和纪念馆，占比达 12.76%。该景区 20～29 岁、30～39 岁、40～49 岁以及 50 岁以上人员热度占比分别 31.02%、27.79%、19.71%以及 8.72%，所对应的排名分别为第 72 名、第 66 名、第 43 名，以及第 72 名。19 岁以下人员热度占比排名第 52 的是位于吉林省的长春市长春电影制片厂，占比达 12.61%。该景区 20～29 岁、30～39 岁、40～49 岁以及 50 岁以上人员热度占比分别 36.94%、24.32%、12.61%以及 13.51%，所对应的排名分别为第 41 名、第 94 名、第 95 名，以及第 34 名。19 岁以下人员热度占比排名第 53 的是位于四川省的川陕革命根据地红军烈士陵园，占比达 12.50%。该景区 20～29 岁、30～39 岁、40～49 岁以及 50 岁以上人员热度占比分别 31.25%、31.25%、18.75%以及 6.25%，所对应的排名分别为第 70 名、第 47 名、第 50 名以及第 91 名。19 岁以下人员热度占比排名并列第 53 的是位于北京市的中国人民抗日战争纪念馆，占比达 12.50%。该景区 20～29 岁、30～39 岁、40～49 岁以及 50 岁以上人员热度占比分别 19.64%、39.29%、22.32%以及 6.25%，所对应的排名分别为第 120 名、第 17 名、第 19 名以及第 91 名。19 岁以下人员热度占比排名第 55 的是位于广西壮族自治区的昆仑关战役旧址景区，占比达 12.11%。该景区 20～29 岁、30～39 岁、40～49 岁以及 50 岁以上人员热度占比分别 27. 89%、28. 42%、20. 53%以及 11. 05%，所对应的排名分别为第 88 名、第 63 名、第 32 名以及第 55 名。19 岁以下人员热度占比排名第 56 的是位于上海市的上海世博园，占比达 12. 07%。该景区 20 ~ 29 岁、30 ~ 39 岁、40 ~ 49 岁以及 50 岁以上人员热度占比分别 43. 10%、25. 86%、10. 35%以及 8. 62%，所对应的排名分别为第 15 名、第 80 名、第 106 名以及第 74 名。19 岁以下人员热度占比排名并列第 56 的是位于广东省的孙中山大元帅府纪念馆，占比达 12. 07%。该景区 20 ~ 29 岁、30 ~ 39 岁、40 ~ 49 岁以及 50 岁以上人员热度占比分别 34. 48%、22. 41%、18. 97%以及 12. 07%，所对应的排名分别为第 55 名、第 99 名、第 49 名以及第 43 名。19 岁以下人员热度占比排名第 58 的是位于陕西省的吴起镇革命旧址，占比达 12. 03%。该景区 20 ~ 29 岁、30 ~ 39 岁、40 ~ 49 岁以及 50 岁以上人员热度占比分别 31. 58%、21. 80%、21. 80%以及 12. 79%，所对应的排名分别为第 66 名、第 102 名、第 22 名以及第 37 名。19 岁以下人员热度占比排名第 59 的是位于江苏省的南京市中山陵，占比达 11. 89%。该景区 20 ~ 29 岁、30 ~ 39 岁、40 ~ 49 岁以及 50 岁以上人员热度占比分别 43. 53%、26. 85%、12. 84%以及 4. 89%，所对应的排名分别为第 13 名、第 74 名、第 94 名以及第 104 名。19 岁以下人员热度占比排名第 60 的是位于河北省的石家庄市平山县西柏坡红色旅游系列景区（点），占比达 11. 85%。该景区 20 ~ 29 岁、30 ~ 39 岁、40 ~ 49 岁以及 50 岁以上人员热度占比分别 35. 99%、29. 13%、15. 16%以及 7. 87%，所对应的排名分别为第 50 名、第 59 名、第 74 名以及第 78 名。

19 岁以下人员热度占比排名第 61 的是位于河北省的丰润区潘家峪惨案纪念馆，占比达 11. 60%。该景区 20 ~ 29 岁、30 ~ 39 岁、40 ~ 49 岁以及 50 岁以上人员热度占比分别 20. 00%、27. 20%、27. 60%以及 13. 60%，所对应的排名分别为第 117 名、第 71 名、第 7 名以及第 33 名。19 岁以下人员热度占比排名第 62 的是位于江苏省的周恩来故居，占比达 11. 39%。该景区 20 ~ 29 岁、30 ~ 39 岁、40 ~ 49 岁以及 50 岁以上人员热度占比分别 27. 23%、27. 72%、23. 26%以及 10. 40%，所对应的排名分别为第 93 名、第 68 名、第 15 名以及第 59 名。19 岁以下人员热度占比排名第 63 的是位于内蒙古自治区的呼伦贝尔市诺门罕战役遗址及陈列馆，占比达 11. 11%。该景区 20 ~ 29 岁、30 ~ 39 岁、40 ~ 49 岁以及 50 岁以上人员热度占比分别 38. 89%、24. 44%、20. 00%以及 5. 56%，所对应的排名分别为第 33 名、第 93 名、第 36 名以及第 98 名。19 岁以下人员热度占比排名第 63 的是位于广东省的惠州市惠阳区叶挺纪念馆，占比达 11. 11%。该景区 20 ~ 29 岁、30 ~ 39 岁、40 ~ 49 岁以及 50 岁以上人员热度占比分别 36. 11%、25. 00%、16. 67%以及 11. 11%，所对应的排名分别为第 48 名、第 86 名、第 61 名以及第 53 名。19 岁以下人员热度占比排名第 63 的是位于福建省的福州市福建省革命历史纪念馆，占比达 11. 11%。该景区 20 ~ 29 岁、30 ~ 39 岁、40 ~ 49 岁以及 50 岁以上人员热度占比分别16.67%、66.66%、0.00%以及5.56%，所对应的排名分别为第131名、第1名、第130名以及第98名。19岁以下人员热度占比排名第66的是位于广东省的中山市孙中山故居，占比达10.92%。该景区20~29岁、30~39岁、40~49岁以及50岁以上人员热度占比分别43.39%、30.46%、9.20%以及6.03%，所对应的排名分别为第14名、第51名、第112名以及第94名。19岁以下人员热度占比排名第67的是位于湖南省的岳麓山景区，占比达10.89%。该景区20~29岁、30~39岁、40~49岁以及50岁以上人员热度占比分别44.46%、26.77%、11.29%以及6.59%，所对应的排名分别为第10名、第77名、第102名以及第89名。19岁以下人员热度占比排名第68的是位于浙江省的嘉兴市南湖风景名胜区（中共一大旧址），占比达10.70%。该景区20~29岁、30~39岁、40~49岁以及50岁以上人员热度占比分别27.70%、25.50%、15.24%以及20.86%，所对应的排名分别为第89名、第83名、第73名，以及第10名。19岁以下人员热度占比排名第69的是位于江苏省的泰兴市黄桥战役纪念馆，占比达10.59%。该景区20~29岁、30~39岁、40~49岁以及50岁以上人员热度占比分别30.20%、20.78%、21.57%以及16.86%，所对应的排名分别为第80名、第103名、第25名以及第19名。19岁以下人员热度占比排名第70的是位于四川省的汶川县水磨古镇，占比达10.53%。该景区20~29岁、30~39岁、40~49岁以及50岁以上人员热度占比分别52.63%、31.58%、0.00%以及5.26%，所对应的排名分别为第2名、第43名、第131名以及第101名。19岁以下人员热度占比排名并列第70的是位于黑龙江省的鸡西市侵华日军虎头要塞遗址，占比达10.53%。该景区20~29岁、30~39岁、40~49岁以及50岁以上人员热度占比分别40.35%、24.56%、10.52%以及14.04%，所对应的排名分别为第23名、第92名、第104名以及第29名。

19岁以下人员热度占比排名第72的是位于内蒙古自治区的东风航天城旅游景区，占比达10.26%。该景区20~29岁、30~39岁、40~49岁以及50岁以上人员热度占比分别41.03%、30.77%、15.38%以及2.56%，所对应的排名分别为第21名、第48名、第69名，以及第118名。19岁以下人员热度占比排名第73的是位于山东省的青岛市中国人民解放军海军博物馆，占比达10.00%。该景区20~29岁、30~39岁、40~49岁以及50岁以上人员热度占比分别28.00%、42.00%、12.00%以及8.00%，所对应的排名分别为第87名、第8名、第97名，以及第77名。19岁以下人员热度占比排名并列第73的是位于江西省的上饶市上饶集中营革命烈士陵园，占比达10.00%。该景区20~29岁、30~39岁、40~49岁以及50岁以上人员热度占比分别24.00%、32.00%、22.00%以及12.00%，所对应的排名分别为第104名、第39名、第20名以及第44名。19岁以下人员热度占比排名第75的是位于山东省的枣庄市台儿庄大战遗址，占比达9.97%。该景区20~29岁、30~39岁、40~49岁以及50岁以上人员热度占比分别 39.34%、32.69%、10.80%以及 7.20%，所对应的排名分别为第 31 名、第 34 名、第 103 名以及第 86 名。19 岁以下人员热度占比排名第 76 的是位于陕西省的宝塔山景区，占比达 9.95%。该景区 20～29 岁、30～39 岁、40～49 岁以及 50 岁以上人员热度占比分别 41.18%、30.77%、13.58%以及 4.52%，所对应的排名分别为第 20 名、第 48 名、第 86 名以及第 110 名。19 岁以下人员热度占比排名第 77 的是位于安徽省的滁州市凤阳县小岗村，占比达 9.60%。该景区 20～29 岁、30～39 岁、40～49 岁以及 50 岁以上人员热度占比分别 38.00%、31.30%、13.70%以及 7.40%，所对应的排名分别为第 36 名、第 46 名、第 85 名以及第 85 名。19 岁以下人员热度占比排名第 78 的是位于上海市的中国共产党第一次全国代表大会会址纪念馆，占比达 9.52%。该景区 20～29 岁、30～39 岁、40～49 岁以及 50 岁以上人员热度占比分别 38.10%、34.92%、14.29%以及 3.17%，所对应的排名分别为第 35 名、第 24 名、第 80 名以及第 117 名。19 岁以下人员热度占比排名第 79 的是位于福建省的厦门市胡里山炮台，占比达 9.45%。该景区 20～29 岁、30～39 岁、40～49 岁以及 50 岁以上人员热度占比分别 31.50%、31.50%、15.74%以及 11.81%，所对应的排名分别为第 67 名、第 45 名、第 67 名以及第 46 名。19 岁以下人员热度占比排名第 80 的是位于湖南省的湘潭市湘潭县彭德怀故居，占比达 9.23%。该景区 20～29 岁、30～39 岁、40～49 岁以及 50 岁以上人员热度占比分别 17.69%、31.54%、30.00%以及 11.54%，所对应的排名分别为第 127 名、第 44 名、第 4 名以及第 49 名。

19 岁以下人员热度占比排名第 81 的是位于山东省的莱芜市莱芜战役纪念馆，占比达 9.19%。该景区 20～29 岁、30～39 岁、40～49 岁以及 50 岁以上人员热度占比分别 29.73%、20.54%、20.22%以及 20.32%，所对应的排名分别为第 81 名、第 104 名、第 35 名以及第 11 名。19 岁以下人员热度占比排名第 82 的是位于上海市的上海鲁迅故居，占比达 9.09%。该景区 20～29 岁、30～39 岁、40～49 岁以及 50 岁以上人员热度占比分别 54.55%、13.64%、9.08%以及 13.64%，所对应的排名分别为第 1 名、第 126 名、第 114 名以及第 31 名。19 岁以下人员热度占比排名第 82 的是位于江西省的南昌八一广场，占比达 9.09%。该景区 20～29 岁、30～39 岁、40～49 岁以及 50 岁以上人员热度占比分别 43.64%、27.27%、9.09%以及 10.91%，所对应的排名分别为第 12 名、第 70 名、第 113 名以及第 56 名。19 岁以下人员热度占比排名第 82 的是位于北京市的圆明园遗址公园，占比达 9.09%。该景区 20～29 岁、30～39 岁、40～49 岁以及 50 岁以上人员热度占比分别 18.18%、38.64%、29.54%以及 4.55%，所对应的排名分别为第 123 名、第 19 名、第 5 名，以及第 109 名。19 岁以下人员热度占比排名第 85 的是位于江西省的井冈山红色旅游系列景区，占比达 9.03%。该景区 20～29 岁、30～39 岁、40～49 岁以及 50 岁以上人员热度占比分别 30.33%、30.14%、17.20%以及 13.30%，所对应的排名分别为第 79 名、第 54 名、第 58 名以及第 35 名。19 岁以下人员热度占比排名第 86 的是位于黑龙江省的大庆市大庆油田历史陈列馆，占比达 9.00%。该景区 20～29 岁、30～39 岁、40～49 岁以及 50 岁以上人员热度占比分别 40.40%、28.91%、16.95%以及 4.74%，所对应的排名分别为第 22 名、第 60 名、第 59 名以及第 107 名。19 岁以下人员热度占比排名第 87 的是位于北京市的香山双清别墅，占比达 8.96%。该景区 20～29 岁、30～39 岁、40～49 岁以及 50 岁以上人员热度占比分别 38.81%、25.37%、17.90%以及 8.96%，所对应的排名分别为第 34 名、第 84 名、第 54 名以及第 68 名。19 岁以下人员热度占比排名第 88 的是位于湖南省的杨开慧故居，占比达 8.86%。该景区 20～29 岁、30～39 岁、40～49 岁以及 50 岁以上人员热度占比分别 22.78%、25.32%、20.26%以及 22.78%，所对应的排名分别为第 110 名、第 85 名、第 34 名以及第 8 名。19 岁以下人员热度占比排名第 89 的是位于北京市的中国人民革命军事博物馆，占比达 8.46%。该景区 20～29 岁、30～39 岁、40～49 岁以及 50 岁以上人员热度占比分别 36.15%、34.62%、16.15%以及 4.62%，所对应的排名分别为第 47 名、第 27 名、第 64 名以及第 108 名。19 岁以下人员热度占比排名第 90 的是位于湖北省的黄冈市大别山红色旅游区，占比达 8.45%。该景区 20～29 岁、30～39 岁、40～49 岁以及 5 岁以上人员热度占比分别 41.45%、28.60%、15.25%以及 6.25%，所对应的排名分别为第 19 名、第 61 名、第 72 名以及第 91 名。

19 岁以下人员热度占比排名第 91 的是位于湖南省的衡阳市南岳忠烈祠，占比达 8.35%。该景区 20～29 岁、30～39 岁、40～49 岁以及 50 岁以上人员热度占比分别 32.69%、39.82%、11.30%以及 7.84%，所对应的排名分别为第 60 名、第 14 名、第 101 名以及第 79 名。19 岁以下人员热度占比排名第 92 的是位于天津市的大沽口炮台遗址博物馆，占比达 8.33%。该景区 20～29 岁、30～39 岁、40～49 岁以及 50 岁以上人员热度占比分别 20.83%、54.17%、4.17%以及 12.50%，所对应的排名分别为第 116 名、第 2 名、第 126 名以及第 38 名。19 岁以下人员热度占比排名第 93 的是位于山东省的刘公岛甲午战争遗址博物馆，占比达 8.31%。该景区 20～29 岁、30～39 岁、40～49 岁以及 50 岁以上人员热度占比分别 30.56%、29.49%、16.09%以及 15.55%，所对应的排名分别为第 77 名、第 57 名、第 65 名以及第 25 名。19 岁以下人员热度占比排名第 94 的是位于陕西省的习仲勋陵园，占比达 8.14%。该景区 20～29 岁、30～39 岁、40～49 岁以及 50 岁以上人员热度占比分别 32.56%、25.58%、15.12%以及 18.60%，所对应的排名分别为第 62 名、第 82 名、第 75 名以及第 13 名。19 岁以下人员热度占比排名第 95 的是位于北京市的天安门广场，占比达 8.13%。该景区 20～29 岁、30～39 岁、40～49 岁以及 50 岁以上人员热度占比分别 24.90%、41.15%、18.31%以及 7.51%，所对应的排名分别为第 102 名、第 10 名、第 53 名以及第 83 名。19 岁以下人员热度占比排名第 96 的是位于广东省的叶剑英故居，占比达 8.11%。该景区 20～29 岁、30～39 岁、40～49 岁以及 50 岁以上人员热度占比分别 25.68%、32.43%、

21.62%以及12.16%，所对应的排名分别为第98名、第37名、第24名以及第42名。19岁以下人员热度占比排名第97的是位于北京市的中国国家博物馆，占比达8.04%。该景区20~29岁、30~39岁、40~49岁以及50岁以上人员热度占比分别39.39%、33.73%、14.62%以及4.22%，所对应的排名分别为第30名、第31名、第79名以及第113名。19岁以下人员热度占比排名第98的是位于广东省的韶关南雄市梅关古道景区，占比达7.41%。该景区20~29岁、30~39岁、40~49岁以及50岁以上人员热度占比分别33.33%、19.75%、13.58%以及25.93%，所对应的排名分别为第56名、第109名、第86名，以及第6名。19岁以下人员热度占比排名第99的是位于陕西省的南泥湾革命旧址，占比达7.19%。该景区20~29岁、30~39岁、40~49岁以及50岁以上人员热度占比分别27.52%、39.51%、15.32%以及10.46%，所对应的排名分别为第91名、第15名、第71名以及第57名。19岁以下人员热度占比排名第100的是位于河北省的安新县白洋淀景区，占比达7.14%。该景区20~29岁、30~39岁、40~49岁以及50岁以上人员热度占比分别17.86%、39.29%、21.42%以及14.29%，所对应的排名分别为第125名、第17名、第26名以及第27名。

19岁以下人员热度占比排名第101的是位于上海市的宋庆龄故居纪念馆及陵园，占比达6.82%。该景区20~29岁、30~39岁、40~49岁以及50岁以上人员热度占比分别23.64%、34.55%、19.08%以及15.91%，所对应的排名分别为第105名、第28名、第46名以及第23名。19岁以下人员热度占比排名并列第101的是位于北京市的宋庆龄故居，占比达6.82%。该景区20~29岁、30~39岁、40~49岁以及50岁以上人员热度占比分别23.64%、34.55%、19.08%以及15.91%，所对应的排名分别为第105名、第28名、第46名以及第23名。19岁以下人员热度占比排名第103的是位于四川省的凉山州中国西昌卫星发射中心，占比达6.81%。该景区20~29岁、30~39岁、40~49岁以及50岁以上人员热度占比分别30.72%、27.63%、22.88%以及11.96%，所对应的排名分别为第74名、第69名、第18名以及第45名。19岁以下人员热度占比排名第104的是位于北京市的北京奥林匹克公园，占比达6.67%。该景区20~29岁、30~39岁、40~49岁以及50岁以上人员热度占比分别30.67%、26.67%、18.66%以及17.33%，所对应的排名分别为第76名、第78名、第51名以及第17名。19岁以下人员热度占比排名并列第104的是位于陕西省的渭南市华县渭华起义纪念馆，占比达6.67%。该景区20~29岁、30~39岁、40~49岁以及50岁以上人员热度占比分别23.33%、30.00%、10.00%以及30.00%，所对应的排名分别为第107名、第55名、第108名以及第4名。19岁以下人员热度占比排名第106的是位于湖南省的湘潭市湘乡东山学校旧址，占比达6.38%。该景区20~29岁、30~39岁、40~49岁以及50岁以上人员热度占比分别31.91%、40.43%、19.15%以及2.13%，所对应的排名分别为第65名、第11名、第45名以及第120名。19岁以下人员热度占比排名第107

的是位于广东省的莲花山公园，占比达6.30%。该景区20~29岁、30~39岁、40~49岁以及50岁以上人员热度占比分别36.09%、31.74%、16.30%以及9.57%，所对应的排名分别为第49名、第41名、第62名以及第64名。19岁以下人员热度占比排名第108的是位于江西省的庐山会议旧址，占比达6.24%。该景区20~29岁、30~39岁、40~49岁以及50岁以上人员热度占比分别23.24%、26.85%、25.99%以及17.68%，所对应的排名分别为第108名、第74名、第8名以及第16名。19岁以下人员热度占比排名第109的是位于江苏省的南通市海安市七战七捷纪念馆，占比达6.14%。该景区20~29岁、30~39岁、40~49岁以及50岁以上人员热度占比分别17.54%、19.30%、25.44%以及31.58%，所对应的排名分别为第128名、第112名、第10名以及第2名。19岁以下人员热度占比排名第110的是位于浙江省的鲁迅纪念馆，占比达5.90%。该景区20~29岁、30~39岁、40~49岁以及50岁以上人员热度占比分别29.70%、42.50%、20.901%以及0.99%，所对应的排名分别为第82名、第7名、第29名以及第122名。

19岁以下人员热度占比排名第111的是位于湖南省的桑植县贺龙故居，占比达5.88%。该景区20~29岁、30~39岁、40~49岁以及50岁以上人员热度占比分别26.47%、38.24%、17.56%以及11.76%，所对应的排名分别为第96名、第20名、第55名以及第47名。19岁以下人员热度占比排名第112的是位于辽宁省的抗美援朝烈士陵园，占比达5.71%。该景区20~29岁、30~39岁、40~49岁以及50岁以上人员热度占比分别17.14%、42.86%、28.58%以及5.71%，所对应的排名分别为第130名、第6名、第6名以及第96名。19岁以下人员热度占比排名第113的是位于广西壮族自治区的法卡山英雄纪念碑园，占比达5.66%。该景区20~29岁、30~39岁、40~49岁以及50岁以上人员热度占比分别28.30%、22.64%、32.08%以及11.32%，所对应的排名分别为第85名、第98名、第3名以及第51名。19岁以下人员热度占比排名第114的是位于北京市的中国航空博物馆，占比达5.62%。该景区20~29岁、30~39岁、40~49岁以及50岁以上人员热度占比分别39.66%、36.21%、10.25%以及8.26%，所对应的排名分别为第27名、第22名、第107名以及第76名。19岁以下人员热度占比排名第115的是位于广东省的广东东江纵队纪念馆，占比达5.43%。该景区20~29岁、30~39岁、40~49岁以及50岁以上人员热度占比分别31.22%、24.89%、20.36%以及18.10%，所对应的排名分别为第71名、第89名、第33名以及第15名。19岁以下人员热度占比排名第115的是位于辽宁省的鸭绿江断桥景区，占比达5.43%。该景区20~29岁、30~39岁、40~49岁以及50岁以上人员热度占比分别19.00%、31.67%、21.73%以及22.17%，所对应的排名分别为第122名、第42名、第23名以及第9名。19岁以下人员热度占比排名第117的是位于浙江省的鲁迅故居，占比达5.41%。该景区20~29岁、30~39岁、40~49岁以及50岁以上人员热度占比分别51.35%、13.51%、13.51%以及16.22%，所对应的排名分别为第3名、第127名、第88名以及第22名。19岁以下人员热度占比排名第118的是位于贵州省的汇川区、桐梓县娄山关景区，占比达5.23%。该景区20～29岁、30～39岁、40～49岁以及50岁以上人员热度占比分别30.56%、32.03%、20.91%以及11.27%，所对应的排名分别为第77名、第38名、第29名以及第52名。19岁以下人员热度占比排名第119的是位于广西壮族自治区的东兰红色旅游区，占比达5.14%。该景区20～29岁、30～39岁、40～49岁以及50岁以上人员热度占比分别35.43%、39.43%、16.00%以及4.00%，所对应的排名分别为第51名、第16名、第66名以及第114名。19岁以下人员热度占比排名第120的是位于湖南省的胡耀邦故居，占比达4.76%。该景区20～29岁、30～39岁、40～49岁以及50岁以上人员热度占比分别26.19%、42.88%、19.03%以及7.14%，所对应的排名分别为第97名、第5名、第48名以及第87名。

19岁以下人员热度占比排名第121的是位于云南省的保山市龙陵县滇西抗战松山战役遗址，占比达4.65%。该景区20～29岁、30～39岁、40～49岁以及50岁以上人员热度占比分别34.72%、30.32%、21.26%以及9.05%，所对应的排名分别为第54名、第53名、第27名以及第66名。19岁以下人员热度占比排名第122的是位于甘肃省的陇南市两当县两当兵变旧址，占比达4.55%。该景区20～29岁、30～39岁、40～49岁以及50岁以上人员热度占比分别36.36%、19.70%、25.75%以及13.64%，所对应的排名分别为第46名、第110名、第9名以及第31名。19岁以下人员热度占比排名第123的是位于黑龙江省的牡丹江市侵华日军东宁要塞遗址，占比达4.17%。该景区20～29岁、30～39岁、40～49岁以及50岁以上人员热度占比分别37.50%、25.00%、20.83%以及12.50%，所对应的排名分别为第39名、第86名、第31名以及第38名。19岁以下人员热度占比排名第124的是位于甘肃省的酒泉市玉门油田，占比达3.96%。该景区20～29岁、30～39岁、40～49岁以及50岁以上人员热度占比分别30.69%、32.67%、23.77%以及8.91%，所对应的排名分别为第75名、第35名、第13名以及第69名。19岁以下人员热度占比排名第125的是位于上海市的上海市城市规划展示馆，占比达3.92%。该景区20～29岁、30～39岁、40～49岁以及50岁以上人员热度占比分别37.25%、33.33%、15.70%以及9.80%，所对应的排名分别为第40名、第32名、第68名以及第63名。19岁以下人员热度占比排名第126的是位于四川省的成都市崇州街子古镇，占比达3.39%。该景区20～29岁、30～39岁、40～49岁以及50岁以上人员热度占比分别32.20%、28.25%、19.77%以及16.39%，所对应的排名分别为第63名、第64名、第42名以及第21名。19岁以下人员热度占比排名第127的是位于北京市的北京规划展览馆，占比达3.03%。该景区20～29岁、30～39岁、40～49岁以及50岁以上人员热度占比分别27.27%、48.48%、3.03%以及

18.18%，所对应的排名分别为第92名、第3名、第127名以及第14名。19岁以下人员热度占比排名第128的是位于河北省的涞水县野三坡平西抗日根据地，占比达2.86%。该景区20~29岁、30~39岁、40~49岁以及50岁以上人员热度占比分别45.71%、25.71%、20.00%以及5.72%，所对应的排名分别为第7名、第81名、第36名以及第95名。19岁以下人员热度占比排名第129的是位于四川省的阿坝州理县桃坪羌寨，占比达1.05%。该景区20~29岁、30~39岁、40~49岁以及50岁以上人员热度占比分别44.21%、29.47%、11.59%以及13.68%，所对应的排名分别为第11名、第58名、第100名以及第30名。19岁以下人员热度占比排名第130的是位于广西壮族自治区的凭祥友谊关遗址，占比达0.00%。该景区20~29岁、30~39岁、40~49岁以及50岁以上人员热度占比分别41.67%、41.67%、0.00%以及16.66%，所对应的排名分别为第17名、第9名、第132名以及第20名。

19岁以下人员热度占比排名第131的是位于广东省的阮啸仙故居，占比达0.00%。该景区20~29岁、30~39岁、40~49岁以及50岁以上人员热度占比分别40.00%、20.00%、20.00%以及20.00%，所对应的排名分别为第24名、第106名、第36名以及第12名。19岁以下人员热度占比排名第132的是位于山西省的徐向前故居，占比达0.00%。该景区20~29岁、30~39岁、40~49岁以及50岁以上人员热度占比分别25.00%、45.00%、25.00%以及5.00%，所对应的排名分别为第100名、第4名、第11名以及第102名。19岁以下人员热度占比排名第133~148位的景区分别为广西壮族自治区的大瑶山剿匪纪念公园、江西省的江西革命烈士纪念堂、江西省的赣州市、吉安市、抚州市中央苏区政府根据地红色旅游系列景区、湖北省的宜昌市长江三峡水利枢纽工程、广东省的彭湃故居、广东省的广州市黄花岗七十二烈士墓、江西省的秋收起义广场、云南省的保山市施甸县杨善洲精神教育基地、云南省的昭通市罗炳辉将军故居、河北省的易县狼牙山风景区、福建省的漳州市毛主席率领红军攻克漳州陈列馆、安徽省的宣城市泾县皖南事变烈士陵园、北京市的新文化运动纪念馆、北京市的顺义区焦庄户地道战遗址纪念馆、山西省的大同煤矿“万人坑”遗址纪念馆、广西壮族自治区的粤东会馆，这些景区相关数据缺失，在年龄段的占比均设置为0.00%。

148个景区当中，19岁以下热度最高的景区为北伐战争纪念馆，20~29岁热度最高的为上海鲁迅故居，30~39岁热度最高的为福州市福建省革命历史纪念馆，40~49岁热度最高的为“九一八”历史博物馆，50岁以上热度最高的为黔南州荔波县邓恩铭烈士故居。另外就各年龄段热度的平均值而言，全国范围内20~29岁人员的热度均值高达5462150次，在各年龄段排名中占据第一名。全国红色旅游经典景区各年龄段偏好热度排名如表74所示。

表 74　全国红色旅游景区年龄段偏好热度排名

景区名称	所属省份	年龄热度					热度排名				
		19 岁以下	20 - 29 岁	30 - 39 岁	40 - 49 岁	50 岁以上	19 岁以下	20 - 29 岁	30 - 39 岁	40 - 49 岁	50 岁以上
北伐战争纪念馆	广东省	41.67%	41.67%	16.66%	0.00%	0.00%	1	17	118	128	123
湖南第一师范学校旧址	湖南省	40.11%	25.66%	20.26%	11.63%	2.34%	2	99	105	99	119
华东革命烈士陵园	山东省	40.00%	20.00%	40.00%	0.00%	0.00%	3	117	12	129	124
洛川会议旧址	陕西省	38.04%	37.56%	10.16%	9.78%	4.46%	4	38	129	111	111
济南战役纪念馆	山东省	37.21%	20.93%	34.88%	6.98%	0.00%	5	115	25	118	125
镇江市句容县茅山新四军纪念馆	江苏省	34.62%	19.23%	19.23%	15.38%	11.54%	6	121	113	69	49
桂东县“三大纪律六项注意”颁布旧址	湖南省	33.33%	22.22%	27.78%	5.56%	11.11%	7	112	67	121	53
南昌市新建区小平小道陈列馆	江西省	29.27%	24.38%	19.51%	21.96%	4.88%	8	103	111	21	105
“九一八”历史博物馆	辽宁省	28.67%	3.57%	28.57%	39.19%	0.00%	9	132	62	1	126
“西安事变”纪念馆	陕西省	28.57%	26.79%	37.50%	7.14%	0.00%	10	95	21	117	127
红岩魂陈列馆	重庆市	28.57%	21.43%	35.17%	14.83%	0.00%	10	114	23	76	128
周恩来同志革命活动旧址	广东省	28.57%	17.86%	25.00%	14.28%	14.29%	10	125	86	81	27
永新三湾改编旧址	江西省	28.30%	36.38%	19.17%	11.83%	4.32%	13	45	115	98	112
聊城市东昌府区孔繁森同志纪念馆	山东省	26.83%	26.80%	14.68%	19.49%	12.20%	14	94	123	44	41
蒙阴县、沂南县沂蒙山孟良崮战役遗址	山东省	26.67%	37.78%	22.22%	4.44%	8.89%	15	37	101	125	70
南宁邓颖超纪念馆	广西壮族自治区	25.71%	42.86%	20.00%	5.72%	5.71%	16	16	106	120	96
东莞市鸦片战争博物馆	广东省	25.00%	46.67%	15.00%	10.00%	3.33%	17	6	121	108	115
叶挺独立团团部旧址纪念馆	广东省	25.00%	35.00%	10.00%	5.00%	25.00%	17	53	130	122	7
汨罗市任弼时故居	湖南省	25.00%	33.33%	16.67%	25.00%	0.00%	17	56	117	11	129
李大钊烈士陵园	北京市	23.81%	47.62%	14.29%	4.76%	9.52%	20	5	125	124	65
汝城县湘南起义汝城会议旧址	湖南省	23.60%	17.98%	14.61%	13.47%	30.34%	21	124	124	89	3
安顺市王若飞故居	贵州省	23.08%	30.77%	30.77%	7.69%	7.69%	22	73	48	116	80
辽沈战役纪念馆	辽宁省	22.62%	36.90%	19.05%	13.10%	8.33%	23	42	116	92	75
徐州市淮海战役纪念馆	江苏省	22.50%	28.75%	33.75%	5.00%	10.00%	24	83	30	122	60
文水县刘胡兰纪念馆	山西省	22.47%	31.46%	24.72%	12.36%	8.99%	25	68	91	96	67

续表

景区名称	所属省份	年龄热度					热度排名				
		19岁以下	20-29岁	30-39岁	40-49岁	50岁以上	19岁以下	20-29岁	30-39岁	40-49岁	50岁以上
梅州市大埔县“八一”起义军三河坝战役纪念园	广东省	22.32%	33.04%	22.32%	14.73%	7.59%	26	59	100	78	82
平津战役纪念馆	天津市	21.43%	25.00%	34.82%	13.39%	5.36%	27	100	26	90	100
广州起义烈士陵园	广东省	21.05%	45.61%	15.79%	8.78%	8.77%	28	8	120	115	71
清苑区冉庄地道战遗址	河北省	20.93%	39.53%	11.63%	16.28%	11.63%	29	29	128	63	48
夜袭阳明堡机场遗址	山西省	20.00%	20.00%	30.00%	20.00%	10.00%	30	117	55	36	60
龙华烈士陵园	上海市	19.75%	28.03%	31.85%	18.46%	1.91%	31	86	40	52	121
雨花台烈士陵园	江苏省	19.57%	27.54%	26.81%	17.38%	8.70%	32	90	76	57	73
延安革命纪念馆	陕西省	19.20%	32.00%	27.20%	16.80%	4.80%	33	64	71	60	106
灵丘县平型关大捷遗址	山西省	17.39%	39.13%	30.43%	13.05%	0.00%	34	32	52	93	130
鲁西南战役纪念馆	山东省	16.67%	40.00%	6.67%	33.33%	3.33%	35	24	131	2	115
周恩来邓颖超纪念馆	天津市	16.67%	40.00%	33.33%	10.00%	0.00%	35	24	32	108	131
梅园新村纪念馆	江苏省	16.67%	36.67%	16.66%	20.00%	10.00%	35	43	118	36	60
上杭县古田会议旧址	福建省	16.67%	36.67%	20.00%	20.00%	6.66%	35	43	106	36	88
乐亭县李大钊故居和纪念馆	河北省	16.67%	22.92%	27.08%	22.91%	10.42%	35	109	73	17	58
宁乡市花明楼刘少奇故居	湖南省	16.30%	22.22%	22.96%	23.71%	14.81%	40	112	97	14	26
广州市黄埔陆军军官学校旧址	广东省	16.16%	17.17%	26.26%	23.24%	17.17%	41	129	79	16	18
侵华日军南京大屠杀遇难同胞纪念馆	江苏省	16.01%	35.08%	28.23%	14.28%	6.40%	42	52	65	81	90
丹东市抗美援朝纪念馆	辽宁省	15.43%	45.06%	24.07%	10.49%	4.95%	43	9	95	105	103
黎城县黄崖洞景区	山西省	15.00%	22.50%	32.50%	17.50%	12.50%	44	111	36	56	38
南昌八一起义纪念馆	江西省	14.81%	48.15%	14.81%	14.82%	7.41%	45	4	122	77	84
陆军讲武堂旧址	云南省	14.29%	31.43%	40.00%	14.28%	0.00%	46	69	12	81	132
会宁红军会宁会师旧址	甘肃省	13.82%	28.46%	23.58%	21.13%	13.01%	47	84	96	28	36
周恩来纪念馆	江苏省	13.61%	39.64%	24.85%	14.21%	7.69%	48	28	90	84	80
邓小平纪念馆	四川省	13.46%	32.69%	19.23%	5.77%	28.85%	49	60	113	119	5
黔南州荔波县邓恩铭烈士故居	贵州省	13.33%	33.33%	0.00%	13.34%	40.00%	50	56	132	91	1
湘潭市韶山市毛泽东故居和纪念馆	湖南省	12.76%	31.02%	27.79%	19.71%	8.72%	51	72	66	43	72
长春市长春电影制片厂	吉林省	12.61%	36.94%	24.32%	12.62%	13.51%	52	41	94	95	34

续表

景区名称	所属省份	年龄热度					热度排名				
		19岁以下	20－29岁	30－39岁	40－49岁	50岁以上	19岁以下	20－29岁	30－39岁	40－49岁	50岁以上
川陕革命根据地红军烈士陵园	四川省	12.50%	31.25%	31.25%	18.75%	6.25%	53	70	47	50	91
中国人民抗日战争纪念馆	北京市	12.50%	19.64%	39.29%	22.32%	6.25%	53	120	17	19	91
昆仑关战役旧址景区	广西壮族自治区	12.11%	27.89%	28.42%	20.53%	11.05%	55	88	63	32	55
上海世博园	上海市	12.07%	43.10%	25.86%	10.35%	8.62%	56	15	80	106	74
孙中山大元帅府纪念馆	广东省	12.07%	34.48%	22.41%	18.97%	12.07%	56	55	99	49	43
吴起镇革命旧址	陕西省	12.03%	31.58%	21.80%	21.80%	12.79%	58	66	102	22	37
南京市中山陵	江苏省	11.89%	43.53%	26.85%	12.84%	4.89%	59	13	74	94	104
石家庄市平山县西柏坡红色旅游系列景区（点）	河北省	11.85%	35.99%	29.13%	15.16%	7.87%	60	50	59	74	78
丰润区潘家峪惨案纪念馆	河北省	11.60%	20.00%	27.20%	27.60%	13.60%	61	117	71	7	33
周恩来故居	江苏省	11.39%	27.23%	27.72%	23.26%	10.40%	62	93	68	15	59
呼伦贝尔市诺门罕战役遗址及陈列馆	内蒙古自治区	11.11%	38.89%	24.44%	20.00%	5.56%	63	33	93	36	98
惠州市惠阳区叶挺纪念馆	广东省	11.11%	36.11%	25.00%	16.67%	11.11%	63	48	86	61	53
福州市福建省革命历史纪念馆	福建省	11.11%	16.67%	66.66%	0.00%	5.56%	63	131	1	130	98
中山市孙中山故居	广东省	10.92%	43.39%	30.46%	9.20%	6.03%	66	14	51	112	94
岳麓山景区	湖南省	10.89%	44.46%	26.77%	11.29%	6.59%	67	10	77	102	89
嘉兴市南湖风景名胜区（中共一大旧址）	浙江省	10.70%	27.70%	25.50%	15.24%	20.86%	68	89	83	73	10
泰兴市黄桥战役纪念馆	江苏省	10.59%	30.20%	20.78%	21.57%	16.86%	69	80	103	25	19
汶川县水磨古镇	四川省	10.53%	52.63%	31.58%	0.00%	5.26%	70	2	43	131	101
鸡西市侵华日军虎头要塞遗址	黑龙江省	10.53%	40.35%	24.56%	10.52%	14.04%	70	23	92	104	29
东风航天城旅游景区	内蒙古自治区	10.26%	41.03%	30.77%	15.38%	2.56%	72	21	48	69	118
青岛市中国人民解放军海军博物馆	山东省	10.00%	28.00%	42.00%	12.00%	8.00%	73	87	8	97	77
上饶市上饶集中营革命烈士陵园	江西省	10.00%	24.00%	32.00%	22.00%	12.00%	73	104	39	20	44
枣庄市台儿庄大战遗址	山东省	9.97%	39.34%	32.69%	10.80%	7.20%	75	31	34	103	86
宝塔山景区	陕西省	9.95%	41.18%	30.77%	13.58%	4.52%	76	20	48	86	110

续表

景区名称	所属省份	年龄热度					热度排名				
		19岁以下	20-29岁	30-39岁	40-49岁	50岁以上	19岁以下	20-29岁	30-39岁	40-49岁	50岁以上
滁州市凤阳县小岗村	安徽省	9.60%	38.00%	31.30%	13.70%	7.40%	77	36	46	85	85
中国共产党第一次全国代表大会会址纪念馆	上海市	9.52%	38.10%	34.92%	14.29%	3.17%	78	35	24	80	117
厦门市胡里山炮台	福建省	9.45%	31.50%	31.50%	15.74%	11.81%	79	67	45	67	46
湘潭市湘潭县彭德怀故居	湖南省	9.23%	17.69%	31.54%	30.00%	11.54%	80	127	44	4	49
莱芜市莱芜战役纪念馆	山东省	9.19%	29.73%	20.54%	20.22%	20.32%	81	81	104	35	11
上海鲁迅故居	上海市	9.09%	54.55%	13.64%	9.08%	13.64%	82	1	126	114	31
南昌八一广场	江西省	9.09%	43.64%	27.27%	9.09%	10.91%	82	12	70	113	56
圆明园遗址公园	北京市	9.09%	18.18%	38.64%	29.54%	4.55%	82	123	19	5	109
井冈山红色旅游系列景区	江西省	9.03%	30.33%	30.14%	17.20%	13.30%	85	79	54	58	35
大庆市大庆油田历史陈列馆	黑龙江省	9.00%	40.40%	28.91%	16.95%	4.74%	86	22	60	59	107
香山双清别墅	北京市	8.96%	38.81%	25.37%	17.90%	8.96%	87	34	84	54	68
杨开慧故居	湖南省	8.86%	22.78%	25.32%	20.26%	22.78%	88	110	85	34	8
中国人民革命军事博物馆	北京市	8.46%	36.15%	34.62%	16.15%	4.62%	89	47	27	64	108
黄冈市大别山红色旅游区	湖北省	8.45%	41.45%	28.60%	15.25%	6.25%	90	19	61	72	91
衡阳市南岳忠烈祠	湖南省	8.35%	32.69%	39.82%	11.30%	7.84%	91	60	14	101	79
大沽口炮台遗址博物馆	天津市	8.33%	20.83%	54.17%	4.17%	12.50%	92	116	2	126	38
刘公岛甲午战争遗址博物馆	山东省	8.31%	30.56%	29.49%	16.09%	15.55%	93	77	57	65	25
习仲勋陵园	陕西省	8.14%	32.56%	25.58%	15.12%	18.60%	94	62	82	75	13
天安门广场	北京市	8.13%	24.90%	41.15%	18.31%	7.51%	95	102	10	53	83
叶剑英故居	广东省	8.11%	25.68%	32.43%	21.62%	12.16%	96	98	37	24	42
中国国家博物馆	北京市	8.04%	39.39%	33.73%	14.62%	4.22%	97	30	31	79	113
韶关南雄市梅关古道景区	广东省	7.41%	33.33%	19.75%	13.58%	25.93%	98	56	109	86	6
南泥湾革命旧址	陕西省	7.19%	27.52%	39.51%	15.32%	10.46%	99	91	15	71	57
安新县白洋淀景区	河北省	7.14%	17.86%	39.29%	21.42%	14.29%	100	125	17	26	27
宋庆龄故居纪念馆及陵园	上海市	6.82%	23.64%	34.55%	19.08%	15.91%	101	105	28	46	23
宋庆龄故居	北京市	6.82%	23.64%	34.55%	19.08%	15.91%	101	105	28	46	23
凉山州中国西昌卫星发射中心	四川省	6.81%	30.72%	27.63%	22.88%	11.96%	103	74	69	18	45
北京奥林匹克公园	北京市	6.67%	30.67%	26.67%	18.66%	17.33%	104	76	78	51	17
渭南市华县渭华起义纪念馆	陕西省	6.67%	23.33%	30.00%	10.00%	30.00%	104	107	55	108	4

续表

景区名称	所属省份	年龄热度					热度排名				
		19岁以下	20-29岁	30-39岁	40-49岁	50岁以上	19岁以下	20-29岁	30-39岁	40-49岁	50岁以上
湘潭市湘乡东山学校旧址	湖南省	6.38%	31.91%	40.43%	19.15%	2.13%	106	65	11	45	120
莲花山公园	广东省	6.30%	36.09%	31.74%	16.30%	9.57%	107	49	41	62	64
庐山会议旧址	江西省	6.24%	23.24%	26.85%	25.99%	17.68%	108	108	74	8	16
南通市海安市七战七捷纪念馆	江苏省	6.14%	17.54%	19.30%	25.44%	31.58%	109	128	112	10	2
鲁迅纪念馆	浙江省	5.90%	29.70%	42.50%	20.91%	0.99%	110	82	7	29	122
桑植县贺龙故居	湖南省	5.88%	26.47%	38.24%	17.65%	11.76%	111	96	20	55	47
抗美援朝烈士陵园	辽宁省	5.71%	17.14%	42.86%	28.58%	5.71%	112	130	6	6	96
法卡山英雄纪念碑园	广西壮族自治区	5.66%	28.30%	22.64%	32.08%	11.32%	113	85	98	3	51
中国航空博物馆	北京市	5.62%	39.66%	36.21%	10.25%	8.26%	114	27	22	107	76
广东东江纵队纪念馆	广东省	5.43%	31.22%	24.89%	20.36%	18.10%	115	71	89	33	15
鸭绿江断桥景区	辽宁省	5.43%	19.00%	31.67%	21.73%	22.17%	115	122	42	23	9
鲁迅故居	浙江省	5.41%	51.35%	13.51%	13.51%	16.22%	117	3	127	88	22
汇川区、桐梓县娄山关景区	贵州省	5.23%	30.56%	32.03%	20.91%	11.27%	118	77	38	29	52
东兰红色旅游区	广西壮族自治区	5.14%	35.43%	39.43%	16.00%	4.00%	119	51	16	66	114
胡耀邦故居	湖南省	4.76%	26.19%	42.88%	19.03%	7.14%	120	97	5	48	87
保山市龙陵县滇西抗战松山战役遗址	云南省	4.65%	34.72%	30.32%	21.26%	9.05%	121	54	53	27	66
陇南市两当县两当兵变旧址	甘肃省	4.55%	36.36%	19.70%	25.75%	13.64%	122	46	110	9	31
牡丹江市侵华日军东宁要塞遗址	黑龙江省	4.17%	37.50%	25.00%	20.83%	12.50%	123	39	86	31	38
酒泉市玉门油田	甘肃省	3.96%	30.69%	32.67%	23.77%	8.91%	124	75	35	13	69
上海市城市规划展示馆	上海市	3.92%	37.25%	33.33%	15.70%	9.80%	125	40	32	68	63
成都市崇州街子古镇	四川省	3.39%	32.20%	28.25%	19.77%	16.39%	126	63	64	42	21
北京规划展览馆	北京市	3.03%	27.27%	48.48%	3.04%	18.18%	127	92	3	127	14
涞水县野三坡平西抗日根据地	河北省	2.86%	45.71%	25.71%	20.00%	5.72%	128	7	81	36	95
阿坝州理县桃坪羌寨	四川省	1.05%	44.21%	29.47%	11.59%	13.68%	129	11	58	100	30
凭祥友谊关遗址	广西壮族自治区	0.00%	41.67%	41.67%	0.00%	16.66%	130	17	9	132	20
阮啸仙故居	广东省	0.00%	40.00%	20.00%	20.00%	20.00%	131	24	106	36	12
徐向前故居	山西省	0.00%	25.00%	45.00%	25.00%	5.00%	132	100	4	11	102

（二）东北地区红色旅游经典景区年龄段偏好热度排名

经统计，东北地区红色旅游经典景区各年龄段偏好热度排名中，19 岁以下人员热度占比排名第 1 的是位于辽宁省的“九一八”历史博物馆，占比达 28.67%。该景区 20～29 岁、30～39 岁、40～49 岁以及 50 岁以上人员热度占比分别 3.57%、28.57%、39.19%以及 0.00%，所对应的排名分别为第 9 名、第 4 名、第 1 名以及第 9 名。19 岁以下人员热度占比排名第 2 的是位于辽宁省的辽沈战役纪念馆，占比达 22.62%。该景区 20～29 岁、30～39 岁、40～49 岁以及 50 岁以上人员热度占比分别 36.90%、19.05%、13.10%以及 8.33%，所对应的排名分别为第 6 名、第 9 名、第 6 名以及第 5 名。19 岁以下人员热度占比排名第 3 的是位于辽宁省的丹东市抗美援朝纪念馆，占比达 15.43%。该景区 20～29 岁、30～39 岁、40～49 岁以及 50 岁以上人员热度占比分别 45.06%、24.07%、10.49%以及 4.95%，所对应的排名分别为第 1 名、第 8 名、第 9 名以及第 7 名。19 岁以下人员热度占比排名第 4 的是位于吉林省的长春市长春电影制片厂，占比达 12.61%。该景区 20～29 岁、30～39 岁、40～49 岁以及 50 岁以上人员热度占比分别 36.94%、24.32%、12.62%以及 13.51%，所对应的排名分别为第 5 名、第 7 名、第 7 名以及第 3 名。19 岁以下人员热度占比排名第 5 的是位于黑龙江省的鸡西市侵华日军虎头要塞遗址，占比达 10.53%。该景区 20～29 岁、30～39 岁、40～49 岁以及 50 岁以上人员热度占比分别 40.35%、24.56%、10.52%以及 14.04%，所对应的排名分别为第 3 名、第 6 名、第 8 名以及第 2 名。19 岁以下人员热度占比排名第 6 的是位于黑龙江省的大庆市大庆油田历史陈列馆，占比达 9.00%。该景区 20～29 岁、30～39 岁、40～49 岁以及 50 岁以上人员热度占比分别 40.40%、28.91%、16.95%以及 4.74%，所对应的排名分别为第 2 名、第 3 名、第 5 名以及第 8 名。19 岁以下人员热度占比排名第 7 的是位于辽宁省的抗美援朝烈士陵园，占比达 5.71%。该景区 20～29 岁、30～39 岁、40～49 岁以及 50 岁以上人员热度占比分别 17.14%、42.86%、28.58%以及 5.71%，所对应的排名分别为第 8 名、第 1 名、第 2 名以及第 6 名。19 岁以下人员热度占比排名第 8 的是位于辽宁省的鸭绿江断桥景区，占比达 5.43%。该景区 20～29 岁、30～39 岁、40～49 岁以及 50 岁以上人员热度占比分别 19.00%、31.67%、21.73%以及 22.17%，所对应的排名分别为第 7 名、第 2 名、第 3 名以及第 1 名。19 岁以下人员热度占比排名第 9 的是位于黑龙江省的牡丹江市侵华日军东宁要塞遗址，占比达 4.17%。该景区 20～29 岁、30～39 岁、40～49 岁以及 50 岁以上人员热度占比分别 37.50%、25.00%、20.83%以及 12.50%，所对应的排名分别为第 4 名、第 5 名、第 4 名以及第 4 名。

9 个有效景区中 19 岁以下热度最高的景区为“九一八”历史博物馆，20～29 岁热度最高的为丹东市抗美援朝纪念馆，30～39 岁热度最高的为抗美援朝烈士陵园，40～

49 岁热度最高的为“九一八”历史博物馆，50 岁以上热度最高的为鸭绿江断桥景区。另外就各年龄段热度的平均值而言，东北地区 20～29 岁人员的热度均值高达 37903 次（如表 2），为区域第一。东北地区红色旅游经典景区各年龄段偏好热度排名如表 75 所示。

表 75 东北地区红色旅游经典景区年龄段偏好热度排名

景区名称	所属省份	年龄热度					热度排名				
		19 岁以下	20－29 岁	30－39 岁	40－49 岁	50 岁以上	19 岁以下	20－29 岁	30－39 岁	40－49 岁	50 岁以上
“九一八”历史博物馆	辽宁省	28.67%	3.57%	28.57%	39.19%	0.00%	1	9	4	1	9
辽沈战役纪念馆	辽宁省	22.62%	36.90%	19.05%	13.10%	8.33%	2	6	9	6	5
丹东市抗美援朝纪念馆	辽宁省	15.43%	45.06%	24.07%	10.49%	4.95%	3	1	8	9	7
长春市长春电影制片厂	吉林省	12.61%	36.94%	24.32%	12.62%	13.51%	4	5	7	7	3
鸡西市侵华日军虎头要塞遗址	黑龙江省	10.53%	40.35%	24.56%	10.52%	14.04%	5	3	6	8	2
大庆市大庆油田历史陈列馆	黑龙江省	9.00%	40.40%	28.91%	16.95%	4.74%	6	2	3	5	8
抗美援朝烈士陵园	辽宁省	5.71%	17.14%	42.86%	28.58%	5.71%	7	8	1	2	6
鸭绿江断桥景区	辽宁省	5.43%	19.00%	31.67%	21.73%	22.17%	8	7	2	3	1
牡丹江市侵华日军东宁要塞遗址	黑龙江省	4.17%	37.50%	25.00%	20.83%	12.50%	9	4	5	4	4

（三）华北地区红色旅游经典景区年龄段偏好热度排名

经统计，华北地区红色旅游经典景区各年龄段偏好热度排名中，19 岁以下人员热度占比排名第 1 的是位于北京市的李大钊烈士陵园，占比达 23.81%。该景区 20～29 岁、30～39 岁、40～49 岁以及 50 岁以上人员热度占比分别 47.62%、14.29%、4.76%、9.52%，所对应的排名分别为第 1 名、第 26 名、第 25 名以及第 11 名。19 岁以下人员热度占比排名第 2 的是位于山西省的文水县刘胡兰纪念馆，占比达 22.47%。该景区 20～29 岁、30～39 岁、40～49 岁以及 50 岁以上人员热度占比分别 31.46%、24.72%、12.36%、8.99%，所对应的排名分别为第 13 名、第 24 名、第 22 名以及第 12 名。19 岁以下人员热度占比排名第 3 的是位于天津市的平津战役纪念馆，占比达 21.43%。该景区 20～29 岁、30～39 岁、40～49 岁以及 50 岁以上人员热度占比分别 25.00%、34.82%、13.39%以及 5.36%，所对应的排名分别为第 16 名、第 9 名、第 20 名以及第 20 名。19 岁以下人员热度占比排名第 4 的是位于河北省的清苑区冉庄地道战遗址，占比达 20.93%。该景区 20～29 岁、30～39 岁、40～49 岁以及 50 岁以上人员热度占比分别 39.53%、11.63%、16.28%以及 11.63%，所对应的排名分别为第 6

名、第27名、第15名以及第8名。19岁以下人员热度占比排名第5的是位于山西省的夜袭阳明堡机场遗址，占比达20.00%。该景区20~29岁、30~39岁、40~49岁以及50岁以上人员热度占比分别20.00%、30.00%、20.00%以及10.00%，所对应的排名分别为第23名、第17名、第7名以及第10名。19岁以下人员热度占比排名第6的是位于山西省的灵丘县平型关大捷遗址，占比达17.39%。该景区20~29岁、30~39岁、40~49岁以及50岁以上人员热度占比分别39.13%、30.43%、13.05%以及0.00%，所对应的排名分别为第8名、第16名、第21名以及第26名。19岁以下人员热度占比排名第7的是天津市的周恩来邓颖超纪念馆，占比达16.67%。该景区20~29岁、30~39岁、40~49岁以及50岁以上人员热度占比分别40.00%、33.33%、10.00%以及0.00%，所对应的排名分别为第4名、第13名、第24名以及第27名。19岁以下人员热度占比排名第8的是位于河北省的乐亭县李大钊故居和纪念馆，占比达16.67%。该景区20~29岁、30~39岁、40~49岁以及50岁以上人员热度占比分别22.92%、27.08%、22.91%以及10.42%，所对应的排名分别为第20名、第20名、第4名以及第9名。19岁以下人员热度占比排名第9的是位于山西省的黎城县黄崖洞景区，占比达15.00%。该景区20~29岁、30~39岁、40~49岁以及50岁以上人员热度占比分别22.50%、32.50%、17.50%以及12.50%，所对应的排名分别为第21名、第14名、第14名以及第6名。19岁以下人员热度占比排名第10的是位于北京市的中国人民抗日战争纪念馆，占比达12.50%。该景区20~29岁、30~39岁、40~49岁以及50岁以上人员热度占比分别19.64%、39.29%、22.32%以及6.25%，所对应的排名分别为第25名、第5名、第5名以及第17名。

19岁以下人员热度占比排名第11的是位于河北省的石家庄市平山县西柏坡红色旅游系列景区（点），占比达11.85%。该景区20~29岁、30~39岁、40~49岁以及50岁以上人员热度占比分别35.99%、29.13%、15.16%以及7.87%，所对应的排名分别为第12名、第18名、第18名以及第15名。19岁以下人员热度占比排名第12的是位于河北省的丰润区潘家峪惨案纪念馆，占比达11.60%。该景区20~29岁、30~39岁、40~49岁以及50岁以上人员热度占比分别20.00%、27.20%、27.60%、13.60%，所对应的排名分别为第23名、第19名、第2名以及第5名。19岁以下人员热度占比排名第13的是位于内蒙古自治区的呼伦贝尔市诺门罕战役遗址及陈列馆，占比达11.11%。该景区20~29岁、30~39岁、40~49岁以及50岁以上人员热度占比分别38.89%、24.44%、20.00%以及5.56%，所对应的排名分别为第9名、第25名、第7名以及第19名。19岁以下人员热度占比排名第14的是位于内蒙古自治区的东风航天城旅游景区，占比达10.26%。该景区20~29岁、30~39岁、40~49岁以及50岁以上人员热度占比分别41.03%、30.77%、15.38%、2.56%，所对应的排名分别为第3名、第15名、第17名以及第25名。19岁以下人员热度占比排名第15的是位于北京市的圆明园遗址公园，占比达 9.09%。该景区 20～29 岁、30～39 岁、40～49 岁以及 50 岁以上人员热度占比分别 18.18%、38.64%、29.54% 以及 4.55%，所对应的排名分别为第 26 名、第 7 名、第 1 名以及第 23 名。19 岁以下人员热度占比排名第 16 的是位于北京市的香山双清别墅，占比达 8.96%。该景区 20～29 岁、30～39 岁、40～49 岁以及 50 岁以上人员热度占比分别 38.81%、25.37%、17.90%、8.96%，所对应的排名分别为第 10 名、第 23 名、第 13 名以及第 13 名。19 岁以下人员热度占比排名第 17 的是北京市的中国人民革命军事博物馆，占比达 8.46%。该景区 20～29 岁、30～39 岁、40～49 岁以及 50 岁以上人员热度占比分别 36.15%、34.62%、16.15% 以及 4.62%，所对应的排名分别为第 11 名、第 10 名、第 16 名以及第 22 名。19 岁以下人员热度占比排名第 18 的是位于天津市的大沽口炮台遗址博物馆，占比达 8.33%。该景区 20～29 岁、30～39 岁、40～49 岁以及 50 岁以上人员热度占比分别 20.83%、54.17%、4.17%、12.50%，所对应的排名分别为第 22 名、第 1 名、第 26 名以及第 6 名。19 岁以下人员热度占比排名第 19 的是位于北京市的天安门广场，占比达 8.13%。该景区 20～29 岁、30～39 岁、40～49 岁以及 50 岁以上人员热度占比分别 24.90%、41.15%、18.31%、7.51%，所对应的排名分别为第 18 名、第 4 名、第 12 名以及第 16 名。19 岁以下人员热度占比排名第 20 的是位于北京市的中国国家博物馆，占比达 8.04%。该景区 20～29 岁、30～39 岁、40～49 岁以及 50 岁以上人员热度占比分别 39.39%、33.73%、14.62%、4.22%，所对应的排名分别为第 7 名、第 12 名、第 9 名以及第 24 名。

19 岁以下人员热度占比排名第 21 的是位于河北省的安新县白洋淀景区，占比达 7.14%。该景区 20～29 岁、30～39 岁、40～49 岁以及 50 岁以上人员热度占比分别 17.86%、39.29%、21.42%、14.29%，所对应的排名分别为第 27 名、第 5 名、第 6 名以及第 4 名。19 岁以下人员热度占比排名第 22 的是位于北京市的宋庆龄故居，占比达 6.82%。该景区 20～29 岁、30～39 岁、40～49 岁以及 50 岁以上人员热度占比分别 23.64%、34.55%、19.08%、15.91%，所对应的排名分别为第 19 名、第 11 名、第 10 名以及第 3 名。19 岁以下人员热度占比排名第 23 的是位于北京市的北京奥林匹克公园，占比 6.67%。该景区 20～29 岁、30～39 岁、40～49 岁以及 50 岁以上人员热度占比分别 30.67%、26.67%、18.66%、17.33%，所对应的排名分别为第 14 名、第 21 名、第 11 名以及第 2 名。19 岁以下人员热度占比排名第 24 的是位于北京市的中国航空博物馆，占比达 5.62%。该景区 20～29 岁、30～39 岁、40～49 岁以及 50 岁以上人员热度占比分别 39.66%、36.21%、10.25%、8.26%，所对应的排名分别为第 5 名、第 8 名、第 23 名以及第 14 名。19 岁以下人员热度占比排名第 25 的是位于北京市的北京规划展览馆，占比达 3.03%。该景区 20～29 岁、30～39 岁、40～49 岁以及 50 岁以上人员热度占比分别 27.27%、48.48%、3.04%、18.18%，所对应的排名分别为第 15

名、第2名、第27名以及第1名。19岁以下人员热度占比排名第26的是位于河北省的涞水县野三坡平西抗日根据地，占比达2.86%。该景区20~29岁、30~39岁、40~49岁以及50岁以上人员热度占比分别45.71%、25.71%、20.00%、5.72%，所对应的排名分别为第2名、第22名、第7名以及第18名。19岁以下人员热度占比排名第27的是位于山西省的徐向前故居，占比达2.86%。该景区20~29岁、30~39岁、40~49岁以及50岁以上人员热度占比分别25.00%、45.00%、25.00%、5.00%，所对应的排名分别为第16名、第3名、第3名以及第21名。19岁以下人员热度占比排名第27~31的分别是位于河北省的易县狼牙山景区、北京市的新文化运动纪念馆、北京市的顺义区焦庄户地道战遗址纪念馆、山西省的大同煤矿“万人坑”遗址纪念馆，因数据缺失，其各年龄段占比为0.00%。

27个有效景区中19岁以下热度最高的景区为李大钊烈士陵园，20~29岁热度最高的为李大钊烈士陵园，30~39岁热度最高的为大沽口炮台遗址博物馆，40~49岁热度最高的为圆明园遗址公园，50岁以上热度最高的为北京规划展览馆。另外就各年龄段热度的平均值而言，华北地区30~39岁人员的热度均值高达36061次（如表2），为区域第一。华北地区红色旅游经典景区各年龄段偏好热度排名如表76所示。

表76　华北地区红色旅游经典景区年龄段偏好热度排名

景区名称	所属省份	年龄热度					热度排名				
		19岁以下	20－29岁	30－39岁	40－49岁	50岁以上	19岁以下	20－29岁	30－39岁	40－49岁	50岁以上
李大钊烈士陵园	北京市	23.81%	47.62%	14.29%	4.76%	9.52%	1	1	26	25	11
文水县刘胡兰纪念馆	山西省	22.47%	31.46%	24.72%	12.36%	8.99%	2	13	24	22	12
平津战役纪念馆	天津市	21.43%	25.00%	34.82%	13.39%	5.36%	3	16	9	20	20
清苑区冉庄地道战遗址	河北省	20.93%	39.53%	11.63%	16.28%	11.63%	4	6	27	15	8
夜袭阳明堡机场遗址	山西省	20.00%	20.00%	30.00%	20.00%	10.00%	5	23	17	7	10
灵丘县平型关大捷遗址	山西省	17.39%	39.13%	30.43%	13.05%	0.00%	6	8	16	21	26
周恩来邓颖超纪念馆	天津市	16.67%	40.00%	33.33%	10.00%	0.00%	7	4	13	24	27
乐亭县李大钊故居和纪念馆	河北省	16.67%	22.92%	27.08%	22.91%	10.42%	8	20	20	4	9
黎城县黄崖洞景区	山西省	15.00%	22.50%	32.50%	17.50%	12.50%	9	21	14	14	6
中国人民抗日战争纪念馆	北京市	12.50%	19.64%	39.29%	22.32%	6.25%	10	25	5	5	17
石家庄市平山县西柏坡红色旅游系列景区（点）	河北省	11.85%	35.99%	29.13%	15.16%	7.87%	11	12	18	18	15
丰润区潘家峪惨案纪念馆	河北省	11.60%	20.00%	27.20%	27.60%	13.60%	12	23	19	2	5
呼伦贝尔市诺门罕战役遗址及陈列馆	内蒙古自治区	11.11%	38.89%	24.44%	20.00%	5.56%	13	9	25	7	19

续表

景区名称	所属省份	年龄热度					热度排名				
		19岁以下	20－29岁	30－39岁	40－49岁	50岁以上	19岁以下	20－29岁	30－39岁	40－49岁	50岁以上
东风航天城旅游景区	内蒙古自治区	10.26%	41.03%	30.77%	15.38%	2.56%	14	3	15	17	25
圆明园遗址公园	北京市	9.09%	18.18%	38.64%	29.54%	4.55%	15	26	7	1	23
香山双清别墅	北京市	8.96%	38.81%	25.37%	17.90%	8.96%	16	10	23	13	13
中国人民革命军事博物馆	北京市	8.46%	36.15%	34.62%	16.15%	4.62%	17	11	10	16	22
大沽口炮台遗址博物馆	天津市	8.33%	20.83%	54.17%	4.17%	12.50%	18	22	1	26	6
天安门广场	北京市	8.13%	24.90%	41.15%	18.31%	7.51%	19	18	4	12	16
中国国家博物馆	北京市	8.04%	39.39%	33.73%	14.62%	4.22%	20	7	12	19	24
安新县白洋淀景区	河北省	7.14%	17.86%	39.29%	21.42%	14.29%	21	27	5	6	4
宋庆龄故居	北京市	6.82%	23.64%	34.55%	19.08%	15.91%	22	19	11	10	3
北京奥林匹克公园	北京市	6.67%	30.67%	26.67%	18.66%	17.33%	23	14	21	11	2
中国航空博物馆	北京市	5.62%	39.66%	36.21%	10.25%	8.26%	24	5	8	23	14
北京规划展览馆	北京市	3.03%	27.27%	48.48%	3.04%	18.18%	25	15	2	27	1
涞水县野三坡平西抗日根据地	河北省	2.86%	45.71%	25.71%	20.00%	5.72%	26	2	22	7	18
徐向前故居	山西省	0.00%	25.00%	45.00%	25.00%	5.00%	27	16	3	3	21
易县狼牙山风景区	河北省	0.00%	0.00%	0.00%	0.00%	0.00%	28	28	28	28	28
新文化运动纪念馆	北京市	0.00%	0.00%	0.00%	0.00%	0.00%	28	28	28	28	28
顺义区焦庄户地道战遗址纪念馆	北京市	0.00%	0.00%	0.00%	0.00%	0.00%	28	28	28	28	28
大同煤矿“万人坑”遗址纪念馆	山西省	0.00%	0.00%	0.00%	0.00%	0.00%	28	28	28	28	28

（四）华东地区红色旅游经典景区年龄段偏好热度排名

经统计，华东地区红色旅游经典景区各年龄段偏好热度排名中，19岁以下人员热度占比排名第1的是位于山东省的华东革命烈士陵园，占比达40.00%。该景区20～29岁、30～39岁、40～49岁以及50岁以上人员热度占比分别为20.00%、40.00%、0.00%以及0.00%，所对应的排名分别为第36名、第4名、第38名以及第38名。19岁以下人员热度占比排名第2的是位于山东省的济南战役纪念馆，占比达37.21%。该景区20～29岁、30～39岁、40～49岁以及50岁以上人员热度占比分别为20.93%、

34.88%、6.98%以及0.00%，所对应的排名分别为第35名、第6名、第35名以及第39名。19岁以下人员热度占比排名第3的是位于江苏省的镇江市句容县茅山新四军纪念馆，占比达34.62%。该景区20~29岁、30~39岁、40~49岁以及50岁以上人员热度占比分别为19.23%、19.23%、15.38%以及11.54%，所对应的排名分别为第37名、第32名、第20名以及第14名。19岁以下人员热度占比排名第4的是位于江西省的南昌市新建区小平小道陈列馆，占比达29.27%。该景区20~29岁、30~39岁、40~49岁以及50岁以上人员热度占比分别为24.38%、19.51%、21.96%以及4.88%，所对应的排名分别为第31名、第30名、第6名以及第32名。19岁以下人员热度占比排名第5的是位于江西省的永新三湾改编旧址，占比达28.30%。该景区20~29岁、30~39岁、40~49岁以及50岁以上人员热度占比分别为36.38%、19.17%、11.83%以及4.32%，所对应的排名分别为第16名、第33名、第30名以及第33名。19岁以下人员热度占比排名第6的是位于山东省的聊城市东昌府区孔繁森同志纪念馆，占比达26.83%。该景区20~29岁、30~39岁、40~49岁以及50岁以上人员热度占比分别为26.80%、14.68%、19.49%以及12.20%，所对应的排名分别为第30名、第36名、第12名以及第11名。19岁以下人员热度占比排名第7的是位于山东省的蒙阴县、沂南县沂蒙山孟良崮战役遗址，占比达26.67%。该景区20~29岁、30~39岁、40~49岁以及50岁以上人员热度占比分别为37.78%、22.22%、4.44%以及8.89%，所对应的排名分别为第12名、第26名、第37名以及第20名。19岁以下人员热度占比排名第8的是位于江苏省的徐州市淮海战役纪念馆，占比达22.50%。该景区20~29岁、30~39岁、40~49岁以及50岁以上人员热度占比分别为28.75%、33.75%、5.00%以及10.00%，所对应的排名分别为第24名、第8名、第36名以及第17名。19岁以下人员热度占比排名第9的是位于上海市的龙华烈士陵园，占比达19.75%。该景区20~29岁、30~39岁、40~49岁以及50岁以上人员热度占比分别为28.03%、31.85%、18.46%以及1.91%，所对应的排名分别为第25名、第12名、第14名以及第36名。19岁以下人员热度占比排名第10的是位于江苏省的雨花台烈士陵园，占比达19.57%。该景区20~29岁、30~39岁、40~49岁以及50岁以上人员热度占比分别为27.54%、26.81%、17.38%以及8.70%，所对应的排名分别为第28名、第22名、第15名以及第21名。

19岁以下人员热度占比排名第11的是位于山东省的鲁西南战役纪念馆，占比达16.67%。该景区20~29岁、30~39岁、40~49岁以及50岁以上人员热度占比分别为40.00%、6.67%、33.33%以及3.33%，所对应的排名分别为第7名、第39名、第1名以及第34名。19岁以下人员热度占比并列排名第11的是位于福建省的上杭县古田会议旧址，占比达16.67%。该景区20~29岁、30~39岁、40~49岁以及50岁以上人员热度占比分别为36.67%、20.00%、20.00%以及6.66%，所对应的排名分别为第

14 名、第 29 名、第 10 名以及第 28 名。19 岁以下人员热度占比并列排名第 11 的是位于江苏省的梅园新村纪念馆，占比达 16.67%。该景区 20～29 岁、30～39 岁、40～49 岁以及 50 岁以上人员热度占比分别为 36.67%、16.66%、20.00%以及 10.00%，所对应的排名分别为第 14 名、第 34 名、第 10 名以及第 17 名。19 岁以下人员热度占比排名第 14 的是位于江苏省的侵华日军南京大屠杀遇难同胞纪念馆，占比达 16.01%。该景区 20～29 岁、30～39 岁、40～49 岁以及 50 岁以上人员热度占比分别为 35.08%、28.23%、14.28%以及 6.40%，所对应的排名分别为第 17 名、第 17 名、第 24 名以及第 29 名。19 岁以下人员热度占比排名第 15 的是位于江西省的南昌八一起义纪念馆，占比达 14.81%。该景区 20～29 岁、30～39 岁、40～49 岁以及 50 岁以上人员热度占比分别为 48.15%、14.81%、14.82%以及 7.41%，所对应的排名分别为第 3 名、第 35 名、第 22 名以及第 25 名。19 岁以下人员热度占比排名第 16 的是位于江苏省的周恩来纪念馆，占比达 13.61%。该景区 20～29 岁、30～39 岁、40～49 岁以及 50 岁以上人员热度占比分别为 39.64%、24.85%、14.21%以及 7.69%，所对应的排名分别为第 8 名、第 25 名、第 25 名以及第 24 名。19 岁以下人员热度占比排名第 17 的是位于上海市的上海世博园，占比达 12.07%。该景区 20～29 岁、30～39 岁、40～49 岁以及 50 岁以上人员热度占比分别为 43.10%、25.86%、10.35%以及 8.62%，所对应的排名分别为第 6 名、第 23 名、第 32 名以及第 22 名。19 岁以下人员热度占比排名第 18 的是位于江苏省的南京市中山陵，占比达 11.89%。该景区 20～29 岁、30～39 岁、40～49 岁以及 50 岁以上人员热度占比分别为 43.53%、26.85%、12.84%以及 4.89%，所对应的排名分别为第 5 名、第 20 名、第 28 名以及第 31 名。19 岁以下人员热度占比排名第 19 的是位于江苏省的周恩来故居，占比达 11.39%。该景区 20～29 岁、30～39 岁、40～49 岁以及 50 岁以上人员热度占比分别为 27.23%、27.72%、23.26%以及 10.40%，所对应的排名分别为第 29 名、第 18 名、第 4 名以及第 16 名。19 岁以下人员热度占比排名第 20 的是位于福建省的福州市福建省革命历史纪念馆，占比达 11.11%。该景区 20～29 岁、30～39 岁、40～49 岁以及 50 岁以上人员热度占比分别为 16.67%、66.66%、0.00%以及 5.56%，所对应的排名分别为第 39 名、第 1 名、第 39 名以及第 30 名。

19 岁以下人员热度占比排名第 21 的是位于浙江省的嘉兴市南湖风景名胜区（中共一大旧址），占比达 10.70%。该景区 20～29 岁、30～39 岁、40～49 岁以及 50 岁以上人员热度占比分别为 27.70%、25.50%、15.24%以及 20.86%，所对应的排名分别为第 27 名、第 24 名、第 21 名以及第 2 名。19 岁以下人员热度占比排名第 22 的是位于江苏省的泰兴市黄桥战役纪念馆，占比达 10.59%。该景区 20～29 岁、30～39 岁、40～49 岁以及 50 岁以上人员热度占比分别为 30.20%、20.78%、21.57%以及 16.86%，所对应的排名分别为第 21 名、第 27 名、第 7 名以及第 5 名。19 岁以下人员热度占比排名第23的是位于江西省的上饶市上饶集中营革命烈士陵园，占比达10.00%。该景区20~29岁、30~39岁、40~49岁以及50岁以上人员热度占比分别为24.00%、32.00%、22.00%以及12.00%，所对应的排名分别为第32名、第11名、第5名以及第12名。19岁以下人员热度占比排名第24的是位于山东省的青岛市中国人民解放军海军博物馆，占比达10.00%。该景区20~29岁、30~39岁、40~49岁以及50岁以上人员热度占比分别为28.00%、42.00%、12.00%以及8.00%，所对应的排名分别为第26名、第3名、第29名以及第23名。19岁以下人员热度占比排名第25的是位于山东省的枣庄市台儿庄大战遗址，占比达9.97%。该景区20~29岁、30~39岁、40~49岁以及50岁以上人员热度占比分别为39.34%、32.69%、10.80%以及7.20%，所对应的排名分别为第9名、第10名、第31名以及第27名。19岁以下人员热度占比排名第26的是位于安徽省的滁州市凤阳县小岗村，占比达9.60%。该景区20~29岁、30~39岁、40~49岁以及50岁以上人员热度占比分别为38.00%、31.30%、13.70%以及7.40%，所对应的排名分别为第11名、第14名、第26名以及第26名。19岁以下人员热度占比排名第27的是位于上海市的中国共产党第一次全国代表大会会址纪念馆，占比达9.52%。该景区20~29岁、30~39岁、40~49岁以及50岁以上人员热度占比分别为38.10%、34.92%、14.29%以及3.17%，所对应的排名分别为第10名、第5名、第23名以及第35名。19岁以下人员热度占比排名第28的是位于福建省的厦门市胡里山炮台，占比达9.45%。该景区20~29岁、30~39岁、40~49岁以及50岁以上人员热度占比分别为31.50%、31.50%、15.74%以及11.81%，所对应的排名分别为第18名、第13名、第18名以及第13名。19岁以下人员热度占比排名第29的是位于山东省的莱芜市莱芜战役纪念馆，占比达9.19%。该景区20~29岁、30~39岁、40~49岁以及50岁以上人员热度占比分别为29.73%、20.54%、20.22%以及20.32%，所对应的排名分别为第22名、第28名、第9名以及第3名。19岁以下人员热度占比排名第30的是位于上海市的上海鲁迅故居，占比达9.09%。该景区20~29岁、30~39岁、40~49岁以及50岁以上人员热度占比分别为54.55%、13.64%、9.08%以及13.64%，所对应的排名分别为第1名、第37名、第34名以及第9名。19岁以下人员热度占比并列排名第30的是位于江西省的南昌八一广场，占比达9.09%。该景区20~29岁、30~39岁、40~49岁以及50岁以上人员热度占比分别为43.64%、27.27%、9.09%以及10.91%，所对应的排名分别为第4名、第19名、第33名以及第15名。

19岁以下人员热度占比排名第32的是位于江西省的井冈山红色旅游系列景区，占比达9.03%。该景区20~29岁、30~39岁、40~49岁以及50岁以上人员热度占比分别为30.33%、30.14%、17.20%以及13.30%，所对应的排名分别为第20名、第15名、第16名以及第10名。19岁以下人员热度占比排名第33的是位于山东省的刘公岛甲午战争遗址博物馆，占比达 8.31%。该景区 20~29 岁、30~39 岁、40~49 岁以及 50 岁以上人员热度占比分别为 30.56%、29.49%、16.09%以及 15.55%，所对应的排名分别为第 19 名、第 16 名、第 17 名以及第 8 名。19 岁以下人员热度占比排名第 34 的是位于上海市的宋庆龄故居纪念馆及陵园，占比达 6.82%。该景区 20~29 岁、30~39 岁、40~49 岁以及 50 岁以上人员热度占比分别为 23.64%、34.55%、19.08%以及 15.91%，所对应的排名分别为第 33 名、第 7 名、第 13 名以及第 7 名。19 岁以下人员热度占比排名第 35 的是位于江西省的庐山会议旧址，占比达 6.24%。该景区 20~29 岁、30~39 岁、40~49 岁以及 50 岁以上人员热度占比分别为 23.24%、26.85%、25.99%以及 17.68%，所对应的排名分别为第 34 名、第 20 名、第 2 名以及第 4 名。19 岁以下人员热度占比排名第 36 的是位于江苏省的南通市海安市七战七捷纪念馆，占比达 6.14%。该景区 20~29 岁、30~39 岁、40~49 岁以及 50 岁以上人员热度占比分别为 17.54%、19.30%、25.44%以及 31.58%，所对应的排名分别为第 38 名、第 31 名、第 3 名以及第 1 名。19 岁以下人员热度占比排名第 37 的是位于浙江省的鲁迅纪念馆，占比达 5.90%。该景区 20~29 岁、30~39 岁、40~49 岁以及 50 岁以上人员热度占比分别为 29.70%、42.50%、20.91%以及 0.99%，所对应的排名分别为第 23 名、第 2 名、第 8 名以及第 37 名。19 岁以下人员热度占比排名第 38 的是位于浙江省的鲁迅故居，占比达 5.41%。该景区 20~29 岁、30~39 岁、40~49 岁以及 50 岁以上人员热度占比分别为 51.35%、13.51%、13.51%以及 16.22%，所对应的排名分别为第 2 名、第 38 名、第 27 名以及第 6 名。19 岁以下人员热度占比排名第 39 的是位于上海市的上海市城市规划展示馆，占比达 3.92%。该景区 20~29 岁、30~39 岁、40~49 岁以及 50 岁以上人员热度占比分别为 37.25%、33.33%、15.70%以及 9.80%，所对应的排名分别为第 13 名、第 9 名、第 19 名以及第 19 名。19 岁以下人员热度占比排名第 40~44 的分别是位于江西省的江西革命烈士纪念堂，江西省的赣州市、吉安市、抚州市中央苏区政府根据地红色旅游系列景区，江西省的秋收起义广场，福建省的漳州市毛主席率领红军攻克漳州陈列馆以及安徽省的宣城市泾县皖南事变烈士陵园，因数据缺失，其各年龄段占比均为 0.00%。

39 个有效景区当中 19 岁以下热度最高的景区为华东革命烈士陵园，20~29 岁热度最高的为上海鲁迅故居，30~39 岁热度最高的为福州市福建省革命历史纪念馆，40~49 岁热度最高的为鲁西战役纪念馆，50 岁以上热度最高的为南通市海安市七战七捷纪念馆。另外就各年龄段热度的平均值而言，华东地区 20~29 岁人员的热度均值高达 47527 次（如表 2），为区域第一。华东地区红色旅游经典景区各年龄段偏好热度排名如表 77 所示。

表 77　华东地区红色旅游经典景区年龄段偏好热度排名

景区名称	所属省份	年龄热度					热度排名				
		19 岁以下	20－29 岁	30－39 岁	40－49 岁	50 岁以上	19 岁以下	20－29 岁	30－39 岁	40－49 岁	50 岁以上
华东革命烈士陵园	山东省	40.00%	20.00%	40.00%	0.00%	0.00%	1	36	4	38	38
济南战役纪念馆	山东省	37.21%	20.93%	34.88%	6.98%	0.00%	2	35	6	35	39
镇江市句容县茅山新四军纪念馆	江苏省	34.62%	19.23%	19.23%	15.38%	11.54%	3	37	32	20	14
南昌市新建区小平小道陈列馆	江西省	29.27%	24.38%	19.51%	21.96%	4.88%	4	31	30	6	32
永新三湾改编旧址	江西省	28.30%	36.38%	19.17%	11.83%	4.32%	5	16	33	30	33
聊城市东昌府区孔繁森同志纪念馆	山东省	26.83%	26.80%	14.68%	19.49%	12.20%	6	30	36	12	11
蒙阴县、沂南县沂蒙山孟良崮战役遗址	山东省	26.67%	37.78%	22.22%	4.44%	8.89%	7	12	26	37	20
徐州市淮海战役纪念馆	江苏省	22.50%	28.75%	33.75%	5.00%	10.00%	8	24	8	36	17
龙华烈士陵园	上海市	19.75%	28.03%	31.85%	18.46%	1.91%	9	25	12	14	36
雨花台烈士陵园	江苏省	19.57%	27.54%	26.81%	17.38%	8.70%	10	28	22	15	21
鲁西南战役纪念馆	山东省	16.67%	40.00%	6.67%	33.33%	3.33%	11	7	39	1	34
上杭县古田会议旧址	福建省	16.67%	36.67%	20.00%	20.00%	6.66%	11	14	29	10	28
梅园新村纪念馆	江苏省	16.67%	36.67%	16.66%	20.00%	10.00%	11	14	34	10	17
侵华日军南京大屠杀遇难同胞纪念馆	江苏省	16.01%	35.08%	28.23%	14.28%	6.40%	14	17	17	24	29
南昌八一起义纪念馆	江西省	14.81%	48.15%	14.81%	14.82%	7.41%	15	3	35	22	25
周恩来纪念馆	江苏省	13.61%	39.64%	24.85%	14.21%	7.69%	16	8	25	25	24
上海世博园	上海市	12.07%	43.10%	25.86%	10.35%	8.62%	17	6	23	32	22
南京市中山陵	江苏省	11.89%	43.53%	26.85%	12.84%	4.89%	18	5	20	28	31
周恩来故居	江苏省	11.39%	27.23%	27.72%	23.26%	10.40%	19	29	18	4	16
福州市福建省革命历史纪念馆	福建省	11.11%	16.67%	66.66%	0.00%	5.56%	20	39	1	39	30
嘉兴市南湖风景名胜区（中共一大旧址）	浙江省	10.70%	27.70%	25.50%	15.24%	20.86%	21	27	24	21	2
泰兴市黄桥战役纪念馆	江苏省	10.59%	30.20%	20.78%	21.57%	16.86%	22	21	27	7	5
上饶市上饶集中营革命烈士陵园	江西省	10.00%	24.00%	32.00%	22.00%	12.00%	23	32	11	5	12
青岛市中国人民解放军海军博物馆	山东省	10.00%	28.00%	42.00%	12.00%	8.00%	23	26	3	29	23

续表

景区名称	所属省份	年龄热度					热度排名				
		19岁以下	20－29岁	30－39岁	40－49岁	50岁以上	19岁以下	20－29岁	30－39岁	40－49岁	50岁以上
枣庄市台儿庄大战遗址	山东省	9.97%	39.34%	32.69%	10.80%	7.20%	25	9	10	31	27
滁州市凤阳县小岗村	安徽省	9.60%	38.00%	31.30%	13.70%	7.40%	26	11	14	26	26
中国共产党第一次全国代表大会会址纪念馆	上海市	9.52%	38.10%	34.92%	14.29%	3.17%	27	10	5	23	35
厦门市胡里山炮台	福建省	9.45%	31.50%	31.50%	15.74%	11.81%	28	18	13	18	13
莱芜市莱芜战役纪念馆	山东省	9.19%	29.73%	20.54%	20.22%	20.32%	29	22	28	9	3
上海鲁迅故居	上海市	9.09%	54.55%	13.64%	9.08%	13.64%	30	1	37	34	9
南昌八一广场	江西省	9.09%	43.64%	27.27%	9.09%	10.91%	30	4	19	33	15
井冈山红色旅游系列景区	江西省	9.03%	30.33%	30.14%	17.20%	13.30%	32	20	15	16	10
刘公岛甲午战争遗址博物馆	山东省	8.31%	30.56%	29.49%	16.09%	15.55%	33	19	16	17	8
宋庆龄故居纪念馆及陵园	上海市	6.82%	23.64%	34.55%	19.08%	15.91%	34	33	7	13	7
庐山会议旧址	江西省	6.24%	23.24%	26.85%	25.99%	17.68%	35	34	20	2	4
南通市海安市七战七捷纪念馆	江苏省	6.14%	17.54%	19.30%	25.44%	31.58%	36	38	31	3	1
鲁迅纪念馆	浙江省	5.90%	29.70%	42.50%	20.91%	0.99%	37	23	2	8	37
鲁迅故居	浙江省	5.41%	51.35%	13.51%	13.51%	16.22%	38	2	38	27	6
上海市城市规划展示馆	上海市	3.92%	37.25%	33.33%	15.70%	9.80%	39	13	9	19	19
江西革命烈士纪念堂	江西省	0.00%	0.00%	0.00%	0.00%	0.00%	40	40	40	40	40
赣州市、吉安市、抚州市中央苏区政府根据地红色旅游系列景区	江西省	0.00%	0.00%	0.00%	0.00%	0.00%	41	41	41	41	41
秋收起义广场	江西省	0.00%	0.00%	0.00%	0.00%	0.00%	42	42	42	42	42
漳州市毛主席率领红军攻克漳州陈列馆	福建省	0.00%	0.00%	0.00%	0.00%	0.00%	42	42	42	42	42
宣城市泾县皖南事变烈士陵园	安徽省	0.00%	0.00%	0.00%	0.00%	0.00%	42	42	42	42	42

（五）华南地区红色旅游经典景区年龄段偏好热度排名

经统计，华南地区红色旅游经典景区各年龄段偏好热度排名中，19岁以下人员热度占比排名第1的是位于广东省的北伐战争纪念馆，占比达41.67%。该景区20～29岁、30～39岁、40～49岁以及50岁以上人员热度占比分别41.67%、16.66%、0.00%以及0.00%，所对应的排名分别为第5名、第17名、第19名，以及第20名。19岁以下人员热度占比排名第2的是位于广东省的周恩来同志革命活动旧址，占比达

28.57%。该景区20~29岁、30~39岁、40~49岁以及50岁以上人员热度占比分别17.86%、25.00%、14.28%以及14.29%，所对应的排名分别为第19名、第8名、第12名以及第7名。19岁以下人员热度占比排名第3的是位于广西壮族自治区的南宁邓颖超纪念馆，占比达25.71%。该景区20~29岁、30~39岁、40~49岁以及50岁以上人员热度占比分别42.86%、20.00%、5.72%以及5.71%，所对应的排名分别为第4名、第14名、第17名以及第17名。19岁以下人员热度占比排名第4的是位于广东省的东莞市鸦片战争博物馆，占比达20.78%。该景区20~29岁、30~39岁、40~49岁以及50岁以上人员热度占比分别为46.67%、15.00%、10.00%以及3.33%所对应的排名分别为第1名、第19名、第14名以及第19名。19岁以下人员热度占比并列排名第4的是位于广东省的叶挺独立团团部旧址纪念馆，占比达25.00%。该景区20~29岁、30~39岁、40~49岁以及50岁以上人员热度占比分别35.00%、10.00%、5.00%以及25.00%，所对应的排名分别为第11名、第20名、第18名以及第2名。19岁以下人员热度占比排名第6的是位于广东省的梅州市大埔县“八一”起义军三河坝战役纪念园，占比达22.32%。该景区20~29岁、30~39岁、40~49岁以及50岁以上人员热度占比分别33.04%、22.32%、14.73%以及7.59%，所对应的排名分别为第14名、第13名、第11名以及第15名。19岁以下人员热度占比排名第7的是位于广东省的广州起义烈士陵园，占比达21.05%。该景区20~29岁、30~39岁、40~49岁以及50岁以上人员热度占比分别45.61%、15.79%、8.78%以及8.77%，所对应的排名分别为第2名、第18名、第16名以及第14名。19岁以下人员热度占比排名第8的是位于广东省的广州市黄埔陆军军官学校旧址，占比达16.16%。该景区20~29岁、30~39岁、40~49岁以及50岁以上人员热度占比分别为17.17%、26.26%、23.24%以及17.17%所对应的排名分别为第20名、第7名、第2名以及第5名。19岁以下人员热度占比排名第9的是位于广西壮族自治区的昆仑关战役旧址景区，占比达12.11%。该景区20~29岁、30~39岁、40~49岁以及50岁以上人员热度占比分别27.89%、28.42%、20.53%以及11.05%，所对应的排名分别为第17名、第6名、第4名以及第12名。19岁以下人员热度占比排名第10的是位于广东省的孙中山大元帅府纪念馆，占比达12.07%。该景区20~29岁、30~39岁、40~49岁以及50岁以上人员热度占比分别34.48%、22.41%、18.97%以及12.07%，所对应的排名分别为第12名、第12名、第7名以及第9名。

19岁以下人员热度占比排名第11的是位于广东省的惠州市惠阳区叶挺纪念馆，占比达11.11%。该景区20~29岁、30~39岁、40~49岁以及50岁以上人员热度占比分别36.11%、25.00%、16.67%以及11.11%，所对应的排名分别为第8名、第8名、第8名以及第11名。19岁以下人员热度占比排名第12的是位于广东省的中山市孙中山故居，占比达10.92%。该景区20~29岁、30~39岁、40~49岁以及50岁以上人员热度占比分别为43.39%、30.46%、9.20%以及6.03%所对应的排名分别为第3名、第5名、第15名以及第16名。19岁以下人员热度占比排名第13的是位于广东省的叶剑英故居，占比达8.11%。该景区20~29岁、30~39岁、40~49岁以及50岁以上人员热度占比分别25.68%、32.43%、21.62%以及12.16%，所对应的排名分别为第18名、第3名、第3名以及第8名。19岁以下人员热度占比排名第14的是位于广东省的韶关南雄市梅关古道景区，占比达7.41%。该景区20~29岁、30~39岁、40~49岁以及50岁以上人员热度占比分别为33.33%、19.75%、13.58%、25.93%，所对应的排名分别为第13名、第16名、第13名以及第1名。19岁以下人员热度占比排名第15的是位于广东省的莲花山公园，占比达6.30%。该景区20~29岁、30~39岁、40~49岁以及50岁以上人员热度占比分别为36.09%、31.74%、16.30%、9.57%，所对应的排名分别为第9名、第4名、第9名以及第13名。19岁以下人员热度占比排名第16的是位于广西壮族自治区的法卡山英雄纪念碑园，占比达5.66%。该景区20~29岁、30~39岁、40~49岁以及50岁以上人员热度占比分别28.30%、22.64%、32.08%以及11.32%，所对应的排名分别为第16名、第11名、第1名以及第10名。19岁以下人员热度占比排名第17的是位于广东省的广东东江纵队纪念馆，占比达5.43%。该景区20~29岁、30~39岁、40~49岁以及50岁以上人员热度占比分别31.22%、24.89%、20.36%以及18.10%，所对应的排名分别为第15名、第10名、第5名以及第4名。19岁以下人员热度占比排名第18的是位于广西壮族自治区的东兰红色旅游区，占比达5.14%。该景区20~29岁、30~39岁、40~49岁以及50岁以上人员热度占比分别35.43%、39.43%、16.00%以及4.00%，所对应的排名分别为第10名、第2名、第10名以及第18名。19岁以下人员热度占比排名第19的是位于广西壮族自治区的凭祥友谊关遗址，占比达0.00%。该景区20~29岁、30~39岁、40~49岁以及50岁以上人员热度占比分别41.67%、41.67%、0.00%以及16.66%，所对应的排名分别为第5名、第1名、第19名以及第6名。19岁以下人员热度占比排名第20的是位于广东省的阮啸仙故居，占比达0.00%。该景区20~29岁、30~39岁、40~49岁以及50岁以上人员热度占比分别40.00%、20.00%、20.00%以及20.00%，所对应的排名分别为第7名、第14名、第6名以及第3名。19岁以下人员热度占比排名第21~24的分别是位于广西壮族自治区的大瑶山剿匪纪念公园、广东省的彭湃故居、广东省的广州市黄花岗七十二烈士墓以及广西壮族自治区的粤东会馆，其因数据缺失，各年龄段占比均为0.00%。

20个有效景区中19岁以下热度最高的景区为北伐战争纪念馆，20~29岁热度最高的为东莞市鸦片战争纪念馆，30~39岁热度最高的为凭祥友谊关遗址，40~49岁热度最高的均为法卡山英雄纪念碑园，50岁以上热度最高的韶关南雄市梅关古道景区。另外就各年龄段热度的平均值而言，华南地区20~29岁人员的热度均值高达25464次（如

表2），为区域第一。华南地区红色旅游经典景区各年龄段偏好热度排名如表78所示。

表78　华南地区红色旅游经典景区年龄段偏好热度排名

景区名称	所属省份	年龄热度					热度排名				
		19岁以下	20－29岁	30－39岁	40－49岁	50岁以上	19岁以下	20－29岁	30－39岁	40－49岁	50岁以上
北伐战争纪念馆	广东省	41.67%	41.67%	16.66%	0.00%	0.00%	1	5	17	19	20
周恩来同志革命活动旧址	广东省	28.57%	17.86%	25.00%	14.28%	14.29%	2	19	8	12	7
南宁邓颖超纪念馆	广西壮族自治区	25.71%	42.86%	20.00%	5.72%	5.71%	3	4	14	17	17
东莞市鸦片战争博物馆	广东省	25.00%	46.67%	15.00%	10.00%	3.33%	4	1	19	14	19
叶挺独立团团部旧址纪念馆	广东省	25.00%	35.00%	10.00%	5.00%	25.00%	4	11	20	18	2
梅州市大埔县“八一”起义军三河坝战役纪念园	广东省	22.32%	33.04%	22.32%	14.73%	7.59%	6	14	13	11	15
广州起义烈士陵园	广东省	21.05%	45.61%	15.79%	8.78%	8.77%	7	2	18	16	14
广州市黄埔陆军军官学校旧址	广东省	16.16%	17.17%	26.26%	23.24%	17.17%	8	20	7	2	5
昆仑关战役旧址景区	广西壮族自治区	12.11%	27.89%	28.42%	20.53%	11.05%	9	17	6	4	12
孙中山大元帅府纪念馆	广东省	12.07%	34.48%	22.41%	18.97%	12.07%	10	12	12	7	9
惠州市惠阳区叶挺纪念馆	广东省	11.11%	36.11%	25.00%	16.67%	11.11%	11	8	8	8	11
中山市孙中山故居	广东省	10.92%	43.39%	30.46%	9.20%	6.03%	12	3	5	15	16
叶剑英故居	广东省	8.11%	25.68%	32.43%	21.62%	12.16%	13	18	3	3	8
韶关南雄市梅关古道景区	广东省	7.41%	33.33%	19.75%	13.58%	25.93%	14	13	16	13	1
莲花山公园	广东省	6.30%	36.09%	31.74%	16.30%	9.57%	15	9	4	9	13
法卡山英雄纪念碑园	广西壮族自治区	5.66%	28.30%	22.64%	32.08%	11.32%	16	16	11	1	10
广东东江纵队纪念馆	广东省	5.43%	31.22%	24.89%	20.36%	18.10%	17	15	10	5	4
东兰红色旅游区	广西壮族自治区	5.14%	35.43%	39.43%	16.00%	4.00%	18	10	2	10	18
凭祥友谊关遗址	广西壮族自治区	0.00%	41.67%	41.67%	0.00%	16.66%	19	5	1	19	6
阮啸仙故居	广东省	0.00%	40.00%	20.00%	20.00%	20.00%	20	7	14	6	3
大瑶山剿匪纪念公园	广西壮族自治区	0.00%	0.00%	0.00%	0.00%	0.00%	21	21	21	21	21
彭湃故居	广东省	0.00%	0.00%	0.00%	0.00%	0.00%	21	21	21	21	21
广州市黄花岗七十二烈士墓	广东省	0.00%	0.00%	0.00%	0.00%	0.00%	21	21	21	21	21
粤东会馆	广西壮族自治区	0.00%	0.00%	0.00%	0.00%	0.00%	21	21	21	21	21

（六）华中地区红色旅游经典景区年龄段偏好热度排名

经统计，华中地区红色旅游经典景区各年龄段偏好热度排名中，19 岁以下人员热度占比排名第 1 的是位于湖南省的湖南第一师范学校旧址，占比达 40.11%。该景区 20～29 岁、30～39 岁、40～49 岁以及 50 岁以上人员热度占比分别为 25.66%、20.26%、11.63% 以及 2.34%，所对应的排名分别为第 9 名、第 12 名、第 11 名以及第 12 名。19 岁以下人员热度占比排名第 2 的是位于湖南省的桂东县三大纪律六项注意颁布旧址，占比达 33.33%。该景区 20～29 岁、30～39 岁、40～49 岁以及 50 岁以上人员热度占比分别为 22.22%、27.78%、5.56% 以及 11.11%，所对应的排名分别为第 11 名、第 8 名、第 14 名以及第 6 名。19 岁以下人员热度占比排名第 3 的是位于湖南省的汨罗市任弼时故居，占比达 25.00%。该景区 20～29 岁、30～39 岁、40～49 岁以及 50 岁以上人员热度占比分别为 33.33%、16.67%、25.00% 以及 0.00%，所对应的排名分别为第 3 名、第 13 名、第 2 名以及第 14 名。19 岁以下人员热度占比排名第 4 的是位于湖南省的汝城县湘南起义汝城会议旧址，占比达 23.60%。该景区 20～29 岁、30～39 岁、40～49 岁以及 50 岁以上人员热度占比分别为 17.98%、14.61%、13.47% 以及 30.34%，所对应的排名分别为第 13 名、第 14 名、第 10 名以及第 1 名。19 岁以下人员热度占比排名第 5 的是位于湖南省的宁乡市花明楼刘少奇故居，占比达 16.30%。该景区 20～29 岁、30～39 岁、40～49 岁以及 50 岁以上人员热度占比分别为 22.22%、22.96%、23.71% 以及 14.81%，所对应的排名分别为第 11 名、第 11 名、第 3 名以及第 3 名。19 岁以下人员热度占比排名第 6 的是位于湖南省的湘潭市韶山市毛泽东故居和纪念馆，占比达 12.76%。该景区 20～29 岁、30～39 岁、40～49 岁以及 50 岁以上人员热度占比分别为 31.02%、27.79%、19.71% 以及 8.72%，所对应的排名分别为第 6 名、第 7 名、第 5 名以及第 7 名。19 岁以下人员热度占比排名第 7 的是位于湖南省的岳麓山景区，占比达 10.89%。该景区 20～29 岁、30～39 岁、40～49 岁以及 50 岁以上人员热度占比分别为 44.46%、26.77%、11.29% 以及 6.59%，所对应的排名分别为第 1 名、第 9 名、第 13 名以及第 10 名。19 岁以下人员热度占比排名第 8 的是位于湖南省的湘潭市湘潭县彭德怀故居，占比达 9.23%。该景区 20～29 岁、30～39 岁、40～49 岁以及 50 岁以上人员热度占比分别为 17.69%、31.54%、30.00% 以及 11.54%，所对应的排名分别为第 14 名、第 5 名、第 1 名以及第 5 名。19 岁以下人员热度占比排名第 9 的是位于湖南省的杨开慧故居，占比达 8.86%。该景区 20～29 岁、30～39 岁、40～49 岁以及 50 岁以上人员热度占比分别为 22.78%、25.32%、20.26% 以及 22.78%，所对应的排名分别为第 10 名、第 10 名、第 4 名以及第 2 名。19 岁以下人员热度占比排名第 10 的是位于湖北省的黄冈市大别山红色旅游区，占比达 8.45%。该景区 20～29 岁、30～39 岁、40～49 岁以及 50 岁以上人员热度占比分别为 41.45%、28.60%、

15.25%以及6.25%，所对应的排名分别为第2名、第6名、第9名以及第11名。

19岁以下人员热度占比排名第11的是位于湖南省的衡阳市南岳忠烈祠，占比达8.35%。该景区20~29岁、30~39岁、40~49岁以及50岁以上人员热度占比分别为32.69%、39.82%、11.30%以及7.84%，所对应的排名分别为第4名、第3名、第12名以及第8名。19岁以下人员热度占比排名第12的是位于湖南省的湘潭市湘乡东山学校旧址，占比达6.38%。该景区20~29岁、30~39岁、40~49岁以及50岁以上人员热度占比分别为31.91%、40.43%、19.15%以及2.13%，所对应的排名分别为第5名、第2名、第6名以及第13名。19岁以下人员热度占比排名第13的是位于湖南省的桑植县贺龙故居，占比达5.88%。该景区20~29岁、30~39岁、40~49岁以及50岁以上人员热度占比分别为26.47%、38.24%、17.56%以及11.76%，所对应的排名分别为第7名、第4名、第8名以及第4名。19岁以下人员热度占比排名第14的是位于湖南省的胡耀邦故居，占比达4.76%。该景区20~29岁、30~39岁、40~49岁以及50岁以上人员热度占比分别为26.19%、42.88%、19.03%以及7.14%，所对应的排名分别为第8名、第1名、第7名以及第9名。19岁以下人员热度占比排名第15的是位于湖北省的宜昌市长江三峡水利枢纽工程，因数据缺失，各年龄段的占比均为0.00%。

14个有效景区中19岁以下热度最高的景区为湖南第一师范学校旧址，20~29岁热度最高的为岳麓山景区，30~39岁热度最高的为胡耀邦故居，40~49岁热度最高的为湘潭市湘潭县彭德怀故居，50岁以上热度最高的为汝城县湘南起义汝城会议旧址。另外就各年龄段热度的平均值而言，华中地区20~29岁人员的热度均值高达63973次（如表2），为区域第一。华中地区红色旅游经典景区各年龄段偏好热度排名如表79所示。

表79 华中地区红色旅游经典景区年龄段偏好热度排名

景区名称	所属省份	年龄热度					热度排名				
		19岁以下	20-29岁	30-39岁	40-49岁	50岁以上	19岁以下	20-29岁	30-39岁	40-49岁	50岁以上
湖南第一师范学校旧址	湖南省	40.11%	25.66%	20.26%	11.63%	2.34%	1	9	12	11	12
桂东县“三大纪律六项注意”颁布旧址	湖南省	33.33%	22.22%	27.78%	5.56%	11.11%	2	11	8	14	6
汨罗市任弼时故居	湖南省	25.00%	33.33%	16.67%	25.00%	0.00%	3	3	13	2	14
汝城县湘南起义汝城会议旧址	湖南省	23.60%	17.98%	14.61%	13.47%	30.34%	4	13	14	10	1
宁乡市花明楼刘少奇故居	湖南省	16.30%	22.22%	22.96%	23.71%	14.81%	5	11	11	3	3
湘潭市韶山市毛泽东故居和纪念馆	湖南省	12.76%	31.02%	27.79%	19.71%	8.72%	6	6	7	5	7

续表

景区名称	所属省份	年龄热度					热度排名				
		19岁以下	20－29岁	30－39岁	40－49岁	50岁以上	19岁以下	20－29岁	30－39岁	40－49岁	50岁以上
岳麓山景区	湖南省	10.89%	44.46%	26.77%	11.29%	6.59%	7	1	9	13	10
湘潭市湘潭县彭德怀故居	湖南省	9.23%	17.69%	31.54%	30.00%	11.54%	8	14	5	1	5
杨开慧故居	湖南省	8.86%	22.78%	25.32%	20.26%	22.78%	9	10	10	4	2
黄冈市大别山红色旅游区	湖北省	8.45%	41.45%	28.60%	15.25%	6.25%	10	2	6	9	11
衡阳市南岳忠烈祠	湖南省	8.35%	32.69%	39.82%	11.30%	7.84%	11	4	3	12	8
湘潭市湘乡东山学校旧址	湖南省	6.38%	31.91%	40.43%	19.15%	2.13%	12	5	2	6	13
桑植县贺龙故居	湖南省	5.88%	26.47%	38.24%	17.65%	11.76%	13	7	4	8	4
胡耀邦故居	湖南省	4.76%	26.19%	42.88%	19.03%	7.14%	14	8	1	7	9
宜昌市长江三峡水利枢纽工程	湖北省	0.00%	0.00%	0.00%	0.00%	0.00%	15	15	15	15	15

（七）西北地区红色旅游经典景区年龄段偏好热度排名

19岁以下人员热度占比排名第1的是位于陕西省的洛川会议旧址，占比达38.04%。该景区20～29岁、30～39岁、40～49岁以及50岁以上人员热度占比分别为37.56%、10.16%、9.78%以及4.46%，所对应的排名分别为第2名、第11名、第10名以及第10名。19岁以下人员热度占比排名第2的是位于陕西省的西安事变纪念馆，占比达28.57%。该景区20～29岁、30～39岁、40～49岁以及50岁以上人员热度占比分别为26.79%、37.50%、7.14%以及0.00%，所对应的排名分别为第10名、第2名、第11名以及第11名。19岁以下人员热度占比排名第3的是位于陕西省的延安革命纪念馆，占比达19.20%。该景区20～29岁、30～39岁、40～49岁以及50岁以上人员热度占比分别为32.00%、27.20%、16.80%以及4.80%，所对应的排名分别为第5名、第6名、第5名以及第8名。19岁以下人员热度占比排名第4的是位于甘肃省的会宁红军会宁会师旧址，占比达13.82%。该景区20～29岁、30～39岁、40～49岁以及50岁以上人员热度占比分别为28.46%、23.58%、21.13%以及13.01%，所对应的排名分别为第8名、第8名、第4名以及第4名。19岁以下人员热度占比排名第5的是位于陕西省的吴起镇革命旧址，占比达12.03%。该景区20～29岁、30～39岁、40～49岁以及50岁以上人员热度占比分别为31.58%、21.80%、21.80%以及12.79%，所对应的排名分别为第6名、第9名、第3名以及第5名。19岁以下人员热度占比排名第6的是位于陕西省的宝塔山景区，占比达9.95%。该景区20～29岁、30～39岁、40～49岁以及50岁以上人员热度占比分别为41.18%、30.77%、13.58%以及4.52%，所对应的排名分别为第1名、第4名、第8名以及第9名。19岁以下人员热度占比排名第7的是位于陕西省的习仲勋陵园，占比达8.14%。该景区20～29岁、30～39岁、40～49岁以及50岁以上人员热度占比分别为32.56%、25.58%、15.12%以及18.60%，所对应的排名分别为第4名、第7名、第7名以及第2名。19岁以下人员热度占比排名第8的是位于陕西省的南泥湾革命旧址，占比达7.19%。该景区20～29岁、30～39岁、40～49岁以及50岁以上人员热度占比分别为27.52%、39.51%、15.32%以及10.46%，所对应的排名分别为第9名、第1名、第6名以及第6名。19岁以下人员热度占比排名第9的是位于陕西省的渭南市华县渭华起义纪念馆，占比达6.67%。该景区20～29岁、30～39岁、40～49岁以及50岁以上人员热度占比分别为23.33%、30.00%、10.00%以及30.00%，所对应的排名分别为第11名、第5名、第9名以及第1名。19岁以下人员热度占比排名第10的是位于甘肃省的陇南市两当县两当兵变旧址，占比达4.55%。该景区20～29岁、30～39岁、40～49岁以及50岁以上人员热度占比分别为36.36%、19.70%、25.75%以及13.64%，所对应的排名分别为第3名、第10名、第1名以及第3名。19岁以下人员热度占比排名第11的是位于甘肃省的酒泉市玉门油田，占比达3.96%。该景区20～29岁、30～39岁、40～49岁以及50岁以上人员热度占比分别为30.69%、32.67%、23.77%以及8.91%，所对应的排名分别为第7名、第3名、第2名以及第7名。

11个有效景区中19岁以下热度最高的景区为洛川会议旧址，20～29岁热度最高的为宝塔山景区，30～39岁热度最高的为南泥湾革命旧址，40～49岁热度最高的为陇南市两当县两当兵变旧址，50岁以上热度最高的为渭南市华县渭华起义纪念馆。另外就各年龄段热度的平均值而言，西北地区20～29岁人员的热度均值高达43806（如表2），为区域第一。西北地区红色旅游经典景区各年龄段偏好热度排名如表80所示。

表80 西北地区红色旅游经典景区年龄段偏好热度排名

景区名称	所属省份	年龄热度					热度排名				
		19岁以下	20－29岁	30－39岁	40－49岁	50岁以上	19岁以下	20－29岁	30－39岁	40－49岁	50岁以上
洛川会议旧址	陕西省	38.04%	37.56%	10.16%	9.78%	4.46%	1	2	11	10	10
“西安事变”纪念馆	陕西省	28.57%	26.79%	37.50%	7.14%	0.00%	2	10	2	11	11
延安革命纪念馆	陕西省	19.20%	32.00%	27.20%	16.80%	4.80%	3	5	6	5	8
会宁红军会宁会师旧址	甘肃省	13.82%	28.46%	23.58%	21.13%	13.01%	4	8	8	4	4
吴起镇革命旧址	陕西省	12.03%	31.58%	21.80%	21.80%	12.79%	5	6	9	3	5
宝塔山景区	陕西省	9.95%	41.18%	30.77%	13.58%	4.52%	6	1	4	8	9
习仲勋陵园	陕西省	8.14%	32.56%	25.58%	15.12%	18.60%	7	4	7	7	2
南泥湾革命旧址	陕西省	7.19%	27.52%	39.51%	15.32%	10.46%	8	9	1	6	6

续表

景区名称	所属省份	年龄热度					热度排名				
		19岁以下	20－29岁	30－39岁	40－49岁	50岁以上	19岁以下	20－29岁	30－39岁	40－49岁	50岁以上
渭南市华县渭华起义纪念馆	陕西省	6.67%	23.33%	30.00%	10.00%	30.00%	9	11	5	9	1
陇南市两当县两当兵变旧址	甘肃省	4.55%	36.36%	19.70%	25.75%	13.64%	10	3	10	1	3
酒泉市玉门油田	甘肃省	3.96%	30.69%	32.67%	23.77%	8.91%	11	7	3	2	7

（八）西南地区红色旅游经典景区年龄段偏好热度排名

19岁以下人员热度占比排名第1的是位于重庆市的红岩魂陈列馆，占比达28.57%。该景区20～29岁、30～39岁、40～49岁以及50岁以上人员热度占比分别21.43%、35.17%、14.83%以及0.00%，所对应的排名分别为第12名、第2名、第6名以及第11名。19岁以下人员热度占比排名第2的是位于贵州省的安顺市王若飞故居，占比达23.08%。该景区20～29岁、30～39岁、40～49岁以及50岁以上人员热度占比分别30.77%、30.77%、7.69%以及7.69%，所对应的排名分别为第9名、第6名、第10名以及第8名。19岁以下人员热度占比排名第3的是位于云南省的陆军讲武堂旧址，占比达14.29%。该景区20～29岁、30～39岁、40～49岁以及50岁以上人员热度占比分别31.43%、40.00%、14.28%以及0.00%，所对应的排名分别为第7名、第1名、第7名以及第12名。19岁以下人员热度占比排名第4的是位于四川省的邓小平纪念馆，占比达13.46%。该景区20～29岁、30～39岁、40～49岁以及50岁以上人员热度占比分别32.69%、19.23%、5.77%以及28.85%，所对应的排名分别为第5名、第11名、第11名以及第2名。19岁以下人员热度占比排名第5的是位于贵州省的黔南州荔波县邓恩铭烈士故居，占比达13.33%。该景区20～29岁、30～39岁、40～49岁以及50岁以上人员热度占比分别33.33%、0.00%、13.34%以及40.00%，所对应的排名分别为第4名、第12名、第8名以及第1名。19岁以下人员热度占比排名第6的是位于四川省的川陕革命根据地红军烈士陵园，占比达12.50%。该景区20～29岁、30～39岁、40～49岁以及50岁以上人员热度占比分别31.25%、31.25%、18.75%以及6.25%，所对应的排名分别为第8名、第5名、第5名以及第9名。19岁以下人员热度占比排名第7的是位于四川省的汶川县水磨古镇，占比达10.53%。该景区20～29岁、30～39岁、40～49岁以及50岁以上人员热度占比分别52.63%、31.58%、0.00%以及5.26%，所对应的排名分别为第1名、第4名、第12名以及第10名。19岁以下人员热度占比排名第8的是位于四川省的凉山州中国西昌卫星发射中心，占比达6.81%。该景区20～29岁、30～39岁、40～49岁以及50岁以上人员热度占比分别30.72%、27.63%、22.88%以及11.96%，所对应的排名分别为第10名、第

10 名、第 1 名以及第 5 名。19 岁以下人员热度占比排名第 9 的是位于贵州省的汇川区、桐梓县娄山关景区，占比达 5.23%。该景区 20～29 岁、30～39 岁、40～49 岁以及 50 岁以上人员热度占比分别 30.56%、32.03%、20.91%以及 11.27%，所对应的排名分别为第 11 名、第 3 名、第 3 名以及第 6 名。19 岁以下人员热度占比排名第 10 的是位于云南省的保山市龙陵县滇西抗战松山战役遗址，占比达 4.65%。该景区 20～29 岁、30～39 岁、40～49 岁以及 50 岁以上人员热度占比分别 34.72%、30.32%、21.26%以及 9.05%，所对应的排名分别为第 3 名、第 7 名、第 2 名以及第 7 名。

19 岁以下人员热度占比排名第 11 的是位于四川省的成都市崇州街子古镇，占比达 3.39%。该景区 20～29 岁、30～39 岁、40～49 岁以及 50 岁以上人员热度占比分别 32.20%、28.25%、19.77%以及 16.39%，所对应的排名分别为第 6 名、第 9 名、第 4 名以及第 3 名。19 岁以下人员热度占比排名第 12 的是位于四川省的阿坝州理县桃坪羌寨，占比达 1.05%。该景区 20～29 岁、30～39 岁、40～49 岁以及 50 岁以上人员热度占比分别 44.21%、29.47%、11.59%以及 13.68%，所对应的排名分别为第 2 名、第 8 名、第 9 名以及第 4 名。19 岁以下人员热度占比排名第 13～14 的分别是位于云南省的保山市施甸县杨善洲精神教育基地、云南省的昭通市罗炳辉将军故居，其相关数据缺失，在年龄段的占比均设置为 0.00%。

12 个有效景区中 19 岁以下热度最高的景区为红岩魂陈列馆，20～29 岁热度最高的为汶川县水磨古镇，30～39 岁热度最高的景区为陆军讲武堂旧址，40～49 岁热度最高的景区为凉山州中国西昌卫星发射中心，50 岁以上热度最高的为黔南州荔波县邓恩铭烈士故居。另外就各年龄段热度的平均值而言，西南地区 20～29 岁人员的热度均值高达 36583（如表 2），为区域第一。西南地区红色旅游经典景区各年龄段偏好热度排名如表 81 所示。

表 81　西南地区红色旅游经典景区年龄段偏好热度排名

景区名称	所属省份	年龄热度					热度排名				
		19 岁以下	20－29 岁	30－39 岁	40－49 岁	50 岁以上	19 岁以下	20－29 岁	30－39 岁	40－49 岁	50 岁以上
红岩魂陈列馆	重庆市	28.57%	21.43%	35.17%	14.83%	0.00%	1	12	2	6	11
安顺市王若飞故居	贵州省	23.08%	30.77%	30.77%	7.69%	7.69%	2	9	6	10	8
陆军讲武堂旧址	云南省	14.29%	31.43%	40.00%	14.28%	0.00%	3	7	1	7	12
邓小平纪念馆	四川省	13.46%	32.69%	19.23%	5.77%	28.85%	4	5	11	11	2
黔南州荔波县邓恩铭烈士故居	贵州省	13.33%	33.33%	0.00%	13.34%	40.00%	5	4	12	8	1
川陕革命根据地红军烈士陵园	四川省	12.50%	31.25%	31.25%	18.75%	6.25%	6	8	5	5	9
汶川县水磨古镇	四川省	10.53%	52.63%	31.58%	0.00%	5.26%	7	1	4	12	10

续表

景区名称	所属省份	年龄热度					热度排名				
		19岁以下	20－29岁	30－39岁	40－49岁	50岁以上	19岁以下	20－29岁	30－39岁	40－49岁	50岁以上
凉山州中国西昌卫星发射中心	四川省	6.81%	30.72%	27.63%	22.88%	11.96%	8	10	10	1	5
汇川区、桐梓县娄山关景区	贵州省	5.23%	30.56%	32.03%	20.91%	11.27%	9	11	3	3	6
保山市龙陵县滇西抗战松山战役遗址	云南省	4.65%	34.72%	30.32%	21.26%	9.05%	10	3	7	2	7
成都市崇州街子古镇	四川省	3.39%	32.20%	28.25%	19.77%	16.39%	11	6	9	4	3
阿坝州理县桃坪羌寨	四川省	1.05%	44.21%	29.47%	11.59%	13.68%	12	2	8	9	4
保山市施甸县杨善洲精神教育基地	云南省	0.00%	0.00%	0.00%	0.00%	0.00%	13	13	13	13	13
昭通市罗炳辉将军故居	云南省	0.00%	0.00%	0.00%	0.00%	0.00%	13	13	13	13	13

第二章　红色旅游经典景区客源市场分析

第一节　全国红色旅游经典景区客源市场分析

全国红色旅游经典景区客源市场热度总量为67548217，平均客源市场热度为1986712，14个省（自治区、直辖市、特别行政区）超过了平均水平，占全国的71.11%。排名前五的省（自治区、直辖市、特别行政区）分别为北京市、广东省、江苏省、山东省和浙江省，占全国的38.35%。其中，排名第一的北京市，客源市场热度值达到10777968，占全国的15.96%；广东省排名第二，热度值为4677954，仅占北京市热度值的43.40%，呈现断层下滑的趋势；江苏省热度值为3850872，占全国的5.70%；山东省和浙江省排名第四和第五，热度值分别为3588120、3006508，分别占全国的5.31%、4.45%。排名6～29的省（自治区、直辖市、特别行政区）分别为上海市、湖南省、河北省、四川省、河南省、安徽省、辽宁省、陕西省、江西省、湖北省、福建省、山西省、广西壮族自治区、天津市、重庆市、黑龙江省、云南省、吉林省、甘肃省、内蒙古自治区、贵州省、新疆维吾尔自治区、海南省和宁夏回族自治区。此排名区间内的省（自治区、直辖市、特别行政区）红色旅游经典景区客源市场热度总量为41094767，占全国的60.84%，各省（自治区、直辖市、特别行政区）平均客源市场热度为1712282，占有率集中在0.55%～4.32%，分布较为均匀。排名最后的五个省（自治区、直辖市、特别行政区）为青海省、西藏自治区、香港特别行政区、台湾省和澳门特别行政区，仅占全国的0.82%。从总体来看，全国红色旅游经典景区客源市场热度呈现出北京市一家独大，排名居中的省（自治区、直辖市、特别行政区）均匀分布，排名靠后的省（自治区、直辖市、特别行政区）占比极少的格局。

表 82　全国红色旅游经典景区客源市场排名

省级行政区域	年总值（次）	占有率（%）	热度排名
北京市	10777968	15.96	1
广东省	4677954	6.93	2
江苏省	3850872	5.70	3
山东省	3588120	5.31	4
浙江省	3006508	4.45	5
上海市	2916131	4.32	6
湖南省	2888237	4.28	7
河北省	2718924	4.03	8
四川省	2625191	3.89	9
河南省	2527110	3.74	10
安徽省	2344595	3.47	11
辽宁省	2100674	3.11	12
陕西省	2013618	2.98	13
江西省	1998105	2.96	14
湖北省	1977781	2.93	15
福建省	1790335	2.65	16
山西省	1681679	2.49	17
广西壮族自治区	1611378	2.39	18
天津市	1553553	2.30	19
重庆市	1485116	2.20	20
黑龙江省	1414869	2.09	21
云南省	1232586	1.82	22
吉林省	1184195	1.75	23
甘肃省	1118780	1.66	24
内蒙古自治区	1094266	1.62	25
贵州省	1090590	1.61	26
新疆维吾尔自治区	690276	1.02	27
海南省	663853	0.98	28
宁夏回族自治区	372925	0.55	29
青海省	269854	0.40	30
西藏自治区	120774	0.18	31

续表

省级行政区域	年总值（次）	占有率（%）	热度排名
香港特别行政区	115290	0.17	32
台湾省	28908	0.04	33
澳门特别行政区	17202	0.03	34
全国合计	67548217	100.00	

第二节　区域红色旅游经典景区客源市场分析

一、全国客源市场概况

在分区汇总中全国总客源为67548217人次，平均客源量为9649745人次，华东、华北、华中地区的客源市场总量高于全国客源市场平均值，其余四个地区都在平均值以下。在七个区中，排名第一的是华东地区，客源量达到20093725人次，占全国的29.75%，排名第二的是华中地区，客源市场总量为15852167人次，占全国总客源的23.47%，排名第三的为华北地区，客源市场总量为11127121人次，占比为16.47%，其余的四个地区排名分别为西北地区、华南地区、西南地区、东北地区，占比分别为9.42%、7.44%、7.34%和6.11%，均低于10.00%，具体如图1所示。客源市场分布极不均匀，排名前三的华东、华中和华北地区占全国客源市场的69.69%。每个分区客源市场热度排名第一的省（自治区、直辖市、特别行政区）分别是：内蒙古自治区（东北地区）、北京市（华东地区）、北京市（华北地区）、湖北省（华中地区）、广东省（华南地区）、陕西省（西南地区）、台湾省（西北地区）。其中华东地区的北京市的热度最高，最低的为东北地区的内蒙古自治区，二者相差7019880人次。

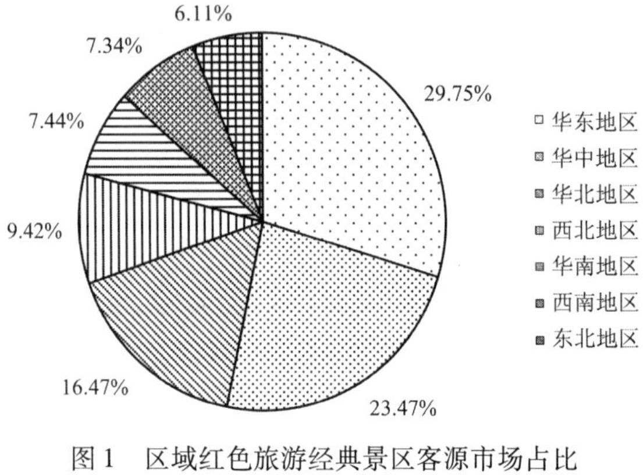

图1　区域红色旅游经典景区客源市场占比

二、东北地区

东北地区在全国的客源市场总量为 4128510 人次，平均客源为 121427 人次。有 14 个省（自治区、直辖市、特别行政区）对东北地区的红色旅游经典景区的检索量大于该平均值，占 34 个客源市场的 70.20%，总的来说东北地区的红色旅游经典景区在全国的客源市场分布均匀。排名前五为内蒙古自治区、北京市、广东省、河南省和上海市，占全国总客源的 33.71%。内蒙古自治区以 404064 人次的搜索量在东北红色旅游经典景区的旅游客源地中排名第一。西藏自治区和澳门特别行政区检索量均为 732 人次，并列排名 33，仅占全国客源的 0.02%，具体如表 83 所示。

表 83　东北地区红色旅游经典景区客源市场排名

省级行政区域	年总值（次）	占有率（%）	热度排名
内蒙古自治区	404064	9.79	1
北京市	275964	6.68	2
广东省	245220	5.94	3
河南省	241560	5.85	4
上海市	225090	5.45	5
江西省	207918	5.04	6
河北省	188124	4.56	7
江苏省	188124	4.56	7
重庆市	185928	4.50	9
山西省	172752	4.18	10
黑龙江省	154818	3.75	11
陕西省	147498	3.57	12
安徽省	131394	3.18	13
湖南省	129564	3.14	14
天津市	115290	2.79	15
甘肃省	107970	2.62	16
台湾省	107238	2.60	17
湖北省	105408	2.55	18
辽宁省	97722	2.37	19
广西壮族自治区	96624	2.34	20
四川省	93696	2.27	21
宁夏回族自治区	91134	2.21	22
福建省	83814	2.03	23

续表

省级行政区域	年总值（次）	占有率（%）	热度排名
浙江省	68076	1.65	24
贵州省	60024	1.45	25
海南省	57828	1.40	26
云南省	50874	1.23	27
吉林省	42090	1.02	28
青海省	21960	0.53	29
山东省	14274	0.35	30
香港特别行政区	9516	0.23	31
新疆维吾尔自治区	5490	0.13	32
澳门特别行政区	732	0.02	33
西藏自治区	732	0.02	33
全国合计	4128510	100.00	

三、华东地区

华东地区在全国的客源市场总量为20093725人次，平均客源为590992人次。其中7个省（自治区、直辖市、特别行政区）对华东地区红色旅游经典景区的检索量大于全国的平均值，占34个客源市场的66.93%，分布相对不均。在华东红色旅游经典景区的客源省（自治区、直辖市、特别行政区）中，排名前五为北京市、江西省、上海市、山西省和广东省。排名前五的五个省（自治区、直辖市、特别行政区）占全国总客源的59.38%，其中北京市以7423944人次的搜索量在华东红色旅游经典景区的客源中排名第一，占比为36.95%。澳门特别行政区搜索量仅为1830人次，排名34，仅占全国客源的0.01%，具体如表84所示。

表84　华东地区红色旅游经典景区客源市场排名

省级行政区域	年总值（次）	占有率（%）	热度排名
北京市	7423944	36.95	1
江西省	1445700	7.19	2
上海市	1240374	6.17	3
山西省	993324	4.94	4
广东省	828624	4.12	5
重庆市	815082	4.06	6
安徽省	701255	3.49	7

续表

省级行政区域	年总值（次）	占有率（%）	热度排名
黑龙江省	582306	2.90	8
河北省	529266	2.63	9
陕西省	506178	2.52	10
甘肃省	498126	2.48	11
内蒙古自治区	419802	2.09	12
湖南省	412480	2.05	13
湖北省	364438	1.81	14
台湾省	345138	1.72	15
辽宁省	315126	1.57	16
天津市	306708	1.53	17
四川省	302682	1.51	18
福建省	276330	1.38	19
广西壮族自治区	259494	1.29	20
河南省	249978	1.24	21
浙江省	212910	1.06	22
江苏省	211548	1.05	23
宁夏回族自治区	187026	0.93	24
海南省	166164	0.83	25
贵州省	150060	0.75	26
云南省	118950	0.59	27
吉林省	108702	0.54	28
青海省	51240	0.26	29
山东省	34170	0.17	30
新疆维吾尔自治区	19398	0.10	31
香港特别行政区	10248	0.05	32
西藏自治区	5124	0.03	33
澳门特别行政区	1830	0.01	34
全国合计	20093725	100.00	

四、华北地区

华北地区在全国的客源市场总量为11127121人次，在全国的平均客源为327268人次。14个省（自治区、直辖市、特别行政区）对华北地区的红色旅游经典景区的检索量大于全国的平均值，占 34 个客源市场的 71.81%，分布相对不均。在华北红色旅游经典景区的客源省（自治区、直辖市、特别行政区）中，排名前五为北京市、河北省、广东省、上海市和江西省，占全国总客源的 36.65%。其中北京市以 1291614 人次的搜索量在华北红色旅游经典景区的客源中排名第一，占比为 11.61%，远高于其他省（自治区、直辖市、特别行政区）。西藏自治区搜索量仅为 2927 人次，排名 34，仅占全国客源的 0.03%，具体如表 85 所示。

表 85　华北地区红色旅游经典景区客源市场排名

省级行政区域	年总值（次）	占有率（%）	热度排名
北京市	1291614	11.61	1
河北省	904020	8.12	2
广东省	674904	6.07	3
上海市	621468	5.59	4
江西省	586332	5.27	5
重庆市	503250	4.52	6
天津市	493358	4.43	7
黑龙江省	484584	4.35	8
山西省	468846	4.21	9
四川省	459330	4.13	10
陕西省	425292	3.82	11
内蒙古自治区	376248	3.38	12
安徽省	366732	3.30	13
湖南省	334890	3.01	14
台湾省	311466	2.80	15
湖北省	288408	2.59	16
甘肃省	283650	2.55	17
宁夏回族自治区	268644	2.41	18
福建省	258396	2.32	19
河南省	231678	2.08	20
辽宁省	224358	2.02	21
广西壮族自治区	206424	1.86	22
江苏省	192150	1.73	23
浙江省	177876	1.60	24
贵州省	175680	1.58	25
海南省	146766	1.32	26

续表

省级行政区域	年总值（次）	占有率（%）	热度排名
云南省	114924	1.03	27
吉林省	106506	0.96	28
青海省	58560	0.53	29
山东省	43188	0.39	30
香港特别行政区	21960	0.20	31
新疆维吾尔自治区	19764	0.18	32
澳门特别行政区	2928	0.03	33
西藏自治区	2927	0.03	34
全国合计	11127121	100.00	

五、华中地区

华中地区在全国的客源市场总量为15852167人次，在全国的平均客源为466240人次。14个省（自治区、直辖市、特别行政区）对华中地区红色旅游经典景区的检索量大于全国的平均值，占34个客源市场的67.43%，总的来说，分布相对不均匀。在华中红色旅游经典景区的客源省（自治区、直辖市、特别行政区）中，排名前五为湖北省、广东省、辽宁省、北京市、江西省。排名前五的五个省（自治区、直辖市、特别行政区）占全国总客源的33.42%。其中湖北省以1618219人次的搜索量在华中地区红色旅游经典景区的客源中排名第一，占比为10.21%，远高于其他省（自治区、直辖市、特别行政区）。西藏自治区搜索量仅为8047人次，排名34，仅占全国客源的0.05%，具体如表86所示。

表86　华中地区红色旅游经典景区客源市场排名

省级行政区域	年总值（次）	占有率（%）	热度排名
湖北省	1618219	10.21	1
广东省	1167978	7.37	2
辽宁省	922797	5.82	3
北京市	830454	5.24	4
江西省	758508	4.78	5
重庆市	732550	4.62	6
上海市	690864	4.36	7
黑龙江省	626442	3.95	8
安徽省	609756	3.85	9

续表

省级行政区域	年总值（次）	占有率（%）	热度排名
山西省	593495	3.74	10
陕西省	566807	3.58	11
湖南省	564655	3.56	12
河北省	508650	3.21	13
甘肃省	497623	3.14	14
内蒙古自治区	448184	2.83	15
广西壮族自治区	432858	2.73	16
台湾省	428838	2.71	17
四川省	396653	2.50	18
福建省	393704	2.48	19
河南省	391533	2.47	20
浙江省	345870	2.18	21
海南省	332238	2.10	22
天津市	326365	2.06	23
江苏省	311017	1.96	24
贵州省	277712	1.75	25
宁夏回族自治区	272596	1.72	26
吉林省	249175	1.57	27
云南省	216672	1.37	28
青海省	127339	0.80	29
山东省	98434	0.62	30
香港特别行政区	53796	0.34	31
新疆维吾尔自治区	43554	0.27	32
澳门特别行政区	8784	0.06	33
西藏自治区	8047	0.05	34
全国合计	15852167	100.00	

六、华南地区

华南地区在全国的客源市场总量为 5026314 人次，在全国的平均客源为 147833 人次。15 个省（自治区、直辖市、特别行政区）对华南地区红色旅游经典景区的检索量大于全国的平均值，占 34 个客源市场的 80.70%，总的来说，分布不均。在华南红色旅游经典景区的客源省（自治区、直辖市、特别行政区）中，排名前五为广东省、广西壮族自治区、北京市、江西省和重庆市，占全国总客源的44.56%。其中广东省以1072416人次的搜索量在华南地区红色旅游经典景区的客源中排名第一，占比为21.34%，远高于其他省（自治区、直辖市、特别行政区）。西藏自治区搜索量仅为366人次，排名34，仅占全国客源的0.01%。具体如表87所示。

表87　华南地区红色旅游经典景区客源市场排名

省级行政区域	年总值（次）	占有率（%）	热度排名
广东省	1072416	21.34	1
广西壮族自治区	349164	6.95	2
北京市	296094	5.89	3
江西省	270474	5.38	4
重庆市	243390	4.84	5
上海市	238998	4.75	6
山西省	222162	4.42	7
陕西省	191052	3.80	8
黑龙江省	185196	3.68	9
湖北省	175314	3.49	10
安徽省	169092	3.36	11
湖南省	166530	3.31	12
河北省	164334	3.27	13
甘肃省	156282	3.11	14
辽宁省	155916	3.10	15
内蒙古自治区	128832	2.56	16
台湾省	109068	2.17	17
福建省	91134	1.81	18
浙江省	81252	1.62	19
四川省	80886	1.61	20
江苏省	77958	1.55	21
海南省	71736	1.43	22
河南省	71736	1.43	22
天津市	67710	1.35	24
贵州省	46482	0.92	25
宁夏回族自治区	44286	0.88	26
吉林省	40260	0.80	27
云南省	28182	0.56	28

续表

省级行政区域	年总值（次）	占有率（%）	热度排名
青海省	10614	0.21	29
新疆维吾尔自治区	10248	0.20	30
山东省	5856	0.12	31
澳门特别行政区	1830	0.04	32
香港特别行政区	1464	0.03	33
西藏自治区	366	0.01	34
全国合计	5026314	100.00	

七、西南地区

西南地区在全国的客源市场总量为4956372人次，在全国的平均客源为145776人次。17个省（自治区、直辖市、特别行政区）对西南地区红色旅游经典景区的检索量大于全国的平均值，占34个客源市场的76.83%，总的来说，分布不均。在西南红色旅游经典景区的客源省（自治区、直辖市、特别行政区）中，排名前五为陕西省、广东省、北京市、江西省和上海市。排名前五的省（自治区、直辖市、特别行政区）占全国总客源的31.63%，其中陕西省以511668人次的搜索量在西南地区红色旅游经典景区的客源中排名第一，占比为10.32%，远高于其他省（自治区、直辖市、特别行政区）。澳门特别行政区搜索量仅为0，排名34，仅占全国的客源的0.00%，具体如表88所示。

表88　西南地区红色旅游经典景区客源市场排名

省级行政区域	年总值（次）	占有率（%）	热度排名
陕西省	511668	10.32	1
广东省	315492	6.37	2
北京市	258762	5.22	3
江西省	251076	5.07	4
上海市	230580	4.65	5
重庆市	225090	4.54	6
浙江省	223260	4.50	7
福建省	219234	4.42	8
海南省	210816	4.25	9
山西省	209718	4.23	10
黑龙江省	192882	3.89	11

续表

省级行政区域	年总值（次）	占有率（%）	热度排名
河北省	176046	3.55	12
安徽省	167994	3.39	13
湖南省	165432	3.34	14
台湾省	152622	3.08	15
湖北省	151158	3.05	16
甘肃省	146034	2.95	17
内蒙古自治区	137616	2.78	18
四川省	120780	2.44	19
辽宁省	118950	2.40	20
广西壮族自治区	115656	2.33	21
天津市	104676	2.11	22
河南省	95160	1.92	23
贵州省	92598	1.87	24
宁夏回族自治区	88206	1.78	25
江苏省	85278	1.72	26
云南省	61122	1.23	27
吉林省	53436	1.08	28
青海省	29646	0.60	29
山东省	27084	0.55	30
香港特别行政区	10980	0.22	31
新疆维吾尔自治区	5856	0.12	32
西藏自治区	1464	0.03	33
澳门特别行政区	0	0.00	34
全国合计	4956372	100.00	

八、西北地区

西北地区在全国的客源市场总量为6364008人次，在全国的平均客源为187177人次。14个省（自治区、直辖市、特别行政区）对西北地区红色旅游经典景区的检索量大于全国的平均值，占34个客源市场的67.73%，总的来说，分布相对不均匀。在西北红色旅游经典景区的客源省（自治区、直辖市、特别行政区）中，排名前五为台湾省、北京市、广东省、上海市和江西省。排名前五的五个省（自治区、直辖市、特别行政区）占全国总客源的32.07%，其中台湾省以559980人次的搜索量在西北地区红色旅游经典景区的客源中排名第一，占比为8.80%，远高于其他省（自治区、直辖市、特别行政区）。澳门特别行政区搜索量仅为1098人次，排名第34名，仅占全国客源的0.02%，具体如表89所示。

表89 西北地区红色旅游经典景区客源市场排名

省级行政区域	年总值（次）	占有率（%）	热度排名
台湾省	559980	8.80	1
北京市	401136	6.30	2
广东省	392352	6.17	3
上海市	347334	5.46	4
江西省	340014	5.34	5
重庆市	310368	4.88	6
黑龙江省	300120	4.72	7
陕西省	278526	4.38	8
山西省	260592	4.09	9
河北省	252540	3.97	10
贵州省	240462	3.78	11
四川省	221796	3.49	12
湖南省	206790	3.25	13
安徽省	198372	3.12	14
湖北省	184830	2.90	15
内蒙古自治区	184830	2.90	15
甘肃省	174582	2.74	17
辽宁省	157380	2.47	18
福建省	154086	2.42	19
宁夏回族自治区	140544	2.21	20
天津市	140178	2.20	21
广西壮族自治区	134322	2.11	22
河南省	130296	2.05	23
浙江省	124074	1.95	24
江苏省	116022	1.82	25
海南省	105774	1.66	26
云南省	99918	1.57	27
青海省	72834	1.14	28
吉林省	60756	0.95	29

续表

省级行政区域	年总值（次）	占有率（%）	热度排名
山东省	46848	0. 74	30
香港特别行政区	12078	0. 19	31
新疆维吾尔自治区	10980	0. 17	32
西藏自治区	2196	0. 03	33
澳门特别行政区	1098	0. 02	34
全国合计	6364008	100. 00	

第三章　地方红色旅游经典景区客源市场分析

第一节　省域红色旅游客源市场分析

安徽省的红色旅游经典景区在全国范围内，检索年总值最大的客源地是安徽省，年总值为97356次。经计算，其全国客源地的平均年总值为36643次。山西省、江西省、辽宁省、福建省、湖南省、陕西省、湖北省、四川省、河北省、河南省、上海市、山东省、浙江省、北京市、广东省、江苏省和安徽省（检索年总值从小到大，以后均按此序，不加赘述）共17个客源地高于平均水平，而最大客源地安徽省的年总值则达到平均水平的2.66倍以上。此外，安徽省的景区在澳门特别行政区、台湾省的检索年总值均为0，而其余17个客源地的年总值低于平均水平，故安徽省的红色旅游经典景区全国客源市场分布相对均匀。

北京市的红色旅游经典景区在全国范围内，检索年总值最大的客源地是北京市，年总值为805932次。经计算，其全国客源地的平均年总值为174980次，湖北省、辽宁省、安徽省、四川省、河南省、浙江省、上海市、山东省、江苏省、河北省、广东省和北京市共12个客源地高于平均水平，而最大客源地北京市的检索年总值则达到平均水平的4.61倍以上，其余22个客源地的年总值低于平均水平但都不为0，故北京市的红色旅游经典景区全国客源市场分布相对集中。

福建省的红色旅游经典景区在全国范围内，检索年总值最大的客源地是福建省，年总值为153354次。经计算，其全国客源地的平均年总值为19615次，河北省、江西省、河南省、安徽省、山东省、四川省、上海市、江苏省、浙江省、北京市、广东省和福建省共12个客源地高于平均水平，而最大客源地福建省的年总值则达到平均水平的7.82倍以上。其余20个客源地的年总值低于平均水平但都不为0，澳门特别行政区和西藏自治区的年总值均为0，故福建省的红色旅游经典景区全国客源市场分布相对集中。具体如表 90 所示。

表 90 皖、京、闽红色旅游经典景区客源市场情况

客源地	安徽省		北京市		福建省	
	年总值(次)	占有率(%)	年总值(次)	占有率(%)	年总值(次)	占有率(%)
安徽省	97356	7.81	200934	3.38	24522	3.68
澳门特别行政区	0	0.00	1464	0.02	0	0.00
北京市	59292	4.76	805932	13.55	46848	7.02
重庆市	36600	2.94	166896	2.81	9516	1.43
福建省	41358	3.32	169458	2.85	153354	22.99
广东省	61854	4.96	382104	6.42	57828	8.67
广西壮族自治区	35868	2.88	125904	2.12	9150	1.37
甘肃省	24156	1.94	89304	1.50	2928	0.44
贵州省	28182	2.26	91866	1.54	6588	0.99
河北省	50508	4.05	322812	5.43	20526	3.08
黑龙江省	33672	2.70	132858	2.23	6954	1.04
河南省	52338	4.20	254736	4.28	21960	3.29
湖南省	42090	3.38	168360	2.83	17104	2.56
湖北省	46116	3.70	193980	3.26	19396	2.91
海南省	14640	1.18	74664	1.26	2196	0.33
吉林省	30012	2.41	109068	1.83	6222	0.93
江苏省	71736	5.76	320982	5.40	40992	6.15
江西省	39162	3.14	131760	2.21	20862	3.13
辽宁省	40626	3.26	200934	3.38	16470	2.47
内蒙古自治区	27816	2.23	111996	1.88	4392	0.66
宁夏回族自治区	8784	0.71	32940	0.55	732	0.11
青海省	6954	0.56	25254	0.42	132	0.02
上海市	54534	4.38	290970	4.89	35502	5.32
四川省	47946	3.85	238998	4.02	30012	4.50
山东省	58194	4.67	316590	5.32	28914	4.34
山西省	38064	3.06	151524	2.55	8418	1.26
陕西省	42456	3.41	171654	2.89	14640	2.20
天津市	34770	2.79	169448	2.85	8052	1.21
台湾省	0	0.00	2561	0.04	366	0.05
西藏自治区	2562	0.21	14640	0.25	0	0.00
香港特别行政区	1830	0.15	15372	0.26	732	0.11

续表

客源地	安徽省		北京市		福建省	
	年总值(次)	占有率(%)	年总值(次)	占有率(%)	年总值(次)	占有率(%)
新疆维吾尔自治区	24156	1.94	68808	1.16	1830	0.27
云南省	33306	2.67	112362	1.89	7320	1.10
浙江省	58926	4.73	282186	4.74	42456	6.37
全国合计	1245864	100.00	5949319	100.00	666914	100.00

甘肃省的红色旅游经典景区在全国范围内，检索年总值最大的客源地是甘肃省，年总值为115656次。经计算，其全国客源地的平均年总值为31928次，河北省、河南省、浙江省、上海市、四川省、江苏省、山东省、广东省、陕西省、北京市和甘肃省共11个客源地高于平均水平，而最大客源地甘肃省的年总值则达到平均水平的3.62倍以上。此外，甘肃省的红色旅游经典景区在香港特别行政区、澳门特别行政区和台湾省的检索年总值均为0，其余20个客源地的年总值低于平均水平，故甘肃省的红色旅游经典景区全国客源市场分布相对集中。

广东省的红色旅游经典景区在全国范围内，检索年总值最大的客源地是广东省，年总值为912804次。经计算，其全国客源地的平均年总值为103287次，湖北省、河北省、福建省、安徽省、江西省、湖南省、四川省、河南省、上海市、山东省、浙江省、江苏省、北京市和广东省共14个客源地高于平均水平，最大客源地广东省的年总值则达到平均水平的8.84倍以上。其余20个客源地的年总值低于平均水平但都不为0，故广东省的红色旅游经典景区全国客源市场分布相对集中。

广西壮族自治区的红色旅游经典景区在全国范围内，检索年总值最大的客源地是广西壮族自治区，年总值为251076次。经计算，其全国客源地的平均年总值为44545次，河北省、湖北省、安徽省、湖南省、上海市、河南省、四川省、山东省、浙江省、江苏省、北京市、广东省和广西壮族自治区共13个客源地高于平均水平，而最大客源地广西壮族自治区的年总值则达到平均水平的5.64倍以上。此外，仅台湾省的检索年总值为0，其余20个客源地的年总值低于平均水平，故广西壮族自治区的红色旅游经典景区全国客源市场分布相对集中。具体如表91所示。

表91　甘、粤、桂红色旅游经典景区客源市场情况

客源地	甘肃省		广东省		广西壮族自治区	
	年总值(次)	占有率(%)	年总值(次)	占有率(%)	年总值(次)	占有率(%)
安徽省	27816	2.56	114924	3.27	54168	3.58
澳门特别行政区	0	0.00	1464	0.04	366	0.02
北京市	87840	8.09	208986	5.95	87108	5.75

续表

客源地	甘肃省		广东省		广西壮族自治区	
	年总值(次)	占有率(%)	年总值(次)	占有率(%)	年总值(次)	占有率(%)
重庆市	15738	1.45	61122	1.74	30012	1.98
福建省	23058	2.12	113094	3.22	43188	2.85
广东省	78690	7.25	912804	25.99	159612	10.54
广西壮族自治区	14274	1.31	98088	2.79	251076	16.58
甘肃省	115656	10.65	34770	0.99	11712	0.77
贵州省	8784	0.81	44652	1.27	27084	1.79
河北省	41724	3.84	112362	3.20	51972	3.43
黑龙江省	24156	2.23	47214	1.34	24522	1.62
河南省	45384	4.18	125172	3.56	60024	3.96
湖南省	24156	2.23	120414	3.43	54900	3.62
湖北省	31476	2.90	112362	3.20	54168	3.58
海南省	3294	0.30	28914	0.82	11346	0.75
吉林省	12444	1.15	58926	1.68	19032	1.26
江苏省	64416	5.93	188856	5.38	81618	5.39
江西省	16836	1.55	117852	3.36	38064	2.51
辽宁省	27816	2.56	92598	2.64	36234	2.39
内蒙古自治区	11712	1.08	31110	0.89	13176	0.87
宁夏回族自治区	10980	1.01	8052	0.23	2562	0.17
青海省	8418	0.78	4026	0.11	1830	0.12
上海市	50142	4.62	164334	4.68	57828	3.82
四川省	58194	5.36	121146	3.45	69906	4.62
山东省	71736	6.61	164700	4.69	74298	4.91
山西省	23790	2.19	54534	1.55	26352	1.74
陕西省	82350	7.59	76128	2.17	32940	2.17
天津市	20496	1.89	46116	1.31	21594	1.43
台湾省	0	0.00	366	0.01	0	0.00
西藏自治区	732	0.07	1098	0.03	366	0.02
香港特别行政区	0	0.00	9150	0.26	1098	0.07
新疆维吾尔自治区	22326	2.06	20130	0.57	8052	0.53
云南省	13542	1.25	49776	1.42	31476	2.08
浙江省	47580	4.38	166530	4.74	76860	5.07
全国合计	1085556	100.00	3511770	100.00	1514544	100.00

贵州省的红色旅游经典景区在全国范围内，检索年总值最大的客源地是贵州省，年总值为140910次。经计算，其全国客源地的平均年总值为40615次，陕西省、辽宁省、福建省、湖北省、湖南省、河北省、安徽省、重庆市、河南省、四川省、上海市、浙江省、江苏省、北京市、山东省、广东省和贵州省共17个客源地高于平均水平，而最大客源地贵州省的年总值则达到平均水平的3.47倍以上。此外，贵州省的红色旅游经典景区在澳门特别行政区的检索年总值为0，其余16个客源地的年总值低于平均水平，故贵州省的红色旅游经典景区全国客源市场分布相对均匀。

重庆市的红色旅游经典景区在全国范围内，检索年总值最大的客源地是重庆市，年总值为25986次。经计算，其全国客源地的平均年总值为1744次，山东省、河北省、北京市、浙江省、江苏省、安徽省、广东省、四川省和重庆市共9个客源地高于平均水平，最大客源地重庆市的年总值则达到平均水平的14.90倍以上。此外，重庆市的红色旅游经典景区在澳门特别行政区、贵州省、黑龙江省、海南省、吉林省、内蒙古自治区、宁夏回族自治区、青海省、山西省、台湾省、西藏自治区、香港特别行政区和新疆维吾尔自治区的检索年总值均为0，其余12个客源地的年总值低于平均水平但都不为0，故重庆市的红色旅游经典景区全国客源市场分布相对集中。

河北省的红色旅游经典景区在全国范围内，检索年总值最大的客源地是河北省，年总值为451644次。经计算，其全国客源地的平均年总值为91349次，上海市、安徽省、辽宁省、四川省、浙江省、山西省、江苏省、河南省、天津市、广东省、山东省、北京市和河北省共13个客源地高于平均水平，最大客源地河北省的年总值则达到平均水平的4.94倍以上，其余21个客源地的年总值低于平均水平但都不为0，故河北省的红色旅游经典景区全国客源市场分布相对集中。具体如表92所示。

表92 贵、渝、冀红色旅游经典景区客源市场情况

客源地	贵州省		海南省		河北省	
	年总值(次)	占有率(%)	年总值(次)	占有率(%)	年总值(次)	占有率(%)
安徽省	49044	3.55	4026	6.79	98454	3.17
澳门特别行政区	0	0.00	0	0.00	366	0.01
北京市	64782	4.69	2196	3.70	290604	9.36
重庆市	51972	3.76	25986	43.83	54534	1.76
福建省	43554	3.15	1098	1.85	68442	2.20
广东省	76494	5.54	4392	7.41	153354	4.94
广西壮族自治区	36966	2.68	366	0.62	53802	1.73
甘肃省	26718	1.93	366	0.62	42822	1.38
贵州省	140910	10.20	0	0.00	43188	1.39
河北省	49044	3.55	2196	3.70	451644	14.54

续表

客源地	贵州省		海南省		河北省	
	年总值(次)	占有率(%)	年总值(次)	占有率(%)	年总值(次)	占有率(%)
黑龙江省	33306	2.41	0	0.00	61488	1.98
河南省	52338	3.79	1098	1.85	142008	4.57
湖南省	46116	3.34	366	0.62	75762	2.44
湖北省	45384	3.29	366	0.62	83814	2.70
海南省	16470	1.19	0	0.00	26718	0.86
吉林省	28182	2.04	0	0.00	57828	1.86
江苏省	64416	4.66	3660	6.17	140910	4.54
江西省	38064	2.76	732	1.23	62586	2.02
辽宁省	42822	3.10	732	1.23	107604	3.46
内蒙古自治区	31842	2.31	0	0.00	86010	2.77
宁夏回族自治区	13542	0.98	0	0.00	22692	0.73
青海省	8418	0.61	0	0.00	15738	0.51
上海市	57828	4.19	732	1.23	94062	3.03
四川省	56730	4.11	4758	8.02	113094	3.64
山东省	68076	4.93	2196	3.70	184464	5.94
山西省	36966	2.68	0	0.00	125172	4.03
陕西省	40626	2.94	366	0.62	84912	2.73
天津市	35136	2.54	366	0.62	146034	4.70
台湾省	366	0.03	0	0.00	366	0.01
西藏自治区	2928	0.21	0	0.00	7320	0.24
香港特别行政区	1830	0.13	0	0.00	3660	0.12
新疆维吾尔自治区	22326	1.62	0	0.00	33672	1.08
云南省	36600	2.65	366	0.62	47580	1.53
浙江省	61122	4.43	2928	4.94	125172	4.03
全国合计	1380918	100.00	59292	100.00	3105876	100.00

黑龙江省的红色旅游经典景区在全国范围内，检索年总值最大的客源地是黑龙江省，年总值为156282次。经计算，其全国客源地的平均年总值为55503次，湖南省、陕西省、江西省、湖北省、安徽省、吉林省、四川省、上海市、河南省、河北省、辽宁省、浙江省、江苏省、北京市、山东省、广东省和黑龙江省共17个客源地高于平均水平，最大客源地黑龙江省的年总值则达到平均水平的2.82倍以上，其余17个客源地的年总值低于平均水平但不为0，故黑龙江省的红色旅游经典景区全国客源市场分布相

对均匀。

湖北省的红色旅游经典景区在全国范围内，检索年总值最大的客源地是江苏省，年总值为108336次。经计算，湖北省的红色旅游经典景区全国客源地的平均年总值为51165次，陕西省、福建省、江西省、辽宁省、湖南省、四川省、河北省、上海市、北京市、浙江省、湖北省、山东省、河南省、广东省、安徽省和江苏省共16个客源地高于平均水平，最大客源地江苏省的年总值则达到平均水平的2.12倍以上，其余18个客源地的年总值低于平均水平但都不为0，故湖北省的红色旅游经典景区全国客源市场分布相对集中。

湖南省的红色旅游经典景区在全国范围内，检索年总值最大的客源地是湖南省，年总值为1321027次。经计算，其全国客源地的平均年总值为221733次，福建省、广西壮族自治区、安徽省、湖北省、上海市、四川省、安徽省、河南省、山东省、江西省、浙江省、江苏省、北京市、广东省和湖南省共14个客源地高于平均水平，最大客源地湖南省的年总值则达到平均水平的5.96倍以上，其余20个客源地的年总值低于平均水平但都不为0，故湖南省的红色旅游经典景区全国客源市场分布相对集中。具体如表93所示。

表93　黑、鄂、湘红色旅游经典景区客源市场情况

客源地	黑龙江省		湖北省		湖南省	
	年总值(次)	占有率(%)	年总值(次)	占有率(%)	年总值(次)	占有率(%)
安徽省	64782	3.43	103944	5.98	273036	3.62
澳门特别行政区	732	0.04	366	0.02	5124	0.07
北京市	102114	5.41	87840	5.05	410652	5.45
重庆市	45750	2.42	45018	2.59	183254	2.43
福建省	54900	2.91	52338	3.01	224953	2.98
广东省	109800	5.82	96624	5.55	614220	8.15
广西壮族自治区	55266	2.93	42090	2.42	230094	3.05
甘肃省	38064	2.02	32208	1.85	118136	1.57
贵州省	37332	1.98	33672	1.94	161682	2.14
河北省	76860	4.07	62952	3.62	207066	2.75
黑龙江省	156282	8.28	40626	2.34	201213	2.67
河南省	73566	3.90	95892	5.51	274350	3.64
湖南省	55632	2.95	55632	3.20	1321027	17.52
湖北省	62952	3.34	91866	5.28	238915	3.17
海南省	27084	1.44	25620	1.47	122173	1.62
吉林省	67344	3.57	37332	2.15	128749	1.71

续表

客源地	黑龙江省		湖北省		湖南省	
	年总值(次)	占有率(%)	年总值(次)	占有率(%)	年总值(次)	占有率(%)
江苏省	85644	4.54	108336	6.23	326262	4.33
江西省	58194	3.08	52704	3.03	290349	3.85
辽宁省	80886	4.29	53802	3.09	202232	2.68
内蒙古自治区	39162	2.08	35136	2.02	101308	1.34
宁夏回族自治区	15006	0.80	19032	1.09	35473	0.47
青海省	10614	0.56	14274	0.82	24136	0.32
上海市	72468	3.84	83448	4.80	248723	3.30
四川省	72102	3.82	62220	3.58	265589	3.52
山东省	104310	5.53	92964	5.34	290094	3.85
山西省	47214	2.50	49410	2.84	166073	2.20
陕西省	56364	2.99	51972	2.99	186912	2.48
天津市	49410	2.62	45018	2.59	127627	1.69
台湾省	732	0.04	1098	0.06	4021	0.05
西藏自治区	4392	0.23	4392	0.25	13902	0.18
香港特别行政区	3660	0.19	5856	0.34	15372	0.20
新疆维吾尔自治区	35136	1.86	29280	1.68	75030	1.00
云南省	38064	2.02	38064	2.19	150060	1.99
浙江省	85278	4.52	88572	5.09	301120	3.99
全国合计	1887096	100.00	1739598	100.00	7538927	100.00

吉林省的红色旅游经典景区在全国范围内，检索年总值最大的客源地是吉林省，年总值为 53802 次。经计算，其全国客源地的平均年总值为 15673 次，安徽省、湖北省、四川省、河南省、河北省、黑龙江省、上海市、浙江省、江苏省、山东省、辽宁省、广东省、北京市和吉林省共 14 个客源地高于平均水平，最大客源地吉林省的年总值则达到平均水平的 3.43 倍以上。此外，吉林省的红色旅游经典景区在澳门特别行政区和台湾省的检索年总值为 0，其余 18 个客源地的年总值低于平均水平但不为 0，故吉林省的红色旅游经典景区全国客源市场分布相对集中。

江苏省的红色旅游经典景区在全国范围内，检索年总值最大的客源地是北京市，年总值为 6905322 次。经计算，其全国客源地的平均年总值为 357743 次，江苏省和北京市共 2 个客源地高于平均水平，最大客源地北京市的年总值则达到平均水平的 19.30 倍以上，其余 32 个客源地的年总值低于平均水平但都不为 0，故江苏省的红色旅游经典景区全国客源市场分布相对集中。

江西省的红色旅游经典景区在全国范围内，检索年总值最大的客源地是江西省，年总值为579744次。经计算，其全国客源地的平均年总值为193342次，福建省、安徽省、湖北省、河北省、四川省、湖南省、河南省、上海市、山东省、江苏省、北京市、浙江省、广东省和江西省共14个客源地高于平均水平，最大客源地江西省的年总值则达到平均水平的3.00倍以上，其余20个客源地的年总值低于平均水平但都不为0，故江西省的红色旅游经典景区全国客源市场分布相对集中。具体如表94所示。

表94　吉、苏、赣红色旅游经典景区客源市场情况

客源地	吉林省		江苏省		江西省	
	年总值（次）	占有率（%）	年总值（次）	占有率（%）	年总值（次）	占有率（%）
安徽省	16470	3.09	314760	2.59	232776	3.54
澳门特别行政区	0	0.00	1830	0.02	3294	0.05
北京市	39528	7.42	6905322	56.77	331962	5.05
重庆市	7320	1.37	116388	0.96	165432	2.52
福建省	13176	2.47	156282	1.28	220332	3.35
广东省	34770	6.52	320982	2.64	457134	6.95
广西壮族自治区	10614	1.99	126636	1.04	160674	2.44
甘肃省	4392	0.82	72468	0.60	127368	1.94
贵州省	3294	0.62	85278	0.70	136884	2.08
河北省	24888	4.67	203496	1.67	238632	3.63
黑龙江省	25254	4.74	106140	0.87	149694	2.28
河南省	20862	3.91	244122	2.01	256200	3.90
湖南省	13176	2.47	164700	1.35	241560	3.67
湖北省	17934	3.37	177510	1.46	233874	3.56
海南省	5124	0.96	45750	0.38	101382	1.54
吉林省	53802	10.10	90768	0.75	144936	2.20
江苏省	29646	5.56	893406	7.35	323910	4.93
江西省	11346	2.13	135420	1.11	579744	8.82
辽宁省	32574	6.11	172020	1.41	192150	2.92
内蒙古自治区	8784	1.65	80520	0.66	136152	2.07
宁夏回族自治区	1464	0.27	28548	0.23	72834	1.11
青海省	366	0.07	19032	0.16	60024	0.91
上海市	28182	5.29	302682	2.49	261324	3.98

续表

客源地	吉林省		江苏省		江西省	
	年总值(次)	占有率(%)	年总值(次)	占有率(%)	年总值(次)	占有率(%)
四川省	20496	3.85	200568	1.65	238998	3.64
山东省	31476	5.91	310368	2.55	307806	4.68
山西省	12810	2.40	124440	1.02	181170	2.76
陕西省	12078	2.27	144570	1.19	189954	2.89
天津市	12810	2.40	132126	1.09	153720	2.34
台湾省	0	0.00	3294	0.03	2928	0.04
西藏自治区	366	0.07	4026	0.03	35502	0.54
香港特别行政区	366	0.07	9882	0.08	22326	0.34
新疆维吾尔自治区	3660	0.69	58560	0.48	112362	1.71
云南省	6954	1.30	98820	0.81	157746	2.40
浙江省	28914	5.43	312564	2.57	342858	5.22
全国合计	532896	100.00	12163278	100.00	6573642	100.00

辽宁省的红色旅游经典景区在全国范围内，检索年总值最大的客源地是辽宁省，年总值为290604次。经计算，其全国客源地的平均年总值为50251次，天津市、四川省、黑龙江省、河南省、吉林省、浙江省、上海市、河北省、山东省、江苏省、广东省、北京市和辽宁省共13个客源地高于平均水平，最大客源地辽宁省的年总值则达到平均水平的5.78倍以上。此外，辽宁省的红色旅游经典景区在澳门特别行政区和台湾省的检索年总值均为0，其余19个客源地的年总值低于平均水平但不为0，故辽宁省的红色旅游经典景区全国客源市场分布相对集中。

内蒙古自治区的红色旅游经典景区在全国范围内，检索年总值最大的客源地是北京市，年总值为65514次。经计算，其全国客源地的平均年总值为24694次，安徽省、陕西省、湖北省、辽宁省、甘肃省、河北省、河南省、四川省、浙江省、上海市、山东省、江苏省、内蒙古自治区、广东省和北京市共15个客源地高于平均水平，最大客源地辽宁省的年总值则达到平均水平的2.65倍以上。此外，内蒙古自治区的红色旅游经典景区在台湾省和西藏自治区的检索年总值为0，其余17个客源地的年总值低于平均水平但都不为0，故内蒙古自治区的红色旅游经典景区全国客源市场分布相对集中。

山东省的红色旅游经典景区在全国范围内，检索年总值最大的客源地是山东省，年总值为700158次。经计算，其全国客源地的平均年总值为94406次，辽宁省、四川省、安徽省、浙江省、河北省、上海市、河南省、广东省、北京市、江苏省和山东省共11个客源地高于平均水平，最大客源地山东省的年总值则达到平均水平的7.42倍以上。此外，山东省的红色旅游经典景区在澳门特别行政区的检索年总值为0，其余22个客源地的年总值低于平均水平但都不为0，故山东省的红色旅游经典景区全国客源市场分布相对集中。具体如表95所示。

表95　辽、蒙、豫红色旅游经典景区客源市场情况

客源地	辽宁省		内蒙古自治区		山东省	
	年总值(次)	占有率(%)	年总值(次)	占有率(%)	年总值(次)	占有率(%)
安徽省	50142	2.93	28548	3.40	139812	4.36
澳门特别行政区	0	0.00	1098	0.13	0	0.00
北京市	134322	7.86	65514	7.80	193248	6.02
重庆市	30744	1.80	17568	2.09	54168	1.69
福建省	39894	2.34	20496	2.44	70638	2.20
广东省	100650	5.89	59292	7.06	170556	5.31
广西壮族自治区	30744	1.80	15372	1.83	47214	1.47
甘肃省	17568	1.03	34038	4.05	29646	0.92
贵州省	17202	1.01	7320	0.87	24522	0.76
河北省	86376	5.06	36600	4.36	150792	4.70
黑龙江省	60024	3.51	21960	2.62	65514	2.04
河南省	60390	3.53	36966	4.40	154818	4.82
湖南省	36600	2.14	22692	2.70	72102	2.25
湖北省	48678	2.85	30744	3.66	88572	2.76
海南省	9882	0.58	3660	0.44	14274	0.44
吉林省	66978	3.92	15738	1.87	52704	1.64
江苏省	92628	5.42	51240	6.10	228750	7.13
江西省	28182	1.65	16104	1.92	58560	1.82
辽宁省	290604	17.01	31110	3.71	105774	3.30
内蒙古自治区	43188	2.53	56364	6.71	41724	1.30
宁夏回族自治区	5490	0.32	2196	0.26	8784	0.27
青海省	3294	0.19	1830	0.22	4758	0.15
上海市	72102	4.22	43920	5.23	151890	4.73
四川省	54900	3.21	40626	4.84	118584	3.69
山东省	89304	5.23	49410	5.88	700158	21.81
山西省	33672	1.97	17934	2.14	80154	2.50

续表

客源地	辽宁省		内蒙古自治区		山东省	
	年总值(次)	占有率(%)	年总值(次)	占有率(%)	年总值(次)	占有率(%)
陕西省	38796	2.27	30378	3.62	80886	2.52
天津市	53070	3.11	17568	2.09	88206	2.75
台湾省	0	0.00	0	0.00	732	0.02
西藏自治区	4758	0.28	0	0.00	1830	0.06
香港特别行政区	1464	0.09	732	0.09	3660	0.11
新疆维吾尔自治区	12078	0.71	9882	1.18	21594	0.67
云南省	23058	1.35	10248	1.22	37332	1.16
浙江省	71736	4.20	42456	5.06	147864	4.61
全国合计	1708518	100.00	839604	100.00	3209820	100.00

山西省的红色旅游经典景区在全国范围内，检索年总值最大的客源地是山西省，年总值为155184次。经计算其全国客源地的平均年总值为18774次，安徽省、四川省、上海市、浙江省、山东省、河南省、江苏省、广东省、河北省、北京市和山西省共11个客源地高于平均水平，最大客源地山西省的年总值则达到平均水平的8.27倍以上。此外，山西省的红色旅游经典景区在澳门特别行政区、海南省、台湾省、西藏自治区和香港特别行政区的检索年总值均为0，其余18个客源地的年总值低于平均水平但不为0，故山西省的红色旅游经典景区全国客源市场分布相对集中。

陕西省的红色旅游经典景区在全国范围内，检索年总值最大的客源地是陕西省，年总值为477630次。经计算，其全国客源地的平均年总值为155249次，辽宁省、湖南省、安徽省、湖北省、山西省、上海市、河北省、四川省、河南省、浙江省、山东省、江苏省、北京市、广东省和陕西省共15个客源地高于平均水平，最大客源地陕西省的年总值则达到平均水平的3.08倍以上，其余19个客源地的年总值低于平均水平但都不为0，故陕西省的红色旅游经典景区全国客源市场分布相对集中。

上海市的红色旅游经典景区在全国范围内，检索年总值最大的客源地是上海市，年总值为333426次。经计算，其全国客源地的平均年总值为49644次，湖北省、辽宁省、四川省、河北省、河南省、安徽省、山东省、浙江省、广东省、江苏省、北京市和上海市共12个客源地高于平均水平，最大客源地上海市的年总值则达到平均水平的6.72倍以上。此外，上海市的红色旅游经典景区在澳门特别行政区的检索年总值为0，其余21个客源地的年总值低于平均水平但都不为0，故上海市的红色旅游经典景区全国客源市场分布相对集中。具体如表96所示。

表96 晋、陕、沪红色旅游经典景区客源市场情况

客源地	山西省		陕西省		上海市	
	年总值(次)	占有率(%)	年总值(次)	占有率(%)	年总值(次)	占有率(%)
安徽省	18666	2.92	170556	3.23	71369	4.23
澳门特别行政区	0	0.00	1098	0.02	0	0.00
北京市	54900	8.60	313296	5.94	138348	8.20
重庆市	12444	1.95	138348	2.62	39894	2.36
福建省	10980	1.72	151524	2.87	43554	2.58
广东省	43920	6.88	313662	5.94	124806	7.39
广西壮族自治区	6222	0.97	120048	2.27	25620	1.52
甘肃省	6222	0.97	124806	2.36	8052	0.48
贵州省	2196	0.34	96990	1.84	10614	0.63
河北省	44286	6.94	210816	3.99	64416	3.82
黑龙江省	5490	0.86	106140	2.01	20862	1.24
河南省	35502	5.56	254736	4.83	65514	3.88
湖南省	12444	1.95	160674	3.04	38796	2.30
湖北省	14274	2.24	175314	3.32	50142	2.97
海南省	0	0.00	57462	1.09	28182	1.67
吉林省	5490	0.86	103578	1.96	15372	0.91
江苏省	38430	6.02	275598	5.22	127734	7.57
江西省	7320	1.15	140544	2.66	31110	1.84
辽宁省	15372	2.41	157014	2.97	54168	3.21
内蒙古自治区	8784	1.38	128832	2.44	17934	1.06
宁夏回族自治区	732	0.11	61854	1.17	1830	0.11
青海省	366	0.06	38430	0.73	366	0.02
上海市	20862	3.27	210450	3.99	333426	19.75
四川省	19398	3.04	220332	4.17	59292	3.51
山东省	35502	5.56	275598	5.22	88572	5.25
山西省	155184	24.31	198006	3.75	27450	1.63
陕西省	17202	2.69	477630	9.05	37332	2.21
天津市	12444	1.95	119682	2.27	22692	1.34
台湾省	0	0.00	2196	0.04	732	0.04

续表

客源地	山西省		陕西省		上海市	
	年总值(次)	占有率(%)	年总值(次)	占有率(%)	年总值(次)	占有率(%)
西藏自治区	0	0.00	11346	0.21	732	0.04
香港特别行政区	0	0.00	10980	0.21	2928	0.17
新疆维吾尔自治区	1098	0.17	77592	1.47	5124	0.30
云南省	3660	0.57	110532	2.09	20028	1.19
浙江省	28914	4.53	262788	4.98	110898	6.57
全国合计	638304	100.00	5278452	100.00	1687889	100.00

四川省的红色旅游经典景区在全国范围内，检索年总值最大的客源地是四川省，年总值为385398次。经计算，其全国客源地的平均年总值为60939次，安徽省、陕西省、湖北省、河北省、河南省、山东省、上海市、浙江省、重庆市、江苏省、北京市、广东省和四川省共13个客源地高于平均水平，最大客源地四川省的年总值则达到平均水平的6.32倍以上。此外，四川省的红色旅游经典景区在澳门特别行政区的检索年总值为0，其余20个客源地的年总值低于平均水平但不为0，故四川省的红色旅游经典景区全国客源市场分布相对集中。

天津市的红色旅游经典景区在全国范围内，检索年总值最大的客源地是天津市，年总值为147864次。经计算，其全国客源地的平均年总值为17471次，上海市、安徽省、辽宁省、浙江省、江苏省、山东省、广东省、河北省、北京市和天津市共10个客源地高于平均水平，而最大客源地天津市的年总值则达到平均水平的8.46倍以上。此外，天津市的红色旅游经典景区在澳门特别行政区、宁夏回族自治区、青海省、台湾省、西藏自治区和香港特别行政区的检索年总值为0，其余18个客源地的年总值低于平均水平但都不为0，故天津市的红色旅游经典景区全国客源市场分布相对集中。

云南省的红色旅游经典景区在全国范围内，检索年总值最大的客源地是云南省，年总值为137616次。经计算，其全国客源地的平均年总值为42478次，陕西省、福建省、湖南省、辽宁省、湖北省、河北省、安徽省、上海市、河南省、四川省、浙江省、山东省、北京市、江苏省、广东省和云南省共16个客源地高于平均水平，最大客源地云南省的年总值则达到平均水平的3.24倍以上。此外，云南省红色旅游经典景区在澳门特别行政区的检索年总值为0，其余17个客源地的年总值低于平均水平但都不为0，故云南省的红色旅游经典景区全国客源市场分布相对集中。具体如表97所示。

表97　川、津、云红色旅游经典景区客源市场情况

客源地	四川省		天津市		云南省	
	年总值(次)	占有率(%)	年总值(次)	占有率(%)	年总值(次)	占有率(%)
安徽省	61122	2.95	20130	3.39	53802	3.73
澳门特别行政区	0	0.00	0	0.00	0	0.00
北京市	119682	5.78	74664	12.57	72102	4.99
重庆市	101382	4.89	6954	1.17	39894	2.76
福建省	55632	2.69	14274	2.40	45750	3.17
广东省	144204	6.96	36234	6.10	90402	6.26
广西壮族自治区	39528	1.91	5124	0.86	38796	2.69
甘肃省	39528	1.91	3294	0.55	25986	1.80
贵州省	35868	1.73	2196	0.37	34038	2.36
河北省	71004	3.43	48678	8.19	53802	3.73
黑龙江省	27816	1.34	9882	1.66	34038	2.36
河南省	78690	3.80	15372	2.59	60756	4.21
湖南省	58194	2.81	9150	1.54	46482	3.22
湖北省	67710	3.27	12078	2.03	51972	3.60
海南省	20496	0.99	1464	0.25	16470	1.14
吉林省	24522	1.18	4026	0.68	32574	2.26
江苏省	105408	5.09	34770	5.85	77592	5.37
江西省	40260	1.94	6588	1.11	39894	2.76
辽宁省	46848	2.26	21228	3.57	47214	3.27
内蒙古自治区	29280	1.41	5490	0.92	27084	1.88
宁夏回族自治区	8784	0.42	0	0.00	7320	0.51
青海省	12078	0.58	0	0.00	6588	0.46
上海市	91500	4.42	19032	3.20	59658	4.13
四川省	385398	18.60	13176	2.22	64782	4.49
山东省	90036	4.35	35502	5.98	70272	4.87
山西省	47580	2.30	9516	1.60	36234	2.51
陕西省	66978	3.23	7320	1.23	44652	3.09
天津市	34038	1.64	147864	24.89	35136	2.43
台湾省	366	0.02	0	0.00	732	0.05
西藏自治区	4392	0.21	0	0.00	3660	0.25
香港特别行政区	2196	0.11	0	0.00	1830	0.13

续表

客源地	四川省		天津市		云南省	
	年总值(次)	占有率(%)	年总值(次)	占有率(%)	年总值(次)	占有率(%)
新疆维吾尔自治区	18666	0.90	1464	0.25	20130	1.39
云南省	48678	2.35	4026	0.68	137616	9.53
浙江省	94062	4.54	24522	4.13	66978	4.64
全国合计	2071926	100.00	594018	100.00	1444236	100.00

浙江省的红色旅游经典景区在全国范围内，检索年总值最大的客源地是浙江省，年总值为 142374 次。经计算，其全国客源地的平均年总值为 32940 次，河北省、河南省、四川省、安徽省、山东省、北京市、江苏省、广东省、上海市和浙江省共 10 个客源地高于平均水平，最大客源地浙江省的年总值则达到平均水平的 4.32 倍以上。此外，浙江省的红色旅游经典景区在澳门特别行政区和台湾省的检索年总值均为 0，福建省的年总值等于平均水平，其余 21 个客源地的年总值低于平均水平但不为 0，故浙江省的红色旅游经典景区全国客源市场分布相对集中。具体如表 98 所示。

表 98　浙江省红色旅游经典景区客源市场情况

客源地	浙江省	
	年总值(次)	占有率(%)
安徽省	53436	4.77
澳门特别行政区	0	0.00
北京市	80886	7.22
重庆市	19764	1.76
福建省	32940	2.94
广东省	92598	8.27
广西壮族自治区	15006	1.34
甘肃省	12810	1.14
贵州省	10980	0.98
河北省	39528	3.53
黑龙江省	16836	1.50
河南省	43554	3.89
湖南省	29646	2.65
湖北省	30744	2.75
海南省	3660	0.33
吉林省	16470	1.47

续表

客源地	浙江省	
	年总值(次)	占有率(%)
江苏省	83082	7.42
江西省	30012	2.68
辽宁省	30744	2.75
内蒙古自治区	14640	1.31
宁夏回族自治区	2562	0.23
青海省	2928	0.26
上海市	115290	10.29
四川省	49776	4.44
山东省	54168	4.84
山西省	24156	2.16
陕西省	25254	2.25
天津市	20862	1.86
台湾省	0	0.00
西藏自治区	1098	0.10
香港特别行政区	366	0.03
新疆维吾尔自治区	7686	0.69
云南省	16104	1.44
浙江省	142374	12.71
全国合计	1119960	100.00

第二节　景区红色旅游客源市场分析

一、北京市

（一）天安门广场景区

天安门广场景区的所有客源省（自治区、直辖市、特别行政区）搜索量总值为1586976次，搜索量平均值为46676次，其中有17个省（自治区、直辖市、特别行政区）的检索量高于全国平均搜索量，17个省（自治区、直辖市、特别行政区）的检索量低于全国平均搜索量。天安门广场景区的客源市场中，排名第一的为北京市，其年总值为115290次，约为全国平均水平的2.47倍，占有率为7.26%；客源市场排名最后的是台湾省和澳门特别行政区，其年总值均为732次，占有率为0.05%。天安门广场景区的前五大客源省（自治区、直辖市、特别行政区）分别是北京市、广东省、江苏省、山东省和河北省，具体如表99所示。

表99 天安门广场景区客源情况

客源市场	年总值（次）	占有率（%）	排名
安徽省	55266	3.48	10
澳门特别行政区	732	0.05	33
北京市	115290	7.26	1
重庆市	42822	2.70	18
福建省	53802	3.39	11
广东省	93330	5.88	2
广西壮族自治区	46848	2.95	17
甘肃省	36600	2.31	26
贵州省	41724	2.63	22
河北省	73932	4.66	5
黑龙江省	42090	2.65	21
河南省	68076	4.29	6
湖南省	51606	3.25	15
湖北省	53802	3.39	12
海南省	26352	1.66	28
吉林省	38796	2.44	24
江苏省	77592	4.89	3
江西省	42456	2.68	20
辽宁省	53436	3.37	13
内蒙古自治区	38430	2.42	25
宁夏回族自治区	20862	1.31	29
青海省	17202	1.08	30
上海市	56730	3.57	9
四川省	61488	3.87	8
山东省	76860	4.84	4
山西省	47214	2.98	16
陕西省	52704	3.32	14

续表

客源市场	年总值（次）	占有率（%）	排名
天津市	41724	2.63	23
台湾省	732	0.05	34
西藏自治区	13542	0.85	31
香港特别行政区	5490	0.35	32
新疆维吾尔自治区	32574	2.05	27
云南省	42822	2.70	19
浙江省	64050	4.04	7

（二）中国人民抗日战争纪念馆景区

中国人民抗日战争纪念馆景区的所有客源省（自治区、直辖市、特别行政区）搜索量总值为374052次，均值为11002次，其中有13个省（自治区、直辖市、特别行政区）的检索量高于全国平均搜索量，21个省（自治区、直辖市、特别行政区）的检索量低于全国平均搜索量。中国人民抗日战争纪念馆景区的客源市场排名第一的为北京市，其年总值为62220次，约为全国平均水平的5.66倍，占有率为16.63%；客源市场排名最后的是澳门特别行政区、西藏自治区以及台湾省，其年总值均为0，占有率为0.00%。中国人民抗日战争纪念馆景区的前五大客源省（自治区、直辖市、特别行政区）分别是北京市、山东省、广东省、河北省以及江苏省，具体如表100所示。

表100　中国人民抗日战争纪念馆景区客源情况

客源市场	年总值（次）	占有率（%）	排名
安徽省	13542	3.62	10
澳门特别行政区	0	0.00	32
北京市	62220	16.63	1
重庆市	5856	1.57	22
福建省	7686	2.05	18
广东省	25620	6.85	3
广西壮族自治区	6222	1.66	21
甘肃省	3660	0.98	25
贵州省	3660	0.98	25
河北省	24888	6.65	4
黑龙江省	8052	2.15	17
河南省	19032	5.09	6

续表

客源市场	年总值（次）	占有率（%）	排名
湖南省	10248	2.74	14
湖北省	12444	3.33	12
海南省	1830	0.49	28
吉林省	6588	1.76	19
江苏省	23424	6.26	5
江西省	6588	1.76	19
辽宁省	13542	3.62	10
内蒙古自治区	5856	1.57	22
宁夏回族自治区	732	0.20	29
青海省	732	0.20	29
上海市	16470	4.40	7
四川省	14274	3.82	9
山东省	26718	7.14	2
山西省	9882	2.64	15
陕西省	8418	2.25	16
天津市	12444	3.33	12
台湾省	0	0.00	32
西藏自治区	0	0.00	32
香港特别行政区	366	0.10	31
新疆维吾尔自治区	3660	0.98	25
云南省	4026	1.08	24
浙江省	15372	4.11	8

（三）新文化运动纪念馆景区

新文化运动纪念馆景区的所有客源省（自治区、直辖市、特别行政区）搜索量总值为44652次，均值为1313次，其中有7个省（自治区、直辖市、特别行政区）的检索量高于全国平均搜索量，27个省（自治区、直辖市、特别行政区）的检索量低于全国平均搜索量。新文化运动纪念馆景区的客源市场中，排名第一的为北京市，其年总值为22692次，约为全国平均水平的17.28倍，占有率为50.82%；客源市场排名最后的是澳门特别行政区、甘肃省、贵州省、黑龙江省、海南省、宁夏回族自治区、青海省、台湾省、西藏自治区、新疆维吾尔自治区以及香港特别行政区，其年总值均为0，占有率均为0.00%。新文化运动纪念馆景区排名前五大客源省（自治区、直辖市、特别行政区）分别是北京市、广东省、江苏省、上海市、河北省、浙江省以及山东省，其中上海市和江苏省排名并列第三，浙江省、山东省和河北省排名并列第五，具体如表101所示。

表100　新文化运动纪念馆景区客源情况

客源市场	年总值（次）	占有率（%）	排名
安徽省	1098	2.46	8
澳门特别行政区	0	0.00	24
北京市	22692	50.82	1
重庆市	366	0.82	18
福建省	1098	2.46	8
广东省	2928	6.56	2
广西壮族自治区	366	0.82	18
甘肃省	0	0.00	24
贵州省	0	0.00	24
河北省	1464	3.28	5
黑龙江省	0	0.00	24
河南省	732	1.64	12
湖南省	732	1.64	12
湖北省	732	1.64	12
海南省	0	0.00	24
吉林省	366	0.82	18
江苏省	1830	4.10	3
江西省	366	0.82	18
辽宁省	1098	2.46	8
内蒙古自治区	366	0.82	18
宁夏回族自治区	0	0.00	24
青海省	0	0.00	24
上海市	1830	4.10	3
四川省	1098	2.46	8
山东省	1464	3.28	5
山西省	732	1.64	12
陕西省	732	1.64	12
天津市	732	1.64	12
台湾省	0	0.00	24

续表

客源市场	年总值（次）	占有率（%）	排名
西藏自治区	0	0.00	24
香港特别行政区	0	0.00	24
新疆维吾尔自治区	0	0.00	24
云南省	366	0.82	18
浙江省	1464	3.28	5

（四）李大钊烈士陵园景区

李大钊烈士陵园景区的所有客源省（自治区、直辖市、特别行政区）搜索量总值为82340次，均值为2422次，其中有7个省（自治区、直辖市、特别行政区）的年检索量高于全国平均搜索量，27个省（自治区、直辖市、特别行政区）的年检索量低于全国平均搜索量。李大钊烈士陵园景区的客源市场排名第一的为北京市，其年总值为26352次，约为全国平均水平的10.88倍，占有率为32.00%；客源市场排名最后的是澳门特别行政区、青海省、台湾省、西藏自治区和香港特别行政区，其年总值均为0，占有率为0.00%。李大钊烈士陵园景区的前五大客源省（自治区、直辖市、特别行政区）分别是北京市、河北省、广东省、河南省、江苏省以及山东省，江苏省和山东省排名并列第五，具体如表102所示。

表102　李大钊烈士陵园景区客源情况

客源市场	年总值（次）	占有率（%）	排名
安徽省	2196	2.67	8
澳门特别行政区	0	0.00	30
北京市	26352	32.00	1
重庆市	1830	2.22	12
福建省	1464	1.78	16
广东省	4758	5.78	3
广西壮族自治区	366	0.44	27
甘肃省	732	0.89	24
贵州省	732	0.89	24
河北省	7320	8.89	2
黑龙江省	1098	1.33	20
河南省	4026	4.89	4
湖南省	1464	1.78	16

续表

客源市场	年总值（次）	占有率（%）	排名
湖北省	1830	2.22	12
海南省	366	0.44	27
吉林省	1098	1.33	20
江苏省	3660	4.44	5
江西省	1098	1.33	20
辽宁省	1830	2.22	12
内蒙古自治区	1098	1.33	20
宁夏回族自治区	366	0.44	27
青海省	0	0.00	30
上海市	2928	3.56	7
四川省	2196	2.67	8
山东省	3660	4.44	5
山西省	1464	1.78	16
陕西省	2196	2.67	8
天津市	1820	2.21	12
台湾省	0	0.00	30
西藏自治区	0	0.00	30
香港特别行政区	0	0.00	30
新疆维吾尔自治区	732	0.89	24
云南省	1464	1.78	16
浙江省	2196	2.67	8

（五）中国国家博物馆景区

中国国家博物馆景区的所有客源省（自治区、直辖市、特别行政区）搜索量总值为 1312110 次，均值为 38591 次，其中有 17 个省（自治区、直辖市、特别行政区）的年检索量高于全国平均搜索量，17 个省（自治区、直辖市、特别行政区）的年检索量低于全国平均搜索量。中国国家博物馆景区客源市场排名第一的为北京市，其年总值为 172386 次，约为全国平均水平的 4.47 倍，占有率为 13.14%；客源市场排名最后的是澳门特别行政区，其年总值均为 732，占有率为 0.06%。中国国家博物馆景区的前五大客源省（自治区、直辖市、特别行政区）分别是北京市、广东省、河北省、山东省以及江苏省，具体如表 103 所示。

表 103　中国国家博物馆景区客源情况

客源市场	年总值（次）	占有率（%）	排名
安徽省	43920	3. 35	13
澳门特别行政区	732	0. 06	34
北京市	172386	13. 14	1
重庆市	37698	2. 87	19
福建省	43188	3. 29	16
广东省	61854	4. 71	2
广西壮族自治区	34770	2. 65	21
甘肃省	28182	2. 15	25
贵州省	24522	1. 87	26
河北省	57828	4. 41	3
黑龙江省	35868	2. 73	20
河南省	50508	3. 85	8
湖南省	43554	3. 32	14
湖北省	44652	3. 40	12
海南省	14274	1. 09	28
吉林省	32208	2. 45	23
江苏省	54900	4. 18	5
江西省	38064	2. 90	18
辽宁省	47214	3. 60	10
内蒙古自治区	34038	2. 59	22
宁夏回族自治区	6954	0. 53	29
青海省	4392	0. 33	31
上海市	53436	4. 07	7
四川省	48678	3. 71	9
山东省	55998	4. 27	4
山西省	39162	2. 98	17
陕西省	43554	3. 32	14
天津市	45018	3. 43	11
台湾省	1464	0. 11	32
西藏自治区	1098	0. 08	33
香港特别行政区	6588	0. 50	30
新疆维吾尔自治区	19764	1. 51	27
云南省	31842	2. 43	24
浙江省	53802	4. 10	6

(六) 中国人民革命军事博物馆景区

中国人民革命军事博物馆景区的所有客源省（自治区、直辖市、特别行政区）搜索量总值为551928次，均值为16233次，其中有14个省（自治区、直辖市、特别行政区）的年检索量高于全国平均搜索量，20个省（自治区、直辖市、特别行政区）的年检索量低于全国平均搜索量。中国人民革命军事博物馆景区客源市场排名第一的为北京市，其年总值为73200次，约为全国平均水平的4.51倍，占有率为13.26%；客源市场排名最后的是澳门特别行政区、台湾省、西藏自治区，其年总值均为0，占有率为0.00%。中国人民革命军事博物馆景区的前五大客源省（自治区、直辖市、特别行政区）分别是北京市、广东省、河北省、山东省以及江苏省，其中广东省和河北省排名并列第二，具体如表104所示。

表104　中国人民革命军事博物馆景区客源情况

客源市场	年总值（次）	占有率（%）	排名
安徽省	17568	3.18	13
澳门特别行政区	0	0.00	32
北京市	73200	13.26	1
重庆市	10248	1.86	20
福建省	17202	3.12	14
广东省	36600	6.63	2
广西壮族自治区	9882	1.79	21
甘肃省	5856	1.06	25
贵州省	4758	0.86	26
河北省	36600	6.63	2
黑龙江省	14640	2.65	17
河南省	25620	4.64	8
湖南省	15006	2.72	16
湖北省	19398	3.51	12
海南省	3294	0.60	27
吉林省	7686	1.39	23
江苏省	32208	5.84	5
江西省	13542	2.45	19
辽宁省	22326	4.05	10
内蒙古自治区	8418	1.53	22

续表

客源市场	年总值（次）	占有率（%）	排名
宁夏回族自治区	1098	0.20	29
青海省	732	0.13	30
上海市	27084	4.91	6
四川省	24522	4.44	9
山东省	34038	6.17	4
山西省	14640	2.65	17
陕西省	16104	2.92	15
天津市	21228	3.85	11
台湾省	0	0.00	32
西藏自治区	0	0.00	32
香港特别行政区	732	0.13	30
新疆维吾尔自治区	3294	0.60	27
云南省	7686	1.39	23
浙江省	26718	4.84	7

（七）顺义区焦庄户地道战遗址纪念馆景区

顺义区焦庄户地道战遗址纪念馆景区的所有客源省（自治区、直辖市、特别行政区）搜索量总值为29280次，均值为861次，其中有6个省（自治区、直辖市、特别行政区）的年检索量高于全国平均搜索量，28个省（自治区、直辖市、特别行政区）的年检索量低于全国平均搜索量。顺义区焦庄户地道战遗址纪念馆景区客源市场排名第一的为北京市，其年总值为17934次，约为全国平均水平的21倍，占有率为61.25%；客源市场排名最后的是澳门特别行政区、重庆市、广西壮族自治区、甘肃省、贵州省、黑龙江省、河南省、湖北省、湖南省、海南省、吉林省、内蒙古自治区、宁夏回族自治区、青海省、四川省、山西省、陕西省、台湾省、西藏自治区、香港特别行政区、新疆维吾尔自治区以及云南省，其年总值均为0，占有率为0.00%。顺义区焦庄户地道战遗址纪念馆景区的前五大客源省（自治区、直辖市、特别行政区）分别是北京市、河北省、广东省、浙江省、安徽省以及江苏省，其中广东省和浙江省排名并列第三，安徽省和江苏省排名并列第五，具体如表105所示。

表 105　顺义区焦庄户地道战遗址纪念馆景区客源情况

客源市场	年总值（次）	占有率（%）	排名
安徽省	1464	5.00	5
澳门特别行政区	0	0.00	13
北京市	17934	61.25	1
重庆市	0	0.00	13
福建省	366	1.25	8
广东省	1830	6.25	3
广西壮族自治区	0	0.00	13
甘肃省	0	0.00	13
贵州省	0	0.00	13
河北省	2196	7.50	2
黑龙江省	0	0.00	13
河南省	0	0.00	13
湖南省	0	0.00	13
湖北省	0	0.00	13
海南省	0	0.00	13
吉林省	0	0.00	13
江苏省	1464	5.00	5
江西省	366	1.25	8
辽宁省	366	1.25	8
内蒙古自治区	0	0.00	13
宁夏回族自治区	0	0.00	13
青海省	0	0.00	13
上海市	366	1.25	8
四川省	0	0.00	13
山东省	732	2.50	7
山西省	0	0.00	13
陕西省	0	0.00	13
天津市	366	1.25	8
台湾省	0	0.00	13
西藏自治区	0	0.00	13
香港特别行政区	0	0.00	13
新疆维吾尔自治区	0	0.00	13
云南省	0	0.00	13
浙江省	1830	6.25	3

（八）北京奥林匹克公园景区

北京奥林匹克公园景区的所有客源省（自治区、直辖市、特别行政区）搜索量总值为359777次，均值为10582次，其中有12个省（自治区、直辖市、特别行政区）的年检索量高于全国平均搜索量，22个省（自治区、直辖市、特别行政区）的年检索量低于全国平均搜索量。北京奥林匹克公园景区客源市场排名第一的为北京市，其年总值为61122次，约为全国平均水平的5.78倍，占有率为16.99%；客源市场排名最后的是澳门特别行政区和西藏自治区，其年总值均为0，占有率为0.00%。北京奥林匹克公园景区的前五大客源省（自治区、直辖市、特别行政区）分别是北京市、广东省、河北省、山东省以及江苏省，具体如表106所示。

表106　北京奥林匹克公园景区客源情况

客源市场	年总值（次）	占有率（%）	排名
安徽省	10614	2.95	12
澳门特别行政区	0	0.00	33
北京市	61122	16.99	1
重庆市	6222	1.73	19
福建省	8784	2.44	14
广东省	30378	8.44	2
广西壮族自治区	5124	1.42	21
甘肃省	1830	0.51	26
贵州省	2928	0.81	25
河北省	27816	7.73	3
黑龙江省	7686	2.14	17
河南省	16104	4.48	9
湖南省	8784	2.44	14
湖北省	10248	2.85	13
海南省	1464	0.41	28
吉林省	5856	1.63	20
江苏省	20130	5.60	5
江西省	4758	1.32	23
辽宁省	14274	3.97	10
内蒙古自治区	5124	1.42	21
宁夏回族自治区	366	0.10	29
青海省	366	0.10	29

续表

客源市场	年总值（次）	占有率（%）	排名
上海市	16470	4.58	7
四川省	16470	4.58	7
山东省	23790	6.61	4
山西省	8784	2.44	14
陕西省	7686	2.14	17
天津市	12078	3.36	11
台湾省	365	0.10	29
西藏自治区	0	0.00	33
香港特别行政区	366	0.10	29
新疆维吾尔自治区	1830	0.51	26
云南省	3294	0.92	24
浙江省	18666	5.19	6

（九）圆明园遗址公园景区

圆明园遗址公园景区的所有客源省（自治区、直辖市、特别行政区）搜索量总值为432246次，均值为12713次，其中有14个省（自治区、直辖市、特别行政区）的年检索量高于全国平均搜索量，20个省（自治区、直辖市、特别行政区）的年检索量低于全国平均搜索量。圆明园遗址公园景区客源市场排名第一的为北京市，其年总值为52704次，约为全国平均水平的4.15倍，占有率为12.19%；客源市场排名最后的是澳门特别行政区、台湾省和西藏自治区，其年总值均为0，占有率为0.00%。圆明园遗址公园景区的前五大客源省（自治区、直辖市、特别行政区）分别是北京市、广东省、江苏省、浙江省以及山东省，具体如表107所示。

表107 圆明园遗址公园景区客源情况

客源市场	年总值（次）	占有率（%）	排名
安徽省	16836	3.90	9
澳门特别行政区	0	0.00	32
北京市	52704	12.19	1
重庆市	8052	1.86	22
福建省	13542	3.13	12
广东省	35136	8.13	2
广西壮族自治区	9882	2.29	17

续表

客源市场	年总值（次）	占有率（%）	排名
甘肃省	6222	1.44	26
贵州省	7320	1.69	24
河北省	24156	5.59	6
黑龙江省	9882	2.29	17
河南省	22326	5.17	7
湖南省	13908	3.22	10
湖北省	13542	3.13	12
海南省	1830	0.42	28
吉林省	6588	1.52	25
江苏省	27084	6.27	3
江西省	9516	2.20	19
辽宁省	12078	2.79	15
内蒙古自治区	7686	1.78	23
宁夏回族自治区	1464	0.34	29
青海省	1098	0.25	30
上海市	13908	3.22	10
四川省	19398	4.49	8
山东省	25620	5.93	5
山西省	11346	2.62	16
陕西省	12810	2.96	14
天津市	9150	2.12	20
台湾省	0	0.00	32
西藏自治区	0	0.00	32
香港特别行政区	366	0.08	31
新疆维吾尔自治区	4026	0.93	27
云南省	8418	1.95	21
浙江省	26352	6.10	4

（十）北京市规划展览馆景区

北京市规划展览馆景区的所有客源省（自治区、直辖市、特别行政区）搜索量总值为46116次，均值为1356次，其中有7个省（自治区、直辖市、特别行政区）的年检索量高于全国平均搜索量，27个省（自治区、直辖市、特别行政区）的年检索量低于全国平均搜索量。北京市规划展览馆景区客源市场排名第一的为北京市，其年总值为28182次，约为全国平均水平的20.78倍，占有率为61.11%；客源市场排名最后的是澳门特别行政区、广西壮族自治区、甘肃省、贵州省、黑龙江省、海南省、宁夏回族自治区、青海省、山西省、陕西省、台湾省、西藏自治区、香港特别行政区、新疆维吾尔自治区以及云南省，其年总值均为0，占有率为0.00%。北京市规划展览馆景区的前五大客源省（自治区、直辖市、特别行政区）分别是北京市、广东省、河北省、浙江省以及江苏省，其中河北省和浙江省排名并列第三，具体如表108所示。

表108　北京市规划展览馆景区客源情况

客源市场	年总值（次）	占有率（%）	排名
安徽省	1098	2.38	8
澳门特别行政区	0	0.00	20
北京市	28182	61.11	1
重庆市	366	0.79	12
福建省	366	0.79	12
广东省	2562	5.56	2
广西壮族自治区	0	0.00	20
甘肃省	0	0.00	20
贵州省	0	0.00	20
河北省	2196	4.76	3
黑龙江省	0	0.00	20
河南省	1464	3.17	6
湖南省	366	0.79	12
湖北省	366	0.79	12
海南省	0	0.00	20
吉林省	366	0.79	12
江苏省	1830	3.97	5
江西省	732	1.59	9
辽宁省	366	0.79	12
内蒙古自治区	366	0.79	12
宁夏回族自治区	0	0.00	20
青海省	0	0.00	20
上海市	732	1.59	9
四川省	732	1.59	9
山东省	1464	3.17	6

续表

客源市场	年总值（次）	占有率（%）	排名
山西省	0	0.00	20
陕西省	0	0.00	20
天津市	366	0.79	12
台湾省	0	0.00	20
西藏自治区	0	0.00	20
香港特别行政区	0	0.00	20
新疆维吾尔自治区	0	0.00	20
云南省	0	0.00	20
浙江省	2196	4.76	3

（十一）宋庆龄故居景区

宋庆龄故居景区的所有客源省（自治区、直辖市、特别行政区）搜索量总值为509472次，均值为14984次，其中有14个省（自治区、直辖市、特别行政区）的年检索量高于全国平均搜索量，20个省（自治区、直辖市、特别行政区）的年检索量低于全国平均搜索量。宋庆龄故居景区客源市场排名第一的为上海市，其年总值为70272次，约为全国平均水平的4.69倍，占有率为13.79%；客源市场排名最后的是澳门特别行政区、青海省、台湾省和西藏自治区，其年总值均为0，占有率为0.00%。宋庆龄故居景区的前五大客源省（自治区、直辖市、特别行政区）分别是上海市、北京市、江苏省、广东省、浙江省以及山东省，其中浙江省和山东省排名并列第五，具体如表109所示。

表109　宋庆龄故居景区客源情况

客源市场	年总值（次）	占有率（%）	排名
安徽省	16470	3.23	13
澳门特别行政区	0	0.00	31
北京市	64782	12.72	2
重庆市	25254	4.96	7
福建省	9150	1.80	19
广东省	33306	6.54	4
广西壮族自治区	6588	1.29	21
甘肃省	2196	0.43	27
贵州省	2562	0.50	26

续表

客源市场	年总值（次）	占有率（%）	排名
河北省	23790	4.67	8
黑龙江省	7320	1.44	20
河南省	17934	3.52	12
湖南省	10248	2.01	16
湖北省	19032	3.74	10
海南省	23058	4.53	9
吉林省	4758	0.93	24
江苏省	36234	7.11	3
江西省	5856	1.15	22
辽宁省	16104	3.16	14
内蒙古自治区	4758	0.93	24
宁夏回族自治区	366	0.07	30
青海省	0	0.00	31
上海市	70272	13.79	1
四川省	18300	3.59	11
山东省	25986	5.10	5
山西省	9516	1.87	18
陕西省	10980	2.16	15
天津市	10248	2.01	16
台湾省	0	0.00	31
西藏自治区	0	0.00	31
香港特别行政区	732	0.14	29
新疆维吾尔自治区	1830	0.36	28
云南省	5856	1.15	22
浙江省	25986	5.10	5

（十二）香山双清别墅景区

香山双清别墅景区的所有客源省（自治区、直辖市、特别行政区）搜索量总值为295362次，均值为8687次，其中有12个省（自治区、直辖市、特别行政区）的年检索量高于全国平均搜索量，22个省（自治区、直辖市、特别行政区）的年检索量低于全国平均搜索量。香山双清别墅景区客源市场排名第一的为北京市，其年总值为39894次，约为全国平均水平的4.59倍，占有率为13.51%；客源市场排名最后的是澳门特别行政区、台湾省和西藏自治区，其年总值均为0，占有率为0.00%。香山双清别墅景区的前五大客源省（自治区、直辖市、特别行政区）分别是北京市、广东省、浙江省、重庆市以及江苏省，具体如表110所示。

表110　香山双清别墅景区客源情况

客源市场	年总值（次）	占有率（%）	排名
安徽省	9516	3.22	11
澳门特别行政区	0	0.00	32
北京市	39894	13.51	1
重庆市	24156	8.18	4
福建省	6222	2.11	16
广东省	28182	9.54	2
广西壮族自治区	2562	0.87	20
甘肃省	1830	0.62	24
贵州省	2562	0.87	20
河北省	14640	4.96	8
黑龙江	2562	0.87	20
河南省	14640	4.96	8
湖南省	6588	2.23	14
湖北省	10614	3.59	10
海南省	732	0.25	27
吉林省	1098	0.37	26
江苏省	21594	7.31	5
江西省	5124	1.73	17
辽宁省	6588	2.23	14
内蒙古自治区	1464	0.50	25
宁夏回族自治区	366	0.12	28
青海省	366	0.12	28
上海市	9150	3.10	12
四川省	19032	6.44	7
山东省	19398	6.57	6
山西省	3660	1.24	19
陕西省	8418	2.85	13
天津市	2562	0.87	20
台湾省	0	0.00	32

续表

客源市场	年总值（次）	占有率（%）	排名
西藏自治区	0	0.00	32
香港特别行政区	366	0.12	28
新疆维吾尔自治区	366	0.12	28
云南省	4392	1.49	18
浙江省	26718	9.05	3

（十三）中国航空博物馆景区

中国航空博物馆景区的所有客源省（自治区、直辖市、特别行政区）搜索量总值为325008次，均值为9559次，其中有12个省（自治区、直辖市、特别行政区）的年检索量高于全国平均搜索量，22个省（自治区、直辖市、特别行政区）的年检索量低于全国平均搜索量。中国航空博物馆景区客源市场排名第一的为北京市，其年总值为69174次，约为全国平均水平的7.24倍，占有率为21.28%；客源市场排名最后的是澳门特别行政区、台湾省和西藏自治区，其年总值均为0，占有率为0.00%。中国航空博物馆景区的前五大客源省（自治区、直辖市、特别行政区）分别是北京市、河北省、广东省、上海市以及山东省，具体如表111所示。

表111　中国航空博物馆景区客源情况

客源市场	年总值（次）	占有率（%）	排名
安徽省	11346	3.49	12
澳门特别行政区	0	0.00	32
北京市	69174	21.28	1
重庆市	4026	1.24	19
福建省	6588	2.03	15
广东省	25620	7.88	3
广西壮族自治区	3294	1.01	22
甘肃省	2196	0.68	24
贵州省	1098	0.34	27
河北省	25986	8.00	2
黑龙江省	3660	1.13	20
河南省	14274	4.39	8
湖南省	5856	1.80	16
湖北省	7320	2.25	14

续表

客源市场	年总值（次）	占有率（%）	排名
海南省	1464	0.45	26
吉林省	3660	1.13	20
江苏省	19032	5.86	6
江西省	3294	1.01	22
辽宁省	11712	3.60	10
内蒙古自治区	4392	1.35	18
宁夏回族自治区	366	0.11	29
青海省	366	0.11	29
上海市	21594	6.64	4
四川省	12810	3.94	9
山东省	20862	6.42	5
山西省	5124	1.58	17
陕西省	8052	2.48	13
天津市	11712	3.60	10
台湾省	0	0.00	32
西藏自治区	0	0.00	32
香港特别行政区	366	0.11	29
新疆维吾尔自治区	732	0.23	28
云南省	2196	0.68	24
浙江省	16836	5.18	7

二、安徽省

（一）安徽省宣城市泾县皖南事变烈士陵园景区

安徽省宣城市泾县皖南事变烈士陵园景区的所有客源省（自治区、直辖市、特别行政区）搜索量总值为56730次，均值为1669次，其中有9个省（自治区、直辖市、特别行政区）的年检索量高于全国平均搜索量，25个省（自治区、直辖市、特别行政区）的年检索量低于全国平均搜索量。宣城市泾县皖南事变烈士陵园景区客源市场排名第一的为安徽省，其年总值为19398次，约为全国平均水平的11.62倍，占有率为34.19%；客源市场排名最后的是澳门特别行政区、甘肃省、贵州省、海南省、吉林省、内蒙古自治区、宁夏回族自治区、青海省、山西省、台湾省、西藏自治区、香港特别行政区、新疆维吾尔自治区以及云南省，其年总值均为0，占有率为0.00%。宣城市泾县皖南事变烈士陵园景区的前五大客源省（自治区、直辖市、特别行政区）分别是安徽省、江苏省、浙江省、广东省以及上海市，具体如表112所示。

表112 宣城市泾县皖南事变烈士陵园景区客源情况

客源市场	年总值（次）	占有率（%）	排名
安徽省	19398	34.19	1
澳门特别行政区	0	0.00	21
北京市	1830	3.23	7
重庆市	732	1.29	13
福建省	1830	3.23	7
广东省	4392	7.74	4
广西壮族自治区	366	0.65	17
甘肃省	0	0.00	21
贵州省	0	0.00	21
河北省	2196	3.87	6
黑龙江省	366	0.65	17
河南省	1464	2.58	10
湖南省	1098	1.94	12
湖北省	366	0.65	17
海南省	0	0.00	21
吉林省	0	0.00	21
江苏省	8784	15.48	2
江西省	1464	2.58	10
辽宁省	732	1.29	13
内蒙古自治区	0	0.00	21
宁夏回族自治区	0	0.00	21
青海省	0	0.00	21
上海市	3294	5.81	5
四川省	732	1.29	13
山东省	1830	3.23	7
山西省	0	0.00	21
陕西省	732	1.29	13
天津市	366	0.65	17
台湾省	0	0.00	21

续表

客源市场	年总值（次）	占有率（%）	排名
西藏自治区	0	0.00	21
香港特别行政区	0	0.00	21
新疆维吾尔自治区	0	0.00	21
云南省	0	0.00	21
浙江省	4758	8.39	3

（二）滁州市凤阳县小岗村景区

滁州市凤阳县小岗村景区的所有客源省（自治区、直辖市、特别行政区）搜索量总值为1189134次，均值为34975次，其中有19个省（自治区、直辖市、特别行政区）的年检索量高于全国平均搜索量，15个省（自治区、直辖市、特别行政区）的年检索量低于全国平均搜索量。滁州市凤阳县小岗村景区客源市场排名第一的为安徽省，其年总值为77958次，约为全国平均水平的2.22倍，占有率为6.56%；客源市场排名最后的是澳门特别行政区和台湾省，其年总值均为0，占有率为0.00%。滁州市凤阳县小岗村景区的前五大客源省（自治区、直辖市、特别行政区）分别是安徽省、江苏省、广东省、北京市、山东省，其中广东省和北京市排名并列第三，具体如表113所示。

表113　滁州市凤阳县小岗村景区客源情况

客源市场	年总值（次）	占有率（%）	排名
安徽省	77958	6.56	1
澳门特别行政区	0	0.00	33
北京市	57462	4.83	3
重庆市	35868	3.02	18
福建省	39528	3.32	15
广东省	57462	4.83	3
广西壮族自治区	35502	2.99	19
甘肃省	24156	2.03	26
贵州省	28182	2.37	24
河北省	48312	4.06	9
黑龙江省	33306	2.8	21
河南省	50874	4.28	8
湖南省	40992	3.45	13
湖北省	45750	3.85	11
海南省	14640	1.23	28

续表

客源市场	年总值（次）	占有率（%）	排名
吉林省	30012	2. 52	23
江苏省	62952	5. 29	2
江西省	37698	3. 17	17
辽宁省	39894	3. 35	14
内蒙古自治区	27816	2. 34	25
宁夏回族自治区	8784	0. 74	29
青海省	6954	0. 58	30
上海市	51240	4. 31	7
四川省	47214	3. 97	10
山东省	56364	4. 74	5
山西省	38064	3. 2	16
陕西省	41724	3. 51	12
天津市	34404	2. 89	20
台湾省	0	0. 00	33
西藏自治区	2562	0. 22	31
香港特别行政区	1830	0. 15	32
新疆维吾尔自治区	24156	2. 03	26
云南省	33306	2. 8	21
浙江省	54168	4. 56	6

三、福建省

（一）福建省革命历史纪念馆景区

福建省革命历史纪念馆景区的所有客源省（自治区、直辖市、特别行政区）搜索量总值为54166次，均值为1593次，其中有5个省（自治区、直辖市、特别行政区）的年检索量高于全国平均搜索量，29个省（自治区、直辖市、特别行政区）的年检索量低于全国平均搜索量。福建省革命历史纪念馆景区客源市场排名第一的为福建省，其年总值为30378次，约为全国均值的19. 07倍，占有率为56. 08%；客源市场排名最后的是澳门特别行政区、甘肃省、贵州省、黑龙江省、湖南省、海南省、吉林省、辽宁省、内蒙古自治区、宁夏回族自治区、青海省、山西省、天津市、台湾省、西藏自治区、香港特别行政区、新疆维吾尔自治区以及云南省，其年总值均为0，占有率为

0.00%。福建省革命历史纪念馆景区的前五大客源省（自治区、直辖市、特别行政区）分别是福建省、北京市、广东省、浙江省以及江苏省，具体如表114所示。

表114　福建省革命历史纪念馆景区客源情况

客源市场	年总值（次）	占有率（%）	排名
安徽省	2196	4.05	9
澳门特别行政区	0	0.00	17
北京市	4026	7.43	2
重庆市	366	0.68	13
福建省	30378	56.08	1
广东省	3294	6.08	3
广西壮族自治区	366	0.68	13
甘肃省	0	0.00	17
贵州省	0	0.00	17
河北省	732	1.35	10
黑龙江省	0	0.00	17
河南省	366	0.68	13
湖南省	0	0.00	17
湖北省	730	1.35	12
海南省	0	0.00	17
吉林省	0	0.00	17
江苏省	2928	5.41	5
江西省	732	1.35	10
辽宁省	0	0.00	17
内蒙古自治区	0	0.00	17
宁夏回族自治区	0	0.00	17
青海省	0	0.00	17
上海市	1464	2.70	6
四川省	1464	2.70	6
山东省	1464	2.70	6
山西省	0	0.00	17
陕西省	366	0.68	13
天津市	0	0.00	17
台湾省	0	0.00	17

续表

客源市场	年总值（次）	占有率（%）	排名
西藏自治区	0	0.00	17
香港特别行政区	0	0.00	17
新疆维吾尔自治区	0	0.00	17
云南省	0	0.00	17
浙江省	3294	6.08	3

（二）上杭县古田会议旧址景区

上杭县古田会议旧址景区的所有客源省（自治区、直辖市、特别行政区）搜索量总值为118882次，均值为3497次，其中有8个省（自治区、直辖市、特别行政区）的年检索量高于全国平均搜索量，26个省（自治区、直辖市、特别行政区）的年检索量低于全国平均搜索量。上杭县古田会议旧址景区客源市场排名第一的为福建省，其年总值为37332次，约为全国平均水平的10.68倍，占有率为31.40%；客源市场排名最后的是澳门特别行政区、甘肃省、海南省、宁夏回族自治区、青海省、台湾省、西藏自治区以及香港特别行政区，其年总值均为0，占有率为0.00%。上杭县古田会议旧址景区的前五大客源省（自治区、直辖市、特别行政区）分别是福建省、广东省、北京市、四川省、江苏省以及浙江省，其中江苏省和浙江省排名并列第五名，具体如表115所示。

表115　上杭县古田会议旧址景区客源情况

客源市场	年总值（次）	占有率（%）	排名
安徽省	2562	2.16	13
澳门特别行政区	0	0.00	27
北京市	10248	8.62	3
重庆市	1464	1.23	17
福建省	37332	31.40	1
广东省	14640	12.31	2
广西壮族自治区	1830	1.54	16
甘肃省	0	0.00	27
贵州省	2928	2.46	10
河北省	2592	2.18	13
黑龙江省	366	0.31	24
河南省	2928	2.46	10

续表

客源市场	年总值（次）	占有率（%）	排名
湖南省	2464	2.07	17
湖北省	2196	1.85	15
海南省	0	0.00	27
吉林省	366	0.31	24
江苏省	5490	4.62	5
江西省	2928	2.46	10
辽宁省	2562	2.16	9
内蒙古自治区	732	0.62	21
宁夏回族自治区	0	0.00	27
青海省	0	0.00	27
上海市	4758	4.00	7
四川省	6222	5.23	4
山东省	4758	4.00	7
山西省	732	0.62	21
陕西省	1098	0.92	19
天津市	732	0.62	21
台湾省	0	0.00	27
西藏自治区	0	0.00	27
香港特别行政区	0	0.00	27
新疆维吾尔自治区	366	0.31	24
云南省	1098	0.92	19
浙江省	5490	4.62	5

（三）漳州市毛主席率领红军攻克漳州陈列馆景区

漳州市毛主席率领红军攻克漳州陈列馆景区的所有客源省（自治区、直辖市、特别行政区）搜索量总值为14640次，均值为431次，其中有7个省（自治区、直辖市、特别行政区）的年检索量高于全国平均搜索量，27个省（自治区、直辖市、特别行政区）的年检索量低于全国平均搜索量。漳州市毛主席率领红军攻克漳州陈列馆景区客源市场排名第一的为福建省，其年总值为8052次，约为全国平均水平的18.68倍，占有率为55.00%；客源市场排名最后的是澳门特别行政区、重庆市、广西壮族自治区、甘肃省、贵州省、黑龙江省、河南省、湖南省、湖北省、海南省、吉林省、江西省、辽宁省、内蒙古自治区、宁夏回族自治区、青海省、上海市、山西省、陕西省、天津市、台湾省、西藏自治区、香港特别行政区、新疆维吾尔自治区以及云南省，其年总值均为0，占有率为0.00%。漳州市毛主席率领红军攻克漳州陈列馆景区的前五大客源省（自治区、直辖市、特别行政区）分别是福建省、浙江省、广东省、江苏省、安徽省、北京市以及河北省，其中广东省和江苏省排名并列第三，安徽省、北京市和河北省排名并列第五，具体如表116所示。

表116　漳州市毛主席率领红军攻克漳州陈列馆景区客源情况

客源市场	年总值（次）	占有率（%）	排名
安徽省	732	5.00	5
澳门特别行政区	0	0.00	10
北京市	732	5.00	5
重庆市	0	0.00	10
福建省	8052	55.00	1
广东省	1098	7.50	3
广西壮族自治区	0	0.00	10
甘肃省	0	0.00	10
贵州省	0	0.00	10
河北省	732	5.00	5
黑龙江省	0	0.00	10
河南省	0	0.00	10
湖南省	0	0.00	10
湖北省	0	0.00	10
海南省	0	0.00	10
吉林省	0	0.00	10
江苏省	1098	7.50	3
江西省	0	0.00	10
辽宁省	0	0.00	10
内蒙古自治区	0	0.00	10
宁夏回族自治区	0	0.00	10
青海省	0	0.00	10
上海市	0	0.00	10
四川省	366	2.50	8
山东省	366	2.50	8
山西省	0	0.00	10

续表

客源市场	年总值（次）	占有率（%）	排名
陕西省	0	0.00	10
天津市	0	0.00	10
台湾省	0	0.00	10
西藏自治区	0	0.00	10
香港特别行政区	0	0.00	10
新疆维吾尔自治区	0	0.00	10
云南省	0	0.00	10
浙江省	1464	10.00	2

（四）厦门市胡里山炮台景区

厦门市胡里山炮台景区的所有客源省（自治区、直辖市、特别行政区）搜索量总值为479226次，均值为14095次，其中有14个省（自治区、直辖市、特别行政区）的年检索量高于全国平均搜索量，20个省（自治区、直辖市、特别行政区）的年检索量低于全国平均搜索量。厦门市胡里山炮台旅游景区客源市场排名第一的为福建省，其年总值为77592次，约为全国平均水平的5.50倍，占有率为16.19%；客源市场排名最后的是澳门特别行政区和西藏自治区，其年总值均为0，占有率为0.00%。厦门市胡里山炮台旅游景区的前五大客源省（自治区、直辖市、特别行政区）分别是福建省、广东省、浙江省、北京市以及江苏省，具体如表117所示。

表117　厦门市胡里山炮台景区客源情况

客源市场	年总值（次）	占有率（%）	排名
安徽省	19032	3.97	9
澳门特别行政区	0	0.00	33
北京市	31842	6.64	4
重庆市	7686	1.60	17
福建省	77592	16.19	1
广东省	38796	8.10	2
广西壮族自治区	6954	1.45	20
甘肃省	2928	0.61	27
贵州省	3660	0.76	24
河北省	16470	3.44	12
黑龙江省	6588	1.37	21

续表

客源市场	年总值（次）	占有率（%）	排名
河南省	18666	3.90	10
湖南省	14640	3.05	14
湖北省	16470	3.44	12
海南省	2196	0.46	28
吉林省	5856	1.22	23
江苏省	31476	6.57	5
江西省	17202	3.59	11
辽宁省	13908	2.90	15
内蒙古自治区	3660	0.76	24
宁夏回族自治区	732	0.15	26
青海省	132	0.03	30
上海市	29280	6.11	6
四川省	21960	4.58	8
山东省	22326	4.66	7
山西省	7686	1.60	17
陕西省	13176	2.75	16
天津市	7320	1.53	19
台湾省	366	0.08	32
西藏自治区	0	0.00	33
香港特别行政区	732	0.15	30
新疆维吾尔自治区	1464	0.31	29
云南省	6222	1.30	22
浙江省	32208	6.72	3

四、甘肃省

（一）甘肃省酒泉市玉门油田景区

甘肃省酒泉市玉门油田景区的所有客源省（自治区、直辖市、特别行政区）搜索量总值为 409188 次，均值为 12035 次，其中有 15 个省（自治区、直辖市、特别行政区）的年检索量高于全国平均搜索量，19 个省（自治区、直辖市、特别行政区）的年检索量低于全国平均搜索量。酒泉市玉门油田景区客源市场排名第一的为甘肃省，其年总值为 40260 次，约为全国平均水平的 3.35 倍，占有率为 9.84%；客源市场排名最后的是澳门特别行政区、台湾省和香港特别行政区，其年总值均为 0，占有率为 0.00%。酒泉市玉门油田景区的前五大客源省（自治区、直辖市、特别行政区）分别是甘肃省、北京市、山东省、广东省以及陕西省，具体如表 118 所示。

表 118　酒泉市玉门油田景区客源情况

客源市场	年总值（次）	占有率（%）	排名
安徽省	8052	1.97	17
澳门特别行政区	0	0.00	32
北京市	32940	8.05	2
重庆市	6954	1.70	20
福建省	5856	1.43	21
广东省	28548	6.98	4
广西壮族自治区	4392	1.07	24
甘肃省	40260	9.84	1
贵州省	2562	0.63	27
河北省	16104	3.94	10
黑龙江省	16104	3.94	10
河南省	17202	4.20	9
湖南省	7686	1.88	18
湖北省	13542	3.31	13
海南省	1464	0.36	30
吉林省	5124	1.25	22
江苏省	23790	5.81	7
江西省	4026	0.98	25
辽宁省	13176	3.22	15
内蒙古自治区	4758	1.16	23
宁夏回族自治区	1830	0.45	29
青海省	2562	0.63	27
上海市	20130	4.92	8
四川省	25254	6.17	6
山东省	28914	7.07	3
山西省	7320	1.79	19
陕西省	27450	6.71	5
天津市	9150	2.24	16

续表

客源市场	年总值（次）	占有率（%）	排名
台湾省	0	0.00	32
西藏自治区	366	0.09	31
香港特别行政区	0	0.00	32
新疆维吾尔自治区	13542	3.31	13
云南省	4026	0.98	25
浙江省	16104	3.94	10

（二）陇南市两当县两当兵变旧址景区

甘肃省陇南市两当县两当兵变旧址景区的所有客源省（自治区、直辖市、特别行政区）搜索量总值为230946次，均值为6793次，其中有11个省（自治区、直辖市、特别行政区）的年检索量高于全国平均搜索量，23个省（自治区、直辖市、特别行政区）的年检索量低于全国平均搜索量。陇南市两当县两当兵变旧址景区客源市场排名第一的为甘肃省，其年总值为37332次，约为全国平均水平的5.59倍，占有率为16.16%；客源市场排名最后的是澳门特别行政区、台湾省、西藏自治区和香港特别行政区，其年总值均为0，占有率为0.00%。陇南市两当县两当兵变旧址景区的前五大客源省（自治区、直辖市、特别行政区）分别是甘肃省、陕西省、北京市、广东省以及山东省，具体如表119所示。

表119　陇南市两当县两当兵变旧址景区客源情况

客源市场	年总值（次）	占有率（%）	排名
安徽省	5490	2.38	12
澳门特别行政区	0	0.00	31
北京市	22692	9.83	3
重庆市	2196	0.95	20
福建省	3660	1.58	16
广东省	21594	9.35	4
广西壮族自治区	1464	0.63	22
甘肃省	37332	16.16	1
贵州省	1098	0.48	24
河北省	8418	3.65	9
黑龙江省	1098	0.48	24
河南省	8418	3.65	9

续表

客源市场	年总值（次）	占有率（%）	排名
湖南省	4392	1.90	14
湖北省	4758	2.06	13
海南省	366	0.16	30
吉林省	732	0.32	28
江苏省	12444	5.39	6
江西省	2562	1.11	18
辽宁省	3294	1.43	17
内蒙古自治区	1098	0.48	24
宁夏回族自治区	732	0.32	28
青海省	1098	0.48	24
上海市	8052	3.49	11
四川省	12444	5.39	6
山东省	13542	5.86	5
山西省	4026	1.74	15
陕西省	32208	13.95	2
天津市	2196	0.95	20
台湾省	0	0.00	31
西藏自治区	0	0.00	31
香港特别行政区	0	0.00	31
新疆维吾尔自治区	2562	1.11	18
云南省	1464	0.63	22
浙江省	9516	4.12	8

（三）会宁红军会宁会师旧址景区

甘肃省会宁县红军会宁会师旧址景区的所有客源省（自治区、直辖市、特别行政区）搜索量总值为445422次，均值为13101次，其中有14个省（自治区、直辖市、特别行政区）的年检索量高于全国平均搜索量，20个省（自治区、直辖市、特别行政区）的年检索量低于全国平均搜索量。会宁红军会宁会师旧址景区客源市场排名第一的为甘肃省，其年总值为38064次，约为全国平均水平的2.91倍，占有率为8.55%；客源市场排名最后的是澳门特别行政区、台湾省和香港特别行政区，其年总值均为0，占有率为0.00%。会宁红军会宁会师旧址景区的前五大客源省（自治区、直辖市、特别行政区）分别是甘肃省、北京市、山东省、广东省以及江苏省，具体如表120所示。

表120　会宁红军会宁会师旧址景区客源情况

客源市场	年总值（次）	占有率（%）	排名
安徽省	14274	3.20	12
澳门特别行政区	0	0.00	32
北京市	32208	7.23	2
重庆市	6588	1.48	24
福建省	13542	3.04	13
广东省	28548	6.41	4
广西壮族自治区	8418	1.89	20
甘肃省	38064	8.55	1
贵州省	5124	1.15	28
河北省	17202	3.86	11
黑龙江省	6954	1.56	23
河南省	19764	4.44	10
湖南省	12078	2.71	16
湖北省	13176	2.96	14
海南省	1464	0.33	30
吉林省	6588	1.48	24
江苏省	28182	6.33	5
江西省	10248	2.30	18
辽宁省	11346	2.55	17
内蒙古自治区	5856	1.31	27
宁夏回族自治区	8418	1.89	20
青海省	4758	1.07	29
上海市	21960	4.93	7
四川省	20496	4.60	9
山东省	29280	6.57	3
山西省	12444	2.79	15
陕西省	22692	5.09	6
天津市	9150	2.05	19
台湾省	0	0.00	32
西藏自治区	366	0.08	31
香港特别行政区	0	0.00	32

续表

客源市场	年总值（次）	占有率（%）	排名
新疆维吾尔自治区	6222	1.40	26
云南省	8052	1.81	22
浙江省	21960	4.93	7

五、广东省

（一）韶关南雄市梅关古道景区

广东省韶关南雄市梅关古道景区的所有客源省（自治区、直辖市、特别行政区）搜索量总值为167262次，均值为4919次，其中有9个省（自治区、直辖市、特别行政区）的年检索量高于全国平均搜索量，25个省（自治区、直辖市、特别行政区）的年检索量低于全国平均搜索量。韶关南雄市梅关古道景区客源市场排名第一的为广东省，其年总值为55998次，约为全国平均水平的11.38倍，占有率为33.48%；客源市场排名最后的是澳门特别行政区、甘肃省、内蒙古自治区、宁夏回族自治区、青海省、台湾省、西藏自治区和新疆维吾尔自治区，其年总值均为0，占有率为0.00%。韶关南雄市梅关古道景区的前五大客源省（自治区、直辖市、特别行政区）分别是广东省、江西省、北京市、江苏省以及浙江省，具体如表121所示。

表121　韶关南雄市梅关古道景区客源情况

客源市场	年总值（次）	占有率（%）	排名
安徽省	6954	4.16	6
澳门特别行政区	0	0.00	27
北京市	10614	6.35	3
重庆市	1098	0.66	18
福建省	5124	3.06	8
广东省	55998	33.48	1
广西壮族自治区	3660	2.19	12
甘肃省	0	0.00	27
贵州省	366	0.22	24
河北省	4758	2.84	10
黑龙江省	732	0.44	19
河南省	3660	2.19	12
湖南省	5124	3.06	8

续表

客源市场	年总值（次）	占有率（%）	排名
湖北省	2928	1. 75	14
海南省	732	0. 44	19
吉林省	366	0. 22	24
江苏省	9516	5. 69	4
江西省	26718	15. 97	2
辽宁省	2196	1. 31	16
内蒙古自治区	0	0. 00	27
宁夏回族自治区	0	0. 00	27
青海省	0	0. 00	27
上海市	5856	3. 50	7
四川省	2196	1. 31	16
山东省	4758	2. 84	10
山西省	732	0. 44	19
陕西省	2562	1. 53	15
天津市	732	0. 44	19
台湾省	0	0. 00	27
西藏自治区	0	0. 00	27
香港特别行政区	366	0. 22	24
新疆维吾尔自治区	0	0. 00	27
云南省	732	0. 44	19
浙江省	8784	5. 25	5

（二）中山市孙中山故居景区

中山市孙中山故居景区的所有客源省（自治区、直辖市、特别行政区）搜索量总值为 450546 次，均值为 13251 次，其中有 11 个省（自治区、直辖市、特别行政区）的年检索量高于全国平均搜索量，23 个省（自治区、直辖市、特别行政区）的年检索量低于全国平均搜索量。中山市孙中山故居景区客源市场排名第一的为广东省，其年总值为 88938 次，约为全国平均水平的 6. 71 倍，占有率为 19. 74%；客源市场排名最后的是台湾省和西藏自治区，其年总值均为 0 次，占有率为 0. 00%。中山市孙中山故居景区的前五大客源省（自治区、直辖市、特别行政区）分别是广东省、上海市、江苏省、北京市以及浙江省，具体如表 122 所示。

表 122　中山市孙中山故居景区客源情况

客源市场	年总值（次）	占有率（%）	排名
安徽省	12444	2. 76	12
澳门特别行政区	732	0. 16	29
北京市	28182	6. 26	4
重庆市	7320	1. 62	18
福建省	12444	2. 76	12
广东省	88938	19. 74	1
广西壮族自治区	16836	3. 74	10
甘肃省	3660	0. 81	25
贵州省	5490	1. 22	21
河北省	11712	2. 60	14
黑龙江省	4758	1. 06	22
河南省	19032	4. 22	8
湖南省	19764	4. 39	7
湖北省	15372	3. 41	11
海南省	3660	0. 81	25
吉林省	4026	0. 89	24
江苏省	28914	6. 42	3
江西省	9882	2. 19	16
辽宁省	10614	2. 36	15
内蒙古自治区	2562	0. 57	27
宁夏回族自治区	366	0. 08	31
青海省	366	0. 08	31
上海市	49044	10. 89	2
四川省	18300	4. 06	9
山东省	21960	4. 87	6
山西省	6954	1. 54	20
陕西省	8418	1. 87	17
天津市	4758	1. 06	22
台湾省	0	0. 00	33
西藏自治区	0	0. 00	33
香港特别行政区	732	0. 16	29
新疆维吾尔自治区	1464	0. 32	28
云南省	7320	1. 62	18
浙江省	24522	5. 44	5

（三）广州市黄花岗七十二烈士墓景区

广州市黄花岗七十二烈士墓景区的所有客源省（自治区、直辖市、特别行政区）搜索量总值为16470次，均值为484次，其中有6个省（自治区、直辖市、特别行政区）的年检索量高于全国平均搜索量，28个省（自治区、直辖市、特别行政区）的年检索量低于全国平均搜索量。广州市黄花岗七十二烈士墓景区客源市场排名第一的为广东省，其年总值为8418次，约为全国平均水平的17.439倍，占有率为51.11%；客源市场排名最后的是澳门特别行政区、重庆市、广西壮族自治区、甘肃省、贵州省、黑龙江省、湖北省、海南省、吉林省、江西省、内蒙古自治区、宁夏回族自治区、青海省、山西省、台湾省、西藏自治区、香港特别行政区、新疆维吾尔自治区和云南省，其年总值均为0，占有率为0.00%。广州市黄花岗七十二烈士墓景区的前五大客源省（自治区、直辖市、特别行政区）分别是广东省、北京市、河南省、江苏省、上海市以及山东省，其中河南省、江苏省、上海市以及山东省排名并列第三，具体如表123所示。

表123　广州市黄花岗七十二烈士墓景区客源情况

客源市场	年总值（次）	占有率（%）	排名
安徽省	366	2.22	7
澳门特别行政区	0	0.00	16
北京市	1830	11.11	2
重庆市	0	0.00	16
福建省	366	2.22	7
广东省	8418	51.11	1
广西壮族自治区	0	0.00	16
甘肃省	0	0.00	16
贵州省	0	0.00	16
河北省	366	2.22	7
黑龙江省	0	0.00	16
河南省	732	4.44	3
湖南省	366	2.22	7
湖北省	0	0.00	16
海南省	0	0.00	16
吉林省	0	0.00	16
江苏省	732	4.44	3
江西省	0	0.00	16

续表

客源市场	年总值（次）	占有率（%）	排名
辽宁省	366	2.22	7
内蒙古自治区	0	0.00	16
宁夏回族自治区	0	0.00	16
青海省	0	0.00	16
上海市	732	4.44	3
四川省	366	2.22	7
山东省	732	4.44	3
山西省	0	0.00	16
陕西省	366	2.22	7
天津市	366	2.22	7
台湾省	0	0.00	16
西藏自治区	0	0.00	16
香港特别行政区	0	0.00	16
新疆维吾尔自治区	0	0.00	16
云南省	0	0.00	16
浙江省	366	2.22	7

（四）广州市黄埔陆军军官学校旧址景区

广州市黄埔陆军军官学校旧址景区的所有客源省（自治区、直辖市、特别行政区）搜索量总值为260592次，均值为7664次，其中有13个省（自治区、直辖市、特别行政区）的年检索量高于全国平均搜索量，21个省（自治区、直辖市、特别行政区）的年检索量低于全国平均搜索量。广州市黄埔陆军军官学校旧址景区客源市场排名第的为广东省，其年总值为55632次，约为全国平均水平的7.26倍，占有率为21.35%；客源市场排名最后的是澳门特别行政区、宁夏回族自治区、青海省、台湾省和西藏自治区，其年总值均为0，占有率为0.00%。广州市黄埔陆军军官学校旧址景区的前五大客源省（自治区、直辖市、特别行政区）分别是广东省、江苏省、北京市、浙江省以及上海市，具体如表124所示。

表124　广州市黄埔陆军军官学校旧址景区客源情况

客源市场	年总值（次）	占有率（%）	排名
安徽省	9882	3.79	10
澳门特别行政区	0	0.00	30

续表

客源市场	年总值（次）	占有率（%）	排名
北京市	16836	6.46	3
重庆市	3660	1.40	20
福建省	7686	2.95	13
广东省	55632	21.35	1
广西壮族自治区	6954	2.67	14
甘肃省	1830	0.70	25
贵州省	2562	0.98	23
河北省	11712	4.49	7
黑龙江省	3660	1.40	20
河南省	10248	3.93	8
湖南省	8418	3.23	11
湖北省	8052	3.09	12
海南省	1098	0.42	27
吉林省	2196	0.84	24
江苏省	20130	7.72	2
江西省	5856	2.25	17
辽宁省	6588	2.53	15
内蒙古自治区	1830	0.70	25
宁夏回族自治区	0	0.00	30
青海省	0	0.00	30
上海市	15372	5.90	5
四川省	10248	3.93	8
山东省	15006	5.76	6
山西省	4026	1.54	19
陕西省	6222	2.39	16
天津市	3294	1.26	22
台湾省	0	0.00	30
西藏自治区	0	0.00	30
香港特别行政区	366	0.14	29
新疆维吾尔自治区	1098	0.42	27
云南省	4392	1.69	18
浙江省	15738	6.04	4

（五）广州起义烈士陵园景区

广州起义烈士陵园景区的所有客源省（自治区、直辖市、特别行政区）搜索量总值为107604次，均值为3165次，其中有6个省（自治区、直辖市、特别行政区）的年检索量高于全国平均搜索量，28个省（自治区、直辖市、特别行政区）的年检索量低于全国平均搜索量。广州起义烈士陵园景区客源市场排名第一的为广东省，其年总值为57096次，约为全国平均水平的18.04倍，占有率为53.06%；客源市场排名最后的是澳门特别行政区、甘肃省、贵州省、宁夏回族自治区、青海省、台湾省、西藏自治区、香港特别行政区和新疆维吾尔自治区，其年总值均为0，占有率为0.00%。广州起义烈士陵园景区的前五大客源省（自治区、直辖市、特别行政区）分别是广东省、北京市、江苏省、河南省、四川省以及山东省，其中河南省、四川省以及山东省排名并列第四，具体如表125所示。

表125 广州起义烈士陵园景区客源情况

客源市场	年总值（次）	占有率（%）	排名
安徽省	1830	1.70	12
澳门特别行政区	0	0.00	26
北京市	8418	7.82	2
重庆市	732	0.68	19
福建省	1830	1.70	12
广东省	57096	53.06	1
广西壮族自治区	1830	1.70	12
甘肃省	0	0.00	26
贵州省	0	0.00	26
河北省	2196	2.04	9
黑龙江省	732	0.68	19
河南省	3294	3.06	4
湖南省	2196	2.04	9
湖北省	2196	2.04	9
海南省	366	0.34	22
吉林省	366	0.34	22
江苏省	4392	4.08	3
江西省	1830	1.70	12
辽宁省	1464	1.36	17
内蒙古自治区	366	0.34	22

续表

客源市场	年总值（次）	占有率（%）	排名
宁夏回族自治区	0	0.00	26
青海省	0	0.00	26
上海市	2928	2.72	7
四川省	3294	3.06	4
山东省	3294	3.06	4
山西省	732	0.68	19
陕西省	1830	1.70	12
天津市	366	0.34	22
台湾省	0	0.00	26
西藏自治区	0	0.00	26
香港特别行政区	0	0.00	26
新疆维吾尔自治区	0	0.00	26
云南省	1464	1.36	17
浙江省	2562	2.38	8

（六）东莞市鸦片战争博物馆景区

东莞市鸦片战争博物馆景区的所有客源省（自治区、直辖市、特别行政区）搜索量总值为151524次，均值为4457次，其中有12个省（自治区、直辖市、特别行政区）的年检索量高于全国平均搜索量，22个省（自治区、直辖市、特别行政区）的年检索量低于全国平均搜索量。东莞市鸦片战争博物馆景区客源市场排名第一的为广东省，其年总值为50508次，约为全国平均水平的11.33倍，占有率为33.33%；客源市场排名最后的是澳门特别行政区、海南省、宁夏回族自治区、青海省、台湾省和西藏自治区，其年总值均为0，占有率为0.00%。东莞市鸦片战争博物馆景区的前五大客源省（自治区、直辖市、特别行政区）分别是广东省、北京市、上海市、浙江省、江西省以及山东省，其中上海市与浙江省排名并列第三，江西省与山东省排名并列第五，具体如表126所示。

表126　东莞市鸦片战争博物馆景区客源情况

客源市场	年总值（次）	占有率（%）	排名
安徽省	5124	3.38	8
澳门特别行政区	0	0.00	29
北京市	13908	9.18	2

续表

客源市场	年总值（次）	占有率（%）	排名
重庆市	1830	1.21	19
福建省	4758	3.14	10
广东省	50508	33.33	1
广西壮族自治区	2196	1.45	16
甘肃省	366	0.24	26
贵州省	1464	0.97	20
河北省	3660	2.42	13
黑龙江省	732	0.48	23
河南省	5124	3.38	8
湖南省	3294	2.17	14
湖北省	4758	3.14	10
海南省	0	0.00	29
吉林省	732	0.48	23
江苏省	6222	4.11	7
江西省	6954	4.59	5
辽宁省	4758	3.14	10
内蒙古自治区	732	0.48	23
宁夏回族自治区	0	0.00	29
青海省	0	0.00	29
上海市	8052	5.31	3
四川省	3294	2.17	14
山东省	6954	4.59	5
山西省	1464	0.97	20
陕西省	2196	1.45	16
天津市	2196	1.45	16
台湾省	0	0.00	29
西藏自治区	0	0.00	29
香港特别行政区	366	0.24	26
新疆维吾尔自治区	366	0.24	26
云南省	1464	0.97	20
浙江省	8052	5.31	3

(七) 莲花山公园景区

深圳市莲花山公园景区的所有客源省（自治区、直辖市、特别行政区）搜索量总值为583038次，均值为17148次，其中有14个省（自治区、直辖市、特别行政区）的年检索量高于全国平均搜索量，20个省（自治区、直辖市、特别行政区）的年检索量低于全国平均搜索量。莲花山公园景区客源市场排名第一的为广东省，其年总值为159576次，约为全国平均水平的9.31倍，占有率为27.37%；客源市场排名最后的是澳门特别行政区和西藏自治区，其年总值均为0，占有率为0.00%。莲花山公园景区的前五大客源省（自治区、直辖市、特别行政区）分别是广东省、北京市、山东省、吉林省以及江苏省，具体如表127所示。

表127 莲花山公园景区客源情况

客源市场	年总值（次）	占有率（%）	排名
安徽省	11346	1.95	18
澳门特别行政区	0	0.00	33
北京市	33306	5.71	2
重庆市	8784	1.51	21
福建省	21594	3.70	7
广东省	159576	27.37	1
广西壮族自治区	17202	2.95	14
甘肃省	9516	1.63	20
贵州省	9882	1.69	19
河北省	16470	2.82	15
黑龙江省	5490	0.94	25
河南省	19764	3.39	11
湖南省	20496	3.52	9
湖北省	21594	3.70	7
海南省	6954	1.19	22
吉林省	25254	4.33	4
江苏省	23058	3.95	5
江西省	15372	2.64	16
辽宁省	19764	3.39	11
内蒙古自治区	3660	0.63	28
宁夏回族自治区	732	0.13	30
青海省	366	0.06	31

续表

客源市场	年总值（次）	占有率（%）	排名
上海市	20130	3.45	10
四川省	19764	3.39	11
山东省	31110	5.34	3
山西省	6588	1.13	23
陕西省	15372	2.64	16
天津市	6222	1.07	24
台湾省	366	0.06	31
西藏自治区	0	0.00	33
香港特别行政区	4392	0.75	27
新疆维吾尔自治区	1830	0.31	29
云南省	4758	0.82	26
浙江省	22326	3.83	6

（八）彭湃故居景区

彭湃故居景区的所有客源省（自治区、直辖市、特别行政区）搜索量总值为37698次，均值为1109次，其中有3个省（自治区、直辖市、特别行政区）的年检索量高于全国平均搜索量，31个省（自治区、直辖市、特别行政区）的年检索量低于全国平均搜索量。彭湃故居景区客源市场排名第一的为广东省，其年总值为26352次，约为全国平均水平的23.76倍，占有率为69.90%；客源市场排名最后的是澳门特别行政区、重庆市、广西壮族自治区、甘肃省、贵州省、黑龙江省、海南省、吉林省、内蒙古自治区、宁夏回族自治区、青海省、山西省、陕西省、天津市、台湾省、西藏自治区、香港特别行政区和新疆维吾尔自治区，其年总值均为0，占有率为0.00%。彭湃故居景区的前五大客源省（自治区、直辖市、特别行政区）分别是广东省、北京市、上海市、河南省以及山东省，其中北京市与上海市排名并列第二，河南省与山东省排名并列第四，具体如表128所示。

表128　彭湃故居景区客源情况

客源市场	年总值（次）	占有率（%）	排名
安徽省	366	0.97	12
澳门特别行政区	0	0.00	17
北京市	1464	3.88	2
重庆市	0	0.00	17

续表

客源市场	年总值（次）	占有率（%）	排名
福建省	732	1.94	6
广东省	26352	69.90	1
广西壮族自治区	0	0.00	17
甘肃省	0	0.00	17
贵州省	0	0.00	17
河北省	732	1.94	6
黑龙江省	0	0.00	17
河南省	1098	2.91	4
湖南省	366	0.97	12
湖北省	366	0.97	12
海南省	0	0.00	17
吉林省	0	0.00	17
江苏省	732	1.94	6
江西省	366	0.97	12
辽宁省	732	1.94	6
内蒙古自治区	0	0.00	17
宁夏回族自治区	0	0.00	17
青海省	0	0.00	17
上海市	1464	3.88	2
四川省	732	1.94	6
山东省	1098	2.91	4
山西省	0	0.00	17
陕西省	0	0.00	17
天津市	0	0.00	17
台湾省	0	0.00	17
西藏自治区	0	0.00	17
香港特别行政区	0	0.00	17
新疆维吾尔自治区	0	0.00	17
云南省	366	0.97	12
浙江省	732	1.94	6

（九）惠州市惠阳区叶挺纪念馆景区

惠州市惠阳区叶挺纪念馆景区的所有客源省（自治区、直辖市、特别行政区）搜索量总值为90768次，均值为2670次，其中有8个省（自治区、直辖市、特别行政区）的年检索量高于全国平均搜索量，26个省（自治区、直辖市、特别行政区）的年检索量低于全国平均搜索量。惠州市惠阳区叶挺纪念馆景区客源市场排名第一的为广东省，其年总值为46848次，约为全国平均水平的17.55倍，占有率为51.61%；客源市场排名最后的是甘肃省、贵州省、黑龙江省、吉林省、宁夏回族自治区、青海省、山西省、天津市、台湾省、西藏自治区、香港特别行政区和新疆维吾尔自治区，其年总值均为0，占有率为0.00%。惠州市惠阳区叶挺纪念馆景区的前五大客源省（自治区、直辖市、特别行政区）分别是广东省、安徽省、江苏省、浙江省、福建省以及河北省，其中江苏省与浙江省排名并列第三，福建省与河北省排名并列第五，具体如表129所示。

表129　惠州市惠阳区叶挺纪念馆景区客源情况

客源市场	年总值（次）	占有率（%）	排名
安徽省	6222	6.85	2
澳门特别行政区	732	0.81	14
北京市	2562	2.82	9
重庆市	732	0.81	14
福建省	3294	3.63	5
广东省	46848	51.61	1
广西壮族自治区	732	0.81	14
甘肃省	0	0.00	23
贵州省	0	0.00	23
河北省	3294	3.63	5
黑龙江省	0	0.00	23
河南省	1830	2.02	10
湖南省	2928	3.23	7
湖北省	732	0.81	14
海南省	366	0.40	19
吉林省	0	0.00	23
江苏省	5490	6.05	3
江西省	1830	2.02	10
辽宁省	732	0.81	14

续表

客源市场	年总值（次）	占有率（%）	排名
内蒙古自治区	366	0. 40	19
宁夏回族自治区	0	0. 00	23
青海省	0	0. 00	23
上海市	1098	1. 21	13
四川省	1830	2. 02	10
山东省	2928	3. 23	7
山西省	0	0. 00	23
陕西省	366	0. 40	19
天津市	0	0. 00	23
台湾省	0	0. 00	23
西藏自治区	0	0. 00	23
香港特别行政区	0	0. 00	23
新疆维吾尔自治区	0	0. 00	23
云南省	366	0. 40	19
浙江省	5490	6. 05	3

（十）广东东江纵队纪念馆景区

广东省东江纵队纪念馆景区的所有客源省（自治区、直辖市、特别行政区）搜索量总值为441762次，均值为12993次，其中有14个省（自治区、直辖市、特别行政区）的年检索量高于全国平均搜索量，20个省（自治区、直辖市、特别行政区）的年检索量低于全国平均搜索量。广东东江纵队纪念馆景区客源市场排名第一的为广东省，其年总值为81618次，约为全国平均水平的6. 28倍，占有率为18. 48%；客源市场排名最后的是澳门特别行政区、台湾省和西藏自治区，其年总值均为0，占有率为0. 00%。广东东江纵队纪念馆景区的前五大客源省（自治区、直辖市、特别行政区）分别是广东省、北京市、江苏省、山东省以及浙江省，具体如表130所示。

表130　东江纵队纪念馆景区客源情况

客源市场	年总值（次）	占有率（%）	排名
安徽省	13908	3. 15	13
澳门特别行政区	0	0. 00	32
北京市	34770	7. 87	2
重庆市	9150	2. 07	18

续表

客源市场	年总值（次）	占有率（%）	排名
福建省	12810	2.90	15
广东省	81618	18.48	1
广西壮族自治区	15006	3.40	12
甘肃省	2928	0.66	27
贵州省	4758	1.08	24
河北省	15372	3.48	11
黑龙江省	7686	1.74	19
河南省	17202	3.89	9
湖南省	17202	3.89	9
湖北省	19032	4.31	7
海南省	4758	1.08	24
吉林省	5124	1.16	23
江苏省	27084	6.13	3
江西省	13542	3.07	14
辽宁省	12444	2.82	16
内蒙古自治区	4026	0.91	26
宁夏回族自治区	1098	0.25	30
青海省	366	0.08	31
上海市	20130	4.56	6
四川省	19032	4.31	7
山东省	24888	5.63	4
山西省	7686	1.74	19
陕西省	10614	2.40	17
天津市	6588	1.49	21
台湾省	0	0.00	32
西藏自治区	0	0.00	32
香港特别行政区	2196	0.50	29
新疆维吾尔自治区	2562	0.58	28
云南省	6222	1.41	22
浙江省	21960	4.97	5

（十一）梅州市大埔县“八一”起义军三河坝战役纪念园景区

梅州市大埔县“八一”起义军三河坝战役纪念园景区的所有客源省（自治区、直辖市、特别行政区）搜索量总值为836310次，均值为24597次，其中有19个省（自治区、直辖市、特别行政区）的年检索量高于全国平均搜索量，15个省（自治区、直辖市、特别行政区）的年检索量低于全国平均搜索量。梅州市大埔县“八一”起义军三河坝战役纪念园景区客源市场排名第一的为广东省，其年总值为72834次，约为全国平均水平的2.96倍，占有率为8.71%；客源市场排名最后的是澳门特别行政区和台湾省，其年总值均为0，占有率为0.00%。梅州市大埔县“八一”起义军三河坝战役纪念园景区的前五大客源省（自治区、直辖市、特别行政区）分别是广东省、江苏省、山东省、北京市以及浙江省，具体如表131所示。

表131　梅州市大埔县“八一”起义军三河坝战役纪念园景区客源情况

客源市场	年总值（次）	占有率（%）	排名
安徽省	31476	3.76	11
澳门特别行政区	0	0.00	33
北京市	40260	4.81	4
重庆市	25620	3.06	17
福建省	30012	3.59	13
广东省	72834	8.71	1
广西壮族自治区	25986	3.11	16
甘肃省	16470	1.97	26
贵州省	19032	2.28	24
河北省	34038	4.07	8
黑龙江省	23058	2.76	20
河南省	35868	4.29	6
湖南省	31476	3.76	11
湖北省	33306	3.98	10
海南省	10248	1.23	28
吉林省	20130	2.41	22
江苏省	43554	5.21	2
江西省	30012	3.59	13
辽宁省	29280	3.50	15
内蒙古自治区	17568	2.10	25
宁夏回族自治区	5856	0.70	29

续表

客源市场	年总值（次）	占有率（%）	排名
青海省	2928	0.35	30
上海市	34038	4.07	8
四川省	35136	4.20	7
山东省	41724	4.99	3
山西省	25254	3.02	19
陕西省	25620	3.06	17
天津市	20130	2.41	22
台湾省	0	0.00	33
西藏自治区	1098	0.13	31
香港特别行政区	732	0.09	32
新疆维吾尔自治区	12810	1.53	27
云南省	21960	2.63	21
浙江省	38796	4.64	5

（十二）叶剑英故居景区

叶剑英故居景区的所有客源省（自治区、直辖市、特别行政区）搜索量总值为101016次，均值为2971次，其中有6个省（自治区、直辖市、特别行政区）的年检索量高于全国平均搜索量，28个省（自治区、直辖市、特别行政区）的年检索量低于全国平均搜索量。叶剑英故居景区客源市场排名第一的为广东省，其年总值为49410次，约为全国平均水平的16.63倍，占有率为48.91%；客源市场排名最后的是澳门特别行政区、甘肃省、黑龙江省、吉林省、内蒙古自治区、宁夏回族自治区、青海省、天津市、台湾省、西藏自治区、香港特别行政区和新疆维吾尔自治区，其年总值均为0，占有率为0.00%。叶剑英故居景区的前五大客源省（自治区、直辖市、特别行政区）分别是广东省、福建省、北京市、广西壮族自治区以及湖南省，其中广西壮族自治区与湖南省排名并列第四，具体如表132所示。

表132　叶剑英故居景区客源情况

客源市场	年总值（次）	占有率（%）	排名
安徽省	732	0.72	16
澳门特别行政区	0	0.00	23
北京市	6222	6.16	3
重庆市	1464	1.45	12

续表

客源市场	年总值（次）	占有率（%）	排名
福建省	7320	7.25	2
广东省	49410	48.91	1
广西壮族自治区	5856	5.80	4
甘肃省	0	0.00	23
贵州省	732	0.72	16
河北省	1098	1.09	14
黑龙江省	0	0.00	23
河南省	1830	1.81	11
湖南省	5856	5.80	4
湖北省	1098	1.09	14
海南省	732	0.72	16
吉林省	0	0.00	23
江苏省	2562	2.54	7
江西省	2562	2.54	7
辽宁省	732	0.72	16
内蒙古自治区	0	0.00	23
宁夏回族自治区	0	0.00	23
青海省	0	0.00	23
上海市	1464	1.45	12
四川省	4392	4.35	6
山东省	2196	2.17	10
山西省	732	0.72	16
陕西省	732	0.72	16
天津市	0	0.00	23
台湾省	0	0.00	23
西藏自治区	0	0.00	23
香港特别行政区	0	0.00	23
新疆维吾尔自治区	0	0.00	23
云南省	732	0.72	16
浙江省	2562	2.54	7

（十三）周恩来同志革命活动旧址景区

周恩来同志革命活动旧址景区的所有客源省（自治区、直辖市、特别行政区）搜索量总值为66612次，均值为1959次，其中有4个省（自治区、直辖市、特别行政区）的年检索量高于全国平均搜索量，30个省（自治区、直辖市、特别行政区）的年检索量低于全国平均搜索量。周恩来同志革命活动旧址景区客源市场排名第一的为广东省，其年总值为41724次，约为全国平均水平的21.30倍，占有率为62.64%；客源市场排名最后的是澳门特别行政区、甘肃省、贵州省、黑龙江省、海南省、吉林省、内蒙古自治区、宁夏回族自治区、青海省、山西省、陕西省、天津市、台湾省、西藏自治区、香港特别行政区、新疆维吾尔自治区和云南省，其年总值均为0，占有率为0.00%。周恩来同志革命活动旧址景区的前五大客源省（自治区、直辖市、特别行政区）分别是广东省、浙江省、安徽省、江苏省、北京市以及福建省，其中安徽省与江苏省排名并列第三，北京市与福建省排名并列第五，具体如表133所示。

表133 周恩来同志革命活动旧址景区客源情况

客源市场	年总值（次）	占有率（%）	排名
安徽省	4026	6.04	3
澳门特别行政区	0	0.00	18
北京市	1830	2.75	5
重庆市	366	0.55	12
福建省	1830	2.75	5
广东省	41724	62.64	1
广西壮族自治区	366	0.55	12
甘肃省	0	0.00	18
贵州省	0	0.00	18
河北省	1464	2.20	7
黑龙江省	0	0.00	18
河南省	1098	1.65	10
湖南省	366	0.55	12
湖北省	366	0.55	12
海南省	0	0.00	18
吉林省	0	0.00	18
江苏省	4026	6.04	3
江西省	732	1.10	11
辽宁省	366	0.55	12

续表

客源市场	年总值（次）	占有率（%）	排名
内蒙古自治区	0	0.00	18
宁夏回族自治区	0	0.00	18
青海省	0	0.00	18
上海市	1464	2.20	7
四川省	366	0.55	12
山东省	1464	2.20	7
山西省	0	0.00	18
陕西省	0	0.00	18
天津市	0	0.00	18
台湾省	0	0.00	18
西藏自治区	0	0.00	18
香港特别行政区	0	0.00	18
新疆维吾尔自治区	0	0.00	18
云南省	0	0.00	18
浙江省	4758	7.14	2

（十四）叶挺独立团团部旧址纪念馆景区

叶挺独立团团部旧址纪念馆景区的所有客源省（自治区、直辖市、特别行政区）搜索量总值为55632次，均值为1636次，其中有5个省（自治区、直辖市、特别行政区）的年检索量高于全国平均搜索量，29个省（自治区、直辖市、特别行政区）的年检索量低于全国平均搜索量。叶挺独立团团部旧址纪念馆景区客源市场排名第一的为广东省，其年总值为32208次，约为全国平均水平的19.69倍，占有率为57.89%；客源市场排名最后的是澳门特别行政区、重庆市、甘肃省、贵州省、黑龙江省、海南省、内蒙古自治区、宁夏回族自治区、青海省、山西省、天津市、台湾省、西藏自治区、香港特别行政区、新疆维吾尔自治区和云南省，其年总值均为0，占有率为0.00%。叶挺独立团团部旧址纪念馆景区的前五大客源省（自治区、直辖市、特别行政区）分别是广东省、安徽省、江苏省、浙江省、河北省，其中江苏省与浙江省排名并列第三，具体如表134所示。

表 134　叶挺独立团团部旧址纪念馆景区客源情况

客源市场	年总值（次）	占有率（%）	排名
安徽省	4392	7.89	2
澳门特别行政区	0	0.00	19
北京市	1464	2.63	6
重庆市	0	0.00	19
福建省	732	1.32	9
广东省	32208	57.89	1
广西壮族自治区	732	1.32	9
甘肃省	0	0.00	19
贵州省	0	0.00	19
河北省	1830	3.29	5
黑龙江省	0	0.00	19
河南省	1098	1.97	8
湖南省	366	0.66	13
湖北省	366	0.66	13
海南省	0	0.00	19
吉林省	366	0.66	13
江苏省	4026	7.24	3
江西省	366	0.66	13
辽宁省	732	1.32	9
内蒙古自治区	0	0.00	19
宁夏回族自治区	0	0.00	19
青海省	0	0.00	19
上海市	732	1.32	9
四川省	366	0.66	13
山东省	1464	2.63	6
山西省	0	0.00	19
陕西省	366	0.66	13
天津市	0	0.00	19
台湾省	0	0.00	19
西藏自治区	0	0.00	19
香港特别行政区	0	0.00	19
新疆维吾尔自治区	0	0.00	19
云南省	0	0.00	19
浙江省	4026	7.24	3

（十五）孙中山大元帅府纪念馆景区

孙中山大元帅府纪念馆景区的所有客源省（自治区、直辖市、特别行政区）搜索量总值为91500次，均值为2691次，其中有4个省（自治区、直辖市、特别行政区）的年检索量高于全国平均搜索量，30个省（自治区、直辖市、特别行政区）的年检索量低于全国平均搜索量。孙中山大元帅府纪念馆景区客源市场排名第一的为广东省，其年总值为56364次，约为全国平均水平的20.95倍，占有率为61.60%；客源市场排名最后的是澳门特别行政区、甘肃省、海南省、内蒙古自治区、宁夏回族自治区、青海省、台湾省、西藏自治区、香港特别行政区、新疆维吾尔自治区和云南省，其年总值均为0，占有率为0.00%。孙中山大元帅府纪念馆景区的前五大客源省（自治区、直辖市、特别行政区）分别是广东省、北京市、江苏省、山东省、河南省以及浙江省，其中河南省与浙江省排名并列第五，具体如表135所示。

表135　孙中山大元帅府纪念馆景区客源情况

客源市场	年总值（次）	占有率（%）	排名
安徽省	1464	1.60	8
澳门特别行政区	0	0.00	24
北京市	5856	6.40	2
重庆市	366	0.40	19
福建省	1098	1.20	14
广东省	56364	61.60	1
广西壮族自治区	732	0.80	18
甘肃省	0	0.00	24
贵州省	366	0.40	19
河北省	1830	2.00	7
黑龙江省	366	0.40	19
河南省	2196	2.40	5
湖南省	1464	1.60	8
湖北省	1464	1.60	8
海南省	0	0.00	24
吉林省	366	0.40	19
江苏省	4026	4.40	3
江西省	1098	1.20	14
辽宁省	1464	1.60	8
内蒙古自治区	0	0.00	24

续表

客源市场	年总值（次）	占有率（%）	排名
宁夏回族自治区	0	0.00	24
青海省	0	0.00	24
上海市	1464	1.60	8
四川省	1464	1.60	8
山东省	3294	3.60	4
山西省	366	0.40	19
陕西省	1098	1.20	14
天津市	1098	1.20	14
台湾省	0	0.00	24
西藏自治区	0	0.00	24
香港特别行政区	0	0.00	24
新疆维吾尔自治区	0	0.00	24
云南省	0	0.00	24
浙江省	2196	2.40	5

（十六）北伐战争纪念馆景区

北伐战争纪念馆景区的所有客源省（自治区、直辖市、特别行政区）搜索量总值为40260次，均值为1184次，其中有8个省（自治区、直辖市、特别行政区）的年检索量高于全国平均搜索量，26个省（自治区、直辖市、特别行政区）的年检索量低于全国平均搜索量。北伐战争纪念馆景区客源市场排名第一的为广东省，其年总值为16104次，约为全国平均水平的13.60倍，占有率为40.00%；客源市场排名最后的是澳门特别行政区、重庆市、广西壮族自治区、甘肃省、贵州省、黑龙江省、海南省、吉林省、内蒙古自治区、宁夏回族自治区、青海省、山西省、台湾省、西藏自治区、香港特别行政区、新疆维吾尔自治区和云南省，其年总值均为0，占有率为0.00%。北伐战争纪念馆景区的前五大客源省（自治区、直辖市、特别行政区）分别是广东省、安徽省、江苏省、浙江省、河北省以及山东省，其中安徽省与江苏省排名并列第二，河北省与山东省排名并列第五，具体如表136所示。

表136　北伐战争纪念馆景区客源情况

客源市场	年总值（次）	占有率（%）	排名
安徽省	4392	10.91	2
澳门特别行政区	0	0.00	18

续表

客源市场	年总值（次）	占有率（%）	排名
北京市	1464	3.64	7
重庆市	0	0.00	18
福建省	1464	3.64	7
广东省	16104	40.00	1
广西壮族自治区	0	0.00	18
甘肃省	0	0.00	18
贵州省	0	0.00	18
河北省	1830	4.55	5
黑龙江省	0	0.00	18
河南省	1098	2.73	9
湖南省	732	1.82	10
湖北省	732	1.82	10
海南省	0	0.00	18
吉林省	0	0.00	18
江苏省	4392	10.91	2
江西省	732	1.82	10
辽宁省	366	0.91	13
内蒙古自治区	0	0.00	18
宁夏回族自治区	0	0.00	18
青海省	0	0.00	18
上海市	366	0.91	13
四川省	366	0.91	13
山东省	1830	4.55	5
山西省	0	0.00	18
陕西省	366	0.91	13
天津市	366	0.91	13
台湾省	0	0.00	18
西藏自治区	0	0.00	18
香港特别行政区	0	0.00	18
新疆维吾尔自治区	0	0.00	18
云南省	0	0.00	18
浙江省	3660	9.09	4

（十七）阮啸仙故居景区

阮啸仙故居景区的所有客源省（自治区、直辖市、特别行政区）搜索量总值为13176次，均值为388次，其中有1个省（自治区、直辖市、特别行政区）的年检索量高于全国平均搜索量，33个省（自治区、直辖市、特别行政区）的年检索量低于全国平均搜索量。阮啸仙故居景区客源市场排名第一的为广东省，其年总值为13176次，约为全国平均水平的33.96倍，占有率为100.00%；客源市场排名最后的是河北省、山西省、辽宁省、吉林省、黑龙江省、江苏省、浙江省、安徽省、福建省、江西省、山东省、河南省、湖北省、湖南省、海南省、四川省、贵州省、云南省、陕西省、甘肃省、青海省、台湾省、内蒙古自治区、广西壮族自治区、西藏自治区、宁夏回族自治区、新疆维吾尔自治区、北京市、天津市、上海市、重庆市、香港特别行政区和澳门特别行政区，其年总值均为0，占有率为0.00%。阮啸仙故居景区的最大客源省（自治区、直辖市、特别行政区）是广东省，具体如表137所示。

表137　阮啸仙故居景区客源情况

客源市场	年总值（次）	占有率（%）	排名
安徽省	0	0.00	2
澳门特别行政区	0	0.00	2
北京市	0	0.00	2
重庆市	0	0.00	2
福建省	0	0.00	2
广东省	13176	100.00	1
广西壮族自治区	0	0.00	2
甘肃省	0	0.00	2
贵州省	0	0.00	2
河北省	0	0.00	2
黑龙江省	0	0.00	2
河南省	0	0.00	2
湖南省	0	0.00	2
湖北省	0	0.00	2
海南省	0	0.00	2
吉林省	0	0.00	2
江苏省	0	0.00	2
江西省	0	0.00	2
辽宁省	0	0.00	2

续表

客源市场	年总值（次）	占有率（%）	排名
内蒙古自治区	0	0.00	2
宁夏回族自治区	0	0.00	2
青海省	0	0.00	2
上海市	0	0.00	2
四川省	0	0.00	2
山东省	0	0.00	2
山西省	0	0.00	2
陕西省	0	0.00	2
天津市	0	0.00	2
台湾省	0	0.00	2
西藏自治区	0	0.00	2
香港特别行政区	0	0.00	2
新疆维吾尔自治区	0	0.00	2
云南省	0	0.00	2
浙江省	0	0.00	2

六、广西壮族自治区

（一）大瑶山剿匪纪念公园景区

广西壮族自治区大瑶山剿匪纪念公园景区的所有客源省（自治区、直辖市、特别行政区）搜索量总值为30780次，均值为905次，其中有13个省（自治区、直辖市、特别行政区）的年检索量高于全国平均搜索量，21个省（自治区、直辖市、特别行政区）的年检索量低于全国平均搜索量。大瑶山剿匪纪念公园景区客源市场排名第一的为广东省，其年总值为4062次，约为全国平均水平的4.49倍，占有率为13.10%；客源市场排名最后的是澳门特别行政区、甘肃省、贵州省、海南省、内蒙古自治区、宁夏回族自治区、青海省、天津市、台湾省、西藏自治区、香港特别行政区和新疆维吾尔自治区，其年总值均为0，占有率为0.00%。大瑶山剿匪纪念公园景区的前五大客源省（自治区、直辖市、特别行政区）分别是广东省、山东省、广西壮族自治区、河南省以及湖北省，其中河南省和湖北省排名并列第四，具体如表138所示。

表 138　大瑶山剿匪纪念公园景区客源情况

客源市场	年总值（次）	占有率（%）	排名
安徽省	1830	5.95	6
澳门特别行政区	0	0.00	23
北京市	1098	3.57	11
重庆市	732	2.38	14
福建省	732	2.38	14
广东省	4062	13.10	1
广西壮族自治区	2562	8.33	3
甘肃省	0	0.00	23
贵州省	0	0.00	23
河北省	1464	4.76	8
黑龙江省	366	1.19	20
河南省	2196	7.14	4
湖南省	732	2.38	14
湖北省	2196	7.14	4
海南省	0	0.00	23
吉林省	366	1.19	20
江苏省	1098	3.57	11
江西省	1098	3.57	11
辽宁省	1464	4.76	8
内蒙古自治区	0	0.00	23
宁夏回族自治区	0	0.00	23
青海省	0	0.00	23
上海市	732	2.38	14
四川省	1464	4.76	8
山东省	2928	9.52	2
山西省	732	2.38	14
陕西省	366	1.19	20
天津市	0	0.00	23
台湾省	0	0.00	23
西藏自治区	0	0.00	23
香港特别行政区	0	0.00	23
新疆维吾尔自治区	0	0.00	23
云南省	732	2.38	14
浙江省	1830	5.95	6

（二）东兰红色旅游区

广西壮族自治区东兰红色旅游区的所有客源省（自治区、直辖市、特别行政区）搜索量总值为305976次，均值为8999次，其中有13个省（自治区、直辖市、特别行政区）的年检索量高于全国平均搜索量，21个省（自治区、直辖市、特别行政区）的年检索量低于全国平均搜索量。东兰红色旅游区客源市场排名第一的为广西壮族自治区，其年总值为61854次，约为全国平均水平的6.87倍，占有率为20.22%；客源市场排名最后的是澳门特别行政区、青海省、台湾省和西藏自治区，其年总值均为0，占有率为0.00%。东兰红色旅游区的前五大客源省（自治区、直辖市、特别行政区）分别是广西壮族自治区、广东省、北京市、四川省以及江苏省，其中北京市和四川省排名并列第三，具体如表139所示。

表139　东兰红色旅游区客源情况

客源市场	年总值（次）	占有率（%）	排名
安徽省	9150	2.99	12
澳门特别行政区	0	0.00	31
北京市	21228	6.94	3
重庆市	3294	1.08	19
福建省	8784	2.87	14
广东省	45018	14.71	2
广西壮族自治区	61854	20.22	1
甘肃省	732	0.24	27
贵州省	9150	2.99	12
河北省	6222	2.03	16
黑龙江省	1464	0.48	23
河南省	10248	3.35	10
湖南省	10980	3.59	7
湖北省	9882	3.23	11
海南省	1464	0.48	23
吉林省	1464	0.48	23
江苏省	18666	6.10	5
江西省	7686	2.51	15
辽宁省	2928	0.96	20
内蒙古自治区	1098	0.36	26
宁夏回族自治区	366	0.12	29

续表

客源市场	年总值（次）	占有率（%）	排名
青海省	0	0.00	31
上海市	10614	3.47	8
四川省	21228	6.94	3
山东省	10614	3.47	8
山西省	1830	0.60	22
陕西省	3660	1.20	18
天津市	2196	0.72	21
台湾省	0	0.00	31
西藏自治区	0	0.00	31
香港特别行政区	366	0.12	29
新疆维吾尔自治区	732	0.24	27
云南省	5490	1.79	17
浙江省	17568	5.74	6

（三）凭祥友谊关遗址景区

广西壮族自治区凭祥友谊关遗址景区的所有客源省（自治区、直辖市、特别行政区）搜索量总值为67710次，均值为1991次，其中有7个省（自治区、直辖市、特别行政区）的年检索量高于全国平均搜索量，27个省（自治区、直辖市、特别行政区）的年检索量低于全国平均搜索量。凭祥友谊关遗址景区客源市场排名第一的为广西壮族自治区，其年总值为23424次，约为全国平均水平的31.06倍，占有率为34.59%；客源市场排名最后的是澳门特别行政区、甘肃省、贵州省、黑龙江省、海南省、内蒙古自治区、宁夏回族自治区、青海省、山西省、台湾省、西藏自治区、香港特别行政区和新疆维吾尔自治区，其年总值均为0，占有率为0.00%。凭祥友谊关遗址景区的前五大客源省（自治区、直辖市、特别行政区）分别是广西壮族自治区、广东省、江苏省、北京市以及浙江省，具体如表140所示。

表140　凭祥友谊关遗址景区客源情况

客源市场	年总值（次）	占有率（%）	排名
安徽省	732	1.08	15
澳门特别行政区	0	0.00	22
北京市	3660	5.41	4
重庆市	1098	1.62	13

续表

客源市场	年总值（次）	占有率（%）	排名
福建省	1830	2.70	8
广东省	12810	18.92	2
广西壮族自治区	23424	34.59	1
甘肃省	0	0.00	22
贵州省	0	0.00	22
河北省	1098	1.62	13
黑龙江省	0	0.00	22
河南省	1830	2.70	8
湖南省	1464	2.16	11
湖北省	1464	2.16	11
海南省	0	0.00	22
吉林省	366	0.54	18
江苏省	4758	7.03	3
江西省	366	0.54	18
辽宁省	732	1.08	15
内蒙古自治区	0	0.00	22
宁夏回族自治区	0	0.00	22
青海省	0	0.00	22
上海市	2562	3.78	7
四川省	1830	2.70	8
山东省	2928	4.32	6
山西省	0	0.00	22
陕西省	732	1.08	15
天津市	366	0.54	18
台湾省	0	0.00	22
西藏自治区	0	0.00	22
香港特别行政区	0	0.00	22
新疆维吾尔自治区	0	0.00	22
云南省	366	0.54	18
浙江省	3294	4.86	5

（四）法卡山英雄纪念碑园景区

广西壮族自治区法卡山英雄纪念碑园景区的所有客源省（自治区、直辖市、特别行政区）搜索量总值为195444次，均值为5748次，其中有12个省（自治区、直辖市、特别行政区）的年检索量高于全国平均搜索量，22个省（自治区、直辖市、特别行政区）的年检索量低于全国平均搜索量。法卡山英雄纪念碑园景区客源市场排名第一的为广东省，其年总值为31110次，约为全国平均水平的5.41倍，占有率为15.92%；客源市场排名最后的是澳门特别行政区、宁夏回族自治区、青海省、台湾省、西藏自治区和香港特别行政区，其年总值均为0，占有率为0.00%。法卡山英雄纪念碑园景区的前五大客源省（自治区、直辖市、特别行政区）分别是广东省、广西壮族自治区、北京市、山东省以及湖南省，其中北京市和山东省排名并列第三，具体如表141所示。

表141　法卡山英雄纪念碑园景区客源情况

客源市场	年总值（次）	占有率（%）	排名
安徽省	4392	2.25	13
澳门特别行政区	0	0.00	29
北京市	13176	6.74	3
重庆市	1830	0.94	20
福建省	4026	2.06	15
广东省	31110	15.92	1
广西壮族自治区	29646	15.17	2
甘肃省	732	0.37	26
贵州省	1464	0.75	23
河北省	6588	3.37	12
黑龙江省	3294	1.69	18
河南省	8418	4.31	8
湖南省	12078	6.18	5
湖北省	7320	3.75	10
海南省	1464	0.75	23
吉林省	1830	0.94	20
江苏省	11346	5.81	6
江西省	3660	1.87	16
辽宁省	4392	2.25	13
内蒙古自治区	732	0.37	26

续表

客源市场	年总值（次）	占有率（%）	排名
宁夏回族自治区	0	0.00	29
青海省	0	0.00	29
上海市	6954	3.56	11
四川省	8418	4.31	8
山东省	13176	6.74	3
山西省	1830	0.94	20
陕西省	2928	1.50	19
天津市	1464	0.75	23
台湾省	0	0.00	29
西藏自治区	0	0.00	29
香港特别行政区	0	0.00	29
新疆维吾尔自治区	366	0.19	28
云南省	3660	1.87	16
浙江省	9150	4.68	7

（五）南宁邓颖超纪念馆景区

广西壮族自治区南宁市邓颖超纪念馆景区的所有客源省（自治区、直辖市、特别行政区）搜索量总值为71736次，均值为2110次，其中有7个省（自治区、直辖市、特别行政区）的年检索量高于全国平均搜索量，27个省（自治区、直辖市、特别行政区）的年检索量低于全国平均搜索量。南宁邓颖超纪念馆景区客源市场排名第一的为广西壮族自治区，其年总值为38796次，约为全国平均水平的14.74倍，占有率为54.08%；客源市场排名最后的是澳门特别行政区、甘肃省、贵州省、海南省、江苏省、内蒙古自治区、宁夏回族自治区、青海省、山西省、台湾省、西藏自治区、香港特别行政区、新疆维吾尔自治区和云南省，其年总值均为0，占有率为0.00%。南宁邓颖超纪念馆景区的前五大客源省（自治区、直辖市、特别行政区）分别是广西壮族自治区、广东省、北京市、安徽省、天津市以及浙江省，其中安徽省、天津市和浙江省排名并列第四，具体如表142所示。

表142　南宁邓颖超纪念馆景区客源情况

客源市场	年总值（次）	占有率（%）	排名
安徽省	2562	3.57	4
澳门特别行政区	0	0.00	21

续表

客源市场	年总值（次）	占有率（%）	排名
北京市	4758	6.63	3
重庆市	366	0.51	16
福建省	1098	1.53	11
广东省	6588	9.18	2
广西壮族自治区	38796	54.08	1
甘肃省	0	0.00	21
贵州省	0	0.00	21
河北省	1830	2.55	8
黑龙江省	366	0.51	16
河南省	1830	2.55	8
湖南省	1464	2.04	10
湖北省	366	0.51	16
海南省	0	0.00	21
吉林省	366	0.51	16
江苏省	0	0.00	21
江西省	732	1.02	14
辽宁省	732	1.02	14
内蒙古自治区	0	0.00	21
宁夏回族自治区	0	0.00	21
青海省	0	0.00	21
上海市	1098	1.53	11
四川省	1098	1.53	11
山东省	2196	3.06	7
山西省	0	0.00	21
陕西省	366	0.51	16
天津市	2562	3.57	4
台湾省	0	0.00	21
西藏自治区	0	0.00	21
香港特别行政区	0	0.00	21
新疆维吾尔自治区	0	0.00	21
云南省	0	0.00	21
浙江省	2562	3.57	4

（六）昆仑关战役旧址景区

广西壮族自治区昆仑关战役旧址景区的所有客源省（自治区、直辖市、特别行政区）搜索量总值为764574次，均值为22487次，其中有17个省（自治区、直辖市、特别行政区）的年检索量高于全国平均搜索量，17个省（自治区、直辖市、特别行政区）的年检索量低于全国平均搜索量。昆仑关战役旧址景区客源市场排名第一的为广西壮族自治区，其年总值为65880次，约为全国平均水平的2.93倍，占有率为8.62%；客源市场排名最后的是台湾省，其年总值为0，占有率为0.00%。昆仑关战役旧址景区的前五大客源省（自治区、直辖市、特别行政区）分别是广西壮族自治区、广东省、江苏省、北京市以及山东省，具体如表143所示。

表143 昆仑关战役旧址景区客源情况

客源市场	年总值（次）	占有率（%）	排名
安徽省	32940	4.31	9
澳门特别行政区	366	0.05	32
北京市	39894	5.22	4
重庆市	21960	2.87	18
福建省	25254	3.30	14
广东省	49044	6.41	2
广西壮族自治区	65880	8.62	1
甘肃省	10248	1.34	26
贵州省	16104	2.11	22
河北省	32208	4.21	11
黑龙江省	18300	2.39	21
河南省	33306	4.36	8
湖南省	26718	3.49	13
湖北省	31476	4.12	12
海南省	8418	1.10	27
吉林省	14274	1.87	24
江苏省	41358	5.41	3
江西省	23424	3.06	17
辽宁省	25254	3.30	14
内蒙古自治区	10614	1.39	25
宁夏回族自治区	2196	0.29	29
青海省	1830	0.24	30

续表

客源市场	年总值（次）	占有率（%）	排名
上海市	33672	4.40	7
四川省	32940	4.31	9
山东省	39162	5.12	5
山西省	21228	2.78	19
陕西省	24522	3.21	16
天津市	15006	1.96	23
台湾省	0	0.00	34
西藏自治区	366	0.05	32
香港特别行政区	732	0.10	31
新疆维吾尔自治区	6588	0.86	28
云南省	20496	2.68	20
浙江省	38796	5.07	6

（七）粤东会馆景区

广西壮族自治区粤东会馆景区的所有客源省（自治区、直辖市、特别行政区）搜索量总值为78324次，均值为2304次，其中有9个省（自治区、直辖市、特别行政区）的年检索量高于全国平均搜索量，25个省（自治区、直辖市、特别行政区）的年检索量低于全国平均搜索量。粤东会馆景区客源市场排名第一的为广西壮族自治区，其年总值为28914次，约为全国平均水平的12.55倍，占有率为36.92%；客源市场排名最后的是澳门特别行政区、甘肃省、海南省、宁夏回族自治区、青海省、天津市、台湾省、西藏自治区和香港特别行政区，其年总值均为0，占有率为0.00%。粤东会馆景区的前五大客源省（自治区、直辖市、特别行政区）分别是广西壮族自治区、广东省、江苏省、浙江省、北京市以及山东省，其中北京市和山东省排名并列第五，具体如表144所示。

表144　粤东会馆景区客源情况

客源市场	年总值（次）	占有率（%）	排名
安徽省	2562	3.27	8
澳门特别行政区	0	0.00	26
北京市	3294	4.21	5
重庆市	732	0.93	16
福建省	1464	1.87	12

续表

客源市场	年总值（次）	占有率（%）	排名
广东省	10980	14.02	2
广西壮族自治区	28914	36.92	1
甘肃省	0	0.00	26
贵州省	366	0.47	22
河北省	2562	3.27	8
黑龙江省	732	0.93	16
河南省	2196	2.80	10
湖南省	1464	1.87	12
湖北省	1464	1.87	12
海南省	0	0.00	26
吉林省	366	0.47	22
江苏省	4392	5.61	3
江西省	1098	1.40	15
辽宁省	732	0.93	16
内蒙古自治区	732	0.93	16
宁夏回族自治区	0	0.00	26
青海省	0	0.00	26
上海市	2196	2.80	10
四川省	2928	3.74	7
山东省	3294	4.21	5
山西省	732	0.93	16
陕西省	366	0.47	22
天津市	0	0.00	26
台湾省	0	0.00	26
西藏自治区	0	0.00	26
香港特别行政区	0	0.00	26
新疆维吾尔自治区	366	0.47	22
云南省	732	0.93	16
浙江省	3660	4.67	4

七、贵州省

（一）汇川区、桐梓县娄山关景区

贵州省汇川区、桐梓县娄山关景区的所有客源省（自治区、直辖市、特别行政区）搜索量总值为1252452次，均值为36837次，其中有18个省（自治区、直辖市、特别行政区）的年检索量高于全国平均搜索量，16个省（自治区、直辖市、特别行政区）的年检索量低于全国平均搜索量。汇川区、桐梓县娄山关景区客源市场排名第一的为贵州省，其年总值为90036次，约为全国平均水平的2.44倍，占有率为7.19%；客源市场排名最后的是澳门特别行政区，其年总值为0，占有率为0.00%。汇川区、桐梓县娄山关景区的前五大客源省（自治区、直辖市、特别行政区）分别是贵州省、广东省、北京市、山东省、江苏省以及上海市，其中江苏省和上海市排名并列第五，具体如表145所示。

表145　汇川区、桐梓县娄山关景区客源情况

客源市场	年总值（次）	占有率（%）	排名
安徽省	40992	3.27	15
澳门特别行政区	0	0.00	34
北京市	61122	4.88	3
重庆市	50874	4.06	9
福建省	40626	3.24	16
广东省	62952	5.03	2
广西壮族自治区	35502	2.83	20
甘肃省	26718	2.13	26
贵州省	90036	7.19	1
河北省	45018	3.59	11
黑龙江省	33306	2.66	23
河南省	50142	4.00	10
湖南省	44286	3.54	13
湖北省	44652	3.57	12
海南省	16470	1.32	28
吉林省	28182	2.25	25
江苏省	55998	4.47	5
江西省	36234	2.89	19
辽宁省	41358	3.30	14

续表

客源市场	年总值（次）	占有率（%）	排名
内蒙古自治区	29280	2.34	24
宁夏回族自治区	13542	1.08	29
青海省	8418	0.67	30
上海市	55998	4.47	5
四川省	53802	4.30	7
山东省	60390	4.82	4
山西省	36966	2.95	18
陕西省	39894	3.19	17
天津市	34770	2.78	22
台湾省	366	0.03	33
西藏自治区	2928	0.23	31
香港特别行政区	1830	0.15	32
新疆维吾尔自治区	22326	1.78	27
云南省	35502	2.83	20
浙江省	51972	4.15	8

(二) 黔南州荔波县邓恩铭烈士故居景区

贵州省黔南州荔波县邓恩铭烈士故居景区的所有客源省（自治区、直辖市、特别行政区）搜索量总值为53436次，均值为1572次，其中有7个省（自治区、直辖市、特别行政区）的年检索量高于全国平均搜索量，27个省（自治区、直辖市、特别行政区）的年检索量低于全国平均搜索量。黔南州荔波县邓恩铭烈士故居景区客源市场排名第一的为贵州省，其年总值为20496次，约为全国平均水平的13.04倍，占有率为38.36%；客源市场排名最后的是澳门特别行政区、甘肃省、黑龙江省、海南省、吉林省、宁夏回族自治区、青海省、山西省、陕西省、天津市、台湾省、西藏自治区、香港特别行政区、新疆维吾尔自治区和云南省，其年总值均为0，占有率为0.00%。黔南州荔波县邓恩铭烈士故居景区的前五大客源省（自治区、直辖市、特别行政区）分别是贵州省、广东省、山东省、江苏省以及浙江省，具体如表146所示。

表146　南州荔波县邓恩铭烈士故居景区客源情况

客源市场	年总值（次）	占有率（%）	排名
安徽省	3294	6.16	6
澳门特别行政区	0	0.00	20

续表

客源市场	年总值（次）	占有率（%）	排名
北京市	1098	2.05	9
重庆市	366	0.68	16
福建省	1464	2.74	8
广东省	5490	10.27	2
广西壮族自治区	1098	2.05	9
甘肃省	0	0.00	20
贵州省	20496	38.36	1
河北省	1830	3.42	7
黑龙江省	0	0.00	20
河南省	732	1.37	12
湖南省	732	1.37	12
湖北省	366	0.68	16
海南省	0	0.00	20
吉林省	0	0.00	20
江苏省	4392	8.22	4
江西省	732	1.37	12
辽宁省	366	0.68	16
内蒙古自治区	366	0.68	16
宁夏回族自治区	0	0.00	20
青海省	0	0.00	20
上海市	732	1.37	12
四川省	1098	2.05	9
山东省	5124	9.59	3
山西省	0	0.00	20
陕西省	0	0.00	20
天津市	0	0.00	20
台湾省	0	0.00	20
西藏自治区	0	0.00	20
香港特别行政区	0	0.00	20
新疆维吾尔自治区	0	0.00	20
云南省	0	0.00	20
浙江省	3660	6.85	5

(三) 安顺市王若飞故居景区

贵州省安顺市王若飞故居景区的所有客源省(自治区、直辖市、特别行政区)搜索量总值为75030次，均值为2207次，其中有7个省(自治区、直辖市、特别行政区)的年检索量高于全国平均搜索量，27个省(自治区、直辖市、特别行政区)的年检索量低于全国平均搜索量。安顺市王若飞故居景区客源市场排名第一的为贵州省，其年总值为30378次，约为全国平均水平的13.77倍，占有率为40.49%；客源市场排名最后的是澳门特别行政区、甘肃省、黑龙江省、海南省、吉林省、宁夏回族自治区、青海省、山西省、台湾省、西藏自治区、新疆维吾尔自治区和香港特别行政区，其年总值均为0，占有率为0.00%。安顺市王若飞故居景区的前五大客源省(自治区、直辖市、特别行政区)分别是贵州省、广东省、浙江省、安徽省以及江苏省，具体如表147所示。

表147　安顺市王若飞故居景区客源情况

客源市场	年总值(次)	占有率(%)	排名
安徽省	4758	6.34	4
澳门特别行政区	0	0.00	23
北京市	2562	3.41	6
重庆市	732	0.98	18
福建省	1464	1.95	11
广东省	8052	10.73	2
广西壮族自治区	366	0.49	20
甘肃省	0	0.00	23
贵州省	30378	40.49	1
河北省	2196	2.93	8
黑龙江省	0	0.00	23
河南省	1464	1.95	11
湖南省	1098	1.46	13
湖北省	366	0.49	20
海南省	0	0.00	23
吉林省	0	0.00	23
江苏省	4026	5.37	5
江西省	1098	1.46	13
辽宁省	1098	1.46	13
内蒙古自治区	2196	2.93	8

续表

客源市场	年总值（次）	占有率（%）	排名
宁夏回族自治区	0	0.00	23
青海省	0	0.00	23
上海市	1098	1.46	13
四川省	1830	2.44	10
山东省	2562	3.41	6
山西省	0	0.00	23
陕西省	732	0.98	18
天津市	366	0.49	20
台湾省	0	0.00	23
西藏自治区	0	0.00	23
香港特别行政区	0	0.00	23
新疆维吾尔自治区	0	0.00	23
云南省	1098	1.46	13
浙江省	5490	7.32	3

八、河北省

（一）石家庄市平山县西柏坡红色旅游系列景区（点）

河北省石家庄市平山县西柏坡红色旅游系列景区（点）的所有客源省（自治区、直辖市、特别行政区）搜索量总值1543788次，均值为45406次，其中有17个省（自治区、直辖市、特别行政区）的年检索量高于全国平均搜索量，17个省（自治区、直辖市、特别行政区）的年检索量低于全国平均搜索量。石家庄市平山县西柏坡红色旅游系列景区（点）客源市场排名第一的为河北省，其年总值为152988次，约为全国平均水平的3.37倍，占有率为9.91%；客源市场排名最后的是澳门特别行政区和台湾省，其年总值均为366次，占有率为0.02%。石家庄市平山县西柏坡红色旅游系列景区（点）的前五大客源省（自治区、直辖市、特别行政区）分别是河北省、北京市、山东省、广东省以及河南省，具体如表148所示。

表148　石家庄市平山县西柏坡红色旅游系列景区（点）客源情况

客源市场	年总值（次）	占有率（%）	排名
安徽省	49044	3.18	15
澳门特别行政区	366	0.02	33

续表

客源市场	年总值（次）	占有率（%）	排名
北京市	87474	5.67	2
重庆市	40260	2.61	21
福建省	45750	2.96	17
广东省	72834	4.72	4
广西壮族自治区	39894	2.58	22
甘肃省	32208	2.09	26
贵州省	32940	2.13	25
河北省	152988	9.91	1
黑龙江省	40626	2.63	20
河南省	65880	4.27	5
湖南省	47214	3.06	16
湖北省	51240	3.32	13
海南省	23790	1.54	28
吉林省	37698	2.44	23
江苏省	64416	4.17	6
江西省	43554	2.82	18
辽宁省	50508	3.27	14
内蒙古自治区	42090	2.73	19
宁夏回族自治区	19764	1.28	29
青海省	15006	0.97	30
上海市	57462	3.72	9
四川省	53436	3.46	10
山东省	77592	5.03	3
山西省	58926	3.82	8
陕西省	53070	3.44	11
天津市	51606	3.34	12
台湾省	366	0.02	33
西藏自治区	7320	0.47	31
香港特别行政区	3294	0.21	32
新疆维吾尔自治区	28548	1.85	27
云南省	36966	2.39	24
浙江省	59658	3.86	7

（二）乐亭县李大钊故居和纪念馆景区

河北省乐亭县李大钊故居和纪念馆景区的所有客源省（自治区、直辖市、特别行政区）搜索量总值131760次，均值为3875次，其中有9个省（自治区、直辖市、特别行政区）的年检索量高于全国平均搜索量，25个省（自治区、直辖市、特别行政区）的年检索量低于全国平均搜索量。乐亭县李大钊故居和纪念馆景区客源市场排名第一的为北京市，其年总值为40992次，约为全国平均水平的10.58倍，占有率为31.11%；客源市场排名最后的是澳门特别行政区、海南省、青海省、台湾省、西藏自治区、香港特别行政区和新疆维吾尔自治区，其年总值均为0，占有率为0.00%。乐亭县李大钊故居和纪念馆景区的前五大客源省（自治区、直辖市、特别行政区）分别是北京市、河北省、天津市、广东省以及山东省，其中广东省和山东省排名并列第四，具体如表149所示。

表149　乐亭县李大钊故居和纪念馆景区客源情况

客源市场	年总值（次）	占有率（%）	排名
安徽省	2196	1.67	12
澳门特别行政区	0	0.00	28
北京市	40992	31.11	1
重庆市	732	0.56	20
福建省	1098	0.83	16
广东省	5856	4.44	4
广西壮族自治区	732	0.56	20
甘肃省	366	0.28	24
贵州省	366	0.28	24
河北省	32574	24.72	2
黑龙江省	1464	1.11	13
河南省	4026	3.06	9
湖南省	1464	1.11	13
湖北省	1098	0.83	16
海南省	0	0.00	28
吉林省	1464	1.11	13
江苏省	4758	3.61	6
江西省	1098	0.83	16
辽宁省	2928	2.22	11
内蒙古自治区	732	0.56	20

续表

客源市场	年总值（次）	占有率（%）	排名
宁夏回族自治区	366	0.28	24
青海省	0	0.00	28
上海市	4392	3.33	7
四川省	3660	2.78	10
山东省	5856	4.44	4
山西省	1098	0.83	16
陕西省	732	0.56	20
天津市	6954	5.28	3
台湾省	0	0.00	28
西藏自治区	0	0.00	28
香港特别行政区	0	0.00	28
新疆维吾尔自治区	0	0.00	28
云南省	366	0.28	24
浙江省	4392	3.33	7

（三）安新县白洋淀景区

河北省安新县白洋淀景区的所有客源省（自治区、直辖市、特别行政区）搜索量总值331230次，均值为9742次，其中有12个省（自治区、直辖市、特别行政区）的年检索量高于全国平均搜索量，22个省（自治区、直辖市、特别行政区）的年检索量低于全国平均搜索量。安新县白洋淀景区客源市场排名第一的为河北省，其年总值为61854次，约为全国平均水平的6.35倍，占有率为18.67%；客源市场排名最后的是澳门特别行政区、海南省、台湾省、西藏自治区和香港特别行政区，其年总值均为0，占有率为0.00%。安新县白洋淀景区的前五大客源省（自治区、直辖市、特别行政区）分别是河北省、北京市、天津市、山东省以及河南省，具体如表150所示。

表150　安新县白洋淀景区客源情况

客源市场	年总值（次）	占有率（%）	排名
安徽省	6954	2.10	15
澳门特别行政区	0	0.00	30
北京市	40260	12.15	2
重庆市	2562	0.77	21

续表

客源市场	年总值（次）	占有率（%）	排名
福建省	3294	0.99	20
广东省	14640	4.42	7
广西壮族自治区	1830	0.55	22
甘肃省	1098	0.33	25
贵州省	1464	0.44	24
河北省	61854	18.67	1
黑龙江省	5124	1.55	18
河南省	21960	6.63	5
湖南省	4026	1.22	19
湖北省	5490	1.66	16
海南省	0	0.00	30
吉林省	5490	1.66	16
江苏省	14640	4.42	7
江西省	1830	0.55	22
辽宁省	14274	4.31	9
内蒙古自治区	10248	3.09	12
宁夏回族自治区	366	0.11	28
青海省	366	0.11	28
上海市	7320	2.21	13
四川省	13542	4.09	10
山东省	24156	7.29	4
山西省	20496	6.19	6
陕西省	7320	2.21	13
天津市	25620	7.73	3
台湾省	0	0.00	30
西藏自治区	0	0.00	30
香港特别行政区	0	0.00	30
新疆维吾尔自治区	732	0.22	27
云南省	1098	0.33	25
浙江省	13176	3.98	11

（四）清苑区冉庄地道战遗址景区

河北省清苑区冉庄地道战遗址景区的所有客源省（自治区、直辖市、特别行政区）搜索量总值233142次，均值为6857次，其中有11个省（自治区、直辖市、特别行政区）的年检索量高于全国平均搜索量，23个省（自治区、直辖市、特别行政区）的年检索量低于全国平均搜索量。清苑区冉庄地道战遗址景区客源市场排名第一的为河北省，其年总值为53070次，约为全国平均水平的7.74倍，占有率为22.76%；客源市场排名最后的是澳门特别行政区、青海省、台湾省、西藏自治区和香港特别行政区，其年总值均为0，占有率为0.00%。清苑区冉庄地道战遗址景区的前五大客源省（自治区、直辖市、特别行政区）分别是河北省、北京市、山东省、天津市以及河南省，具体如表151所示。

表151　清苑区冉庄地道战遗址景区客源状况

客源市场	年总值（次）	占有率（%）	排名
安徽省	6588	2.83	12
澳门特别行政区	0	0.00	30
北京市	30744	13.19	2
重庆市	1098	0.47	24
福建省	3294	1.41	15
广东省	11712	5.02	6
广西壮族自治区	1464	0.63	21
甘肃省	732	0.31	25
贵州省	366	0.16	27
河北省	53070	22.76	1
黑龙江省	2562	1.10	18
河南省	14274	6.12	5
湖南省	2562	1.10	18
湖北省	2562	1.10	18
海南省	366	0.16	27
吉林省	1464	0.63	21
江苏省	11346	4.87	7
江西省	2928	1.26	17
辽宁省	8784	3.77	9
内蒙古自治区	3294	1.41	15
宁夏回族自治区	366	0.16	27

续表

客源市场	年总值（次）	占有率（%）	排名
青海省	0	0.00	30
上海市	4758	2.04	13
四川省	7686	3.30	10
山东省	19398	8.32	3
山西省	11346	4.87	7
陕西省	4758	2.04	13
天津市	15738	6.75	4
台湾省	0	0.00	30
西藏自治区	0	0.00	30
香港特别行政区	0	0.00	30
新疆维吾尔自治区	732	0.31	25
云南省	1464	0.63	21
浙江省	7686	3.30	10

（五）易县狼牙山风景区

河北省易县狼牙山风景区的所有客源省（自治区、直辖市、特别行政区）搜索量总值54168次，均值为1593次，其中有9个省（自治区、直辖市、特别行政区）的年检索量高于全国平均搜索量，25个省（自治区、直辖市、特别行政区）的年检索量低于全国平均搜索量。易县狼牙山风景区客源市场排名第一的为河北省，其年总值为23424次，约为全国平均水平的14.70倍，占有率为43.24%；客源市场排名最后的是澳门特别行政区、重庆市、福建省、广西壮族自治区、甘肃省、贵州省、黑龙江省、海南省、江西省、宁夏回族自治区、青海省、陕西省、台湾省、西藏自治区、香港特别行政区、新疆维吾尔自治区和云南省，其年总值均为0，占有率为0.00%。易县狼牙山风景区的前五大客源省（自治区、直辖市、特别行政区）分别是河北省、北京市、天津市、安徽省以及江苏省，其中安徽省和江苏省排名并列第四，具体如表152所示。

表152　易县狼牙山风景区客源情况

客源市场	年总值（次）	占有率（%）	排名
安徽省	2562	4.73	4
澳门特别行政区	0	0.00	18
北京市	9882	18.24	2
重庆市	0	0.00	18

续表

客源市场	年总值（次）	占有率（%）	排名
福建省	0	0.00	18
广东省	1830	3.38	6
广西壮族自治区	0	0.00	18
甘肃省	0	0.00	18
贵州省	0	0.00	18
河北省	23424	43.24	1
黑龙江省	0	0.00	18
河南省	1830	3.38	6
湖南省	732	1.35	11
湖北省	366	0.68	15
海南省	0	0.00	18
吉林省	366	0.68	15
江苏省	2562	4.73	4
江西省	0	0.00	18
辽宁省	732	1.35	11
内蒙古自治区	366	0.68	15
宁夏回族自治区	0	0.00	18
青海省	0	0.00	18
上海市	732	1.35	11
四川省	1098	2.03	10
山东省	1830	3.38	6
山西省	1830	3.38	6
陕西省	0	0.00	18
天津市	3294	6.08	3
台湾省	0	0.00	18
西藏自治区	0	0.00	18
香港特别行政区	0	0.00	18
新疆维吾尔自治区	0	0.00	18
云南省	0	0.00	18
浙江省	732	1.35	11

（六）涞水县野三坡平西抗日根据地景区

河北省涞水县野三坡平西抗日根据地景区的所有客源省（自治区、直辖市、特别行政区）搜索量总值424194次，均值为12476次，其中有13个省（自治区、直辖市、特别行政区）的年检索量高于全国平均搜索量，21个省（自治区、直辖市、特别行政区）的年检索量低于全国平均搜索量。涞水县野三坡平西抗日根据地景区客源市场排名第一的为河北省，其年总值为87474次，约为全国平均水平的7.01倍，占有率为20.62%；客源市场排名最后的是澳门特别行政区、台湾省和西藏自治区，其年总值均为0，占有率为0.00%。涞水县野三坡平西抗日根据地景区的前五大客源省（自治区、直辖市、特别行政区）分别是河北省、北京市、山东省、天津市以及内蒙古自治区，具体如表153所示。

表153　涞水县野三坡平西抗日根据地景区客源情况

客源市场	年总值（次）	占有率（%）	排名
安徽省	13176	3.11	13
澳门特别行政区	0	0.00	32
北京市	55998	13.20	2
重庆市	4026	0.95	21
福建省	5490	1.29	17
广东省	18300	4.31	7
广西壮族自治区	1830	0.43	25
甘肃省	2196	0.52	23
贵州省	1464	0.35	26
河北省	87474	20.62	1
黑龙江省	4758	1.12	19
河南省	15372	3.62	11
湖南省	4392	1.04	20
湖北省	9882	2.33	14
海南省	732	0.17	28
吉林省	5490	1.29	17
江苏省	17202	4.06	9
江西省	4026	0.95	21
辽宁省	17934	4.23	8
内蒙古自治区	21594	5.09	5
宁夏回族自治区	1098	0.26	27

续表

客源市场	年总值（次）	占有率（%）	排名
青海省	366	0.09	30
上海市	8418	1.98	15
四川省	14640	3.45	12
山东省	33306	7.85	3
山西省	19764	4.66	6
陕西省	5856	1.38	16
天津市	30012	7.08	4
台湾省	0	0.00	32
西藏自治区	0	0.00	32
香港特别行政区	366	0.09	30
新疆维吾尔自治区	732	0.17	28
云南省	2196	0.52	23
浙江省	16104	3.80	10

（七）丰润区潘家峪惨案纪念馆景区

河北省丰润区潘家峪惨案纪念馆景区的所有客源省（自治区、直辖市、特别行政区）搜索量总值387594次，均值为11400次，其中有15个省（自治区、直辖市、特别行政区）的年检索量高于全国平均搜索量，19个省（自治区、直辖市、特别行政区）的年检索量低于全国平均搜索量。丰润区潘家峪惨案纪念馆景区客源市场排名第一的为河北省，其年总值为40260次，约为全国平均水平的3.53倍，占有率为10.39%；客源市场排名最后的是澳门特别行政区、青海省、台湾省、西藏自治区和香港特别行政区，其年总值均为0，占有率为0.00%。丰润区潘家峪惨案纪念馆景区的前五大客源省（自治区、直辖市、特别行政区）分别是河北省、广东省、江苏省、北京市以及浙江省，具体如表154所示。

表154　丰润区潘家峪惨案纪念馆景区客源情况

客源市场	年总值（次）	占有率（%）	排名
安徽省	17934	4.63	9
澳门特别行政区	0	0.00	30
北京市	25254	6.52	4
重庆市	5856	1.51	24
福建省	9516	2.46	17

续表

客源市场	年总值（次）	占有率（%）	排名
广东省	28182	7.27	2
广西壮族自治区	8052	2.08	19
甘肃省	6222	1.61	23
贵州省	6588	1.70	22
河北省	40260	10.39	1
黑龙江省	6954	1.79	21
河南省	18666	4.82	8
湖南省	15372	3.97	10
湖北省	13176	3.40	11
海南省	1830	0.47	28
吉林省	5856	1.51	24
江苏省	25986	6.70	3
江西省	9150	2.36	18
辽宁省	12444	3.21	14
内蒙古自治区	7686	1.98	20
宁夏回族自治区	732	0.19	29
青海省	0	0.00	30
上海市	10980	2.83	16
四川省	19032	4.91	7
山东省	22326	5.76	6
山西省	11712	3.02	15
陕西省	13176	3.40	11
天津市	12810	3.31	13
台湾省	0	0.00	30
西藏自治区	0	0.00	30
香港特别行政区	0	0.00	30
新疆维吾尔自治区	2928	0.76	27
云南省	5490	1.42	26
浙江省	23424	6.04	5

九、黑龙江省

（一）大庆市大庆油田历史陈列馆景区

黑龙江省大庆市大庆石油历史陈列馆景区的客源市场搜索量总值为 1315770 次，均值为 38699 次，其中有 19 个省（自治区、直辖市、特别行政区）的年检索量高于全国平均搜索量，15 个省（自治区、直辖市、特别行政区）的年检索量低于全国平均搜索量。大庆市大庆石油历史陈列馆景区客源市场排名第一的为黑龙江省，其年总值为 80154 次，约为全国平均水平的 2.07 倍，占有率为 6.09%；客源市场排名最后的是澳门特别行政区和台湾省，其年总值均为 732，占有率为 0.06%。大庆市大庆石油历史陈列馆景区的前五大客源省（自治区、直辖市、特别行政区）分别是黑龙江省、广东省、山东省、北京市以及江苏省，具体如表 155 所示。

表 155　大庆市大庆油田历史陈列馆景区客源情况

客源市场	年总值（次）	占有率（%）	排名
安徽省	44286	3.37	14
澳门特别行政区	732	0.06	33
北京市	61854	4.70	4
重庆市	38796	2.95	18
福建省	42456	3.23	16
广东省	69906	5.31	2
广西壮族自治区	36600	2.78	21
甘肃省	35136	2.67	23
贵州省	34038	2.59	24
河北省	49776	3.78	10
黑龙江省	80154	6.09	1
河南省	50508	3.84	9
湖南省	43188	3.28	15
湖北省	47580	3.62	11
海南省	24888	1.89	28
吉林省	40260	3.06	17
江苏省	59292	4.51	5
江西省	36966	2.81	20
辽宁省	47214	3.59	12
内蒙古自治区	30744	2.34	27

续表

客源市场	年总值（次）	占有率（%）	排名
宁夏回族自治区	13908	1.06	29
青海省	9882	0.75	30
上海市	51240	3.89	8
四川省	53436	4.06	7
山东省	62952	4.78	3
山西省	36600	2.78	21
陕西省	45750	3.48	13
天津市	38796	2.95	18
台湾省	732	0.06	33
西藏自治区	4392	0.33	31
香港特别行政区	3660	0.28	32
新疆维吾尔自治区	32208	2.45	26
云南省	32940	2.50	25
浙江省	54900	4.17	6

（二）鸡西市侵华日军虎头要塞遗址景区

黑龙江省鸡西市侵华日军虎头要塞遗址景区的客源市场搜索量总值为374052次，均值为11002次，其中有14个省（自治区、直辖市、特别行政区）的年检索量高于全国平均搜索量，20个省（自治区、直辖市、特别行政区）的年检索量低于全国平均搜索量。鸡西市侵华日军虎头要塞遗址景区客源市场排名第一的为黑龙江省，其年总值为39528次，约为全国平均水平的3.59倍，占有率为10.57%；客源市场排名最后的是澳门特别行政区、台湾省、西藏自治区和香港特别行政区，其年总值均为0，占有率为0.00%。大庆市大庆石油历史陈列馆景区的前五大客源省（自治区、直辖市、特别行政区）分别是黑龙江省、广东省、山东省、北京市以及江苏省，其中广东省和山东省排名并列第二，北京市和江苏省排名并列第四，具体如表156所示。

表156　鸡西市侵华日军虎头要塞遗址景区客源情况

客源市场	年总值（次）	占有率（%）	排名
安徽省	14274	3.82	11
澳门特别行政区	0	0.00	31
北京市	26352	7.05	4
重庆市	5490	1.47	23

续表

客源市场	年总值（次）	占有率（%）	排名
福建省	9516	2. 54	16
广东省	27084	7. 24	2
广西壮族自治区	5856	1. 57	21
甘肃省	2196	0. 59	27
贵州省	2562	0. 68	26
河北省	18300	4. 89	8
黑龙江省	39528	10. 57	1
河南省	16836	4. 50	9
湖南省	10248	2. 74	15
湖北省	11346	3. 03	14
海南省	1464	0. 39	28
吉林省	12810	3. 42	13
江苏省	26352	7. 05	4
江西省	7320	1. 96	19
辽宁省	20862	5. 58	7
内蒙古自治区	5856	1. 57	21
宁夏回族自治区	1098	0. 29	29
青海省	732	0. 20	30
上海市	15372	4. 11	10
四川省	13542	3. 62	12
山东省	27084	7. 24	2
山西省	8052	2. 15	18
陕西省	8418	2. 25	17
天津市	7320	1. 96	19
台湾省	0	0. 00	31
西藏自治区	0	0. 00	31
香港特别行政区	0	0. 00	31
新疆维吾尔自治区	2928	0. 78	25
云南省	4026	1. 08	24
浙江省	21228	5. 68	6

（三）牡丹江市侵华日军东宁要塞遗址景区

黑龙江省牡丹江市侵华日军东宁要塞遗址景区的客源市场搜索量总值为197274次，均值为5802次，其中有13个省（自治区、直辖市、特别行政区）的年检索量高于全国平均搜索量，21个省（自治区、直辖市、特别行政区）的年检索量低于全国平均搜索量。牡丹江市侵华日军东宁要塞遗址景区客源市场排名第一的为黑龙江省，其年总值为36600次，约为全国平均水平的6.31倍，占有率为18.55%；客源市场排名最后的是澳门特别行政区、江苏省、宁夏回族自治区、青海省、台湾省、西藏自治区、香港特别行政区和新疆维吾尔自治区，其年总值均为0，占有率为0.00%。牡丹江市侵华日军东宁要塞遗址景区的前五大客源省（自治区、直辖市、特别行政区）分别是黑龙江省、山东省、吉林省、北京市以及江西省，其中北京市和江西省排名并列第四，具体如表157所示。

表157 牡丹江市侵华日军东宁要塞遗址景区客源情况

客源市场	年总值（次）	占有率（%）	排名
安徽省	6222	3.15	11
澳门特别行政区	0	0.00	27
北京市	13908	7.05	4
重庆市	1464	0.74	22
福建省	2928	1.48	17
广东省	12810	6.49	6
广西壮族自治区	12810	6.49	6
甘肃省	732	0.37	24
贵州省	732	0.37	24
河北省	8784	4.45	10
黑龙江省	36600	18.55	1
河南省	6222	3.15	11
湖南省	2196	1.11	20
湖北省	4026	2.04	15
海南省	732	0.37	24
吉林省	14274	7.24	2
江苏省	0	0.00	27
江西省	13908	7.05	4
辽宁省	12810	6.49	6
内蒙古自治区	2562	1.30	18

续表

客源市场	年总值（次）	占有率（%）	排名
宁夏回族自治区	0	0.00	27
青海省	0	0.00	27
上海市	5856	2.97	13
四川省	5124	2.60	14
山东省	14274	7.24	2
山西省	2562	1.30	18
陕西省	2196	1.11	20
天津市	3294	1.67	16
台湾省	0	0.00	27
西藏自治区	0	0.00	27
香港特别行政区	0	0.00	27
新疆维吾尔自治区	0	0.00	27
云南省	1098	0.56	23
浙江省	9150	4.64	9

十、湖北省

（一）黄冈市大别山红色旅游区

黄冈市大别山红色旅游区的所有客源省（自治区、直辖市、特别行政区）搜索量总值为1675914次，搜索量平均值为49292次，其中有16个省（自治区、直辖市、特别行政区）的检索量高于全国平均搜索量，18个省（自治区、直辖市、特别行政区）的检索量低于全国平均搜索量。黄冈市大别山红色旅游区的客源市场中，排名第一的为江苏省，其年总值为102114次，约为全国平均水平的2.07倍，占有率为6.09%；客源市场排名最后的是澳门特别行政区，其年总值为366次，占有率为0.02%。黄冈市大别山红色旅游区的前五大客源省（自治区、直辖市、特别行政区）分别是江苏省、安徽省、河南省、湖北省、山东省，具体如表158所示。

表158　黄冈市大别山红色旅游区客源情况

客源市场	年总值（次）	占有率（%）	排名
安徽省	100284	5.98	2
澳门特别行政区	366	0.02	34
北京市	83448	4.98	7

续表

客源市场	年总值（次）	占有率（%）	排名
重庆市	43188	2.58	19
福建省	50142	2.99	16
广东省	87108	5.20	6
广西壮族自治区	40992	2.45	20
甘肃省	31842	1.90	26
贵州省	33672	2.01	25
河北省	60756	3.63	10
黑龙江省	40260	2.40	21
河南省	91866	5.48	3
湖南省	54900	3.28	12
湖北省	89304	5.33	4
海南省	25620	1.53	28
吉林省	36600	2.18	23
江苏省	102114	6.09	1
江西省	51606	3.08	14
辽宁省	51972	3.10	13
内蒙古自治区	34404	2.05	24
宁夏回族自治区	19032	1.14	29
青海省	14274	0.85	30
上海市	79788	4.76	9
四川省	60024	3.58	11
山东省	89304	5.33	4
山西省	48312	2.88	17
陕西省	51240	3.06	15
天津市	44652	2.66	18
台湾省	1098	0.07	33
西藏自治区	4392	0.26	32
香港特别行政区	5856	0.35	31
新疆维吾尔自治区	28914	1.73	27
云南省	36966	2.21	22
浙江省	81618	4.87	8

(二) 宜昌市长江三峡水利枢纽工程景区

宜昌市长江三峡水利枢纽工程景区的所有客源省（自治区、直辖市、特别行政区）搜索量总值为63684次，搜索量平均值为1873次，其中有12个省（自治区、直辖市、特别行政区）的检索量高于全国平均搜索量，22个省（自治区、直辖市、特别行政区）的检索量低于全国平均搜索量。宜昌市长江三峡水利枢纽工程景区的客源市场中，排名第一的为广东省，其年总值为9516次，约为全国平均水平的5.08倍，占有率为14.94%；客源市场排名最后的是澳门特别行政区、贵州省、海南省、宁夏回族自治区、青海省、台湾省、西藏自治区、香港特别行政区，其年总值均为0，占有率为0.00%。宜昌市长江三峡水利枢纽工程景区的前五大客源省（自治区、直辖市、特别行政区）分别是广东省、浙江省、江苏省、北京市和河南省，具体如表159所示。

表159 宜昌市长江三峡水利枢纽工程景区客源情况

客源市场	年总值（次）	占有率（%）	排名
安徽省	3660	5.75	6
澳门特别行政区	0	0.00	27
北京市	4392	6.90	4
重庆市	1830	2.87	13
福建省	2196	3.45	10
广东省	9516	14.94	1
广西壮族自治区	1098	1.72	15
甘肃省	366	0.57	23
贵州省	0	0.00	27
河北省	2196	3.45	10
黑龙江省	366	0.57	23
河南省	4026	6.32	5
湖南省	732	1.15	19
湖北省	2562	4.02	9
海南省	0	0.00	27
吉林省	732	1.15	19
江苏省	6222	9.77	3
江西省	1098	1.72	15
辽宁省	1830	2.87	13
内蒙古自治区	732	1.15	19

续表

客源市场	年总值（次）	占有率（%）	排名
宁夏回族自治区	0	0.00	27
青海省	0	0.00	27
上海市	3660	5.75	6
四川省	2196	3.45	10
山东省	3660	5.75	6
山西省	1098	1.72	15
陕西省	732	1.15	29
天津市	366	0.57	23
台湾省	0	0.00	27
西藏自治区	0	0.00	27
香港特别行政区	0	0.00	27
新疆维吾尔自治区	366	0.57	23
云南省	1098	1.72	15
浙江省	6954	10.92	2

十一、湖南省

（一）湘潭市韶山市毛泽东故居和纪念馆景区

湘潭市韶山市毛泽东故居和纪念馆景区的所有客源省（自治区、直辖市、特别行政区）搜索量总值为1190964次，搜索量平均值为35028次，其中有16个省（自治区、直辖市、特别行政区）的检索量高于全国平均搜索量，18个省（自治区、直辖市、特别行政区）的检索量低于全国平均搜索量。湘潭市韶山市毛泽东故居和纪念馆景区的客源市场中，排名第一的为湖南省，其年总值为108336次，约为全国平均水平的3.09倍，占有率为9.10%；客源市场排名最后的是澳门特别行政区，其年总值为0，占有率为0.00%。湘潭市韶山市毛泽东故居和纪念馆景区的前五大客源省（自治区、直辖市、特别行政区）分别是湖南省、广东省、江西省、北京市和浙江省，具体如表160所示。

表160　湘潭市韶山市毛泽东故居和纪念馆景区客源情况

客源市场	年总值（次）	占有率（%）	排名
安徽省	40626	3.41	14
澳门特别行政区	0	0.00	34

续表

客源市场	年总值（次）	占有率（%）	排名
北京市	56364	4.73	4
重庆市	35868	3.01	16
福建省	40992	3.44	13
广东省	87474	7.34	2
广西壮族自治区	45384	3.81	12
甘肃省	20496	1.72	26
贵州省	33672	2.83	17
河北省	39162	3.29	15
黑龙江省	24156	2.03	22
河南省	46848	3.93	11
湖南省	108336	9.10	1
湖北省	51606	4.33	7
海南省	19032	1.60	27
吉林省	21594	1.81	24
江苏省	53070	4.46	6
江西省	62586	5.26	3
辽宁省	31842	2.67	20
内蒙古自治区	21228	1.78	25
宁夏回族自治区	6588	0.55	29
青海省	5856	0.49	30
上海市	50508	4.24	8
四川省	48678	4.09	10
山东省	49410	4.15	9
山西省	28914	2.43	21
陕西省	32208	2.70	18
天津市	22692	1.91	23
台湾省	366	0.03	33
西藏自治区	2196	0.18	31
香港特别行政区	1464	0.12	32
新疆维吾尔自治区	15738	1.32	28
云南省	32208	2.70	18
浙江省	53802	4.52	5

（二）杨开慧故居景区

杨开慧故居景区的所有客源省（自治区、直辖市、特别行政区）搜索量总值为184464次，搜索量平均值为5425次，其中有9个省（自治区、直辖市、特别行政区）的检索量高于全国平均搜索量，25个省（自治区、直辖市、特别行政区）的检索量低于全国平均搜索量。杨开慧故居景区的客源市场中，排名第一的为湖南省，其年总值为50508次，约为全国平均水平的9.31倍，占有率为27.38%；客源市场排名最后的是澳门特别行政区、宁夏回族自治区、青海省、台湾省、西藏自治区和香港特别行政区，其年总值均为0，占有率均为0.00%。杨开慧故居景区的前五大客源省（自治区、直辖市、特别行政区）分别是湖南省、广东省、江苏省、北京市和浙江省，具体如表161所示。

表161　杨开慧故居景区客源情况

客源市场	年总值（次）	占有率（%）	排名
安徽省	7320	3.97	9
澳门特别行政区	0	0.00	29
北京市	13176	7.14	4
重庆市	1098	0.60	21
福建省	3660	1.98	14
广东省	23058	12.50	2
广西壮族自治区	2562	1.39	16
甘肃省	366	0.20	26
贵州省	1464	0.79	20
河北省	5124	2.78	10
黑龙江省	732	0.40	23
河南省	8052	4.37	7
湖南省	50508	27.38	1
湖北省	8784	4.76	6
海南省	366	0.20	26
吉林省	732	0.40	23
江苏省	13542	7.34	3
江西省	5124	2.78	10
辽宁省	2928	1.59	15
内蒙古自治区	366	0.20	26

续表

客源市场	年总值（次）	占有率（%）	排名
宁夏回族自治区	0	0.00	29
青海省	0	0.00	29
上海市	5124	2.78	10
四川省	4758	2.58	13
山东省	8052	4.37	7
山西省	1830	0.99	17
陕西省	1830	0.99	17
天津市	1098	0.60	21
台湾省	0	0.00	29
西藏自治区	0	0.00	29
香港特别行政区	0	0.00	29
新疆维吾尔自治区	732	0.40	23
云南省	1830	0.99	17
浙江省	10248	5.56	5

（三）宁乡市花明楼刘少奇故居景区

宁乡市花明楼刘少奇故居景区的所有客源省（自治区、直辖市、特别行政区）搜索量总值为456549次，搜索量平均值为13428次，其中有14个省（自治区、直辖市、特别行政区）的检索量高于全国平均搜索量，20个省（自治区、直辖市、特别行政区）的检索量低于全国平均搜索量。宁乡市花明楼刘少奇故居景区的客源市场中，排名第一的为黑龙江省，其年总值为70272次，约为全国平均水平的5.23倍，占有率为15.39%；客源市场排名最后的是澳门特别行政区、台湾省、西藏自治区和香港特别行政区，其年总值均为0，占有率均为0.00%。宁乡市花明楼刘少奇故居景区的前五大客源省（自治区、直辖市、特别行政区）分别是黑龙江省、广东省、北京市、河南省、湖北省和江苏省，其中湖北省和江苏省排名并列第五，具体如表162所示。

表162　宁乡市花明楼刘少奇故居景区客源情况

客源市场	年总值（次）	占有率（%）	排名
安徽省	15738	3.45	13
澳门特别行政区	0	0.00	31
北京市	30012	6.57	3
重庆市	11346	2.49	16

续表

客源市场	年总值（次）	占有率（%）	排名
福建省	11346	2.49	16
广东省	40260	8.82	2
广西壮族自治区	18666	4.09	10
甘肃省	2196	0.48	26
贵州省	10614	2.32	18
河北省	13542	2.97	14
黑龙江省	70272	15.39	1
河南省	28182	6.17	4
湖南省	879	0.19	28
湖北省	25254	5.53	5
海南省	2562	0.56	24
吉林省	4392	0.96	22
江苏省	25254	5.53	5
江西省	18300	4.01	11
辽宁省	12078	2.65	15
内蒙古自治区	2562	0.56	24
宁夏回族自治区	366	0.08	29
青海省	366	0.08	29
上海市	16104	3.53	12
四川省	20862	4.57	8
山东省	21960	4.81	7
山西省	9516	2.08	19
陕西省	9516	2.08	19
天津市	4392	0.96	22
台湾省	0	0.00	31
西藏自治区	0	0.00	31
香港特别行政区	0	0	31
新疆维吾尔自治区	1098	0.24	27
云南省	8784	1.92	21
浙江省	20130	4.41	9

(四) 岳麓山景区

岳麓山景区的所有客源省（自治区、直辖市、特别行政区）搜索量总值为1558000次，搜索量平均值为45824次，其中有13个省（自治区、直辖市、特别行政区）的检索量高于全国平均搜索量，21个省（自治区、直辖市、特别行政区）的检索量低于全国平均搜索量。岳麓山景区的客源市场中，排名第一的为湖南省，其年总值为272290次，约为全国平均水平的5.94倍，占有率为17.48%；客源市场排名最后的是台湾省，其年总值均为1825次，占有率为0.12%。岳麓山景区的前五大客源省（自治区、直辖市、特别行政区）分别是湖南省、广东省、北京市、湖北省、江苏省和辽宁省，其中江苏省和辽宁省排名并列第五，具体如表163所示。

表163　岳麓山景区客源情况

客源市场	年总值（次）	占有率（%）	排名
安徽省	45018	2.89	14
澳门特别行政区	2928	0.19	32
北京市	73566	4.72	3
重庆市	40880	2.62	17
福建省	50005	3.21	12
广东省	107310	6.89	2
广西壮族自治区	43800	2.81	15
甘肃省	29930	1.92	24
贵州省	32850	2.11	20
河北省	32850	2.11	20
黑龙江省	31755	2.04	22
河南省	54750	3.51	10
湖南省	272290	17.48	1
湖北省	70445	4.52	4
海南省	25915	1.66	27
吉林省	30295	1.94	23
江苏省	60590	3.89	5
江西省	59495	3.82	7
辽宁省	60590	3.89	5
内蒙古自治区	27010	1.73	26

续表

客源市场	年总值（次）	占有率（%）	排名
宁夏回族自治区	10585	0.68	29
青海省	7300	0.47	30
上海市	57305	3.68	9
四川省	46355	2.98	13
山东省	52560	3.37	11
山西省	33215	2.13	19
陕西省	41610	2.67	16
天津市	39055	2.51	18
台湾省	1825	0.12	34
西藏自治区	2190	0.14	33
香港特别行政区	6222	0.40	31
新疆维吾尔自治区	20496	1.32	28
云南省	28182	1.81	25
浙江省	58828	3.78	8

（五）湖南第一师范学校旧址景区

湖南第一师范学校旧址景区的所有客源省（自治区、直辖市、特别行政区）搜索量总值为1755080次，搜索量平均值为51620次，其中有12个省（自治区、直辖市、特别行政区）的检索量高于全国平均搜索量，22个省（自治区、直辖市、特别行政区）的检索量低于全国平均搜索量。湖南第一师范学校旧址景区的客源市场中，排名第一的为湖南省，其年总值为423462次，约为全国平均水平的8.20倍，占有率为24.13%；客源市场排名最后的是澳门特别行政区和台湾省，其年总值均为732次，占有率为0.04%。湖南第一师范学校旧址景区的前五大客源省（自治区、直辖市、特别行政区）分别是湖南省、广东省、北京市、山东省和江苏省，具体如表164所示。

表164　湖南第一师范学校旧址景区客源情况

客源市场	年总值（次）	占有率（%）	排名
安徽省	55632	3.17	10
澳门特别行政区	732	0.04	33
北京市	85644	4.88	3
重庆市	43554	2.48	18
福建省	56730	3.23	8

续表

客源市场	年总值（次）	占有率（%）	排名
广东省	99552	5. 67	2
广西壮族自治区	50508	2. 88	13
甘肃省	40260	2. 29	21
贵州省	41724	2. 38	20
河北省	50508	2. 88	13
黑龙江省	42090	2. 40	19
河南省	58194	3. 32	7
湖南省	423462	24. 13	1
湖北省	1208	0. 07	32
海南省	31476	1. 79	24
吉林省	38796	2. 21	22
江苏省	66612	3. 80	5
江西省	53436	3. 04	12
辽宁省	45018	2. 57	16
内蒙古自治区	21960	1. 25	26
宁夏回族自治区	9150	0. 52	28
青海省	5490	0. 31	30
上海市	45018	2. 57	16
四川省	55266	3. 15	11
山东省	70272	4. 00	4
山西省	48312	2. 75	15
陕西省	56730	3. 23	8
天津市	28182	1. 61	25
台湾省	732	0. 04	33
西藏自治区	7686	0. 44	29
香港特别行政区	2928	0. 17	31
新疆维吾尔自治区	19764	1. 13	27
云南省	38796	2. 21	22
浙江省	59658	3. 40	6

（六）湘潭市湘潭县彭德怀故居景区

湘潭市湘潭县彭德怀故居景区的所有客源省（自治区、直辖市、特别行政区）搜索量总值为262744次，搜索量平均值为7728次，其中有11个省（自治区、直辖市、特别行政区）的检索量高于全国平均搜索量，23个省（自治区、直辖市、特别行政区）的检索量低于全国平均搜索量。湘潭市湘潭县彭德怀故居景区的客源市场中，排名第一的为湖南省，其年总值为61122次，约为全国平均水平的7.91倍，占有率为23.26%；客源市场排名最后的是澳门特别行政区、宁夏回族自治区、青海省、台湾省、西藏自治区和香港特别行政区，其年总值均为0，占有率均为0.00%。湘潭市湘潭县彭德怀故居景区的前五大客源省（自治区、直辖市、特别行政区）分别是湖南省、广东省、北京市、四川省和江苏省，具体如表165所示。

表165 湘潭市湘潭县彭德怀故居景区客源情况

客源市场	年总值（次）	占有率（%）	排名
安徽省	6588	2.51	12
澳门特别行政区	0	0.00	29
北京市	19764	7.52	3
重庆市	5490	2.09	13
福建省	5490	2.09	13
广东省	32940	12.54	2
广西壮族自治区	9516	3.62	10
甘肃省	732	0.28	25
贵州省	4758	1.81	16
河北省	4392	1.67	17
黑龙江省	732	0.28	25
河南省	9882	3.76	9
湖南省	61122	23.26	1
湖北省	12444	4.74	6
海南省	1098	0.42	22
吉林省	1098	0.42	22
江苏省	16060	6.11	5
江西省	11712	4.46	8
辽宁省	2562	0.98	21
内蒙古自治区	732	0.28	25

续表

客源市场	年总值（次）	占有率（%）	排名
宁夏回族自治区	0	0.00	29
青海省	0	0.00	29
上海市	5490	2.09	13
四川省	16470	6.27	4
山东省	9150	3.48	11
山西省	2928	1.11	20
陕西省	3660	1.39	19
天津市	1098	0.42	22
台湾省	0	0.00	29
西藏自治区	0	0.00	29
香港特别行政区	0	0.00	29
新疆维吾尔自治区	366	0.14	28
云南省	4026	1.53	18
浙江省	12444	4.74	6

（七）汨罗市任弼时故居景区

汨罗市任弼时故居景区的所有客源省（自治区、直辖市、特别行政区）搜索量总值为107238次，搜索量平均值为3154次，其中有6个省（自治区、直辖市、特别行政区）的检索量高于全国平均搜索量，28个省（自治区、直辖市、特别行政区）的检索量低于全国平均搜索量。汨罗市任弼时故居景区的客源市场中，排名第一的为安徽省，其年总值为45018次，约为全国平均水平的14.27倍，占有率为41.98%；客源市场排名最后的是澳门特别行政区、甘肃省、贵州省、黑龙江省、内蒙古自治区、宁夏回族自治区、青海省、山西省、陕西省、台湾省、天津市、西藏自治区、香港特别行政区、新疆维吾尔自治区和云南省，其年总值均为0，占有率均为0.00%。汨罗市任弼时故居景区的前五大客源省（自治区、直辖市、特别行政区）分别是安徽省、湖南省、广东省、北京市和浙江省，具体如表166所示。

表166　汨罗市任弼时故居景区客源情况

客源市场	年总值（次）	占有率（%）	排名
安徽省	45018	41.98	1
澳门特别行政区	0	0.00	20
北京市	4392	4.10	4

续表

客源市场	年总值（次）	占有率（%）	排名
重庆市	366	0.34	15
福建省	1830	1.71	8
广东省	5124	4.78	3
广西壮族自治区	366	0.34	15
甘肃省	0	0.00	20
贵州省	0	0.00	20
河北省	1830	1.71	8
黑龙江省	0	0.00	20
河南省	1098	1.02	12
湖南省	31110	29.01	2
湖北省	1098	1.02	12
海南省	366	0.34	15
吉林省	366	0.34	15
江苏省	3294	3.07	6
江西省	1830	1.71	8
辽宁省	366	0.34	15
内蒙古自治区	0	0.00	20
宁夏回族自治区	0	0.00	20
青海省	0	0.00	20
上海市	1464	1.37	11
四川省	1098	1.02	12
山东省	2196	2.05	7
山西省	0	0.00	20
陕西省	0	0.00	20
台湾省	0	0.00	20
天津市	0	0.00	20
西藏自治区	0	0.00	20
香港特别行政区	0	0.00	20
新疆维吾尔自治区	0	0.00	20
云南省	0	0.00	20
浙江省	4026	3.75	5

(八) 桂东县"三大纪律六项注意"颁布旧址景区

桂东县"三大纪律六项注意"颁布旧址景区的所有客源省（自治区、直辖市、特别行政区）搜索量总值为107604次，搜索量平均值为3165次，其中有13个省（自治区、直辖市、特别行政区）的检索量高于全国平均搜索量，21个省（自治区、直辖市、特别行政区）的检索量低于全国平均搜索量。桂东县"三大纪律六项注意"颁布旧址景区的客源市场中，排名第一的为湖南省，其年总值为10980次，约为全国平均水平的3.47倍，占有率为10.20%；客源市场排名最后的是澳门特别行政区、宁夏回族自治区、青海省、台湾省、西藏自治区、香港特别行政区和新疆维吾尔自治区，其年总值均为0，占有率均为0.00%。桂东县"三大纪律六项注意"颁布旧址景区的前五大客源省（自治区、直辖市、特别行政区）分别是湖南省、广东省、山东省、北京市和江苏省，具体如表167所示。

表167 桂东县"三大纪律六项注意"颁布旧址景区客源情况

客源市场	年总值（次）	占有率（%）	排名
安徽省	6588	6.12	7
澳门特别行政区	0	0.00	28
北京市	8784	8.16	4
重庆市	1464	1.36	17
福建省	3660	3.40	12
广东省	9882	9.18	2
广西壮族自治区	1098	1.02	18
甘肃省	732	0.68	25
贵州省	732	0.68	25
河北省	5856	5.44	9
黑龙江省	1098	1.02	18
河南省	4392	4.08	11
湖南省	10980	10.20	1
湖北省	2928	2.72	14
海南省	366	0.34	27
吉林省	1098	1.02	18
江苏省	8052	7.48	5
江西省	7320	6.80	6
辽宁省	2196	2.04	15
内蒙古自治区	1098	1.02	18

续表

客源市场	年总值（次）	占有率（%）	排名
宁夏回族自治区	0	0.00	28
青海省	0	0.00	28
上海市	3294	3.06	13
四川省	4758	4.42	10
山东省	9516	8.84	3
山西省	1830	1.70	16
陕西省	1098	1.02	18
天津市	1098	1.02	18
台湾省	0	0.00	28
西藏自治区	0	0.00	28
香港特别行政区	0	0.00	28
新疆维吾尔自治区	0	0.00	28
云南省	1098	1.02	18
浙江省	6588	6.10	7

（九）汝城县湘南起义汝城会议旧址景区

汝城县湘南起义汝城会议旧址景区的所有客源省（自治区、直辖市、特别行政区）搜索量总值为269742次，搜索量平均值为7934次，其中有13个省（自治区、直辖市、特别行政区）的检索量高于全国平均搜索量，21个省（自治区、直辖市、特别行政区）的检索量低于全国平均搜索量。汝城县湘南起义汝城会议旧址景区的客源市场中，排名第一的为湖南省，其年总值为40260次，约为全国平均水平的5.07倍，占有率为14.93%；客源市场排名最后的是澳门特别行政区、宁夏回族自治区、台湾省、西藏自治区和香港特别行政区，其年总值均为0，占有率均为0.00%。汝城县湘南起义汝城会议旧址景区的前五大客源省（自治区、直辖市、特别行政区）分别是湖南省、广东省、北京市、海南省和江苏省，具体如表168所示。

表168　汝城县湘南起义汝城会议旧址景区客源情况

客源市场	年总值（次）	占有率（%）	排名
安徽省	9150	3.39	12
澳门特别行政区	0	0.00	30
北京市	21960	8.14	3
重庆市	5124	1.90	17

续表

客源市场	年总值（次）	占有率（%）	排名
福建省	6954	2. 58	15
广东省	31476	11. 67	2
广西壮族自治区	4026	1. 49	19
甘肃省	1830	0. 68	24
贵州省	1830	0. 68	24
河北省	8784	3. 26	13
黑龙江省	2562	0. 95	23
河南省	9516	3. 53	11
湖南省	40260	14. 93	1
湖北省	7320	2. 71	14
海南省	19764	7. 33	4
吉林省	4392	1. 63	18
江苏省	16470	6. 11	5
江西省	10248	3. 80	9
辽宁省	6588	2. 44	16
内蒙古自治区	1098	0. 41	28
宁夏回族自治区	0	0. 00	30
青海省	366	0. 14	29
上海市	10614	3. 93	8
四川省	10248	3. 80	9
山东省	12444	4. 61	6
山西省	4026	1. 49	19
陕西省	3660	1. 36	22
天津市	1830	0. 68	24
台湾省	0	0. 00	30
西藏自治区	0	0. 00	30
香港特别行政区	0	0. 00	30
新疆维吾尔自治区	1464	0. 54	27
云南省	4026	1. 49	19
浙江省	11712	4. 34	7

（十）桑植县贺龙故居景区

桑植县贺龙故居景区的所有客源省（自治区、直辖市、特别行政区）搜索量总值为121512次，搜索量平均值为3574次，其中有8个省（自治区、直辖市、特别行政区）的检索量高于全国平均搜索量，26个省（自治区、直辖市、特别行政区）的检索量低于全国平均搜索量。桑植县贺龙故居景区的客源市场中，排名第一的为湖南省，其年总值为41724次，约为全国平均水平的11.67倍，占有率为34.34%；客源市场排名最后的是澳门特别行政区、黑龙江省、宁夏回族自治区、青海省、台湾省、西藏自治区、新疆维吾尔自治区和香港特别行政区，其年总值均为0，占有率均为0.00%。桑植县贺龙故居景区的前五大客源省（自治区、直辖市、特别行政区）分别是湖南省、广东省、北京市、湖北省和四川省，具体如表169所示。

表169　桑植县贺龙故居景区客源情况

客源市场	年总值（次）	占有率（%）	排名
安徽省	1464	1.20	15
澳门特别行政区	0	0.00	27
北京市	10980	9.04	3
重庆市	4392	3.61	6
福建省	1464	1.20	15
广东省	16470	13.55	2
广西壮族自治区	1830	1.51	12
甘肃省	366	0.30	24
贵州省	3660	3.01	8
河北省	1464	1.20	15
黑龙江省	0	0.00	27
河南省	2562	2.11	11
湖南省	41724	34.34	1
湖北省	8052	6.63	4
海南省	366	0.30	24
吉林省	732	0.60	20
江苏省	2928	2.41	9
江西省	1830	1.51	12
辽宁省	732	0.60	20
内蒙古自治区	732	0.60	20

续表

客源市场	年总值（次）	占有率（%）	排名
宁夏回族自治区	0	0.00	27
青海省	0	0.00	27
上海市	1830	1.51	12
四川省	6954	5.72	5
山东省	2928	2.41	9
山西省	732	0.60	20
陕西省	1098	0.90	19
天津市	366	0.30	24
台湾省	0	0.00	27
西藏自治区	0	0.00	27
香港特别行政区	0	0.00	27
新疆维吾尔自治区	0	0.00	27
云南省	1464	1.20	15
浙江省	4392	3.61	6

（十一）湘潭市湘乡东山学校旧址景区

湘潭市湘乡东山学校旧址景区的所有客源省（自治区、直辖市、特别行政区）搜索量总值为120780次，搜索量平均值为3552次，其中有7个省（自治区、直辖市、特别行政区）的检索量高于全国平均搜索量，27个省（自治区、直辖市、特别行政区）的检索量低于全国平均搜索量。湘潭市湘乡东山学校旧址景区的客源市场中，排名第一的为湖南省，其年总值为39894次，约为全国平均水平的11.23倍，占有率为33.03%；客源市场排名最后的是澳门特别行政区、甘肃省、海南省、宁夏回族自治区、青海省、山西省、台湾省、西藏自治区、香港特别行政区和新疆维吾尔自治区，其年总值均为0，占有率为0.00%。湘潭市湘乡东山学校旧址景区的前五大客源省（自治区、直辖市、特别行政区）分别是湖南省、广东省、北京市、江西省、江苏省和四川省，其中江苏省和四川省排名并列第五，具体如表170所示。

表170　湘潭市湘乡东山学校旧址景区客源情况

客源市场	年总值（次）	占有率（%）	排名
安徽省	1464	1.21	14
澳门特别行政区	0	0.00	25
北京市	9150	7.58	3

续表

客源市场	年总值（次）	占有率（%）	排名
重庆市	732	0.61	16
福建省	1830	1.52	12
广东省	30378	25.15	2
广西壮族自治区	1464	1.21	14
甘肃省	0	0.00	25
贵州省	366	0.30	21
河北省	1830	1.52	12
黑龙江省	732	0.61	16
河南省	2928	2.42	9
湖南省	39894	33.03	1
湖北省	2196	1.82	10
海南省	0	0.00	25
吉林省	732	0.61	16
江苏省	4758	3.94	5
江西省	5124	4.24	4
辽宁省	732	0.61	16
内蒙古自治区	366	0.30	21
宁夏回族自治区	0	0.00	25
青海省	0	0.00	25
上海市	3294	2.73	8
四川省	4758	3.94	5
山东省	2196	1.82	10
山西省	0	0.00	25
陕西省	732	0.61	16
天津市	366	0.30	21
台湾省	0	0.00	25
西藏自治区	0	0.00	25
香港特别行政区	0	0.00	25
新疆维吾尔自治区	0	0.00	25
云南省	366	0.30	21
浙江省	4392	3.64	7

（十二）衡阳市南岳忠烈祠景区

衡阳市南岳忠烈祠景区的所有客源省（自治区、直辖市、特别行政区）搜索量总值为1275052次，搜索量平均值为37502次，其中有13个省（自治区、直辖市、特别行政区）的检索量高于全国平均搜索量，21个省（自治区、直辖市、特别行政区）的检索量低于全国平均搜索量。衡阳市南岳忠烈祠景区的客源市场中，排名第一的为湖南省，其年总值为190686次，约为全国平均水平的5.08倍，占有率为14.96%；客源市场排名最后的是台湾省，其年总值均为1098次，占有率均为0.09%。衡阳市南岳忠烈祠景区的前五大客源省（自治区、直辖市、特别行政区）分别是湖南省、广东省、北京市、江苏省和浙江省，具体如表171所示。

表171　衡阳市南岳忠烈祠景区客源情况

客源市场	年总值（次）	占有率（%）	排名
安徽省	37332	2.93	14
澳门特别行政区	1464	0.11	33
北京市	64416	5.05	3
重庆市	31476	2.47	19
福建省	38796	3.04	13
广东省	114558	8.98	2
广西壮族自治区	49410	3.88	6
甘肃省	21228	1.66	26
贵州省	29646	2.33	20
河北省	40626	3.19	12
黑龙江省	26718	2.10	23
河南省	44286	3.47	10
湖南省	190686	14.96	1
湖北省	44652	3.50	9
海南省	20496	1.61	27
吉林省	24156	1.89	24
江苏省	52338	4.10	4
江西省	33580	2.63	18
辽宁省	35868	2.81	15
内蒙古自治区	24156	1.89	24

续表

客源市场	年总值（次）	占有率（%）	排名
宁夏回族自治区	8784	0.69	29
青海省	4758	0.37	30
上海市	46116	3.62	8
四川省	42456	3.33	11
山东省	47580	3.73	7
山西省	34404	2.70	16
陕西省	34404	2.70	16
天津市	27450	2.15	22
台湾省	1098	0.09	34
西藏自治区	1830	0.14	32
香港特别行政区	4758	0.37	30
新疆维吾尔自治区	15372	1.21	28
云南省	28548	2.24	21
浙江省	51606	4.05	5

（十三）胡耀邦故居景区

胡耀邦故居景区的所有客源省（自治区、直辖市、特别行政区）搜索量总值为129198次，搜索量平均值为3800次，其中有4个省（自治区、直辖市、特别行政区）的检索量高于全国平均搜索量，30个省（自治区、直辖市、特别行政区）的检索量低于全国平均搜索量。胡耀邦故居景区的客源市场中，排名第一的为湖南省，其年总值为49776次，约为全国平均水平的13.10倍，占有率为38.53%；客源市场排名最后的是澳门特别行政区、甘肃省、内蒙古自治区、宁夏回族自治区、青海省、天津市、台湾省、西藏自治区、香港特别行政区和新疆维吾尔族自治区，其年总值均为0，占有率均为0.00%。胡耀邦故居景区的前五大客源省（自治区、直辖市、特别行政区）分别是湖南省、江西省、广东省、北京市和河南省，具体如表172所示。

表172　胡耀邦故居景区客源情况

客源市场	年总值（次）	占有率（%）	排名
安徽省	1098	0.85	15
澳门特别行政区	0	0.00	25
北京市	12444	9.63	4

续表

客源市场	年总值（次）	占有率（%）	排名
重庆市	1464	1. 13	13
福建省	2196	1. 7	11
广东省	15738	12. 18	3
广西壮族自治区	1464	1. 13	13
甘肃省	0	0. 00	25
贵州省	366	0. 28	19
河北省	1098	0. 85	15
黑龙江省	366	0. 28	19
河南省	3660	2. 83	5
湖南省	49776	38. 53	1
湖北省	2928	2. 27	8
海南省	366	0. 28	19
吉林省	366	0. 28	19
江苏省	3294	2. 55	6
江西省	19764	15. 3	2
辽宁省	732	0. 57	17
内蒙古自治区	0	0. 00	25
宁夏回族自治区	0	0. 00	25
青海省	0	0. 00	25
上海市	2562	1. 98	10
四川省	2928	2. 27	8
山东省	1830	1. 42	12
山西省	366	0. 28	19
陕西省	366	0. 28	19
天津市	0	0	25
台湾省	0	0. 00	25
西藏自治区	0	0. 00	25
香港特别行政区	0	0. 00	25
新疆维吾尔自治区	0	0. 00	25
云南省	732	0. 57	17
浙江省	3294	2. 55	6

十二、吉林省

（一）长春市长春电影制片厂景区

长春市长春电影制片厂景区的所有客源省（自治区、直辖市、特别行政区）搜索量总值为532896次，搜索量平均值为15673次，其中有14个省（自治区、直辖市、特别行政区）的检索量高于全国平均搜索量，20个省（自治区、直辖市、特别行政区）的检索量低于全国平均搜索量。长春市长春电影制片厂景区的客源市场中，排名第一的为吉林省，其年总值为53802次，约为全国平均水平的3.43倍，占有率为10.10%；客源市场排名最后的是澳门特别行政区和台湾省，其年总值均为0，占有率均为0.00%。长春市长春电影制片厂景区的前五大客源省（自治区、直辖市、特别行政区）分别是吉林省、北京市、广东省、辽宁省和山东省，具体如表173所示。

表173　长春市长春电影制片厂景区客源情况

客源市场	年总值（次）	占有率（%）	排名
安徽省	16470	3.09	14
澳门特别行政区	0	0.00	33
北京市	39528	7.42	2
重庆市	7320	1.37	23
福建省	13176	2.47	15
广东省	34770	6.52	3
广西壮族自治区	10614	1.99	21
甘肃省	4392	0.82	26
贵州省	3294	0.62	28
河北省	24888	4.67	10
黑龙江省	25254	4.74	9
河南省	20862	3.91	11
湖南省	13176	2.47	15
湖北省	17934	3.37	13
海南省	5124	0.96	25
吉林省	53802	10.10	1
江苏省	29646	5.56	6
江西省	11346	2.13	20
辽宁省	32574	6.11	4
内蒙古自治区	8784	1.65	22

续表

客源市场	年总值（次）	占有率（%）	排名
宁夏回族自治区	1464	0.27	29
青海省	366	0.07	30
上海市	28182	5.29	8
四川省	20496	3.85	12
山东省	31476	5.91	5
山西省	12810	2.40	17
陕西省	12078	2.27	19
天津市	12810	2.40	17
台湾省	0	0.00	33
西藏自治区	366	0.07	30
香港特别行政区	366	0.07	30
新疆维吾尔自治区	3660	0.69	27
云南省	6954	1.30	24
浙江省	28914	5.43	7

十三、江苏省

(一) 南京市中山陵景区

南京市中山陵景区的所有客源省（自治区、直辖市、特别行政区）搜索量总值为8198034次，搜索量平均值为241119次，其中有2个省（自治区、直辖市、特别行政区）的检索量高于全国平均搜索量，32个省（自治区、直辖市、特别行政区）的检索量低于全国平均搜索量。南京市中山陵景区的客源市场中，排名第一的为北京市，其年总值为6661200次，约为全国平均水平的27.63倍，占有率为81.25%；客源市场排名最后的是澳门特别行政区，其年总值均为1830次，占有率均为0.02%。南京市中山陵景区的前五大客源省（自治区、直辖市、特别行政区）分别是北京市、江苏省、广东省、安徽省和浙江省，具体如表174所示。

表174 南京市中山陵景区客源情况

客源市场	年总值（次）	占有率（%）	排名
安徽省	77958	0.95	4
澳门特别行政区	1830	0.02	34
北京市	6661200	81.25	1

续表

客源市场	年总值（次）	占有率（%）	排名
重庆市	40992	0.50	19
福建省	49044	0.60	12
广东省	83082	1.01	3
广西壮族自治区	39528	0.48	20
甘肃省	31110	0.38	26
贵州省	32940	0.40	24
河北省	52338	0.64	10
黑龙江省	39528	0.48	20
河南省	57462	0.70	8
湖南省	45018	0.55	15
湖北省	51240	0.63	11
海南省	23058	0.28	28
吉林省	36234	0.44	23
江苏省	257298	3.14	2
江西省	44652	0.54	16
辽宁省	48678	0.59	13
内蒙古自治区	32940	0.40	24
宁夏回族自治区	14640	0.18	29
青海省	10614	0.13	30
上海市	69540	0.85	6
四川省	52704	0.64	9
山东省	68076	0.83	7
山西省	41358	0.50	18
陕西省	46482	0.57	14
天津市	42456	0.52	17
台湾省	2562	0.03	32
西藏自治区	2562	0.03	32
香港特别行政区	5856	0.07	31
新疆维吾尔自治区	25254	0.31	27
云南省	37332	0.46	22
浙江省	72468	0.88	5

(二)侵华日军南京大屠杀遇难同胞纪念馆景区

侵华日军南京大屠杀遇难同胞纪念馆景区的所有客源省(自治区、直辖市、特别行政区)搜索量总值为1045662次,搜索量平均值为30755次,其中有14个省(自治区、直辖市、特别行政区)的检索量高于全国平均搜索量,20个省(自治区、直辖市、特别行政区)的检索量低于全国平均搜索量。侵华日军南京大屠杀遇难同胞纪念馆景区的客源市场中,排名第一的为江苏省,其年总值为160674次,约为全国平均水平的5.22倍,占有率为15.37%;客源市场排名最后的是澳门特别行政区,其年总值均为0,占有率均为0.00%。侵华日军南京大屠杀遇难同胞纪念馆景区的前五大客源省(自治区、直辖市、特别行政区)分别是江苏省、安徽省、浙江省、广东省和北京市,具体如表175所示。

表175　侵华日军南京大屠杀遇难同胞纪念馆景区客源情况

客源市场	年总值(次)	占有率(%)	排名
安徽省	64416	6.16	2
澳门特别行政区	0	0.00	34
北京市	49044	4.69	5
重庆市	24522	2.35	19
福建省	34770	3.33	12
广东省	50874	4.87	4
广西壮族自治区	24156	2.31	20
甘肃省	18666	1.79	25
贵州省	17934	1.72	26
河北省	35502	3.40	10
黑龙江省	22326	2.14	22
河南省	42822	4.10	8
湖南省	30012	2.87	15
湖北省	35136	3.36	11
海南省	9516	0.91	28
吉林省	19398	1.86	24
江苏省	160674	15.37	1
江西省	28548	2.73	16
辽宁省	32208	3.08	13
内蒙古自治区	20130	1.93	23

续表

客源市场	年总值（次）	占有率（%）	排名
宁夏回族自治区	7320	0.70	29
青海省	5856	0.56	30
上海市	47580	4.55	7
四川省	36966	3.54	9
山东省	48312	4.62	6
山西省	25986	2.49	17
陕西省	31476	3.01	14
天津市	25254	2.42	18
台湾省	732	0.07	33
西藏自治区	1098	0.11	32
香港特别行政区	2928	0.28	31
新疆维吾尔自治区	15006	1.44	27
云南省	22692	2.17	21
浙江省	53802	5.15	3

（三）周恩来故居景区

周恩来故居景区的所有客源省（自治区、直辖市、特别行政区）搜索量总值为558516次，搜索量平均值为16427次，其中有13个省（自治区、直辖市、特别行政区）的检索量高于全国平均搜索量，21个省（自治区、直辖市、特别行政区）的检索量低于全国平均搜索量。周恩来故居景区的客源市场中，排名第一的为江苏省，其年总值为66978次，约为全国平均水平的4.08倍，占有率为11.99%；客源市场排名最后的是澳门特别行政区、台湾省和西藏自治区，其年总值均为0，占有率均为0.00%。周恩来故居景区的前五大客源省（自治区、直辖市、特别行政区）分别是江苏省、浙江省、山东省、上海市和广东省，具体如表176所示。

表176　周恩来故居景区客源情况

客源市场	年总值（次）	占有率（%）	排名
安徽省	27816	4.98	8
澳门特别行政区	0	0.00	32
北京市	31476	5.64	6
重庆市	14274	2.56	16

续表

客源市场	年总值(次)	占有率(%)	排名
福建省	16470	2.95	13
广东省	34038	6.09	5
广西壮族自治区	15006	2.69	15
甘肃省	2928	0.52	26
贵州省	12078	2.16	18
河北省	20862	3.74	12
黑龙江省	9516	1.70	22
河南省	25254	4.52	10
湖南省	28182	5.05	7
湖北省	21594	3.87	11
海南省	2928	0.52	26
吉林省	5856	1.05	24
江苏省	66978	11.99	1
江西省	13176	2.36	17
辽宁省	15738	2.82	14
内蒙古自治区	4758	0.85	25
宁夏回族自治区	366	0.07	29
青海省	366	0.07	29
上海市	36600	6.55	4
四川省	25620	4.59	9
山东省	37332	6.68	3
山西省	10248	1.83	20
陕西省	12078	2.16	18
天津市	9882	1.77	21
台湾省	0	0.00	32
西藏自治区	0	0.00	32
香港特别行政区	366	0.07	29
新疆维吾尔自治区	2196	0.39	28
云南省	8784	1.57	23
浙江省	45750	8.19	2

（四）周恩来纪念馆景区

周恩来纪念馆景区的所有客源省（自治区、直辖市、特别行政区）搜索量总值为529968次，搜索量平均值为15587次，其中有12个省（自治区、直辖市、特别行政区）的检索量高于全国平均搜索量，22个省（自治区、直辖市、特别行政区）的检索量低于全国平均搜索量。周恩来纪念馆景区的客源市场中，排名第一的为江苏省，其年总值为86742次，约为全国平均水平的5.57倍，占有率为16.37%；客源市场排名最后的是澳门特别行政区、台湾省、西藏自治区和香港特别行政区，其年总值均为0，占有率均为0.00%。周恩来纪念馆景区的前五大客源省（自治区、直辖市、特别行政区）分别是江苏省、浙江省、广东省、山东省和北京市，具体如表177所示。

表177 周恩来纪念馆景区客源情况

客源市场	年总值（次）	占有率（%）	排名
安徽省	27816	5.25	7
澳门特别行政区	0	0.00	31
北京市	33672	6.35	5
重庆市	7320	1.38	20
福建省	13176	2.49	15
广东省	35868	6.77	3
广西壮族自治区	8784	1.66	18
甘肃省	4758	0.90	24
贵州省	5124	0.97	23
河北省	24888	4.70	8
黑龙江省	6222	1.17	21
河南省	24522	4.63	9
湖南省	14640	2.76	13
湖北省	14274	2.69	14
海南省	1830	0.35	28
吉林省	4758	0.90	24
江苏省	86742	16.37	1
江西省	11346	2.14	17
辽宁省	18300	3.45	12
内蒙古自治区	4026	0.76	27

续表

客源市场	年总值（次）	占有率（%）	排名
宁夏回族自治区	732	0.14	29
青海省	366	0.07	30
上海市	32940	6.22	6
四川省	21594	4.07	10
山东省	34770	6.56	4
山西省	8052	1.52	19
陕西省	11712	2.21	16
天津市	21594	4.07	10
台湾省	0	0.00	31
西藏自治区	0	0.00	31
香港特别行政区	0	0.00	31
新疆维吾尔自治区	4758	0.90	24
云南省	6222	1.17	21
浙江省	39162	7.39	2

（五）徐州市淮海战役纪念馆景区

徐州市淮海战役纪念馆景区的所有客源省（自治区、直辖市、特别行政区）搜索量总值为296826次，搜索量平均值为8730次，其中有11个省（自治区、直辖市、特别行政区）的检索量高于全国平均搜索量，23个省（自治区、直辖市、特别行政区）的检索量低于全国平均搜索量。徐州市淮海战役纪念馆景区的客源市场中，排名第一的为江苏省，其年总值为55998次，约为全国平均水平的6.41倍，占有率为18.87%；客源市场排名最后的是澳门特别行政区、青海省、台湾省、西藏自治区和香港特别行政区，其年总值均为0，占有率均为0.00%。徐州市淮海战役纪念馆景区的前五大客源省（自治区、直辖市、特别行政区）分别是江苏省、安徽省、山东省、北京市和河南省，具体如表178所示。

表178　徐州市淮海战役纪念馆景区客源情况

客源市场	年总值（次）	占有率（%）	排名
安徽省	31842	10.73	2
澳门特别行政区	0	0.00	30
北京市	25986	8.75	4

续表

客源市场	年总值（次）	占有率（%）	排名
重庆市	1464	0. 49	21
福建省	4026	1. 36	15
广东省	13176	4. 44	7
广西壮族自治区	10980	3. 70	10
甘肃省	366	0. 12	26
贵州省	366	0. 12	26
河北省	10980	3. 70	10
黑龙江省	2562	0. 86	19
河南省	25986	8. 75	4
湖南省	3294	1. 11	18
湖北省	4026	1. 36	15
海南省	366	0. 12	26
吉林省	1464	0. 49	21
江苏省	55998	18. 87	1
江西省	2562	0. 86	19
辽宁省	11346	3. 82	9
内蒙古自治区	1464	0. 49	21
宁夏回族自治区	366	0. 12	26
青海省	0	0. 00	30
上海市	16836	5. 67	6
四川省	7686	2. 59	13
山东省	30378	10. 23	3
山西省	4026	1. 36	15
陕西省	5856	1. 97	14
天津市	8052	2. 71	12
台湾省	0	0. 00	30
西藏自治区	0	0. 00	30
香港特别行政区	0	0. 00	30
新疆维吾尔自治区	732	0. 25	25
云南省	1464	0. 49	21
浙江省	13176	4. 44	7

(六)雨花台烈士陵园景区

雨花台烈士陵园景区的所有客源省（自治区、直辖市、特别行政区）搜索量总值为347334次，搜索量平均值为10216次，其中有10个省（自治区、直辖市、特别行政区）的检索量高于全国平均搜索量，24个省（自治区、直辖市、特别行政区）的检索量低于全国平均搜索量。雨花台烈士陵园景区的客源市场中，排名第一的为江苏省，其年总值为73200次，约为全国平均水平的7.17倍，占有率为21.07%；客源市场排名最后的是澳门特别行政区、台湾省、西藏自治区和香港特别行政区，其年总值均为0，占有率均为0.00%。雨花台烈士陵园景区的前五大客源省（自治区、直辖市、特别行政区）分别是江苏省、安徽省、上海市、北京市和广东省，具体如表179所示。

表179　雨花台烈士陵园景区客源情况

客源市场	年总值（次）	占有率（%）	排名
安徽省	27450	7.90	2
澳门特别行政区	0	0.00	31
北京市	24888	7.17	4
重庆市	4026	1.16	22
福建省	7686	2.21	13
广东省	24522	7.06	5
广西壮族自治区	3660	1.05	23
甘肃省	2928	0.84	24
贵州省	1464	0.42	27
河北省	12810	3.69	9
黑龙江省	4392	1.26	19
河南省	16104	4.64	8
湖南省	5490	1.58	16
湖北省	9150	2.63	11
海南省	1098	0.32	28
吉林省	5490	1.58	16
江苏省	73200	21.07	1
江西省	5124	1.48	18
辽宁省	8784	2.53	12
内蒙古自治区	2562	0.74	25

续表

客源市场	年总值（次）	占有率（%）	排名
宁夏回族自治区	732	0.21	29
青海省	366	0.11	30
上海市	25620	7.38	3
四川省	10980	3.16	10
山东省	22326	6.43	6
山西省	6588	1.90	15
陕西省	7320	2.11	14
天津市	4392	1.26	19
台湾省	0	0.00	31
西藏自治区	0	0.00	31
香港特别行政区	0	0.00	31
新疆维吾尔自治区	1830	0.53	26
云南省	4392	1.26	19
浙江省	21960	6.32	7

（七）梅园新村纪念馆景区

梅园新村纪念馆景区的所有客源省（自治区、直辖市、特别行政区）搜索量总值为88206次，搜索量平均值为2594次，其中有7个省（自治区、直辖市、特别行政区）的检索量高于全国平均搜索量，27个省（自治区、直辖市、特别行政区）的检索量低于全国平均搜索量。梅园新村纪念馆景区的客源市场中，排名第一的为江苏省，其年总值为46482次，约为全国平均水平的17.92倍，占有率为52.70%；客源市场排名最后的是澳门特别行政区、广西壮族自治区、贵州省、海南省、内蒙古自治区、宁夏回族自治区、青海省、山西省、台湾省、西藏自治区、香港特别行政区、新疆维吾尔自治区和云南省，其年总值均为0，占有率均为0.00%。梅园新村纪念馆景区的前五大客源省（自治区、直辖市、特别行政区）分别是江苏省、北京市、上海市、安徽省和广东省，具体如表180所示。

表180　梅园新村纪念馆景区客源情况

客源市场	年总值（次）	占有率（%）	排名
安徽省	5124	5.81	4
澳门特别行政区	0	0.00	22
北京市	7686	8.71	2

续表

客源市场	年总值（次）	占有率（%）	排名
重庆市	1098	1.24	11
福建省	1098	1.24	11
广东省	4026	4.56	5
广西壮族自治区	0	0.00	22
甘肃省	1830	2.07	8
贵州省	0	0.00	22
河北省	1464	1.66	10
黑龙江省	366	0.41	18
河南省	1830	2.07	8
湖南省	366	0.41	18
湖北省	732	0.83	15
海南省	0	0.00	22
吉林省	366	0.41	18
江苏省	46482	52.70	1
江西省	732	0.83	15
辽宁省	1098	1.24	11
内蒙古自治区	0	0.00	22
宁夏回族自治区	0	0.00	22
青海省	0	0.00	22
上海市	5856	6.64	3
四川省	1098	1.24	11
山东省	2928	3.32	6
山西省	0	0.00	22
陕西省	732	0.83	15
天津市	366	0.41	18
台湾省	0	0.00	22
西藏自治区	0	0.00	22
香港特别行政区	0	0.00	22
新疆维吾尔自治区	0	0.00	22
云南省	0	0.00	22
浙江省	2928	3.32	6

（八）镇江市句容县茅山新四军纪念馆景区

镇江市句容县茅山新四军纪念馆景区的所有客源省（自治区、直辖市、特别行政区）搜索量总值为76494次，搜索量平均值为2250次，其中有7个省（自治区、直辖市、特别行政区）的检索量高于全国平均搜索量，27个省（自治区、直辖市、特别行政区）的检索量低于全国平均搜索量。镇江市句容县茅山新四军纪念馆景区的客源市场中，排名第一的为江苏省，其年总值为42090次，约为全国平均水平的18.71倍，占有率为55.02%；客源市场排名最后的是澳门特别行政区、重庆市、广西壮族自治区、甘肃省、贵州省、黑龙江省、海南省、宁夏回族自治区、青海省、台湾省、西藏自治区、香港特别行政区和新疆维吾尔自治区，其年总值均为0，占有率均为0.00%。镇江市句容县茅山新四军纪念馆景区的前五大客源省（自治区、直辖市、特别行政区）分别是江苏省、上海市、北京市、安徽省和浙江省，具体如表181所示。

表181 镇江市句容县茅山新四军纪念馆景区客源情况

客源市场	年总值（次）	占有率（%）	排名
安徽省	4758	6.22	4
澳门特别行政区	0	0.00	22
北京市	5490	7.18	3
重庆市	0	0.00	22
福建省	732	0.96	9
广东省	2562	3.35	7
广西壮族自治区	0	0.00	22
甘肃省	0	0.00	22
贵州省	0	0.00	22
河北省	732	0.96	9
黑龙江省	0	0.00	22
河南省	1830	2.39	8
湖南省	366	0.48	15
湖北省	732	0.96	9
海南省	0	0.00	22
吉林省	366	0.48	15
江苏省	42090	55.02	1
江西省	366	0.48	15
辽宁省	732	0.96	9
内蒙古自治区	366	0.48	15

续表

客源市场	年总值（次）	占有率（%）	排名
宁夏回族自治区	0	0.00	22
青海省	0	0.00	22
上海市	5856	7.66	2
四川省	732	0.96	9
山东省	2928	3.83	6
山西省	366	0.48	15
陕西省	732	0.96	9
天津市	366	0.48	15
台湾省	0	0.00	22
西藏自治区	0	0.00	22
香港特别行政区	0	0.00	22
新疆维吾尔自治区	0	0.00	22
云南省	366	0.48	15
浙江省	4026	5.26	5

（九）泰兴市黄桥战役纪念馆景区

泰兴市黄桥战役纪念馆景区的所有客源省（自治区、直辖市、特别行政区）搜索量总值为662094次，搜索量平均值为19473次，其中有16个省（自治区、直辖市、特别行政区）的检索量高于全国平均搜索量，18个省（自治区、直辖市、特别行政区）的检索量低于全国平均搜索量。泰兴市黄桥战役纪念馆景区的客源市场中，排名第一的为江苏省，其年总值为61122次，约为全国平均水平的3.14倍，占有率为9.23%；客源市场排名最后的是澳门特别行政区和台湾省，其年总值均为0，占有率为0.00%。泰兴市黄桥战役纪念馆景区的前五大客源省（自治区、直辖市、特别行政区）分别是江苏省、广东省、上海市、山东省、北京市和浙江省，其中北京市和浙江省排名并列第五，具体如表182所示。

表182　泰兴市黄桥战役纪念馆景区客源情况

客源市场	年总值（次）	占有率（%）	排名
安徽省	31110	4.70	8
澳门特别行政区	0	0.00	33
北京市	37332	5.64	5

续表

客源市场	年总值（次）	占有率（%）	排名
重庆市	16104	2.43	19
福建省	20862	3.15	14
广东省	42090	6.36	2
广西壮族自治区	16470	2.49	18
甘肃省	7320	1.11	26
贵州省	11712	1.77	23
河北省	27816	4.20	10
黑龙江省	14640	2.21	21
河南省	31476	4.75	7
湖南省	24888	3.76	12
湖北省	26718	4.04	11
海南省	5124	0.77	28
吉林省	10614	1.60	24
江苏省	61122	9.23	1
江西省	20862	3.15	14
辽宁省	23424	3.54	13
内蒙古自治区	9516	1.44	25
宁夏回族自治区	3660	0.55	29
青海省	1098	0.17	30
上海市	38430	5.80	3
四川省	30012	4.53	9
山东省	37698	5.69	4
山西省	19032	2.87	17
陕西省	20130	3.04	16
天津市	15006	2.27	20
台湾省	0	0.00	33
西藏自治区	366	0.06	32
香港特别行政区	732	0.11	31
新疆维吾尔自治区	6954	1.05	27
云南省	12444	1.88	22
浙江省	37332	5.64	5

（十）南通市海安市七战七捷纪念馆景区

南通市海安市七战七捷纪念馆景区的所有客源省（自治区、直辖市、特别行政区）搜索量总值为360144次，搜索量平均值为10592次，其中有13个省（自治区、直辖市、特别行政区）的检索量高于全国平均搜索量，21个省（自治区、直辖市、特别行政区）的检索量低于全国平均搜索量。南通市海安市七战七捷纪念馆景区的客源市场中，排名第一的为江苏省，其年总值为42822次，约为全国平均水平的4.04倍，占有率为11.89%；客源市场排名最后的是澳门特别行政区、台湾省、西藏自治区和香港特别行政区，其年总值均为0，占有率均为0.00%。南通市海安市七战七捷纪念馆景区的前五大客源省（自治区、直辖市、特别行政区）分别是江苏省、广东省、北京市、山东省和上海市，具体如表183所示。

表183　南通市海安市七战七捷纪念馆景区客源情况

客源市场	年总值（次）	占有率（%）	排名
安徽省	16470	4.57	8
澳门特别行政区	0	0.00	31
北京市	28548	7.93	3
重庆市	6588	1.83	19
福建省	8418	2.34	15
广东省	30744	8.54	2
广西壮族自治区	8052	2.24	16
甘肃省	2562	0.71	26
贵州省	3660	1.02	25
河北省	16104	4.47	9
黑龙江省	6588	1.83	19
河南省	16836	4.67	7
湖南省	12444	3.46	12
湖北省	13908	3.86	10
海南省	1830	0.51	27
吉林省	6222	1.73	21
江苏省	42822	11.89	1
江西省	8052	2.24	16
辽宁省	11712	3.25	13
内蒙古自治区	4758	1.32	23

续表

客源市场	年总值（次）	占有率（%）	排名
宁夏回族自治区	732	0.20	29
青海省	366	0.10	30
上海市	23424	6.50	5
四川省	13176	3.66	11
山东省	25620	7.11	4
山西省	8784	2.44	14
陕西省	8052	2.24	16
天津市	4758	1.32	23
台湾省	0	0.00	31
西藏自治区	0	0.00	31
香港特别行政区	0	0.00	31
新疆维吾尔自治区	1830	0.51	27
云南省	5124	1.42	22
浙江省	21960	6.10	6

十四、江西省

（一）井冈山红色旅游系列景区

井冈山红色旅游系列景区的所有客源省（自治区、直辖市、特别行政区）搜索量总值为2706852次，搜索量平均值为79613次，其中有14个省（自治区、直辖市、特别行政区）的检索量高于全国平均搜索量，20个省（自治区、直辖市、特别行政区）的检索量低于全国平均搜索量。井冈山红色旅游系列景区的客源市场中，排名第一的为江西省，其年总值为237534次，约为全国平均水平的2.98倍，占有率为8.78%；客源市场排名最后的是台湾省，其年总值均为2196次，占有率均为0.08%。井冈山红色旅游系列景区的前五大客源省（自治区、直辖市、特别行政区）分别是江西省、广东省、浙江省、北京市和山东省，具体如表184所示。

表184　井冈山红色旅游系列景区客源情况

客源市场	年总值（次）	占有率（%）	排名
安徽省	81252	3.00	14
澳门特别行政区	2928	0.11	33
北京市	128100	4.73	4

续表

客源市场	年总值（次）	占有率（%）	排名
重庆市	63684	2. 35	20
福建省	88938	3. 29	13
广东省	210450	7. 77	2
广西壮族自治区	67710	2. 50	18
甘肃省	50142	1. 85	26
贵州省	58194	2. 15	24
河北省	96624	3. 57	11
黑龙江省	62586	2. 31	21
河南省	103578	3. 83	8
湖南省	109068	4. 03	7
湖北省	94794	3. 50	12
海南省	44286	1. 64	28
吉林省	58560	2. 16	23
江苏省	123342	4. 56	6
江西省	237534	8. 78	1
辽宁省	78324	2. 89	15
内蒙古自治区	57096	2. 11	25
宁夏回族自治区	33306	1. 23	29
青海省	29646	1. 10	30
上海市	99186	3. 66	9
四川省	96990	3. 58	10
山东省	124440	4. 60	5
山西省	72102	2. 66	17
陕西省	76494	2. 83	16
天津市	59292	2. 19	22
台湾省	2196	0. 08	34
西藏自治区	20496	0. 76	31
香港特别行政区	14274	0. 53	32
新疆维吾尔自治区	46116	1. 70	27
云南省	66246	2. 45	19
浙江省	148878	5. 50	3

（二）庐山会议旧址景区

庐山会议旧址景区的所有客源省（自治区、直辖市、特别行政区）搜索量总值为1483398次，搜索量平均值为43629次，其中有17个省（自治区、直辖市、特别行政区）的检索量高于全国平均搜索量，17个省（自治区、直辖市、特别行政区）的检索量低于全国平均搜索量。庐山会议旧址景区的客源市场中，排名第一的为广东省，其年总值为80154次，约为全国平均水平的1.84倍，占有率为5.40%；客源市场排名最后的是澳门特别行政区和台湾省，其年总值均为366次，占有率均为0.02%。庐山会议旧址景区的前五大客源省（自治区、直辖市、特别行政区）分别是广东省、山东省、江苏省、北京市和河南省，具体如表185所示。

表185　庐山会议旧址景区客源情况

客源市场	年总值（次）	占有率（%）	排名
安徽省	55266	3.73	12
澳门特别行政区	366	0.02	33
北京市	70272	4.74	4
重庆市	43188	2.91	18
福建省	47214	3.18	17
广东省	80154	5.40	1
广西壮族自治区	41358	2.79	21
甘肃省	36600	2.47	24
贵州省	34770	2.34	26
河北省	60390	4.07	7
黑龙江省	41724	2.81	20
河南省	64782	4.37	5
湖南省	52338	3.53	13
湖北省	55998	3.77	11
海南省	27084	1.83	28
吉林省	38796	2.62	23
江苏省	72102	4.86	3
江西省	59292	4.00	8
辽宁省	49410	3.33	15
内蒙古自治区	35136	2.37	25
宁夏回族自治区	20862	1.41	29

续表

客源市场	年总值（次）	占有率（%）	排名
青海省	15006	1.01	30
上海市	58194	3.92	10
四川省	59292	4.00	8
山东省	75030	5.06	2
山西省	48678	3.28	16
陕西省	51972	3.50	14
天津市	42456	2.86	19
台湾省	366	0.02	33
西藏自治区	5856	0.39	31
香港特别行政区	5124	0.35	32
新疆维吾尔自治区	30378	2.05	27
云南省	41358	2.79	21
浙江省	62586	4.22	6

（三）永新三湾改编旧址景区

永新三湾改编旧址景区的所有客源省（自治区、直辖市、特别行政区）搜索量总值为1503894次，搜索量平均值为44232次，其中有19个省（自治区、直辖市、特别行政区）的检索量高于全国平均搜索量，15个省（自治区、直辖市、特别行政区）的检索量低于全国平均搜索量。永新三湾改编旧址景区的客源市场中，排名第一的为广东省，其年总值为77592次，约为全国平均水平的1.75倍，占有率为5.16%；客源市场排名最后的是澳门特别行政区，其年总值均为0，占有率均为0.00%。永新三湾改编旧址景区的前五大客源省（自治区、直辖市、特别行政区）分别是广东省、山东省、北京市、江苏省和江西省，具体如表186所示。

表186 永新三湾改编旧址景区客源情况

客源市场	年总值（次）	占有率（%）	排名
安徽省	52338	3.48	14
澳门特别行政区	0	0.00	34
北京市	72834	4.84	3
重庆市	50142	3.33	16
福建省	48678	3.24	17

续表

客源市场	年总值（次）	占有率（%）	排名
广东省	77592	5.16	1
广西壮族自治区	43554	2.90	20
甘肃省	37698	2.51	26
贵州省	39528	2.63	25
河北省	57462	3.82	9
黑龙江省	39894	2.65	24
河南省	62952	4.19	6
湖南省	53802	3.58	12
湖北省	54900	3.65	10
海南省	27084	1.80	28
吉林省	40992	2.73	22
江苏省	66246	4.40	4
江西省	65880	4.38	5
辽宁省	48678	3.24	17
内蒙古自治区	40992	2.73	22
宁夏回族自治区	18300	1.22	29
青海省	15006	1.00	30
上海市	54534	3.63	11
四川省	59658	3.97	8
山东省	74664	4.96	2
山西省	52704	3.50	13
陕西省	52338	3.48	14
天津市	43188	2.87	21
台湾省	366	0.02	33
西藏自治区	9150	0.61	31
香港特别行政区	2562	0.17	32
新疆维吾尔自治区	34038	2.26	27
云南省	45018	2.99	19
浙江省	61122	4.06	7

(四) 上饶市上饶集中营革命烈士陵园景区

上饶市上饶集中营革命烈士陵园景区的所有客源省（自治区、直辖市、特别行政区）搜索量总值为275232次，搜索量平均值为8095次，其中有12个省（自治区、直辖市、特别行政区）的检索量高于全国平均搜索量，22个省（自治区、直辖市、特别行政区）的检索量低于全国平均搜索量。上饶市上饶集中营革命烈士陵园景区的客源市场中，排名第一的为江西省，其年总值为46848次，约为全国平均水平的5.78倍，占有率为17.02%；客源市场排名最后的是澳门特别行政区、台湾省、西藏自治区和香港特别行政区，其年总值均为0，占有率均为0.00%。上饶市上饶集中营革命烈士陵园景区的前五大客源省（自治区、直辖市、特别行政区）分别是江西省、浙江省、广东省、北京市和上海市，具体如表187所示。

表187　上饶市上饶集中营革命烈士陵园景区客源情况

客源市场	年总值（次）	占有率（%）	排名
安徽省	13542	4.92	7
澳门特别行政区	0	0.00	31
北京市	20862	7.58	4
重庆市	3294	1.20	17
福建省	13542	4.92	7
广东省	23058	8.38	3
广西壮族自治区	2196	0.80	22
甘肃省	1464	0.53	24
贵州省	2196	0.80	22
河北省	9150	3.32	10
黑龙江省	2928	1.06	19
河南省	8052	2.93	13
湖南省	5856	2.13	15
湖北省	8418	3.06	12
海南省	366	0.13	28
吉林省	2928	1.06	19
江苏省	19398	7.05	6
江西省	46848	17.02	1
辽宁省	6222	2.26	14
内蒙古自治区	1464	0.53	24

续表

客源市场	年总值（次）	占有率（%）	排名
宁夏回族自治区	366	0.13	28
青海省	366	0.13	28
上海市	20862	7.58	4
四川省	8784	3.19	11
山东省	13176	4.79	9
山西省	2928	1.06	19
陕西省	3294	1.20	17
天津市	4392	1.60	16
台湾省	0	0.00	31
西藏自治区	0	0.00	31
香港特别行政区	0	0.00	31
新疆维吾尔自治区	1098	0.40	27
云南省	1464	0.53	24
浙江省	26718	9.71	2

（五）南昌市新建区小平小道陈列馆景区

南昌市新建区小平小道陈列馆景区的所有客源省（自治区、直辖市、特别行政区）搜索量总值为116754次，搜索量平均值为3434次，其中有8个省（自治区、直辖市、特别行政区）的检索量高于全国平均搜索量，26个省（自治区、直辖市、特别行政区）的检索量低于全国平均搜索量。南昌市新建区小平小道陈列馆景区的客源市场中，排名第一的为江西省，其年总值为45750次，约为全国平均水平的13.32倍，占有率为39.18%；客源市场排名最后的是澳门特别行政区、海南省、宁夏回族自治区、青海省、台湾省、西藏自治区、香港特别行政区和新疆维吾尔自治区，其年总值均为0，占有率均为0.00%。南昌市新建区小平小道陈列馆景区的前五大客源省（自治区、直辖市、特别行政区）分别是江西省、广东省、北京市、江苏省和浙江省，具体如表188所示。

表188　南昌市新建区小平小道陈列馆景区客源情况

客源市场	年总值（次）	占有率（%）	排名
安徽省	4026	3.45	7
澳门特别行政区	0	0.00	27
北京市	8784	7.52	3

续表

客源市场	年总值（次）	占有率（%）	排名
重庆市	1098	0. 94	17
福建省	1830	1. 57	13
广东省	10980	9. 40	2
广西壮族自治区	732	0. 63	20
甘肃省	366	0. 31	21
贵州省	366	0. 31	21
河北省	2196	1. 88	12
黑龙江省	366	0. 31	21
河南省	3294	2. 82	9
湖南省	2562	2. 19	10
湖北省	1830	1. 57	13
海南省	0	0. 00	27
吉林省	366	0. 31	21
江苏省	8052	6. 90	4
江西省	45750	39. 18	1
辽宁省	1464	1. 25	15
内蒙古自治区	366	0. 31	21
宁夏回族自治区	0	0. 00	27
青海省	0	0. 00	27
上海市	5490	4. 70	6
四川省	2562	2. 19	10
山东省	3660	3. 13	8
山西省	1098	0. 94	17
陕西省	1098	0. 94	17
天津市	1464	1. 25	15
台湾省	0	0. 00	27
西藏自治区	0	0. 00	27
香港特别行政区	0	0. 00	27
新疆维吾尔自治区	0	0. 00	27
云南省	366	0. 31	21
浙江省	6588	5. 64	5

（六）江西革命烈士纪念堂景区

江西革命烈士纪念堂景区的所有客源省（自治区、直辖市、特别行政区）搜索量总值为55632次，搜索量平均值为1636次，其中有9个省（自治区、直辖市、特别行政区）的检索量高于全国平均搜索量，25个省（自治区、直辖市、特别行政区）的检索量低于全国平均搜索量。江西革命烈士纪念堂景区的客源市场中，排名第一的为江西省，其年总值为21228次，约为全国平均水平的12.98倍，占有率为38.16%；客源市场排名最后的是澳门特别行政区、重庆市、广西壮族自治区、甘肃省、贵州省、黑龙江省、吉林省、内蒙古自治区、宁夏回族自治区、青海省、山西省、陕西省、天津市、台湾省、西藏自治区、香港特别行政区、新疆维吾尔自治区和云南省，其年总值均为0，占有率均为0.00%。江西革命烈士纪念堂景区的前五大客源省（自治区、直辖市、特别行政区）分别是江西省、江苏省、浙江省、安徽省和广东省，具体如表189所示。

表189 江西革命烈士纪念堂景区客源情况

客源市场	年总值（次）	占有率（%）	排名
安徽省	4758	8.55	2
澳门特别行政区	0	0.00	17
北京市	2928	5.26	6
重庆市	0	0.00	17
福建省	1464	2.63	10
广东省	4392	7.89	5
广西壮族自治区	0	0.00	17
甘肃省	0	0.00	17
贵州省	0	0.00	17
河北省	2562	4.61	7
黑龙江省	0	0.00	17
河南省	1830	3.29	9
湖南省	732	1.32	13
湖北省	732	1.32	13
海南省	366	0.66	16
吉林省	0	0.00	17
江苏省	4758	8.55	2
江西省	21228	38.16	1

续表

客源市场	年总值（次）	占有率（%）	排名
辽宁省	1098	1.97	11
内蒙古自治区	0	0.00	17
宁夏回族自治区	0	0.00	17
青海省	0	0.00	17
上海市	732	1.32	13
四川省	1098	1.97	11
山东省	2196	3.95	8
山西省	0	0.00	17
陕西省	0	0.00	17
天津市	0	0.00	17
台湾省	0	0.00	17
西藏自治区	0	0.00	17
香港特别行政区	0	0.00	17
新疆维吾尔自治区	0	0.00	17
云南省	0	0.00	17
浙江省	4758	8.55	2

（七）赣州市、吉安市、抚州市中央苏区政府根据地红色旅游系列景区

赣州市、吉安市、抚州市中央苏区政府根据地红色旅游系列景区的所有客源省（自治区、直辖市、特别行政区）搜索量总值为26352次，搜索量平均值为775次，其中有8个省（自治区、直辖市、特别行政区）的检索量高于全国平均搜索量，26个省（自治区、直辖市、特别行政区）的检索量低于全国平均搜索量。赣州市、吉安市、抚州市中央苏区政府根据地红色旅游系列景区的客源市场中，排名第一的为江西省，其年总值为6222次，约为全国平均水平的8.03倍，占有率为23.61%；客源市场排名最后的是澳门特别行政区、广西壮族自治区、甘肃省、贵州省、黑龙江省、海南省、吉林省、内蒙古自治区、宁夏回族自治区、青海省、天津市、台湾省、西藏自治区、香港特别行政区、新疆维吾尔自治区和云南省，其年总值均为0，占有率为0.00%。赣州市、吉安市、抚州市中央苏区政府根据地红色旅游系列景区的前五大客源省（自治区、直辖市、特别行政区）分别是江西省、广东省、江苏省、安徽省、福建省和浙江省，其中福建省和浙江省排名并列第五，具体如表190所示。

表 190　赣州市、吉安市、抚州市中央苏区政府根据地红色旅游系列景区客源情况

客源市场	年总值（次）	占有率（%）	排名
安徽省	2196	8.33	4
澳门特别行政区	0	0.00	19
北京市	1464	5.56	7
重庆市	366	1.39	13
福建省	1830	6.94	5
广东省	4026	15.28	2
广西壮族自治区	0	0.00	19
甘肃省	0	0.00	19
贵州省	0	0.00	19
河北省	732	2.78	9
黑龙江省	0	0.00	19
河南省	732	2.78	9
湖南省	366	1.39	13
湖北省	366	1.39	13
海南省	0	0.00	19
吉林省	0	0.00	19
江苏省	2562	9.72	3
江西省	6222	23.61	1
辽宁省	366	1.39	13
内蒙古自治区	0	0.00	19
宁夏回族自治区	0	0.00	19
青海省	0	0.00	19
上海市	1098	4.17	8
四川省	732	2.78	9
山东省	732	2.78	9
山西省	366	1.39	13
陕西省	366	1.39	13
天津市	0	0.00	19
台湾省	0	0.00	19
西藏自治区	0	0.00	19
香港特别行政区	0	0.00	19
新疆维吾尔自治区	0	0.00	19
云南省	0	0.00	19
浙江省	1830	6.94	5

（八）南昌八一起义纪念馆景区

南昌八一起义纪念馆景区的所有客源省（自治区、直辖市、特别行政区）搜索量总值为125538次，搜索量平均值为3692次，其中有13个省（自治区、直辖市、特别行政区）的检索量高于全国平均搜索量，21个省（自治区、直辖市、特别行政区）的检索量低于全国平均搜索量。南昌八一起义纪念馆景区的客源市场中，排名第一的为江西省，其年总值为24156次，约为全国平均水平的6.54倍，占有率为19.24%；客源市场排名最后的是澳门特别行政区、宁夏回族自治区、青海省、台湾省、西藏自治区和香港特别行政区，其年总值均为0，占有率为0.00%。南昌八一起义纪念馆景区的前五大客源省（自治区、直辖市、特别行政区）分别是江西省、广东省、北京市、江苏省、上海市和浙江省，其中上海市和浙江省排名并列第五，具体如表191所示。

表191　南昌八一起义纪念馆景区客源情况

客源市场	年总值（次）	占有率（%）	排名
安徽省	5856	4.66	7
澳门特别行政区	0	0.00	29
北京市	11712	9.33	3
重庆市	1464	1.17	17
福建省	3294	2.62	14
广东省	12810	10.20	2
广西壮族自治区	2196	1.75	16
甘肃省	366	0.29	26
贵州省	366	0.29	26
河北省	4026	3.21	11
黑龙江省	732	0.58	23
河南省	4026	3.21	11
湖南省	4026	3.21	11
湖北省	5856	4.66	7
海南省	732	0.58	23
吉林省	1464	1.17	17
江苏省	8418	6.71	4
江西省	24156	19.24	1
辽宁省	2928	2.33	15
内蒙古自治区	732	0.58	23

续表

客源市场	年总值（次）	占有率（%）	排名
宁夏回族自治区	0	0.00	29
青海省	0	0.00	29
上海市	7320	5.83	5
四川省	4392	3.50	10
山东省	5856	4.66	7
山西省	1098	0.87	21
陕西省	1464	1.17	17
天津市	1464	1.17	17
台湾省	0	0.00	29
西藏自治区	0	0.00	29
香港特别行政区	0	0.00	29
新疆维吾尔自治区	366	0.29	26
云南省	1098	0.87	21
浙江省	7320	5.83	5

（九）南昌八一广场景区

南昌八一广场景区的所有客源省（自治区、直辖市、特别行政区）搜索量总值为238998次，搜索量平均值为7029次，其中有10个省（自治区、直辖市、特别行政区）的检索量高于全国平均搜索量，24个省（自治区、直辖市、特别行政区）的检索量低于全国平均搜索量。南昌八一广场景区的客源市场中，排名第一的为江西省，其年总值为57462次，约为全国平均水平的8.17倍，占有率为24.04%；客源市场排名最后的是澳门特别行政区、宁夏回族自治区、青海省、台湾省和西藏自治区，其年总值均为0，占有率均为0.00%。南昌八一广场景区的前五大客源省（自治区、直辖市、特别行政区）分别是江西省、广东省、浙江省、江苏省和北京市，具体如表192所示。

表192 南昌八一广场景区客源情况

客源市场	年总值（次）	占有率（%）	排名
安徽省	11346	4.75	8
澳门特别行政区	0	0.00	30
北京市	13542	5.67	5
重庆市	2196	0.92	18

续表

客源市场	年总值（次）	占有率（%）	排名
福建省	12444	5. 21	6
广东省	29280	12. 25	2
广西壮族自治区	2928	1. 23	15
甘肃省	732	0. 31	26
贵州省	1464	0. 61	21
河北省	4392	1. 84	14
黑龙江省	1464	0. 61	21
河南省	5856	2. 45	12
湖南省	10614	4. 44	9
湖北省	10614	4. 44	9
海南省	1098	0. 46	24
吉林省	1098	0. 46	24
江苏省	16104	6. 74	4
江西省	57462	24. 04	1
辽宁省	2928	1. 23	15
内蒙古自治区	366	0. 15	27
宁夏回族自治区	0	0. 00	30
青海省	0	0. 00	30
上海市	12078	5. 05	7
四川省	4758	1. 99	13
山东省	6954	2. 91	11
山西省	1830	0. 77	20
陕西省	2562	1. 07	17
天津市	1464	0. 61	21
台湾省	0	0. 00	30
西藏自治区	0	0. 00	30
香港特别行政区	366	0. 15	27
新疆维吾尔自治区	366	0. 15	27
云南省	2196	0. 92	18
浙江省	20496	8. 58	3

（十）秋收起义广场景区

秋收起义广场景区的所有客源省（自治区、直辖市、特别行政区）搜索量总值为40992次，搜索量平均值为1206次，其中有8个省（自治区、直辖市、特别行政区）的检索量高于全国平均搜索量，26个省（自治区、直辖市、特别行政区）的检索量低于全国平均搜索量。秋收起义广场景区的客源市场中，排名第一的为江西省，其年总值为15372次，约为全国平均水平的12.75倍，占有率为37.50%；客源市场排名最后的是澳门特别行政区、重庆市、广西壮族自治区、甘肃省、贵州省、黑龙江省、内蒙古自治区、宁夏回族自治区、青海省、天津市、台湾省、西藏自治区、香港特别行政区、新疆维吾尔自治区和云南省，其年总值均为0，占有率为0.00%。秋收起义广场景区的前五大客源省（自治区、直辖市、特别行政区）分别是江西省、广东省、江苏省、浙江省、安徽省和湖南省，其中徽省和湖南省排名并列第五，具体如表193所示。

表193　秋收起义广场景区客源情况

客源市场	年总值（次）	占有率（%）	排名
安徽省	2196	5.36	5
澳门特别行政区	0	0.00	20
北京市	1464	3.57	8
重庆市	0	0.00	20
福建省	1098	2.68	9
广东省	4392	10.71	2
广西壮族自治区	0	0.00	20
甘肃省	0	0.00	20
贵州省	0	0.00	20
河北省	1098	2.68	9
黑龙江省	0	0.00	20
河南省	1098	2.68	9
湖南省	2196	5.36	5
湖北省	366	0.89	16
海南省	366	0.89	16
吉林省	732	1.79	13
江苏省	2928	7.14	3
江西省	15372	37.50	1
辽宁省	732	1.79	13
内蒙古自治区	0	0.00	20

续表

客源市场	年总值（次）	占有率（%）	排名
宁夏回族自治区	0	0.00	20
青海省	0	0.00	20
上海市	1830	4.46	7
四川省	732	1.79	13
山东省	1098	2.68	9
山西省	366	0.89	16
陕西省	366	0.89	16
天津市	0	0.00	20
台湾省	0	0.00	20
西藏自治区	0	0.00	20
香港特别行政区	0	0.00	20
新疆维吾尔自治区	0	0.00	20
云南省	0	0.00	20
浙江省	2562	6.25	4

十五、辽宁省

（一）“九一八”历史博物馆景区

“九一八”历史博物馆景区的所有客源省（自治区、直辖市、特别行政区）搜索量总值为142008次，搜索量平均值为4177次，其中有10个省（自治区、直辖市、特别行政区）的检索量高于全国平均搜索量，24个省（自治区、直辖市、特别行政区）的检索量低于全国平均搜索量。“九一八”历史博物馆景区的客源市场中，排名第一的为辽宁省，其年总值为47580次，约为全国平均水平的11.39倍，占有率为33.51%；客源市场排名最后的是澳门特别行政区、台湾省、西藏自治区、香港特别行政区，其年总值均为0，占有率均为0.00%。“九一八”历史博物馆景区排名前五大客源省（自治区、直辖市、特别行政区）分别是辽宁省、北京市、广东省、江苏省、上海市、山东省以及浙江省，其中上海市、山东省和浙江省排名并列第五，具体如表194所示。

表194 “九一八”历史博物馆景区客源情况

客源市场	年总值（次）	占有率（%）	排名
安徽省	4026	2.84	11
澳门特别行政区	0	0.00	31
北京市	12810	9.02	2

续表

客源市场	年总值（次）	占有率（%）	排名
重庆市	2562	1.80	15
福建省	2562	1.80	15
广东省	8418	5.93	3
广西壮族自治区	732	0.52	24
甘肃省	1098	0.77	22
贵州省	366	0.26	26
河北省	4758	3.35	9
黑龙江省	5124	3.61	8
河南省	4026	2.84	11
湖南省	1830	1.29	20
湖北省	2928	2.06	14
海南省	366	0.26	26
吉林省	4392	3.09	10
江苏省	6954	4.90	4
江西省	1464	1.03	21
辽宁省	47580	33.51	1
内蒙古自治区	2196	1.55	17
宁夏回族自治区	366	0.26	26
青海省	366	0.26	26
上海市	5490	3.87	5
四川省	4026	2.84	11
山东省	5490	3.87	5
山西省	2196	1.55	17
陕西省	1098	0.77	22
天津市	2196	1.55	17
台湾省	0	0.00	31
西藏自治区	0	0.00	31
香港特别行政区	0	0.00	31
新疆维吾尔自治区	366	0.26	26
云南省	732	0.52	24
浙江省	5490	3.87	5

(二) 鸭绿江断桥景区

鸭绿江断桥景区的所有客源省（自治区、直辖市、特别行政区）搜索量总值为650778次，搜索量平均值为19141次，其中有15个省（自治区、直辖市、特别行政区）的检索量高于全国平均搜索量，19个省（自治区、直辖市、特别行政区）的检索量低于全国平均搜索量。鸭绿江断桥景区的客源市场中，排名第一的为辽宁省，其年总值为72834次，约为全国平均水平的3.81倍，占有率为11.19%；客源市场排名最后的是澳门特别行政区、台湾省，其年总值均为0，占有率均为0.00%。鸭绿江断桥景区排名前五大客源省（自治区、直辖市、特别行政区）分别是辽宁省、广东省、北京市、江苏省、山东省，具体如表195所示。

表195　鸭绿江断桥景区客源情况

客源市场	年总值（次）	占有率（%）	排名
安徽省	22692	3.49	13
澳门特别行政区	0	0.00	33
北京市	39528	6.07	3
重庆市	12444	1.91	22
福建省	19032	2.92	16
广东省	40992	6.30	2
广西壮族自治区	13542	2.08	21
甘肃省	7320	1.12	25
贵州省	6954	1.07	26
河北省	30744	4.72	7
黑龙江省	27816	4.27	10
河南省	25254	3.88	11
湖南省	17202	2.64	17
湖北省	21960	3.37	14
海南省	4758	0.73	27
吉林省	28182	4.33	9
江苏省	36996	5.68	4
江西省	12078	1.86	23
辽宁省	72834	11.19	1
内蒙古自治区	16104	2.47	19
宁夏回族自治区	1830	0.28	29
青海省	1098	0.17	30

续表

客源市场	年总值（次）	占有率（%）	排名
上海市	29646	4.56	8
四川省	24522	3.77	12
山东省	34404	5.29	5
山西省	15738	2.42	20
陕西省	17202	2.64	17
天津市	20130	3.09	15
台湾省	0	0.00	33
西藏自治区	366	0.06	32
香港特别行政区	732	0.11	31
新疆维吾尔自治区	4392	0.67	28
云南省	11346	1.74	24
浙江省	32940	5.06	6

（三）丹东市抗美援朝纪念馆景区

丹东市抗美援朝纪念馆景区的所有客源省（自治区、直辖市、特别行政区）搜索量总值为520086次，搜索量平均值为15297次，其中有12个省（自治区、直辖市、特别行政区）的检索量高于全国平均搜索量，22个省（自治区、直辖市、特别行政区）的检索量低于全国平均搜索量。丹东市抗美援朝纪念馆景区的客源市场中，排名第一的为辽宁省，其年总值为84180次，约为全国平均水平的5.50倍，占有率为16.19%；客源市场排名最后的是澳门特别行政区、台湾省，其年总值均为0，占有率均为0.00%。丹东市抗美援朝纪念馆景区排名前五大客源省（自治区、直辖市、特别行政区）分别是辽宁省、北京市、广东省、山东省以及江苏省，具体如表196所示。

表196 丹东市抗美援朝纪念馆景区客源情况

客源市场	年总值（次）	占有率（%）	排名
安徽省	15006	2.89	13
澳门特别行政区	0	0.00	33
北京市	42090	8.09	2
重庆市	10248	1.97	22
福建省	10248	1.97	22
广东省	27450	5.28	3

续表

客源市场	年总值（次）	占有率（%）	排名
广西壮族自治区	12810	2. 46	17
甘肃省	5856	1. 13	26
贵州省	7686	1. 48	25
河北省	21594	4. 15	7
黑龙江省	14640	2. 81	16
河南省	18300	3. 52	9
湖南省	12810	2. 46	17
湖北省	15006	2. 89	13
海南省	3294	0. 63	29
吉林省	17568	3. 38	11
江苏省	25986	5. 00	5
江西省	10614	2. 04	21
辽宁省	84180	16. 19	1
内蒙古自治区	12810	2. 46	17
宁夏回族自治区	3294	0. 63	29
青海省	1830	0. 35	31
上海市	23424	4. 50	6
四川省	17934	3. 45	10
山东省	26718	5. 14	4
山西省	10980	2. 11	20
陕西省	15006	2. 89	13
天津市	15738	2. 92	12
台湾省	0	0. 00	33
西藏自治区	4026	0. 77	28
香港特别行政区	732	0. 14	32
新疆维吾尔自治区	5490	1. 06	27
云南省	8052	1. 55	24
浙江省	18666	3. 59	8

(四) 辽沈战役纪念馆景区

辽沈战役纪念馆景区的所有客源省（自治区、直辖市、特别行政区）搜索量总值为299388次，搜索量平均值为8806次，其中有11个省（自治区、直辖市、特别行政区）的检索量高于全国平均搜索量，23 个省（自治区、直辖市、特别行政区）的检索量低于全国平均搜索量。辽沈战役纪念馆景区的客源市场中，排名第一的为辽宁省，其年总值为 72102 次，约为全国平均水平的 8.19 倍，占有率为 24.08%；客源市场排名最后的是澳门特别行政区、宁夏回族自治区、青海省、台湾省、香港特别行政区，其年总值均为 0，占有率均为 0.00%。辽沈战役纪念馆景区排名前五大客源省（自治区、直辖市、特别行政区）分别是辽宁省、北京市、河北省、广东省以及江苏省，具体如表 197 所示。

表 197　辽沈战役纪念馆景区客源情况

客源市场	年总值（次）	占有率（%）	排名
安徽省	8052	2.68	14
澳门特别行政区	0	0.00	30
北京市	31476	10.51	2
重庆市	3660	1.22	18
福建省	5856	1.96	15
广东省	17202	5.75	4
广西壮族自治区	2562	0.86	20
甘肃省	1830	0.61	22
贵州省	732	0.24	27
河北省	23790	7.95	3
黑龙江省	10248	3.42	10
河南省	8784	2.93	12
湖南省	1830	0.61	22
湖北省	5490	1.83	16
海南省	1098	0.37	25
吉林省	14274	4.77	7
江苏省	16836	5.62	5
江西省	1830	0.61	22
辽宁省	72102	24.08	1
内蒙古自治区	10614	3.55	9
宁夏回族自治区	0	0.00	30
青海省	0	0.00	30
上海市	9882	3.30	11
四川省	4758	1.59	17
山东省	16470	5.50	6

续表

客源市场	年总值（次）	占有率（%）	排名
山西省	2562	0.86	20
陕西省	3294	1.10	19
天津市	13176	4.40	8
台湾省	0	0.00	30
西藏自治区	366	0.12	29
香港特别行政区	0	0.00	30
新疆维吾尔自治区	732	0.24	27
云南省	1098	0.37	25
浙江省	8784	2.93	12

（五）抗美援朝烈士陵园景区

抗美援朝烈士陵园景区的所有客源省（自治区、直辖市、特别行政区）搜索量总值为96258次，搜索量平均值为2831次，其中有12个省（自治区、直辖市、特别行政区）的检索量高于全国平均搜索量，22个省（自治区、直辖市、特别行政区）的检索量低于全国平均搜索量。抗美援朝烈士陵园景区的客源市场中，排名第一的为辽宁省，其年总值为13908次，约为全国平均水平的4.91倍，占有率为14.45%；客源市场排名最后的是澳门特别行政区、宁夏回族自治区、青海省、台湾省、西藏自治区、香港特别行政区，其年总值均为0，占有率均为0.00%。抗美援朝烈士陵园景区排名前五大客源省（自治区、直辖市、特别行政区）分别是辽宁省、北京市、广东省、山东省、江苏省以及浙江省，其中江苏省和浙江省并列第五，具体如表198所示。

表198　抗美援朝烈士陵园景区客源情况

客源市场	年总值（次）	占有率（%）	排名
安徽省	366	0.38	27
澳门特别行政区	0	0.00	29
北京市	8418	8.75	2
重庆市	1830	1.90	19
福建省	2196	2.28	14
广东省	6588	6.84	3
广西壮族自治区	1098	1.14	25
甘肃省	1464	1.52	22
贵州省	1464	1.52	22

续表

客源市场	年总值（次）	占有率（%）	排名
河北省	5490	5. 70	7
黑龙江省	2196	2. 28	14
河南省	4026	4. 18	8
湖南省	2928	3. 04	12
湖北省	3294	3. 42	11
海南省	366	0. 38	27
吉林省	2562	2. 66	13
江苏省	5856	6. 08	5
江西省	2196	2. 28	14
辽宁省	13908	14. 45	1
内蒙古自治区	1464	1. 52	22
宁夏回族自治区	0	0. 00	29
青海省	0	0. 00	29
上海市	3660	3. 80	9
四川省	3660	3. 80	9
山东省	6222	6. 46	4
山西省	2196	2. 28	14
陕西省	2196	2. 28	14
天津市	1830	1. 90	19
台湾省	0	0. 00	29
西藏自治区	0	0. 00	29
香港特别行政区	0	0. 00	29
新疆维吾尔自治区	1098	1. 14	25
云南省	1830	1. 90	19
浙江省	5856	6. 08	5

十六、内蒙古自治区

（一）东风航天城旅游景区

东风航天城旅游景区的所有客源省（自治区、直辖市、特别行政区）搜索量总值为 243390 次，搜索量平均值为 7159 次，其中有 12 个省（自治区、直辖市、特别行政区）的检索量高于全国平均搜索量，22个省（自治区、直辖市、特别行政区）的检索量低于全国平均搜索量。东风航天城旅游景区的客源市场中，排名第一的为内蒙古自治区，其年总值为29646次，约为全国平均水平的4.14倍，占有率为12.18%；客源市场排名最后的是澳门特别行政区、台湾省、西藏自治区、香港特别行政区，其年总值均为0，占有率均为0.00%。东风航天城旅游景区排名前五大客源省（自治区、直辖市、特别行政区）分别是内蒙古自治区、甘肃省、北京市、广东省、江苏省、山东省以及陕西省，其中江苏省、山东省和陕西省并列第五，具体如表199所示。

表199　东风航天城旅游景区客源情况

客源市场	年总值（次）	占有率（%）	排名
安徽省	5124	2.11	14
澳门特别行政区	0	0.00	31
北京市	26718	10.98	3
重庆市	3294	1.35	18
福建省	2562	1.05	20
广东省	17202	7.07	4
广西壮族自治区	1830	0.75	21
甘肃省	29280	12.03	2
贵州省	732	0.30	28
河北省	9150	3.76	11
黑龙江省	1464	0.60	24
河南省	8784	3.61	12
湖南省	4392	1.80	16
湖北省	5856	2.41	13
海南省	366	0.15	30
吉林省	1098	0.45	26
江苏省	13542	5.56	5
江西省	1830	0.75	21
辽宁省	4392	1.80	16
内蒙古自治区	29646	12.18	1
宁夏回族自治区	732	0.30	28
青海省	1098	0.45	26
上海市	12078	4.96	9
四川省	13176	5.41	8
山东省	13542	5.56	5

续表

客源市场	年总值（次）	占有率（%）	排名
山西省	5124	2.11	14
陕西省	13542	5.56	5
天津市	3294	1.35	18
台湾省	0	0.00	31
西藏自治区	0	0.00	31
香港特别行政区	0	0.00	31
新疆维吾尔自治区	1830	0.75	21
云南省	1464	0.60	24
浙江省	10248	4.21	10

（二）呼伦贝尔市诺门罕战役遗址及陈列馆景区

呼伦贝尔市诺门罕战役遗址及陈列馆景区的所有客源省（自治区、直辖市、特别行政区）搜索量总值为 596214 次，搜索量平均值为 17536 次，其中有 16 个省（自治区、直辖市、特别行政区）的检索量高于全国平均搜索量，18 个省（自治区、直辖市、特别行政区）的检索量低于全国平均搜索量。呼伦贝尔市诺门罕战役遗址及陈列馆景区的客源市场中，排名第一的为广东省，其年总值为 42090 次，约为全国平均水平的 2.40 倍，占有率为 7.06%；客源市场排名最后的是台湾省、西藏自治区，其年总值均为 0，占有率均为 0.00%。呼伦贝尔市诺门罕战役遗址及陈列馆景区排名前五大客源省（自治区、直辖市、特别行政区）分别是广东省、北京市、江苏省、山东省以及浙江省，具体如表 200 所示。

表 200　呼伦贝尔市诺门罕战役遗址及陈列馆景区客源情况

客源市场	年总值（次）	占有率（%）	排名
安徽省	23424	3.93	13
澳门特别行政区	1098	0.18	30
北京市	38796	6.51	2
重庆市	14274	2.39	19
福建省	17934	3.01	16
广东省	42090	7.06	1
广西壮族自治区	13542	2.27	22
甘肃省	4758	0.80	27

续表

客源市场	年总值（次）	占有率（%）	排名
贵州省	6588	1.10	26
河北省	27450	4.60	8
黑龙江省	20496	3.44	14
河南省	28182	4.73	7
湖南省	18300	3.07	15
湖北省	24888	4.17	12
海南省	3294	0.55	28
吉林省	14640	2.46	18
江苏省	37698	6.32	3
江西省	14274	2.39	19
辽宁省	26718	4.48	10
内蒙古自治区	26718	4.48	10
宁夏回族自治区	1464	0.25	29
青海省	732	0.12	31
上海市	31842	5.34	6
四川省	27450	4.60	8
山东省	35868	6.02	4
山西省	12810	2.15	23
陕西省	16836	2.82	17
天津市	14274	2.39	19
台湾省	0	0.00	33
西藏自治区	0	0.00	33
香港特别行政区	732	0.12	31
新疆维吾尔自治区	8052	1.35	25
云南省	8784	1.47	24
浙江省	32208	5.40	5

十七、天津市

（一）天津市周恩来邓颖超纪念馆景区

天津市周恩来邓颖超纪念馆景区的所有客源省（自治区、直辖市、特别行政区）

搜索量总值为136152次，搜索量平均值为4004次，其中有10个省（自治区、直辖市、特别行政区）的检索量高于全国平均搜索量，24个省（自治区、直辖市、特别行政区）的检索量低于全国平均搜索量。天津市周恩来邓颖超纪念馆景区的客源市场中，排名第一的为天津市，其年总值为34038次，约为全国平均水平的8.50倍，占有率为25.00%；客源市场排名最后的是澳门特别行政区、宁夏回族自治区、青海省、台湾省、西藏自治区、香港特别行政区，其年总值均为0，占有率均为0.00%。天津市周恩来邓颖超纪念馆景区排名前五大客源省（自治区、直辖市、特别行政区）分别是天津市、北京市、河北省、广东省以及江苏省，具体如表201所示。

表201　周恩来邓颖超纪念馆景区客源情况

客源市场	年总值（次）	占有率（%）	排名
安徽省	4392	3.23	10
澳门特别行政区	0	0.00	29
北京市	19764	14.52	2
重庆市	2928	2.15	12
福建省	1830	1.34	17
广东省	8418	6.18	4
广西壮族自治区	1464	1.08	19
甘肃省	732	0.54	24
贵州省	366	0.27	26
河北省	8784	6.45	3
黑龙江省	2196	1.61	15
河南省	5124	3.76	9
湖南省	2562	1.88	14
湖北省	2196	1.61	15
海南省	366	0.27	26
吉林省	732	0.54	24
江苏省	7686	5.65	5
江西省	1464	1.08	19
辽宁省	3660	2.69	11
内蒙古自治区	1464	1.08	19
宁夏回族自治区	0	0.00	29
青海省	0	0.00	29
上海市	5490	4.03	7
四川省	2928	2.15	12

续表

客源市场	年总值（次）	占有率（%）	排名
山东省	6954	5.11	6
山西省	1830	1.34	17
陕西省	1464	1.08	19
天津市	34038	25.00	1
台湾省	0	0.00	29
西藏自治区	0	0.00	29
香港特别行政区	0	0.00	29
新疆维吾尔自治区	366	0.27	26
云南省	1464	1.08	19
浙江省	5490	4.03	7

（二）平津战役纪念馆景区

平津战役纪念馆景区的所有客源省（自治区、直辖市、特别行政区）搜索量总值为266814次，搜索量平均值为7847次，其中有10个省（自治区、直辖市、特别行政区）的检索量高于全国平均搜索量，24个省（自治区、直辖市、特别行政区）的检索量低于全国平均搜索量。平津战役纪念馆景区的客源市场中，排名第一的为天津市，其年总值为70272次，约为全国平均水平的8.96倍，占有率为26.34%；客源市场排名最后的是澳门特别行政区、宁夏回族自治区、青海省、台湾省、西藏自治区、香港特别行政区，其年总值均为0，占有率均为0.00%。平津战役纪念馆景区排名前五大客源省（自治区、直辖市、特别行政区）分别是天津市、北京市、河北省、山东省以及江苏省，具体如表202所示。

表202　平津战役纪念馆景区客源情况

客源市场	年总值（次）	占有率（%）	排名
安徽省	10248	3.84	8
澳门特别行政区	0	0.00	29
北京市	32574	12.21	2
重庆市	2196	0.82	19
福建省	8418	3.16	10
广东省	13176	4.94	6
广西壮族自治区	1464	0.55	24
甘肃省	1830	0.69	22

续表

客源市场	年总值（次）	占有率（%）	排名
贵州省	732	0.27	26
河北省	27084	10.15	3
黑龙江省	4758	1.78	13
河南省	7320	2.74	11
湖南省	2562	0.96	18
湖北省	3660	1.37	16
海南省	732	0.27	26
吉林省	1830	0.69	22
江苏省	15006	5.62	5
江西省	2196	0.82	19
辽宁省	12078	4.53	7
内蒙古自治区	2196	0.82	19
宁夏回族自治区	0	0.00	29
青海省	0	0.00	29
上海市	6588	2.47	12
四川省	4758	1.78	13
山东省	15372	5.76	4
山西省	4392	1.65	15
陕西省	3294	1.23	17
天津市	70272	26.34	1
台湾省	0	0.00	29
西藏自治区	0	0.00	29
香港特别行政区	0	0.00	29
新疆维吾尔自治区	732	0.27	26
云南省	1464	0.55	24
浙江省	9882	3.70	9

（三）大沽口炮台遗址博物馆景区

大沽口炮台遗址博物馆景区的所有客源省（自治区、直辖市、特别行政区）搜索量总值为191052次，搜索量平均值为5619次，其中有9个省（自治区、直辖市、特别行政区）的检索量高于全国平均搜索量，25个省（自治区、直辖市、特别行政区）的检索量低于全国平均搜索量。大沽口炮台遗址博物馆景区的客源市场中，排名第一的为天津市，其年总值为 43554 次，约为全国平均水平的 7.75 倍，占有率为 22.80%；客源市场排名最后的是澳门特别行政区、宁夏回族自治区、青海省、台湾省、西藏自治区、香港特别行政区，其年总值均为0，占有率均为0.00%。大沽口炮台遗址博物馆景区排名前五大客源省（自治区、直辖市、特别行政区）分别是天津市、北京市、广东省、山东省以及河北省，具体如表 203 所示。

表 203　大沽口炮台遗址博物馆景区客源情况

客源市场	年总值（次）	占有率（%）	排名
安徽省	5490	2.87	10
澳门特别行政区	0	0.00	29
北京市	22326	11.69	2
重庆市	1830	0.96	21
福建省	4026	2.11	13
广东省	14640	7.66	3
广西壮族自治区	2196	1.15	20
甘肃省	732	0.38	26
贵州省	1098	0.57	24
河北省	12810	6.70	5
黑龙江省	2928	1.53	16
河南省	2928	1.53	16
湖南省	4026	2.11	13
湖北省	6222	3.26	9
海南省	366	0.19	27
吉林省	1464	0.77	23
江苏省	12078	6.32	6
江西省	2928	1.53	16
辽宁省	5490	2.87	10
内蒙古自治区	1830	0.96	21
宁夏回族自治区	0	0.00	29
青海省	0	0.00	29
上海市	6954	3.64	8
四川省	5490	2.87	10
山东省	13176	6.90	4
山西省	3294	1.72	15

续表

客源市场	年总值（次）	占有率（%）	排名
陕西省	2562	1.34	19
天津市	43554	22.80	1
台湾省	0	0.00	29
西藏自治区	0	0.00	29
香港特别行政区	0	0.00	29
新疆维吾尔自治区	366	0.19	27
云南省	1098	0.57	24
浙江省	9150	4.79	7

十八、云南省

（一）云南省保山市龙陵县滇西抗战松山战役遗址景区

云南省保山市龙陵县滇西抗战松山战役遗址景区的所有客源省（自治区、直辖市、特别行政区）搜索量总值为 1178154 次，搜索量平均值为 34652 次，其中有 19 个省（自治区、直辖市、特别行政区）的检索量高于全国平均搜索量，15 个省（自治区、直辖市、特别行政区）的检索量低于全国平均搜索量。云南省保山市龙陵县滇西抗战松山战役遗址景区的客源市场中，排名第一的为广东省，其年总值为 67344 次，约为全国平均水平的 1.94 倍，占有率为 5.72%；客源市场排名最后的是澳门特别行政区，其年总值为 0，占有率均为 0.00%。云南省保山市龙陵县滇西抗战松山战役遗址景区排名前五大客源省（自治区、直辖市、特别行政区）分别是广东省、云南省、江苏省、北京市以及山东省，其中北京市和山东省并列第四，具体如表 204 所示。

表 204　保山市龙陵县滇西抗战松山战役遗址景区客源情况

客源市场	年总值（次）	占有率（%）	排名
安徽省	44652	3.79	12
澳门特别行政区	0	0.00	34
北京市	56730	4.82	4
重庆市	35868	3.04	19
福建省	39894	3.39	14
广东省	67344	5.72	1
广西壮族自治区	36234	3.08	18
甘肃省	24156	2.05	25

续表

客源市场	年总值（次）	占有率（%）	排名
贵州省	30378	2.58	23
河北省	45018	3.82	11
黑龙江省	31842	2.70	21
河南省	51240	4.35	8
湖南省	40992	3.48	13
湖北省	45750	3.88	10
海南省	16104	1.37	28
吉林省	29646	2.52	24
江苏省	61488	5.22	3
江西省	36600	3.11	17
辽宁省	39894	3.39	14
内蒙古自治区	24156	2.05	25
宁夏回族自治区	6954	0.59	29
青海省	6588	0.56	30
上海市	50874	4.32	9
四川省	51606	4.38	7
山东省	56730	4.82	4
山西省	33306	2.83	20
陕西省	39162	3.32	16
天津市	31842	2.70	21
台湾省	732	0.06	33
西藏自治区	3660	0.31	31
香港特别行政区	1830	0.16	32
新疆维吾尔自治区	19398	1.65	27
云南省	61854	5.25	2
浙江省	55632	4.72	6

（二）昭通市罗炳辉将军故居景区

昭通市罗炳辉将军故居景区的所有客源省（自治区、直辖市、特别行政区）搜索量总值为17934次，搜索量平均值为527次，其中有11个省（自治区、直辖市、特别行政区）的检索量高于全国平均搜索量，23个省（自治区、直辖市、特别行政区）的检索量低于全国平均搜索量。昭通市罗炳辉将军故居景区的客源市场中，排名第一的为云南省，其年总值为3294次，约为全国平均水平的6.25倍，占有率为18.37%；客源市场排名最后的是澳门特别行政区、广西壮族自治区、甘肃省、黑龙江省、海南省、吉林省、内蒙古自治区、宁夏回族自治区、青海省、山西省、天津市、台湾省、西藏自治区、香港特别行政区、新疆维吾尔自治区，其年总值均为0，占有率均为0.00%。昭通市罗炳辉将军故居景区排名前五大客源省（自治区、直辖市、特别行政区）分别是云南省、广东省、北京市、山东省、安徽省、河南省、江苏省、四川省，其中北京市和山东省并列第三，安徽省、河南省、江苏省和四川省并列第五，具体如表205所示。

表205　昭通市罗炳辉将军故居景区客源情况

客源市场	年总值（次）	占有率（%）	排名
安徽省	1098	1.33	5
澳门特别行政区	0	0.00	20
北京市	1464	8.16	3
重庆市	366	2.04	12
福建省	366	2.04	12
广东省	2196	12.24	2
广西壮族自治区	0	0.00	20
甘肃省	0	0.00	20
贵州省	732	4.08	9
河北省	366	2.04	12
黑龙江省	0	0.00	20
河南省	1098	6.12	5
湖南省	732	4.08	9
湖北省	366	2.04	12
海南省	0	0.00	20
吉林省	0	0.00	20
江苏省	1098	6.12	5
江西省	366	2.04	12
辽宁省	366	2.04	12
内蒙古自治区	0	0.00	20
宁夏回族自治区	0	0.00	20
青海省	0	0.00	20
上海市	366	2.04	12

续表

客源市场	年总值（次）	占有率（%）	排名
四川省	1098	6. 12	5
山东省	1464	8. 16	3
山西省	0	0. 00	20
陕西省	366	2. 04	12
天津市	0	0. 00	20
台湾省	0	0. 00	20
西藏自治区	0	0. 00	20
香港特别行政区	0	0. 00	20
新疆维吾尔自治区	0	0. 00	20
云南省	3294	18. 37	1
浙江省	732	4. 08	9

（三）保山市施甸县杨善洲精神教育基地景区

保山市施甸县杨善洲精神教育基地景区的所有客源省（自治区、直辖市、特别行政区）搜索量总值为110898次，搜索量平均值为3262次，其中有10个省（自治区、直辖市、特别行政区）的检索量高于全国平均搜索量，24个省（自治区、直辖市、特别行政区）的检索量低于全国平均搜索量。保山市施甸县杨善洲精神教育基地景区的客源市场中，排名第一的为云南省，其年总值为23058次，约为全国平均水平的7. 07倍，占有率为20. 79%；客源市场排名最后的是澳门特别行政区、青海省、台湾省、西藏自治区、香港特别行政区，其年总值均为0，占有率均为0. 00%。保山市施甸县杨善洲精神教育基地景区排名前五大客源省（自治区、直辖市、特别行政区）分别是云南省、江苏省、山东省、广东省以及安徽省，具体如表206所示。

表206　保山市施甸县杨善洲精神教育基地景区客源情况

客源市场	年总值（次）	占有率（%）	排名
安徽省	6222	5. 61	5
澳门特别行政区	0	0. 00	30
北京市	4392	3. 96	9
重庆市	1464	1. 32	20
福建省	2928	2. 64	11
广东省	7320	6. 60	4
广西壮族自治区	1464	1. 32	20

续表

客源市场	年总值（次）	占有率（%）	排名
甘肃省	1464	1.32	20
贵州省	1464	1.32	20
河北省	5856	5.28	6
黑龙江省	1098	0.99	25
河南省	5856	5.28	6
湖南省	2196	1.98	16
湖北省	2562	2.31	14
海南省	366	0.33	28
吉林省	1830	1.65	17
江苏省	8418	7.59	2
江西省	1830	1.65	17
辽宁省	2928	2.64	11
内蒙古自治区	2562	2.31	14
宁夏回族自治区	366	0.33	28
青海省	0	0.00	30
上海市	1464	1.32	20
四川省	3660	3.30	10
山东省	7686	6.93	3
山西省	1830	1.65	17
陕西省	2928	2.64	11
天津市	1098	0.99	25
台湾省	0	0.00	30
西藏自治区	0	0.00	30
香港特别行政区	0	0.00	30
新疆维吾尔自治区	732	0.66	27
云南省	23058	20.79	1
浙江省	5856	5.28	6

（四）陆军讲武堂旧址景区

陆军讲武堂旧址景区的所有客源省（自治区、直辖市、特别行政区）搜索量总值为137250次，搜索量平均值为4037次，其中有8个省（自治区、直辖市、特别行政区）的检索量高于全国平均搜索量，26 个省（自治区、直辖市、特别行政区）的检索量低于全国平均搜索量。陆军讲武堂旧址景区的客源市场中，排名第一的为云南省，其年总值为 49410 次，约为全国平均水平的 12.24 倍，占有率为 36.00%；客源市场排名最后的是澳门特别行政区、海南省、宁夏回族自治区、青海省、台湾省、西藏自治区、香港特别行政区、新疆维吾尔自治区，其年总值均为 0，占有率均为 0.00%。陆军讲武堂旧址景区排名前五大客源省（自治区、直辖市、特别行政区）分别是云南省、广东省、北京市、四川省以及上海市，具体如表 207 所示。

表 207　陆军讲武堂旧址景区客源情况

客源市场	年总值（次）	占有率（%）	排名
安徽省	1830	1.33	18
澳门特别行政区	0	0.00	27
北京市	9516	6.93	3
重庆市	2196	1.60	15
福建省	2562	1.87	11
广东省	13542	9.87	2
广西壮族自治区	1098	0.80	20
甘肃省	366	0.27	25
贵州省	1464	1.07	19
河北省	2562	1.87	11
黑龙江省	1098	0.80	20
河南省	2562	1.87	11
湖南省	2562	1.87	11
湖北省	3294	2.40	10
海南省	0	0.00	27
吉林省	1098	0.80	20
江苏省	6588	4.80	6
江西省	1098	0.80	20
辽宁省	4026	2.93	9
内蒙古自治区	366	0.27	25
宁夏回族自治区	0	0.00	27
青海省	0	0.00	27
上海市	6954	5.07	5
四川省	8418	6.13	4
山东省	4392	3.20	8

续表

客源市场	年总值（次）	占有率（%）	排名
山西省	1098	0.80	20
陕西省	2196	1.60	15
天津市	2196	1.60	15
台湾省	0	0.00	27
西藏自治区	0	0.00	27
香港特别行政区	0	0.00	27
新疆维吾尔自治区	0	0.00	27
云南省	49410	36.00	1
浙江省	4758	3.47	7

十九、浙江省

（一）鲁迅故居景区

鲁迅故居景区的所有客源省（自治区、直辖市、特别行政区）搜索量总值为200568次，搜索量平均值为5899次，其中有7个省（自治区、直辖市、特别行政区）的检索量高于全国平均搜索量，27个省（自治区、直辖市、特别行政区）的检索量低于全国平均搜索量。鲁迅故居景区的客源市场中，排名第一的为浙江省，其年总值为53436次，约为全国平均水平的9.07倍，占有率为26.64%；客源市场排名最后的是澳门特别行政区、宁夏回族自治区、青海省、台湾省、西藏自治区、香港特别行政区、新疆维吾尔自治区，其年总值均为0，占有率均为0.00%。鲁迅故居景区排名前五大客源省（自治区、直辖市、特别行政区）分别是浙江省、上海市、江苏省、广东省以及北京市，具体如表208所示。

表208　鲁迅故居景区客源情况

客源市场	年总值（次）	占有率（%）	排名
安徽省	13176	6.57	6
澳门特别行政区	0	0.00	28
北京市	13542	6.75	5
重庆市	1830	0.91	16
福建省	5124	2.55	10
广东省	14274	7.12	4
广西壮族自治区	1098	0.55	20

续表

客源市场	年总值（次）	占有率（%）	排名
甘肃省	366	0.18	25
贵州省	366	0.18	25
河北省	5490	2.74	9
黑龙江省	1098	0.55	20
河南省	5856	2.92	8
湖南省	2928	1.46	15
湖北省	4026	2.01	12
海南省	366	0.18	25
吉林省	1098	0.55	20
江苏省	23424	11.68	3
江西省	3294	1.64	14
辽宁省	3660	1.82	13
内蒙古自治区	732	0.36	23
宁夏回族自治区	0	0.00	28
青海省	0	0.00	28
上海市	25986	12.96	2
四川省	5124	2.55	10
山东省	8418	4.20	7
山西省	1464	0.73	19
陕西省	1830	0.91	16
天津市	1830	0.91	16
台湾省	0	0.00	28
西藏自治区	0	0.00	28
香港特别行政区	0	0.00	28
新疆维吾尔自治区	0	0.00	28
云南省	732	0.36	23
浙江省	53436	26.64	1

（二）鲁迅纪念馆景区

鲁迅纪念馆景区的所有客源省（自治区、直辖市、特别行政区）搜索量总值为259128次，搜索量平均值为7621次，其中有8个省（自治区、直辖市、特别行政区）

的检索量高于全国平均搜索量，26 个省（自治区、直辖市、特别行政区）的检索量低于全国平均搜索量。鲁迅纪念馆景区的客源市场中，排名第一的为上海市，其年总值为 51972 次，约为全国平均水平的 6.82 倍，占有率为 20.06%；客源市场排名最后的是澳门特别行政区、宁夏回族自治区、青海省、台湾省、西藏自治区、香港特别行政区，其年总值均为 0，占有率均为 0.00%。鲁迅纪念馆景区排名前五大客源省（自治区、直辖市、特别行政区）分别是上海市、广东省、北京市、浙江省以及江苏省，具体如表 209 所示。

表 209　鲁迅纪念馆景区客源情况

客源市场	年总值（次）	占有率（%）	排名
安徽省	7686	2.97	8
澳门特别行政区	0	0.00	29
北京市	32208	12.43	3
重庆市	1464	0.56	21
福建省	6222	2.40	10
广东省	36966	14.27	2
广西壮族自治区	1830	0.71	20
甘肃省	4758	1.84	12
贵州省	732	0.28	26
河北省	6222	2.40	10
黑龙江省	1098	0.42	24
河南省	7320	2.82	9
湖南省	2928	1.13	16
湖北省	3660	1.41	13
海南省	366	0.14	28
吉林省	1464	0.56	21
江苏省	18666	7.20	5
江西省	3294	1.27	15
辽宁省	3660	1.41	13
内蒙古自治区	1098	0.42	24
宁夏回族自治区	0	0.00	29
青海省	0	0.00	29
上海市	51972	20.06	1
四川省	17934	6.92	6
山东省	9150	3.53	7

续表

客源市场	年总值（次）	占有率（%）	排名
山西省	2562	0.99	17
陕西省	2562	0.99	17
天津市	2196	0.85	19
台湾省	0	0.00	29
西藏自治区	0	0.00	29
香港特别行政区	0	0.00	29
新疆维吾尔自治区	732	0.28	26
云南省	1464	0.56	21
浙江省	28914	11.16	4

（三）嘉兴市南湖风景名胜区（中共一大旧址）

嘉兴市南湖风景名胜区（中共一大旧址）的所有客源省（自治区、直辖市、特别行政区）搜索量总值为660264次，搜索量平均值为19420次，其中有17个省（自治区、直辖市、特别行政区）的检索量高于全国平均搜索量，17个省（自治区、直辖市、特别行政区）的检索量低于全国平均搜索量。嘉兴市南湖风景名胜区（中共一大旧址）的客源市场中，排名第一的为浙江省，其年总值为60024次，约为全国平均水平的3.09倍，占有率为9.09%；客源市场排名最后的是澳门特别行政区、台湾省，其年总值均为0，占有率均为0.00%。嘉兴市南湖风景名胜区（中共一大旧址）排名前五大客源省（自治区、直辖市、特别行政区）分别是浙江省、广东省、江苏省、上海市以及山东省，具体如表210所示。

表210　嘉兴市南湖风景名胜区（中共一大旧址）客源情况

客源市场	年总值（次）	占有率（%）	排名
安徽省	32574	4.93	7
澳门特别行政区	0	0.00	33
北京市	35136	5.32	6
重庆市	16470	2.49	19
福建省	21594	3.27	15
广东省	41358	6.26	2
广西壮族自治区	12078	1.83	24
甘肃省	7686	1.16	26
贵州省	9882	1.50	25

续表

客源市场	年总值（次）	占有率（%）	排名
河北省	27816	4.21	9
黑龙江省	14640	2.22	20
河南省	30378	4.60	8
湖南省	23790	3.60	11
湖北省	23058	3.49	14
海南省	2928	0.44	28
吉林省	13908	2.11	21
江苏省	40992	6.21	3
江西省	23424	3.55	12
辽宁省	23424	3.55	12
内蒙古自治区	12810	1.94	23
宁夏回族自治区	2562	0.39	30
青海省	2928	0.44	28
上海市	37332	5.65	4
四川省	26718	4.05	10
山东省	36600	5.54	5
山西省	20130	3.05	17
陕西省	20862	3.16	16
天津市	16836	2.55	18
台湾省	0	0.00	33
西藏自治区	1098	0.17	31
香港特别行政区	366	0.06	32
新疆维吾尔自治区	6954	1.05	27
云南省	13908	2.11	21
浙江省	60024	9.09	1

二十、重庆市

（一）红岩魂陈列馆景区

红岩魂陈列馆景区的所有客源省（自治区、直辖市、特别行政区）搜索量总值为59292次，搜索量平均值为1744次，其中有9个省（自治区、直辖市、特别行政区）

的检索量高于全国平均搜索量，25 个省（自治区、直辖市、特别行政区）的检索量低于全国平均搜索量。红岩魂陈列馆景区的客源市场中，排名第一的为重庆市，其年总值为 25986 次，约为全国平均水平的 14.90 倍，占有率为 43.83%；客源市场排名最后的是澳门特别行政区、贵州省、黑龙江省、海南省、吉林省、内蒙古自治区、宁夏回族自治区、青海省、山西省、台湾省、西藏自治区、香港特别行政区、新疆维吾尔自治区，其年总值均为 0，占有率均为 0.00%。红岩魂陈列馆景区排名前五大客源省（自治区、直辖市、特别行政区）分别是重庆市、四川省、广东省、安徽省以及江苏省，具体如表 211 所示。

表 211　红岩魂陈列馆景区客源情况

客源市场	年总值（次）	占有率（%）	排名
安徽省	4026	6.79	4
澳门特别行政区	0	0.00	22
北京市	2196	3.70	7
重庆市	25986	43.83	1
福建省	1098	1.85	10
广东省	4392	7.41	3
广西壮族自治区	366	0.62	15
甘肃省	366	0.62	15
贵州省	0	0.00	22
河北省	2196	3.70	7
黑龙江省	0	0.00	22
河南省	1098	1.85	10
湖南省	366	0.62	15
湖北省	366	0.62	15
海南省	0	0.00	22
吉林省	0	0.00	22
江苏省	3660	6.17	5
江西省	732	1.23	12
辽宁省	732	1.23	12
内蒙古自治区	0	0.00	22
宁夏回族自治区	0	0.00	22
青海省	0	0.00	22
上海市	732	1.23	12
四川省	4758	8.02	2

续表

客源市场	年总值（次）	占有率（%）	排名
山东省	2196	3.70	7
山西省	0	0.00	22
陕西省	366	0.62	15
天津市	366	0.62	15
台湾省	0	0.00	22
西藏自治区	0	0.00	22
香港特别行政区	0	0.00	22
新疆维吾尔自治区	0	0.00	22
云南省	366	0.62	15
浙江省	2928	4.94	6

二十一、山东省

（一）济南战役纪念馆景区

山东省济南战役纪念馆景区的所有客源省（自治区、直辖市、特别行政区）搜索量总值79788次，搜索量平均值为2347次，其中有8个省（自治区、直辖市、特别行政区）的年检索量高于全国平均搜索量，26个省（自治区、直辖市、特别行政区）的年检索量低于全国平均搜索量。济南战役纪念馆景区客源市场排名第一的为山东省，其年总值为45750次，约为全国平均水平的19.49倍，占有率为57.34%；客源市场排名最后的是澳门特别行政区、甘肃省、贵州省、海南省、宁夏回族自治区、青海省、台湾省、西藏自治区、香港特别行政区、新疆维吾尔自治区和云南省，其年总值均为0，占有率为0.00%。济南战役纪念馆景区的前五大客源省（自治区、直辖市、特别行政区）分别是山东省、北京市、江苏省、浙江省以及安徽省，具体如表212所示。

表212 济南战役纪念馆景区客源情况

客源市场	年总值（次）	占有率（%）	排名
安徽省	2928	3.67	5
澳门特别行政区	0	0.00	24
北京市	5124	6.42	2
重庆市	366	0.46	17
福建省	1098	1.38	9
广东省	2562	3.21	6

续表

客源市场	年总值（次）	占有率（%）	排名
广西壮族自治区	732	0.92	13
甘肃省	0	0.00	24
贵州省	0	0.00	24
河北省	2562	3.21	6
黑龙江省	366	0.46	17
河南省	2562	3.21	6
湖南省	366	0.46	17
湖北省	732	0.92	13
海南省	0	0.00	24
吉林省	366	0.46	17
江苏省	5124	6.42	2
江西省	732	0.92	13
辽宁省	1098	1.38	9
内蒙古自治区	366	0.46	17
宁夏回族自治区	0	0.00	24
青海省	0	0.00	24
上海市	1098	1.38	9
四川省	732	0.92	13
山东省	45750	57.34	1
山西省	366	0.46	17
陕西省	366	0.46	17
天津市	1098	1.38	9
台湾省	0	0.00	24
西藏自治区	0	0.00	24
香港特别行政区	0	0.00	24
新疆维吾尔自治区	0	0.00	24
云南省	0	0.00	24
浙江省	3294	4.13	4

（二）鲁西南战役纪念馆景区

鲁西南战役纪念馆景区的所有客源省（自治区、直辖市、特别行政区）搜索量总值131028次，均值为3854次，其中有11个省（自治区、直辖市、特别行政区）的年检索量高于全国平均搜索量，23个省（自治区、直辖市、特别行政区）的年检索量低于全国平均搜索量。鲁西南战役纪念馆景区客源市场排名第一的为山东省，其年总值为32574次，约为全国平均水平的8.45倍，占有率为24.86%；客源市场排名最后的是澳门特别行政区、北京市、海南省、宁夏回族自治区、青海省、台湾省、西藏自治区和香港特别行政区，其年总值均为0，占有率为0.00%。鲁西南战役纪念馆景区的前五大客源省（自治区、直辖市、特别行政区）分别是山东省、广东省、江苏省、河南省和上海市，具体如表213所示。

表213　鲁西南战役纪念馆景区客源情况

客源市场	年总值（次）	占有率（%）	排名
安徽省	5490	4.19	8
澳门特别行政区	0	0.00	27
北京市	0	0.00	27
重庆市	1830	1.40	17
福建省	2562	1.96	15
广东省	11712	8.94	2
广西壮族自治区	4392	3.35	10
甘肃省	732	0.56	22
贵州省	366	0.28	24
河北省	5490	4.19	8
黑龙江省	1830	1.40	17
河南省	8784	6.70	4
湖南省	3294	2.51	14
湖北省	4392	3.35	10
海南省	0	0.00	27
吉林省	1464	1.12	21
江苏省	10248	7.82	3
江西省	1830	1.40	17
辽宁省	3660	2.79	12
内蒙古自治区	366	0.28	24
宁夏回族自治区	0	0.00	27
青海省	0	0.00	27
上海市	8418	6.42	5
四川省	5856	4.47	7

续表

客源市场	年总值（次）	占有率（%）	排名
山东省	32574	24.86	1
山西省	3660	2.79	12
陕西省	2562	1.96	15
天津市	732	0.56	22
台湾省	0	0.00	27
西藏自治区	0	0.00	27
香港特别行政区	0	0.00	27
新疆维吾尔自治区	366	0.28	24
云南省	1830	1.40	17
浙江省	6588	5.03	6

（三）枣庄市台儿庄大战遗址景区

枣庄市台儿庄大战遗址景区的所有客源省（自治区、直辖市、特别行政区）搜索量总值888648次，均值为26137次，其中有12个省（自治区、直辖市、特别行政区）的年检索量高于全国平均搜索量，22个省（自治区、直辖市、特别行政区）的年检索量低于全国平均搜索量。枣庄市台儿庄大战遗址景区客源市场排名第一的为山东省，其年总值为218136次，约为全国平均水平的8.35倍，占有率为24.55%；客源市场排名最后的是澳门特别行政区和西藏自治区，其年总值均为0，占有率为0.00%。枣庄市台儿庄大战遗址景区的前五大客源省（自治区、直辖市、特别行政区）分别是山东省、江苏省、北京市、河南省以及安徽省，具体如表214所示。

表214　枣庄市台儿庄大战遗址景区客源情况

客源市场	年总值（次）	占有率（%）	排名
安徽省	46116	5.19	5
澳门特别行政区	0	0.00	33
北京市	51606	5.81	3
重庆市	10614	1.19	21
福建省	16470	1.85	16
广东省	38796	4.37	8
广西壮族自治区	9882	1.11	23
甘肃省	6954	0.78	25
贵州省	6222	0.70	26

续表

客源市场	年总值（次）	占有率（%）	排名
河北省	45384	5.11	6
黑龙江省	16470	1.85	16
河南省	49044	5.52	4
湖南省	15372	1.73	18
湖北省	19764	2.22	15
海南省	3294	0.37	28
吉林省	12078	1.36	19
江苏省	74298	8.36	2
江西省	12078	1.36	19
辽宁省	27450	3.09	12
内蒙古自治区	10248	1.15	22
宁夏回族自治区	1830	0.21	29
青海省	1464	0.16	30
上海市	39528	4.45	7
四川省	28548	3.21	11
山东省	218136	24.55	1
山西省	24522	2.76	13
陕西省	20496	2.31	14
天津市	31842	3.58	10
台湾省	366	0.04	32
西藏自治区	0	0.00	33
香港特别行政区	1464	0.16	30
新疆维吾尔自治区	4392	0.49	27
云南省	7686	0.86	24
浙江省	36234	4.08	9

（四）蒙阴县、沂南县沂蒙山孟良崮战役遗址景区

蒙阴县、沂南县沂蒙山孟良崮战役遗址景区的所有客源省（自治区、直辖市、特别行政区）搜索量总值147132次，均值为4327次，其中有9个省（自治区、直辖市、特别行政区）的年检索量高于全国平均搜索量，25个省（自治区、直辖市、特别行政区）的年检索量低于全国平均搜索量。蒙阴县、沂南县沂蒙山孟良崮战役遗址景区客

源市场排名第一的为山东省，其年总值为48312次，约为全国平均水平的11.17倍，占有率为32.84%；客源市场排名最后的是澳门特别行政区、甘肃省、贵州省、海南省、宁夏回族自治区、青海省、台湾省、西藏自治区和香港特别行政区，其年总值均为0，占有率为0.00%。蒙阴县、沂南县沂蒙山孟良崮战役遗址景区的前五大客源省（自治区、直辖市、特别行政区）分别是山东省、江苏省、北京市、广东省以及安徽省，具体如表215所示。

表215 蒙阴县、沂南县沂蒙山孟良崮战役遗址景区客源情况

客源市场	年总值（次）	占有率（%）	排名
安徽省	8418	5.72	5
澳门特别行政区	0	0.00	26
北京市	11346	7.71	3
重庆市	1098	0.75	19
福建省	2196	1.49	12
广东省	9516	6.47	4
广西壮族自治区	732	0.50	22
甘肃省	0	0.00	26
贵州省	0	0.00	26
河北省	5490	3.73	9
黑龙江省	1098	0.75	19
河南省	6588	4.48	7
湖南省	1464	1.00	16
湖北省	1830	1.24	13
海南省	0	0.00	26
吉林省	732	0.50	22
江苏省	18300	12.44	2
江西省	1464	1.00	16
辽宁省	3660	2.49	10
内蒙古自治区	1098	0.75	19
宁夏回族自治区	0	0.00	26
青海省	0	0.00	26
上海市	6222	4.23	8
四川省	3660	2.49	10
山东省	48312	32.84	1
山西省	1464	1.00	16

续表

客源市场	年总值（次）	占有率（%）	排名
陕西省	1830	1.24	13
天津市	1830	1.24	13
台湾省	0	0.00	26
西藏自治区	0	0.00	26
香港特别行政区	0	0.00	26
新疆维吾尔自治区	366	0.25	25
云南省	732	0.50	22
浙江省	7686	5.22	6

（五）华东革命烈士陵园景区

华东革命烈士陵园景区的所有客源省（自治区、直辖市、特别行政区）搜索量总值47946次，均值为1410次，其中有7个省（自治区、直辖市、特别行政区）的年检索量高于全国平均搜索量，27个省（自治区、直辖市、特别行政区）的年检索量低于全国平均搜索量。华东革命烈士陵园景区客源市场排名第一的为山东省，其年总值为28182次，约为全国平均水平的19.99倍，占有率为58.78%；客源市场排名最后的是澳门特别行政区、重庆市、广西壮族自治区、甘肃省、贵州省、黑龙江省、湖南省、海南省、吉林省、内蒙古自治区、宁夏回族自治区、青海省、山西省、陕西省、天津市、台湾省、西藏自治区、香港特别行政区、新疆维吾尔自治区和云南省，其年总值均为0，占有率为0.00%。华东革命烈士陵园景区的前五大客源省（自治区、直辖市、特别行政区）分别是山东省、江苏省、北京市、浙江省以及安徽省，具体如表216所示。

表216　华东革命烈士陵园景区客源情况

客源市场	年总值（次）	占有率（%）	排名
安徽省	2196	4.58	5
澳门特别行政区	0	0.00	15
北京市	3294	6.87	3
重庆市	0	0.00	15
福建省	732	1.53	8
广东省	1830	3.82	6
广西壮族自治区	0	0.00	15
甘肃省	0	0.00	15

续表

客源市场	年总值（次）	占有率（%）	排名
贵州省	0	0.00	15
河北省	732	1.53	8
黑龙江省	0	0.00	15
河南省	732	1.53	8
湖南省	0	0.00	15
湖北省	366	0.76	12
海南省	0	0.00	15
吉林省	0	0.00	15
江苏省	4392	9.16	2
江西省	366	0.76	12
辽宁省	732	1.53	8
内蒙古自治区	0	0.00	15
宁夏回族自治区	0	0.00	15
青海省	0	0.00	15
上海市	1464	3.05	7
四川省	366	0.76	12
山东省	28182	58.78	1
山西省	0	0.00	15
陕西省	0	0.00	15
天津市	0	0.00	15
台湾省	0	0.00	15
西藏自治区	0	0.00	15
香港特别行政区	0	0.00	15
新疆维吾尔自治区	0	0.00	15
云南省	0	0.00	15
浙江省	2562	5.34	4

（六）莱芜市莱芜战役纪念馆景区

莱芜市莱芜战役纪念馆景区的所有客源省（自治区、直辖市、特别行政区）搜索量总值573888次，均值为16879次，其中有13个省（自治区、直辖市、特别行政区）的年检索量高于全国平均搜索量，21个省（自治区、直辖市、特别行政区）的年检索量低于全国平均搜索量。莱芜市莱芜战役纪念馆景区客源市场排名第一的为山东省，其年总值为58194次，约为全国平均水平的3.45倍，占有率为10.14%；客源市场排名最后的是澳门特别行政区、台湾省和西藏自治区，其年总值均为0，占有率为0.00%。莱芜市莱芜战役纪念馆景区的前五大客源省（自治区、直辖市、特别行政区）分别是山东省、北京市、广东省、江苏省以及上海市，具体如表217所示。

表217 莱芜市莱芜战役纪念馆景区客源情况

客源市场	年总值（次）	占有率（%）	排名
安徽省	24888	4.34	9
澳门特别行政区	0	0.00	32
北京市	39528	6.89	2
重庆市	13908	2.42	18
福建省	15006	2.61	16
广东省	38430	6.70	3
广西壮族自治区	12810	2.23	20
甘肃省	6588	1.15	25
贵州省	6588	1.15	25
河北省	27084	4.72	7
黑龙江省	12078	2.10	21
河南省	27084	4.72	7
湖南省	21594	3.76	12
湖北省	21960	3.83	11
海南省	3294	0.57	28
吉林省	10248	1.79	22
江苏省	37332	6.51	4
江西省	14640	2.55	17
辽宁省	20862	3.64	13
内蒙古自治区	8418	1.47	24
宁夏回族自治区	1830	0.32	29
青海省	366	0.06	30
上海市	33672	5.87	5
四川省	24156	4.21	10
山东省	58194	10.14	1
山西省	15738	2.74	15

续表

客源市场	年总值（次）	占有率（%）	排名
陕西省	16470	2.87	14
天津市	13908	2.42	18
台湾省	0	0.00	32
西藏自治区	0	0.00	32
香港特别行政区	366	0.06	30
新疆维吾尔自治区	4758	0.83	27
云南省	9882	1.72	23
浙江省	32208	5.61	6

（七）青岛市中国人民解放军海军博物馆景区

青岛市中国人民解放军海军博物馆景区的所有客源省（自治区、直辖市、特别行政区）搜索量总值281088次，均值为8267次，其中有11个省（自治区、直辖市、特别行政区）的年检索量高于全国平均搜索量，23个省（自治区、直辖市、特别行政区）的年检索量低于全国平均搜索量。青岛市中国人民解放军海军博物馆景区客源市场排名第一的为山东省，其年总值为64416次，约为全国平均水平的7.79倍，占有率为22.92%；客源市场排名最后的是澳门特别行政区、青海省、台湾省和西藏自治区，其年总值均为0，占有率为0.00%。青岛市中国人民解放军海军博物馆景区的前五大客源省（自治区、直辖市、特别行政区）分别是山东省、江苏省、北京市、浙江省和上海市，具体如表218所示。

表218　青岛市中国人民解放军海军博物馆景区客源情况

客源市场	年总值（次）	占有率（%）	排名
安徽省	14274	5.08	7
澳门特别行政区	0	0.00	31
北京市	23058	8.20	3
重庆市	4758	1.69	16
福建省	5490	1.95	13
广东省	17568	6.25	6
广西壮族自治区	1830	0.65	21
甘肃省	1098	0.39	25
贵州省	732	0.26	27
河北省	12810	4.56	9
黑龙江省	3660	1.30	18

续表

客源市场	年总值（次）	占有率（%）	排名
河南省	10980	3.91	10
湖南省	2928	1.04	20
湖北省	5490	1.95	13
海南省	1098	0.39	25
吉林省	1464	0.52	23
江苏省	26352	9.38	2
江西省	3294	1.17	19
辽宁省	8418	2.99	11
内蒙古自治区	1464	0.52	23
宁夏回族自治区	366	0.13	29
青海省	0	0.00	31
上海市	17934	6.38	5
四川省	13542	4.82	8
山东省	64416	22.92	1
山西省	4758	1.69	16
陕西省	6588	2.34	12
天津市	5490	1.95	13
台湾省	0	0.00	31
西藏自治区	0	0.00	31
香港特别行政区	366	0.13	29
新疆维吾尔自治区	732	0.26	27
云南省	1830	0.65	21
浙江省	18300	6.51	4

（八）刘公岛甲午战争遗址博物馆景区

刘公岛甲午战争遗址博物馆景区的所有客源省（自治区、直辖市、特别行政区）搜索量总值967704次，均值为28462次，其中有16个省（自治区、直辖市、特别行政区）的年检索量高于全国平均搜索量，18个省（自治区、直辖市、特别行政区）的年检索量低于全国平均搜索量。刘公岛甲午战争遗址博物馆景区客源市场排名第一的为山东省，其年总值为163236次，约为全国平均水平的5.74倍，占有率为16.87%；客源市场排名最后的是澳门特别行政区，其年总值均为0，占有率为0.00%。刘公岛甲午战争遗址博物馆景区的前五大客源省（自治区、直辖市、特别行政区）分别是山东省、北京市、江苏省、广东省以及河北省，具体如表 219 所示。

表 219　刘公岛甲午战争遗址博物馆景区客源情况

客源市场	年总值（次）	占有率（%）	排名
安徽省	34038	3. 52	11
澳门特别行政区	0	0. 00	34
北京市	52338	5. 41	2
重庆市	21228	2. 19	21
福建省	26718	2. 76	17
广东省	46482	4. 80	4
广西壮族自治区	16470	1. 70	23
甘肃省	14274	1. 48	25
贵州省	10248	1. 06	26
河北省	44286	4. 58	5
黑龙江省	29280	3. 03	15
河南省	40626	4. 20	7
湖南省	25986	2. 69	18
湖北省	33306	3. 44	12
海南省	6588	0. 68	28
吉林省	25986	2. 69	18
江苏省	47580	4. 92	3
江西省	23790	2. 46	20
辽宁省	37332	3. 86	10
内蒙古自治区	19398	2. 00	22
宁夏回族自治区	4758	0. 49	29
青海省	2928	0. 30	30
上海市	42090	4. 35	6
四川省	38064	3. 93	9
山东省	163236	16. 87	1
山西省	28914	2. 99	16
陕西省	31476	3. 25	14
天津市	32208	3. 33	13
台湾省	366	0. 04	33
西藏自治区	732	0. 08	32
香港特别行政区	1464	0. 15	31

续表

客源市场	年总值（次）	占有率（%）	排名
新疆维吾尔自治区	10248	1.06	26
云南省	15372	1.59	24
浙江省	39894	4.12	8

（九）聊城市东昌府区孔繁森同志纪念馆景区

聊城市东昌府区孔繁森同志纪念馆景区的所有客源省（自治区、直辖市、特别行政区）搜索量总值 92598 次，均值为 2723 次，其中有 7 个省（自治区、直辖市、特别行政区）的年检索量高于全国平均搜索量，27 个省（自治区、直辖市、特别行政区）的年检索量低于全国平均搜索量。聊城市东昌府区孔繁森同志纪念馆景区客源市场排名第一的为山东省，其年总值为 41358 次，约为全国平均水平的 15.19 倍，占有率为 44.66%；客源市场排名最后的是澳门特别行政区、甘肃省、海南省、宁夏回族自治区、青海省、台湾省、香港特别行政区和云南省，其年总值均为 0，占有率为 0.00%。聊城市东昌府区孔繁森同志纪念馆景区的前五大客源省（自治区、直辖市、特别行政区）分别是山东省、河南省、北京市、河北省以及江苏省，具体如表 220 所示。

表 220　聊城市东昌府区孔繁森同志纪念馆景区客源情况

客源市场	年总值（次）	占有率（%）	排名
安徽省	1464	1.58	9
澳门特别行政区	0	0.00	27
北京市	6954	7.51	3
重庆市	366	0.40	20
福建省	366	0.40	20
广东省	3660	3.95	6
广西壮族自治区	366	0.40	20
甘肃省	0	0.00	27
贵州省	366	0.40	20
河北省	6954	7.51	3
黑龙江省	732	0.79	16
河南省	8418	9.09	2
湖南省	1098	1.19	11
湖北省	732	0.79	16
海南省	0	0.00	27

续表

客源市场	年总值（次）	占有率（%）	排名
吉林省	366	0.40	20
江苏省	5124	5.53	5
江西省	366	0.40	20
辽宁省	2562	2.77	8
内蒙古自治区	366	0.40	20
宁夏回族自治区	0	0.00	27
青海省	0	0.00	27
上海市	1464	1.58	9
四川省	3660	3.95	6
山东省	41358	44.66	1
山西省	732	0.79	16
陕西省	1098	1.19	11
天津市	1098	1.19	11
台湾省	0	0.00	27
西藏自治区	1098	1.19	11
香港特别行政区	0	0.00	27
新疆维吾尔自治区	732	0.79	16
云南省	0	0.00	27
浙江省	1098	1.19	11

二十二、四川省

（一）四川省邓小平纪念馆景区

四川省邓小平纪念馆景区的所有客源省（自治区、直辖市、特别行政区）搜索量总值254004次，均值为7471次，其中有13个省（自治区、直辖市、特别行政区）的年检索量高于全国平均搜索量，21个省（自治区、直辖市、特别行政区）的年检索量低于全国平均搜索量。邓小平纪念馆景区客源市场排名第一的为四川省，其年总值为24888次，约为全国平均水平的3.33倍，占有率为9.80%；客源市场排名最后的是澳门特别行政区、青海省、台湾省、西藏自治区以及香港特别行政区，其年总值均为0，占有率为0.00%。邓小平纪念馆景区的前五大客源省（自治区、直辖市、特别行政区）分别是四川省、广东省、江苏市、山东省以及北京市，具体如表221所示。

表 221　邓小平纪念馆景区客源情况

客源市场	年总值（次）	占有率（%）	排名
安徽省	9516	3.75	11
澳门特别行政区	0	0.00	30
北京市	17202	6.77	5
重庆市	5490	2.16	19
福建省	6588	2.59	15
广东省	24156	9.51	2
广西壮族自治区	5856	2.31	17
甘肃省	2562	1.01	23
贵州省	1830	0.72	26
河北省	13908	5.48	6
黑龙江省	3294	1.30	21
河南省	13542	5.33	7
湖南省	9150	3.60	12
湖北省	10980	4.32	9
海南省	732	0.29	27
吉林省	2562	1.01	23
江苏省	21960	8.65	3
江西省	6222	2.45	16
辽宁省	5490	2.16	19
内蒙古自治区	2196	0.86	25
宁夏回族自治区	366	0.14	29
青海省	0	0.00	30
上海市	10248	4.03	10
四川省	24888	9.80	1
山东省	18666	7.35	4
山西省	8052	3.17	13
陕西省	7320	2.88	14
天津市	5856	2.31	17
台湾省	0	0.00	30
西藏自治区	0	0.00	30
香港特别行政区	0	0.00	30
新疆维吾尔自治区	732	0.29	27
云南省	2928	1.15	22
浙江省	11712	4.61	8

(二)凉山州中国西昌卫星发射中心景区

凉山州中国西昌卫星发射中心景区的所有客源省(自治区、直辖市、特别行政区)搜索量总值961482次,均值为28279次,其中有18个省(自治区、直辖市、特别行政区)的年检索量高于全国平均搜索量,16个省(自治区、直辖市、特别行政区)的年检索量低于全国平均搜索量。凉山州中国西昌卫星发射中心景区客源市场排名第一的为四川省,其年总值为72102次,约为全国平均水平的2.55倍,占有率为7.77%;客源市场排名最后的是澳门特别行政区,其年总值均为0,占有率为0.00%。凉山州中国西昌卫星发射中心景区的前五大客源省(自治区、直辖市、特别行政区)分别是四川省、广东省、北京市、山东省以及浙江省,具体如表222所示。

表222 凉山州中国西昌卫星发射中心景区客源情况

客源市场	年总值(次)	占有率(%)	排名
安徽省	33672	3.63	13
澳门特别行政区	0	0.00	34
北京市	50874	5.49	3
重庆市	33306	3.59	14
福建省	33306	3.59	14
广东省	51972	5.60	2
广西壮族自治区	24888	2.68	20
甘肃省	24888	2.68	20
贵州省	24156	2.60	22
河北省	35868	3.87	10
黑龙江省	19764	2.13	25
河南省	40626	4.38	8
湖南省	34038	3.67	12
湖北省	36600	3.95	9
海南省	16836	1.82	27
吉林省	19398	2.09	26
江苏省	45750	4.93	6
江西省	25620	2.76	19
辽宁省	29280	3.16	18
内蒙古自治区	23424	2.53	23
宁夏回族自治区	6954	0.75	29
青海省	4392	0.47	30

续表

客源市场	年总值（次）	占有率（%）	排名
上海市	40992	4.42	7
四川省	72102	7.77	1
山东省	48312	5.21	4
山西省	32574	3.51	16
陕西省	34404	3.71	11
天津市	21594	2.33	24
台湾省	366	0.04	33
西藏自治区	1830	0.20	31
香港特别行政区	1098	0.12	32
新疆维吾尔自治区	13542	1.46	28
云南省	32574	3.51	16
浙江省	46482	5.01	5

（三）汶川县水磨古镇景区

汶川县水磨古镇景区的所有客源省（自治区、直辖市、特别行政区）搜索量总值109068次，均值为3208次，其中有8个省（自治区、直辖市、特别行政区）的年检索量高于全国平均搜索量，26个省（自治区、直辖市、特别行政区）的年检索量低于全国平均搜索量。汶川县水磨古镇景区客源市场排名第一的为四川省，其年总值为55632次，约为全国平均水平的17.34倍，占有率为51.01%；客源市场排名最后的是澳门特别行政区、海南省、吉林省、宁夏回族自治区、青海省、台湾省、西藏自治区、香港特别行政区和新疆维吾尔自治区，其年总值均为0，占有率为0.00%。汶川县水磨古镇景区的前五大客源省（自治区、直辖市、特别行政区）分别是四川省、广东省、重庆市、江苏省、北京市以及浙江省，具体如表223所示。

表223　汶川县水磨古镇景区客源情况

客源市场	年总值（次）	占有率（%）	排名
安徽省	3660	3.36	7
澳门特别行政区	0	0.00	26
北京市	4392	4.03	5
重庆市	6222	5.70	3
福建省	1830	1.68	11
广东省	8052	7.38	2

续表

客源市场	年总值（次）	占有率（%）	排名
广西壮族自治区	732	0.67	16
甘肃省	366	0.34	21
贵州省	732	0.67	16
河北省	2562	2.35	9
黑龙江省	732	0.67	16
河南省	1830	1.68	11
湖南省	1098	1.01	15
湖北省	1464	1.34	14
海南省	0	0.00	26
吉林省	0	0.00	26
江苏省	4758	4.36	4
江西省	732	0.67	16
辽宁省	732	0.67	16
内蒙古自治区	366	0.34	21
宁夏回族自治区	0	0.00	26
青海省	0	0.00	26
上海市	3660	3.36	7
四川省	55632	51.01	1
山东省	2196	2.01	10
山西省	366	0.34	21
陕西省	1830	1.68	11
天津市	366	0.34	21
台湾省	0	0.00	26
西藏自治区	0	0.00	26
香港特别行政区	0	0.00	26
新疆维吾尔自治区	0	0.00	26
云南省	366	0.34	21
浙江省	4392	4.03	5

（四）阿坝州理县桃坪羌寨景区

阿坝州理县桃坪羌寨景区的所有客源省（自治区、直辖市、特别行政区）搜索量总值294264次，均值为8655次，其中有8个省（自治区、直辖市、特别行政区）的年检索量高于全国平均搜索量，26 个省（自治区、直辖市、特别行政区）的年检索量低于全国平均搜索量。阿坝州理县桃坪羌寨景区客源市场排名第一的为四川省，其年总值为 75396 次，约为全国平均水平的 8.71 倍，占有率为 25.62%；客源市场排名最后的是澳门特别行政区以及台湾省，其年总值均为0，占有率为 0.00%。阿坝州理县桃坪羌寨景区的前五大客源省（自治区、直辖市、特别行政区）分别是四川省、广东省、重庆市、北京市以及上海市，具体如表 224 所示。

表 224　阿坝州理县桃坪羌寨景区客源情况

客源市场	年总值（次）	占有率（%）	排名
安徽省	7320	2.49	13
澳门特别行政区	0	0.00	33
北京市	17568	5.97	4
重庆市	26718	9.08	3
福建省	8052	2.74	10
广东省	28182	9.58	2
广西壮族自治区	4392	1.49	17
甘肃省	2562	0.87	21
贵州省	4026	1.37	18
河北省	8418	2.86	9
黑龙江省	1464	0.50	24
河南省	8052	2.74	10
湖南省	7320	2.49	13
湖北省	6954	2.36	15
海南省	1464	0.50	24
吉林省	732	0.25	26
江苏省	15006	5.10	7
江西省	4026	1.37	18
辽宁省	3660	1.24	20
内蒙古自治区	732	0.25	26
宁夏回族自治区	732	0.25	26
青海省	732	0.25	26
上海市	16470	5.60	5
四川省	75396	25.62	1
山东省	9516	3.23	8
山西省	2562	0.87	21
陕西省	8052	2.74	10

续表

客源市场	年总值(次)	占有率(%)	排名
天津市	1830	0.62	23
台湾省	0	0.00	33
西藏自治区	366	0.12	31
香港特别行政区	366	0.12	31
新疆维吾尔自治区	732	0.25	26
云南省	5124	1.74	16
浙江省	15738	5.35	6

(五)成都市崇州街子古镇景区

成都市崇州街子古镇景区的所有客源省(自治区、直辖市、特别行政区)搜索量总值420900次,均值为12379次,其中有9个省(自治区、直辖市、特别行政区)的年检索量高于全国平均搜索量,25个省(自治区、直辖市、特别行政区)的年检索量低于全国平均搜索量。成都市崇州街子古镇景区客源市场排名第一的为四川省,其年总值为137616次,约为全国平均水平的11.12倍,占有率为32.70%;客源市场排名最后的是澳门特别行政区以及台湾省,其年总值均为0,占有率为0.00%。成都市崇州街子古镇景区的前五大客源省(自治区、直辖市、特别行政区)分别是四川省、广东省、重庆市、北京市以及上海市,具体如表225所示。

表225 成都市崇州街子古镇景区客源情况

客源市场	年总值(次)	占有率(%)	排名
安徽省	6954	1.65	16
澳门特别行政区	0	0.00	33
北京市	27450	6.52	4
重庆市	28548	6.78	3
福建省	5856	1.39	19
广东省	30012	7.13	2
广西壮族自治区	3660	0.87	23
甘肃省	9150	2.17	13
贵州省	5124	1.22	20
河北省	10248	2.43	12
黑龙江省	2562	0.61	26
河南省	14274	3.39	8

续表

客源市场	年总值（次）	占有率（%）	排名
湖南省	6588	1.59	18
湖北省	10614	2.52	11
海南省	1464	0.35	30
吉林省	1830	0.43	29
江苏省	17202	4.09	6
江西省	3294	0.78	25
辽宁省	7320	1.74	15
内蒙古自治区	2562	0.61	26
宁夏回族自治区	732	0.17	31
青海省	6954	1.65	16
上海市	18666	4.43	5
四川省	137616	32.70	1
山东省	11346	2.70	10
山西省	4026	0.96	22
陕西省	13176	3.13	9
天津市	4392	1.04	21
台湾省	0	0.00	33
西藏自治区	2196	0.52	28
香港特别行政区	732	0.17	31
新疆维吾尔自治区	3660	0.87	23
云南省	7686	1.83	14
浙江省	15006	3.57	7

（六）川陕革命根据地红军烈士陵园景区

川陕革命根据地红军烈士陵园景区的所有客源省（自治区、直辖市、特别行政区）搜索量总值32208次，均值为947次，其中有7个省（自治区、直辖市、特别行政区）的年检索量高于全国平均搜索量，27个省（自治区、直辖市、特别行政区）的年检索量低于全国平均搜索量。川陕革命根据地红军烈士陵园景区客源市场排名第一的为四川省，其年总值为19764次，约为全国平均水平的20.87倍，占有率为61.36%；客源市场排名最后的是安徽省、澳门特别行政区、福建省、广西壮族自治区、甘肃省、贵州省、河北省、黑龙江省、湖南省、海南省、吉林省、内蒙古自治区、宁夏回族自治区、青海省、山东省、山西省、天津市、台湾省、西藏自治区、香港特别行政区、新疆维吾尔自治区和云南省，其年总值均为0，占有率为0.00%。川陕革命根据地红军烈士陵园景区的前五大客源省（自治区、直辖市、特别行政区）分别是四川省、北京市、陕西省、广东省以及上海市，具体如表226所示。

表226　川陕革命根据地红军烈士陵园景区客源情况

客源市场	年总值（次）	占有率（%）	排名
安徽省	0	0.00	13
澳门特别行政区	0	0.00	13
北京市	2196	6.82	2
重庆市	1098	3.41	6
福建省	0	0.00	13
广东省	1830	5.68	4
广西壮族自治区	0	0.00	13
甘肃省	0	0.00	13
贵州省	0	0.00	13
河北省	0	0.00	13
黑龙江省	0	0.00	13
河南省	366	1.14	10
湖南省	0	0.00	13
湖北省	1098	3.41	6
海南省	0	0.00	13
吉林省	0	0.00	13
江苏省	732	2.27	8
江西省	366	1.14	10
辽宁省	366	1.14	10
内蒙古自治区	0	0.00	13
宁夏回族自治区	0	0.00	13
青海省	0	0.00	13
上海市	1464	4.55	5
四川省	19764	61.36	1
山东省	0	0.00	13
山西省	0	0.00	13
陕西省	2196	6.82	2
天津市	0	0.00	13

续表

客源市场	年总值（次）	占有率（%）	排名
台湾省	0	0.00	13
西藏自治区	0	0.00	13
香港特别行政区	0	0.00	13
新疆维吾尔自治区	0	0.00	13
云南省	0	0.00	13
浙江省	732	2.27	8

二十三、山西省

（一）黎城县黄崖洞景区

山西省黎城县黄崖洞景区的所有客源省（自治区、直辖市、特别行政区）搜索量总值218502次，均值为6427次，其中有14个省（自治区、直辖市、特别行政区）的年检索量高于全国平均搜索量，20个省（自治区、直辖市、特别行政区）的年检索量低于全国平均搜索量。黎城县黄崖洞景区客源市场排名第一的为山西省，其年总值为41724次，约为全国平均水平的6.49倍，占有率为19.10%；客源市场排名最后的是澳门特别行政区、海南省、宁夏回族自治区、青海省、台湾省、西藏自治区以及香港特别行政区，其年总值均为0，占有率为0.00%。黎城县黄崖洞景区的前五大客源省（自治区、直辖市、特别行政区）分别是山西省、北京市、河北省、广东省、河南省，具体如表227所示。

表227　黎城县黄崖洞景区客源情况

客源市场	年总值（次）	占有率（%）	排名
安徽省	5124	2.35	15
澳门特别行政区	0	0.00	28
北京市	20862	9.55	2
重庆市	9516	4.36	8
福建省	3660	1.68	17
广东省	15372	7.04	4
广西壮族自治区	2196	1.01	19
甘肃省	1830	0.84	21
贵州省	732	0.34	25
河北省	18300	8.38	3

续表

客源市场	年总值（次）	占有率（%）	排名
黑龙江省	1830	0.84	21
河南省	13542	6.20	5
湖南省	3660	1.68	17
湖北省	6588	3.02	14
海南省	0	0.00	28
吉林省	1464	0.67	23
江苏省	12444	5.70	6
江西省	2196	1.01	19
辽宁省	4026	1.84	16
内蒙古自治区	732	0.34	25
宁夏回族自治区	0	0.00	28
青海省	0	0.00	28
上海市	8052	3.69	10
四川省	7320	3.35	11
山东省	12078	5.53	7
山西省	41724	19.10	1
陕西省	6954	3.18	13
天津市	7320	3.35	11
台湾省	0	0.00	28
西藏自治区	0	0.00	28
香港特别行政区	0	0.00	28
新疆维吾尔自治区	366	0.17	27
云南省	1098	0.50	24
浙江省	9516	4.36	8

（二）大同煤矿“万人坑”遗址纪念馆景区

大同煤矿“万人坑”遗址纪念馆景区的所有客源省（自治区、直辖市、特别行政区）搜索量总值36234次，均值为1066次，其中有11个省（自治区、直辖市、特别行政区）的年检索量高于全国平均搜索量，23个省（自治区、直辖市、特别行政区）的年检索量低于全国平均搜索量。大同煤矿“万人坑”遗址纪念馆景区客源市场排名第一的为山西省，其年总值为11346次，约为全国平均水平的10.64倍，占有率为

31.31%。客源市场排名最后的是澳门特别行政区、重庆市、广西壮族自治区、贵州省、海南省、宁夏回族自治区、青海省、台湾省、西藏自治区、香港特别行政区、新疆维吾尔自治区以及云南省，其年总值均为0，占有率为0.00%。大同煤矿“万人坑”遗址纪念馆景区的前五大客源省（自治区、直辖市、特别行政区）分别是山西省、江苏省、广东省、山东省、浙江省以及安徽省，其中山东省、浙江省和安徽省排名并列第四。具体如表228所示。

表228　大同煤矿“万人坑”遗址纪念馆景区客源情况

客源市场	年总值（次）	占有率（%）	排名
安徽省	2196	6.06	4
澳门特别行政区	0	0.00	23
北京市	1464	4.04	8
重庆市	0	0.00	23
福建省	732	2.02	12
广东省	2928	8.08	3
广西壮族自治区	0	0.00	23
甘肃省	366	1.01	15
贵州省	0	0.00	23
河北省	1830	5.05	7
黑龙江省	366	1.01	15
河南省	1098	3.03	10
湖南省	366	1.01	15
湖北省	732	2.02	12
海南省	0	0.00	23
吉林省	366	1.01	15
江苏省	3294	9.09	2
江西省	366	1.01	15
辽宁省	732	2.02	12
内蒙古自治区	1464	4.04	8
宁夏回族自治区	0	0.00	23
青海省	0	0.00	23
上海市	1098	3.03	10
四川省	366	1.01	15
山东省	2196	6.06	4
山西省	11346	31.31	1

续表

客源市场	年总值（次）	占有率（%）	排名
陕西省	366	1.01	15
天津市	366	1.01	15
台湾省	0	0.00	23
西藏自治区	0	0.00	23
香港特别行政区	0	0.00	23
新疆维吾尔自治区	0	0.00	23
云南省	0	0.00	23
浙江省	2196	6.06	4

（三）灵丘县平型关大捷遗址景区

灵丘县平型关大捷遗址景区的所有客源省（自治区、直辖市、特别行政区）搜索量总值 73932 次，均值为 2174 次，其中有 11 个省（自治区、直辖市、特别行政区）的年检索量高于全国平均搜索量，23 个省（自治区、直辖市、特别行政区）的年检索量低于全国平均搜索量。灵丘县平型关大捷遗址景区客源市场排名第一的为山西省，其年总值为 21594 次，约为全国平均水平的 9.93 倍，占有率为 29.21%；客源市场排名最后的是澳门行政区、重庆市、海南省、吉林省、宁夏回族自治区、青海省、台湾省、西藏自治区、香港特别行政区以及新疆维吾尔自治区，其年总值均为 0，占有率为 0.00%。灵丘县平型关大捷遗址景区的前五大客源省（自治区、直辖市、特别行政区）分别是山西省、北京市、江苏省、广东省以及河北省，具体如表 229 所示。

表 229 灵丘县平型关大捷遗址景区客源情况

客源市场	年总值（次）	占有率（%）	排名
安徽省	4758	6.44	6
澳门特别行政区	0	0.00	25
北京市	8052	10.89	2
重庆市	0	0.00	25
福建省	2196	2.97	10
广东省	5124	6.93	4
广西壮族自治区	732	0.99	16
甘肃省	366	0.50	19
贵州省	366	0.50	19
河北省	5124	6.93	4

续表

客源市场	年总值（次）	占有率（%）	排名
黑龙江省	366	0.50	19
河南省	2928	3.96	8
湖南省	732	0.99	16
湖北省	1098	1.49	14
海南省	0	0.00	25
吉林省	0	0.00	25
江苏省	5490	7.43	3
江西省	1464	1.98	12
辽宁省	1464	1.98	12
内蒙古自治区	732	0.99	16
宁夏回族自治区	0	0.00	25
青海省	0	0.00	25
上海市	2196	2.97	10
四川省	1098	1.49	14
山东省	2928	3.96	8
山西省	21594	29.21	1
陕西省	366	0.50	19
天津市	366	0.50	19
台湾省	0	0.00	25
西藏自治区	0	0.00	25
香港特别行政区	0	0.00	25
新疆维吾尔自治区	0	0.00	25
云南省	366	0.50	19
浙江省	4026	5.45	7

（四）徐向前故居景区

徐向前故居景区的所有客源省（自治区、直辖市、特别行政区）搜索量总值72102次，均值为2121次，其中有10个省（自治区、直辖市、特别行政区）的年检索量高于全国平均搜索量，24个省（自治区、直辖市、特别行政区）的年检索量低于全国平均搜索量。徐向前故居景区客源市场排名第一的为山西省，其年总值为29280次，约为全国平均水平的13.80倍，占有率为40.61%。客源市场排名最后的是澳门特别行政区、甘肃省、贵州省、海南省、宁夏回族自治区、青海省、台湾省、西藏自治区、香港特别行政区、新疆维吾尔自治区以及云南省，其年总值均为0，占有率为0.00%。徐向前故居景区的前五大客源省（自治区、直辖市、特别行政区）分别是山西省、北京市、河北省、广东省、江苏省以及四川省，其中江苏省和四川省排名并列第五，具体如表230所示。

表230　徐向前故居景区客源情况

客源市场	年总值（次）	占有率（%）	排名
安徽省	1464	2.03	12
澳门特别行政区	0	0.00	24
北京市	6588	9.14	2
重庆市	732	1.02	15
福建省	366	0.51	20
广东省	5124	7.11	4
广西壮族自治区	732	1.02	15
甘肃省	0	0.00	24
贵州省	0	0.00	24
河北省	5490	7.61	3
黑龙江省	366	0.51	20
河南省	2196	3.05	7
湖南省	2196	3.05	7
湖北省	732	1.02	15
海南省	0	0.00	24
吉林省	366	0.51	20
江苏省	2928	4.06	5
江西省	366	0.51	20
辽宁省	1098	1.52	14
内蒙古自治区	732	1.02	15
宁夏回族自治区	0	0.00	24
青海省	0	0.00	24
上海市	1830	2.54	11
四川省	2928	4.06	5
山东省	2196	3.05	7
山西省	29280	40.61	1
陕西省	2196	3.05	7

续表

客源市场	年总值（次）	占有率（%）	排名
天津市	732	1.02	15
台湾省	0	0.00	24
西藏自治区	0	0.00	24
香港特别行政区	0	0.00	24
新疆维吾尔自治区	0	0.00	24
云南省	0	0.00	24
浙江省	1464	2.03	12

（五）夜袭阳明堡机场遗址景区

夜袭阳明堡机场遗址景区的所有客源省（自治区、直辖市、特别行政区）搜索量总值35502次，均值为1044次，其中有10个省（自治区、直辖市、特别行政区）的年检索量高于全国平均搜索量，24个省（自治区、直辖市、特别行政区）的年检索量低于全国平均搜索量。夜袭阳明堡机场遗址景区客源市场排名第一的为山西省，其年总值为5856次，约为全国平均水平的5.61倍，占有率为16.49%；客源市场排名最后的是澳门特别行政区、贵州省、黑龙江省、海南省、江西省、宁夏回族自治区、青海省、台湾省、西藏自治区、香港特别行政区、新疆维吾尔自治区以及云南省，其年总值均为0，占有率为0.00%。夜袭阳明堡机场遗址景区的前五大客源省（自治区、直辖市、特别行政区）分别是山西省、北京市、河南省、广东省以及江苏省，具体如表231所示。

表231　夜袭阳明堡机场遗址景区客源情况

客源市场	年总值（次）	占有率（%）	排名
安徽省	732	2.06	11
澳门特别行政区	0	0.00	23
北京市	3660	10.31	2
重庆市	366	1.03	19
福建省	732	2.06	11
广东省	2928	8.25	4
广西壮族自治区	366	1.03	19
甘肃省	366	1.03	19
贵州省	0	0.00	23
河北省	1830	5.15	8

续表

客源市场	年总值（次）	占有率（%）	排名
黑龙江省	0	0.00	23
河南省	3294	9.28	3
湖南省	732	2.06	11
湖北省	732	2.06	11
海南省	0	0.00	23
吉林省	366	1.03	19
江苏省	2928	8.25	4
江西省	0	0.00	23
辽宁省	732	2.06	11
内蒙古自治区	732	2.06	11
宁夏回族自治区	0	0.00	23
青海省	0	0.00	23
上海市	1464	4.12	9
四川省	1464	4.12	9
山东省	2562	7.22	6
山西省	5856	16.49	1
陕西省	732	2.06	11
天津市	732	2.06	11
台湾省	0	0.00	23
西藏自治区	0	0.00	23
香港特别行政区	0	0.00	23
新疆维吾尔自治区	0	0.00	23
云南省	0	0.00	23
浙江省	2196	6.19	7

（六）文水县刘胡兰纪念馆景区

文水县刘胡兰纪念馆景区的所有客源省（自治区、直辖市、特别行政区）搜索量总值202032次，均值为5942次，其中有12个省（自治区、直辖市、特别行政区）的年检索量高于全国平均搜索量，22个省（自治区、直辖市、特别行政区）的年检索量低于全国平均搜索量。文水县刘胡兰纪念馆景区客源市场排名第一的为山西省，其年总值为45384次，约为全国平均水平的7.64倍，占有率为22.46%；客源市场排名最后的是澳门特别行政区、海南省、台湾省、西藏自治区以及香港特别行政区，其年总值均为0，占有率为0.00%。文水县刘胡兰纪念馆景区的前五大客源省（自治区、直辖市、特别行政区）分别是山西省、北京市、山东省、河南省以及广东省，具体如表232所示。

表232　文水县刘胡兰纪念馆景区客源情况

客源市场	年总值（次）	占有率（%）	排名
安徽省	4392	2.17	14
澳门特别行政区	0	0.00	30
北京市	14274	7.07	2
重庆市	1830	0.91	25
福建省	3294	1.63	17
广东省	12444	6.16	4
广西壮族自治区	2196	1.09	23
甘肃省	3294	1.63	17
贵州省	1098	0.54	26
河北省	11712	5.80	6
黑龙江省	2562	1.27	22
河南省	12444	6.16	4
湖南省	4758	2.36	13
湖北省	4392	2.17	14
海南省	0	0.00	30
吉林省	2928	1.45	19
江苏省	11346	5.62	7
江西省	2928	1.45	19
辽宁省	7320	3.62	9
内蒙古自治区	4392	2.17	14
宁夏回族自治区	732	0.36	27
青海省	366	0.18	29
上海市	6222	3.08	11
四川省	6222	3.08	11
山东省	13542	6.70	3
山西省	45384	22.46	1
陕西省	6588	3.26	10
天津市	2928	1.45	19

续表

客源市场	年总值（次）	占有率（%）	排名
台湾省	0	0.00	30
西藏自治区	0	0.00	30
香港特别行政区	0	0.00	30
新疆维吾尔自治区	732	0.36	27
云南省	2196	1.09	23
浙江省	9516	4.71	8

二十四、陕西省

（一）“西安事变”纪念馆景区

陕西省“西安事变”纪念馆景区的所有客源省（自治区、直辖市、特别行政区）搜索量总值167628次，均值为4930次，其中有10个省（自治区、直辖市、特别行政区）的年检索量高于全国平均搜索量，24个省（自治区、直辖市、特别行政区）的年检索量低于全国平均搜索量。“西安事变”纪念馆景区客源市场排名第一的为陕西省，其年总值为52704次，约为全国平均水平的10.69倍，占有率为31.44%；客源市场排名最后的是澳门特别行政区、台湾省、西藏自治区和香港特别行政区，其年总值均为0，占有率为0.00%。“西安事变”纪念馆景区的前五大客源省（自治区、直辖市、特别行政区）分别是陕西省、北京市、广东省、河南省以及江苏省，具体如表233所示。

表233 “西安事变”纪念馆景区客源情况

客源市场	年总值（次）	占有率（%）	排名
安徽省	3294	1.97	13
澳门特别行政区	0	0.00	31
北京市	15372	9.17	2
重庆市	1830	1.09	19
福建省	2928	1.75	14
广东省	12078	7.21	3
广西壮族自治区	1098	0.66	22
甘肃省	2196	1.31	17
贵州省	366	0.22	27
河北省	4392	2.62	11
黑龙江省	1098	0.66	22

续表

客源市场	年总值（次）	占有率（%）	排名
河南省	8784	5.24	4
湖南省	1098	0.66	22
湖北省	2928	1.75	14
海南省	366	0.22	27
吉林省	1464	0.87	21
江苏省	8418	5.02	5
江西省	1830	1.09	19
辽宁省	5124	3.06	10
内蒙古自治区	2196	1.31	17
宁夏回族自治区	366	0.22	27
青海省	366	0.22	27
上海市	7320	4.37	7
四川省	8052	4.80	6
山东省	7320	4.37	7
山西省	4026	2.40	12
陕西省	52704	31.44	1
天津市	2928	1.75	14
台湾省	0	0.00	31
西藏自治区	0	0.00	31
香港特别行政区	0	0.00	31
新疆维吾尔自治区	732	0.44	26
云南省	1098	0.66	22
浙江省	5856	3.49	9

（二）延安革命纪念馆景区

延安革命纪念馆景区的所有客源省（自治区、直辖市、特别行政区）搜索量总值502884次，均值为14791次，其中有13个省（自治区、直辖市、特别行政区）的年检索量高于全国平均搜索量，21个省（自治区、直辖市、特别行政区）的年检索量低于全国平均搜索量。延安革命纪念馆景区客源市场排名第一的为陕西省，其年总值为68076次，约为全国平均水平的4.60倍，占有率为13.54%；客源市场排名最后的是澳门特别行政区和台湾省，其年总值均为0，占有率为0.00%。延安革命纪念馆景区的前五大客源省（自治区、直辖市、特别行政区）分别是陕西省、北京市、广东省、河南省以及山西省，具体如表234所示。

表234　延安革命纪念馆景区客源情况

客源市场	年总值（次）	占有率（%）	排名
安徽省	14274	2.84	14
澳门特别行政区	0	0.00	33
北京市	38430	7.64	2
重庆市	8784	1.75	19
福建省	9150	1.82	18
广东省	30744	6.11	3
广西壮族自治区	7320	1.46	23
甘肃省	15006	2.98	13
贵州省	6222	1.24	25
河北省	21960	4.37	11
黑龙江省	6222	1.24	25
河南省	28914	5.75	4
湖南省	10980	2.18	17
湖北省	14274	2.84	14
海南省	1464	0.29	30
吉林省	4758	0.95	27
江苏省	26352	5.24	6
江西省	8418	1.67	21
辽宁省	12810	2.55	16
内蒙古自治区	15372	3.06	12
宁夏回族自治区	7686	1.53	22
青海省	2196	0.44	29
上海市	23058	4.59	10
四川省	23424	4.66	8
山东省	24888	4.95	7
山西省	27816	5.53	5
陕西省	68076	13.54	1
天津市	8784	1.75	19
台湾省	0	0.00	33
西藏自治区	366	0.07	31

续表

客源市场	年总值（次）	占有率（%）	排名
香港特别行政区	366	0.07	31
新疆维吾尔自治区	4392	0.87	28
云南省	6954	1.38	24
浙江省	23424	4.66	8

（三）宝塔山景区

宝塔山景区的所有客源省（自治区、直辖市、特别行政区）搜索量总值691374次，均值为20335次，其中有16个省（自治区、直辖市、特别行政区）的年检索量高于全国平均搜索量，18个省（自治区、直辖市、特别行政区）的年检索量低于全国平均搜索量。宝塔山景区客源市场排名第一的为陕西省，其年总值为77958次，约为全国平均水平的3.83倍，占有率为11.28%；客源市场排名最后的是澳门特别行政区和台湾省，其年总值均为0，占有率为0.00%。宝塔山景区的前五大客源省（自治区、直辖市、特别行政区）分别是陕西省、北京市、广东省、江苏省以及浙江省，具体如表235所示。

表235　宝塔山景区客源情况

客源市场	年总值（次）	占有率（%）	排名
安徽省	20862	3.02	15
澳门特别行政区	0	0.00	33
北京市	42822	6.19	2
重庆市	15372	2.22	19
福建省	19398	2.81	17
广东省	40992	5.93	3
广西壮族自治区	10980	1.59	22
甘肃省	18300	2.65	18
贵州省	8784	1.27	27
河北省	28182	4.08	11
黑龙江省	10980	1.59	22
河南省	34038	4.92	6
湖南省	21960	3.18	13
湖北省	24888	3.60	12

续表

客源市场	年总值（次）	占有率（%）	排名
海南省	2562	0. 37	30
吉林省	9516	1. 38	26
江苏省	40260	5. 82	4
江西省	15372	2. 22	19
辽宁省	21960	3. 18	13
内蒙古自治区	20496	2. 96	16
宁夏回族自治区	10614	1. 54	24
青海省	4026	0. 58	29
上海市	29280	4. 24	10
四川省	30012	4. 34	9
山东省	34038	4. 92	6
山西省	30744	4. 45	8
陕西省	77958	11. 28	1
天津市	12810	1. 85	21
台湾省	0	0. 00	33
西藏自治区	732	0. 11	31
香港特别行政区	366	0. 05	32
新疆维吾尔自治区	6222	0. 90	28
云南省	10614	1. 54	24
浙江省	36234	5. 24	5

（四）南泥湾革命旧址景区

南泥湾革命旧址景区的所有客源省（自治区、直辖市、特别行政区）搜索量总值 1759362 次，均值为 51746 次，其中有 16 个省（自治区、直辖市、特别行政区）的年检索量高于全国平均搜索量，18 个省（自治区、直辖市、特别行政区）的年检索量低于全国平均搜索量。南泥湾革命旧址景区客源市场排名第一的为广东省，其年总值为 103944 次，约为全国平均水平的 2. 01 倍，占有率为 5. 91%；客源市场排名最后的是澳门特别行政区，其年总值为 1098 次，占有率为 0. 06%。南泥湾革命旧址景区的前五大客源省（自治区、直辖市、特别行政区）分别是广东省、陕西省、江苏省、山东省、浙江省，具体如表 236 所示。

表 236　南泥湾革命旧址景区客源情况

客源市场	年总值（次）	占有率（%）	排名
安徽省	59292	3.37	13
澳门特别行政区	1098	0.06	34
北京市	82716	4.70	6
重庆市	49044	2.79	18
福建省	55998	3.18	15
广东省	103944	5.91	1
广西壮族自治区	49044	2.79	18
甘肃省	39528	2.25	25
贵州省	38796	2.21	26
河北省	68442	3.89	10
黑龙江省	43920	2.50	21
河南省	77592	4.41	7
湖南省	57462	3.27	14
湖北省	61488	3.49	11
海南省	30744	1.75	28
吉林省	42090	2.39	23
江苏省	85278	4.85	3
江西省	51606	2.93	17
辽宁省	55266	3.14	16
内蒙古自治区	43554	2.48	22
宁夏回族自治区	27450	1.56	29
青海省	20496	1.16	30
上海市	70638	4.01	8
四川省	69906	3.97	9
山东省	84546	4.81	4
山西省	60024	3.41	12
陕西省	102480	5.82	2
天津市	45750	2.60	20
台湾省	1830	0.10	33
西藏自治区	7320	0.42	32
香港特别行政区	8418	0.48	31

续表

客源市场	年总值（次）	占有率（%）	排名
新疆维吾尔自治区	37332	2.12	27
云南省	42090	2.39	23
浙江省	84180	4.78	5

（五）渭南市华县渭华起义纪念馆景区

渭南市华县渭华起义纪念馆景区的所有客源省（自治区、直辖市、特别行政区）搜索量总值134322次，均值为3951次，其中有9个省（自治区、直辖市、特别行政区）的年检索量高于全国平均搜索量，25个省（自治区、直辖市、特别行政区）的年检索量低于全国平均搜索量。渭南市华县渭华起义纪念馆景区客源市场排名第一的为陕西省，其年总值为49044次，约为全国平均水平的12.41倍，占有率为36.51%；客源市场排名最后的是澳门特别行政区、海南省、宁夏回族自治区、青海省、台湾省、西藏自治区和香港特别行政区，其年总值均为0，占有率为0.00%。渭南市华县渭华起义纪念馆景区的前五大客源省（自治区、直辖市、特别行政区）分别是陕西省、北京市、广东省、江苏省以及河南省，具体如表237所示。

表237 渭南市华县渭华起义纪念馆景区客源情况

客源市场	年总值（次）	占有率（%）	排名
安徽省	4026	3.00	8
澳门特别行政区	0	0.00	28
北京市	17202	12.81	2
重庆市	1098	0.82	19
福建省	1830	1.36	16
广东省	10614	7.90	3
广西壮族自治区	366	0.27	25
甘肃省	1830	1.36	16
贵州省	366	0.27	25
河北省	4026	3.00	8
黑龙江省	732	0.54	20
河南省	5856	4.36	5
湖南省	1464	1.09	18
湖北省	2562	1.91	12
海南省	0	0.00	28

续表

客源市场	年总值（次）	占有率（%）	排名
吉林省	732	0.54	20
江苏省	6222	4.63	4
江西省	2196	1.63	15
辽宁省	2928	2.18	11
内蒙古自治区	732	0.54	20
宁夏回族自治区	0	0.00	28
青海省	0	0.00	28
上海市	2562	1.91	12
四川省	3660	2.72	10
山东省	4758	3.54	7
山西省	2562	1.91	12
陕西省	49044	36.51	1
天津市	732	0.54	20
台湾省	0	0.00	28
西藏自治区	0	0.00	28
香港特别行政区	0	0.00	28
新疆维吾尔自治区	366	0.27	25
云南省	732	0.54	20
浙江省	5124	3.81	6

（六）习仲勋陵园景区

习仲勋陵园景区的所有客源省（自治区、直辖市、特别行政区）搜索量总值345870次，均值为10173次，其中有10个省（自治区、直辖市、特别行政区）的年检索量高于全国平均搜索量，24个省（自治区、直辖市、特别行政区）的年检索量低于全国平均搜索量。习仲勋陵园景区客源市场排名第一的为陕西省，其年总值为44652次，约为全国平均水平的4.39倍，占有率为12.91%；客源市场排名最后的是澳门特别行政区、台湾省和西藏自治区，其年总值均为0，占有率为0.00%。习仲勋陵园景区的前五大客源省（自治区、直辖市、特别行政区）分别是陕西省、北京市、广东省、河南省以及山东省，具体如表238所示。

表 238　习仲勋陵园客源景区情况

客源市场	年总值（次）	占有率（%）	排名
安徽省	9150	2. 65	14
澳门特别行政区	0	0. 00	32
北京市	29280	8. 47	2
重庆市	5490	1. 59	20
福建省	9882	2. 86	11
广东省	27450	7. 94	3
广西壮族自治区	9882	2. 86	11
甘肃省	6222	1. 80	18
贵州省	4758	1. 38	23
河北省	15006	4. 34	9
黑龙江省	2928	0. 85	25
河南省	23790	6. 88	4
湖南省	9150	2. 65	14
湖北省	9882	2. 86	11
海南省	1464	0. 42	28
吉林省	4758	1. 38	23
江苏省	21228	6. 14	6
江西省	5124	1. 48	22
辽宁省	8052	2. 33	17
内蒙古自治区	2562	0. 74	26
宁夏回族自治区	1098	0. 32	29
青海省	1098	0. 32	29
上海市	14274	4. 13	10
四川省	16836	4. 87	7
山东省	22692	6. 56	5
山西省	9150	2. 65	14
陕西省	44652	12. 91	1
天津市	5490	1. 59	20
台湾省	0	0. 00	32
西藏自治区	0	0. 00	32
香港特别行政区	732	0. 21	31
新疆维吾尔自治区	1830	0. 53	27
云南省	5856	1. 69	19
浙江省	16104	4. 66	8

（七）吴起镇革命旧址景区

吴起镇革命旧址景区的所有客源省（自治区、直辖市、特别行政区）搜索量总值415410次，均值为12218次，其中有14个省（自治区、直辖市、特别行政区）的年检索量高于全国平均搜索量，20个省（自治区、直辖市、特别行政区）的年检索量低于全国平均搜索量。吴起镇革命旧址景区客源市场排名第一的为北京市，其年总值为32208次，约为全国平均水平的2.64倍，占有率为7.75%；客源市场排名最后的是澳门特别行政区、台湾省、西藏自治区和香港特别行政区，其年总值均为0，占有率为0.00%。吴起镇革命旧址景区的前五大客源省（自治区、直辖市、特别行政区）分别是北京市、广东省、江苏省、陕西省以及浙江省，具体如表239所示。

表239　吴起镇革命旧址景区客源情况

客源市场	年总值（次）	占有率（%）	排名
安徽省	13908	3.35	12
澳门特别行政区	0	0.00	31
北京市	32208	7.75	1
重庆市	8784	2.11	19
福建省	10980	2.64	17
广东省	30012	7.22	2
广西壮族自治区	5856	1.41	24
甘肃省	11346	2.73	16
贵州省	5856	1.41	24
河北省	18300	4.41	9
黑龙江省	6954	1.67	21
河南省	20496	4.93	7
湖南省	13176	3.17	14
湖北省	13908	3.35	12
海南省	1464	0.35	29
吉林省	5856	1.41	24
江苏省	28182	6.78	3
江西省	12078	2.91	15
辽宁省	10980	2.64	17
内蒙古自治区	6954	1.67	21
宁夏回族自治区	3294	0.79	27
青海省	366	0.09	30

续表

客源市场	年总值（次）	占有率（%）	排名
上海市	19032	4.58	8
四川省	18300	4.41	9
山东省	27816	6.70	6
山西省	15738	3.79	11
陕西省	28182	6.78	3
天津市	7686	1.85	20
台湾省	0	0.00	31
西藏自治区	0	0.00	31
香港特别行政区	0	0.00	31
新疆维吾尔自治区	2928	0.70	28
云南省	6588	1.59	23
浙江省	28182	6.78	3

（八）洛川会议旧址景区

洛川会议旧址景区的所有客源省（自治区、直辖市、特别行政区）搜索量总值1261602次，均值为37106次，其中有18个省（自治区、直辖市、特别行政区）的年检索量高于全国平均搜索量，16个省（自治区、直辖市、特别行政区）的年检索量低于全国平均搜索量。洛川会议旧址景区客源市场排名第一的为山东省，其年总值为69540次，约为全国平均水平的1.87倍，占有率为5.51%；客源市场排名最后的是澳门特别行政区，其年总值为0，占有率为0.00%。洛川会议旧址景区的前五大客源省（自治区、直辖市、特别行政区）分别是山东省、浙江省、广东省、江苏省、北京市以及河南省，其中北京市和河南省排名并列第五，具体如表240所示。

表240　洛川会议旧址景区客源情况

客源市场	年总值（次）	占有率（%）	排名
安徽省	45750	3.63	12
澳门特别行政区	0	0.00	34
北京市	55266	4.38	5
重庆市	47946	3.80	10
福建省	41358	3.28	17
广东省	57828	4.58	4
广西壮族自治区	35502	2.81	21

续表

客源市场	年总值（次）	占有率（%）	排名
甘肃省	30378	2.41	26
贵州省	31842	2.52	25
河北省	50508	4.00	8
黑龙江省	33306	2.64	24
河南省	55266	4.38	5
湖南省	45384	3.60	13
湖北省	45384	3.60	13
海南省	19398	1.54	28
吉林省	34404	2.73	23
江苏省	59658	4.73	3
江西省	43920	3.48	16
辽宁省	39894	3.16	18
内蒙古自治区	36966	2.93	19
宁夏回族自治区	11346	0.90	29
青海省	9882	0.78	30
上海市	44286	3.51	15
四川省	50142	3.97	9
山东省	69540	5.51	1
山西省	47946	3.80	10
陕西省	54534	4.32	7
天津市	35502	2.81	21
台湾省	366	0.03	33
西藏自治区	2928	0.23	31
香港特别行政区	1098	0.09	32
新疆维吾尔自治区	23790	1.89	27
云南省	36600	2.90	20
浙江省	63684	5.05	2

二十五、上海市

（一）上海市城市规划展示馆景区

上海市城市规划展示馆景区的所有客源省（自治区、直辖市、特别行政区）搜索量总值 112728 次，均值为 3316 次，其中有 8 个省（自治区、直辖市、特别行政区）的年检索量高于全国平均搜索量，26 个省（自治区、直辖市、特别行政区）的年检索量低于全国平均搜索量。上海市城市规划展示馆景区客源市场排名第一的为上海市，其年总值为 44652 次，约为全国平均水平的 13.47 倍，占有率为 39.61%；客源市场排名最后的是澳门特别行政区、宁夏回族自治区、青海省、台湾省、西藏自治区和新疆维吾尔自治区，其年总值均为 0，占有率为 0.00%。上海市城市规划展示馆景区的前五大客源省（自治区、直辖市、特别行政区）分别是上海市、江苏省、广东省、浙江省以及安徽省，具体如表 241 所示。

表 241　上海市城市规划展示馆景区客源情况

客源市场	年总值（次）	占有率（%）	排名
安徽省	5490	4.87	5
澳门特别行政区	0	0.00	29
北京市	5124	4.55	6
重庆市	1098	0.97	17
福建省	2196	1.95	10
广东省	8784	7.79	3
广西壮族自治区	1098	0.97	17
甘肃省	366	0.32	24
贵州省	366	0.32	24
河北省	2196	1.95	10
黑龙江省	366	0.32	24
河南省	2928	2.60	9
湖南省	1464	1.30	15
湖北省	1830	1.62	13
海南省	366	0.32	24
吉林省	732	0.65	19
江苏省	9516	8.44	2
江西省	2196	1.95	10
辽宁省	1464	1.30	15
内蒙古自治区	732	0.65	19
宁夏回族自治区	0	0.00	29
青海省	0	0.00	29
上海市	44652	39.61	1

续表

客源市场	年总值（次）	占有率（%）	排名
四川省	3660	3.25	7
山东省	3660	3.25	7
山西省	732	0.65	19
陕西省	1830	1.62	13
天津市	366	0.32	24
台湾省	0	0.00	29
西藏自治区	0	0.00	29
香港特别行政区	732	0.65	19
新疆维吾尔自治区	0	0.00	29
云南省	732	0.65	19
浙江省	8052	7.14	4

（二）上海鲁迅故居景区

上海鲁迅故居景区的所有客源省（自治区、直辖市、特别行政区）搜索量总值84180次，均值为2476次，其中有8个省（自治区、直辖市、特别行政区）的年检索量高于全国平均搜索量，26个省（自治区、直辖市、特别行政区）的年检索量低于全国平均搜索量。上海鲁迅故居景区客源市场排名第一的为上海市，其年总值为35868次，约为全国平均水平的14.49倍，占有率为42.61%；客源市场排名最后的是澳门特别行政区、甘肃省、贵州省、黑龙江省、吉林省、宁夏回族自治区、青海省、山西省、台湾省、西藏自治区、香港特别行政区和新疆维吾尔自治区，其年总值均为0，占有率为0.00%。上海鲁迅故居景区的前五大客源省（自治区、直辖市、特别行政区）分别是上海市、江苏省、浙江省、广东省以及北京市，具体如表242所示。

表242 上海鲁迅故居景区客源情况

客源市场	年总值（次）	占有率（%）	排名
安徽省	4392	5.22	6
澳门特别行政区	0	0.00	23
北京市	4758	5.65	5
重庆市	366	0.43	17
福建省	1830	2.17	9
广东省	6588	7.83	4
广西壮族自治区	366	0.43	17

续表

客源市场	年总值（次）	占有率（%）	排名
甘肃省	0	0.00	23
贵州省	0	0.00	23
河北省	1830	2.17	9
黑龙江省	0	0.00	23
河南省	2562	3.04	8
湖南省	732	0.87	14
湖北省	732	0.87	14
海南省	366	0.43	17
吉林省	0	0.00	23
江苏省	7686	9.13	2
江西省	1098	1.30	12
辽宁省	1464	1.74	11
内蒙古自治区	366	0.43	17
宁夏回族自治区	0	0.00	23
青海省	0	0.00	23
上海市	35868	42.61	1
四川省	1098	1.30	12
山东省	3660	4.35	7
山西省	0	0.00	23
陕西省	732	0.87	14
天津市	366	0.43	17
台湾省	0	0.00	23
西藏自治区	0	0.00	23
香港特别行政区	0	0.00	23
新疆维吾尔自治区	0	0.00	23
云南省	366	0.43	17
浙江省	6954	8.26	3

（三）上海世博园景区

上海世博园景区的所有客源省（自治区、直辖市、特别行政区）搜索量总值504347次，均值为14834次，其中有13个省（自治区、直辖市、特别行政区）的年检索量高于全国平均搜索量，21个省（自治区、直辖市、特别行政区）的年检索量低于全国平均搜索量。上海世博园景区客源市场排名第一的为上海市，其年总值为61122次，约为全国平均水平的4.12倍，占有率为12.12%；客源市场排名最后的是澳门特别行政区和西藏自治区，其年总值均为0，占有率为0.00%。上海世博园景区的前五大客源省（自治区、直辖市、特别行政区）分别是上海市、广东省、江苏省、浙江省以及北京市，具体如表243所示。

表243　上海世博园景区客源情况

客源市场	年总值（次）	占有率（%）	排名
安徽省	23423	4.64	7
澳门特别行政区	0	0.00	33
北京市	32208	6.39	5
重庆市	7320	1.45	22
福建省	17568	3.48	13
广东省	40260	7.98	2
广西壮族自治区	11712	2.32	17
甘肃省	3660	0.73	26
贵州省	4758	0.94	25
河北省	21594	4.28	9
黑龙江省	9150	1.81	19
河南省	22692	4.50	8
湖南省	14640	2.90	14
湖北省	18300	3.63	12
海南省	2196	0.44	27
吉林省	5124	1.02	24
江苏省	36966	7.33	3
江西省	12444	2.47	15
辽宁省	21228	4.21	10
内蒙古自治区	7686	1.52	21
宁夏回族自治区	1098	0.22	29
青海省	366	0.07	31
上海市	61122	12.12	1
四川省	19398	3.85	11
山东省	30378	6.02	6
山西省	10980	2.18	18

续表

客源市场	年总值（次）	占有率（%）	排名
陕西省	12444	2.47	15
天津市	6954	1.38	23
台湾省	366	0.07	31
西藏自治区	0	0.00	33
香港特别行政区	732	0.15	30
新疆维吾尔自治区	2196	0.44	27
云南省	8784	1.74	20
浙江省	36600	7.26	4

(四) 中国共产党第一次全国代表大会会址纪念馆景区

中国共产党第一次全国代表大会会址纪念馆景区的所有客源省（自治区、直辖市、特别行政区）搜索量总值 119316 次，均值为 3509 次，其中有 6 个省（自治区、直辖市、特别行政区）的年检索量高于全国平均搜索量，28 个省（自治区、直辖市、特别行政区）的年检索量低于全国平均搜索量。中国共产党第一次全国代表大会会址纪念馆景区客源市场排名第一的为上海市，其年总值为 39894 次，约为全国平均水平的 11.37 倍，占有率为 33.44%；客源市场排名最后的是澳门特别行政区、宁夏回族自治区、青海省、台湾省和香港特别行政区，其年总值均为 0，占有率为 0.00%。中国共产党第一次全国代表大会会址纪念馆景区的前五大客源省（自治区、直辖市、特别行政区）分别是上海市、北京市、广东省、江苏省以及浙江省，具体如表 244 所示。

表 244　中国共产党第一次全国代表大会会址纪念馆景区客源情况

客源市场	年总值（次）	占有率（%）	排名
安徽省	3294	2.76	7
澳门特别行政区	0	0.00	30
北京市	13176	11.04	2
重庆市	1098	0.92	17
福建省	1464	1.23	16
广东省	12444	10.43	3
广西壮族自治区	1098	0.92	17
甘肃省	732	0.61	21
贵州省	366	0.31	25
河北省	1830	1.53	13

续表

客源市场	年总值（次）	占有率（%）	排名
黑龙江省	366	0.31	25
河南省	2928	2.45	8
湖南省	2196	1.84	11
湖北省	2562	2.15	10
海南省	366	0.31	25
吉林省	366	0.31	25
江苏省	10248	8.59	4
江西省	1830	1.53	13
辽宁省	2196	1.84	11
内蒙古自治区	732	0.61	21
宁夏回族自治区	0	0.00	30
青海省	0	0.00	30
上海市	39894	33.44	1
四川省	2928	2.45	8
山东省	4026	3.37	6
山西省	1098	0.92	17
陕西省	1098	0.92	17
天津市	1830	1.53	13
台湾省	0	0.00	30
西藏自治区	732	0.61	21
香港特别行政区	0	0.00	30
新疆维吾尔自治区	366	0.31	25
云南省	732	0.61	21
浙江省	7320	6.13	5

（五）宋庆龄故居纪念馆及陵园景区

宋庆龄故居纪念馆及陵园景区的所有客源省（自治区、直辖市、特别行政区）搜索量总值506442次，均值为14895次，其中有14个省（自治区、直辖市、特别行政区）的年检索量高于全国平均搜索量，20个省（自治区、直辖市、特别行政区）的年检索量低于全国平均搜索量。宋庆龄故居纪念馆及陵园景区客源市场排名第一的为上海市，其年总值为70272次，约为全国平均水平的4.72倍，占有率为13.88%；客源市场排名最后的是澳门特别行政区、青海省、台湾省和西藏自治区，其年总值均为0，占有率为0.00%。宋庆龄故居纪念馆及陵园景区的前五大客源省（自治区、直辖市、特别行政区）分别是上海市、北京市、江苏省、广东省、山东省以及浙江省，其中山东省和浙江省排名并列第五，具体如表245所示。

表245　宋庆龄故居纪念馆及陵园景区客源情况

客源市场	年总值（次）	占有率（%）	排名
安徽省	16470	3.25	13
澳门特别行政区	0	0.00	31
北京市	64782	12.79	2
重庆市	25254	4.99	7
福建省	9150	1.81	19
广东省	33306	6.58	4
广西壮族自治区	6588	1.30	21
甘肃省	2196	0.43	27
贵州省	2562	0.51	26
河北省	23790	4.70	8
黑龙江省	7320	1.45	20
河南省	17934	3.54	12
湖南省	10248	2.02	16
湖北省	19032	3.76	10
海南省	23058	4.55	9
吉林省	4758	0.94	23
江苏省	36234	7.15	3
江西省	5856	1.16	22
辽宁省	16104	3.18	14
内蒙古自治区	4758	0.94	23
宁夏回族自治区	366	0.07	30
青海省	0	0.00	31
上海市	70272	13.88	1
四川省	18300	3.61	11
山东省	25986	5.13	5
山西省	9516	1.88	18
陕西省	10980	2.17	15

续表

客源市场	年总值（次）	占有率（%）	排名
天津市	10248	2. 02	16
台湾省	0	0. 00	31
西藏自治区	0	0. 00	31
香港特别行政区	732	0. 14	29
新疆维吾尔自治区	1830	0. 36	28
云南省	2826	0. 56	25
浙江省	25986	5. 13	5

（六）龙华烈士陵园景区

龙华烈士陵园景区的所有客源省（自治区、直辖市、特别行政区）搜索量总值360876次，均值为10614次，其中有12个省（自治区、直辖市、特别行政区）的年检索量高于全国平均搜索量，22个省（自治区、直辖市、特别行政区）的年检索量低于全国平均搜索量。龙华烈士陵园景区客源市场排名第一的为上海市，其年总值为81618次，约为全国平均水平的7. 69倍，占有率为22. 62%；客源市场排名最后的是澳门特别行政区、青海省和西藏自治区，其年总值均为0，占有率为0. 00%。龙华烈士陵园景区的前五大客源省（自治区、直辖市、特别行政区）分别是上海市、江苏省、浙江省、广东省以及山东省，具体如表246所示。

表246　龙华烈士陵园景区客源情况

客源市场	年总值（次）	占有率（%）	排名
安徽省	18300	5. 07	6
澳门特别行政区	0	0. 00	32
北京市	18300	5. 07	6
重庆市	4758	1. 32	19
福建省	11346	3. 14	12
广东省	23424	6. 49	4
广西壮族自治区	4758	1. 32	19
甘肃省	1098	0. 30	27
贵州省	2562	0. 71	25
河北省	13176	3. 65	10
黑龙江省	3660	1. 01	22
河南省	16470	4. 56	8

续表

客源市场	年总值（次）	占有率（%）	排名
湖南省	9516	2.64	14
湖北省	7686	2.13	15
海南省	1830	0.51	26
吉林省	4392	1.22	21
江苏省	27084	7.51	2
江西省	7686	2.13	15
辽宁省	11712	3.25	11
内蒙古自治区	3660	1.01	22
宁夏回族自治区	366	0.10	30
青海省	0	0.00	32
上海市	81618	22.62	1
四川省	13908	3.85	9
山东省	20862	5.78	5
山西省	5124	1.42	18
陕西省	10248	2.84	13
天津市	2928	0.81	24
台湾省	366	0.10	30
西藏自治区	0	0.00	32
香港特别行政区	732	0.20	28
新疆维吾尔自治区	732	0.20	28
云南省	6588	1.83	17
浙江省	25986	7.20	3

第四章　红色旅游景区网络热度影响因素分析及建议

第一节　影响因素

一、政府政策和资金支持

政府政策越支持，资金投入越多，景区的热度排名相对越高。近年来，中央高度鼓励和支持红色旅游景区的建设与发展，红色旅游被多次写进国家级的政策文件中，红色旅游越来越受到大众欢迎。参照全国全年红色旅游经典景区热度排名表，江西省、广东省、四川省等多个省（自治区、直辖市、特别行政区）的红色景区深受游客欢迎，这与政府政策倾斜有很大关系。例如，全年热度排名第一的江西井冈山红色旅游系列景区，经了解，自2004年以来，作为江西省的一项政治工程、文化工程、经济工程——红色旅游在全省各地轰轰烈烈展开，成为旅游业新的亮点。江西省积极响应中央的号召，落实了《江西省贯彻落实〈2016—2020年全国红色旅游发展规划纲要〉实施方案》，重点建设井冈山红色旅游系列景区等11个红色旅游经典景区；培育形成了井冈山“红色旅游全域示范区”；凸显了井冈山“中国革命摇篮”的红色品牌，创新了红色旅游特色体验形式，打造了国际知名红色旅游目的地，同时开展了多项举措来为红色旅游的发展提供保障，其一，支持红色旅游建设项目用地，在制定土地利用和城乡建设总体规划时，充分考虑红色旅游产业发展需要，并且制定相关政策优先办理建设用地手续；其二，鼓励金融机构对符合条件的红色旅游项目提供信贷支持，适当加大信贷投放力度，适度降低旅游企业贷款准入门槛，扶持龙头企业发展；其三，实行税费优惠政策，对红色旅游重点建设项目提高待遇，落实三星级以上（含三星级）旅游饭店实行与一般工业企业同等用水、用气价格，用电实行比商业用电低0.1元/千瓦时的价格。由此可以看出，政府政策对红色旅游的倾斜，的确会带来该省红色旅游景区热度提升。

二、区域内经济发展水平

红色旅游景区客源地检索总量受客源地经济发展水平的影响。从全国各省（自治区、直辖市、特别行政区）人均 GDP（2020 年）的数据来看，北京（16.5 万元）、上海（15.6 万元）、江苏（12.1 万元）、广东（8.8 万元）等地人均 GDP 名列前茅，在全国各地客源市场检索总量排名上，北京、上海、江苏、广东等地也位居前列；而人均 GDP 较低的省（自治区、直辖市、特别行政区）宁夏（5.45 万元）、西藏（5.23 万元）和青海（5.08 万元），在检索总量的比较中排名同样靠后。所以，总体来看客源地经济发展水平和客源地检索总量具有相关性，即客源地经济发展水平越高，对红色旅游景区的检索总量越大；相反，客源地经济发展水平越低，对红色旅游景区的检索总量越小，如表 247 和图 2 所示。

表 247　全国人均 GDP 与检索总量表（不含港澳台）

省份	人均 GDP/万元	人均 GDP 排名	检索总量	检索总量排名
北京市	164889	1	10585709	1
上海市	155768	2	2468875	8
江苏省	121231	3	3545613	3
福建省	105818	4	1839741	16
天津市	101614	5	1466437	19
浙江省	100620	6	2722174	6
广东省	88210	7	4495264	2
重庆市	78170	8	1336519	21
湖北省	74440	9	1846014	15
山东省	72151	10	3356783	4
内蒙古自治区	72062	11	1049248	26
陕西省	66292	12	1900137	14
安徽省	63426	13	2271760	11
湖南省	62900	14	2791078	5
辽宁省	58872	15	1977331	12
四川省	58126	16	2468526	9
江西省	56871	17	1914280	13
河南省	55435	18	2370063	10
海南省	55131	19	690866	27
宁夏回族自治区	54528	20	391591	29

续表

省份	人均 GDP/万元	人均 GDP 排名	检索总量	检索总量排名
新疆维吾尔自治区	53593	21	635375	28
西藏自治区	52345	22	132120	31
云南省	51975	23	1136428	22
青海省	50819	24	291448	30
吉林省	50800	25	1104505	24
山西省	50528	26	1582838	18
河北省	48564	27	2582836	7
贵州省	46267	28	1125359	23
广西壮族自治区	44309	29	1596736	17
黑龙江省	42635	30	1368753	20
甘肃省	35995	31	1091613	25

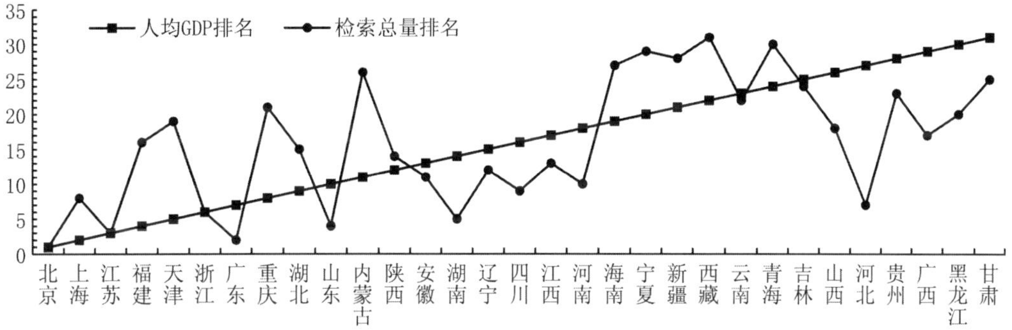

图 2　全国人均 GDP 与检索总量图

三、区位与交通的便捷性

除了所处地区的气候、降水、地形等自然因素、景区所在城市的经济发展水平与客源市场的经济发展水平、人文因素等会深刻影响红色旅游的发展外，旅游区位是区域旅游发展的重要前提。交通是否便利、可进入性的高低也会深刻影响旅游业的发展，如交通线路里程会限制旅游者出游半径的大小，交通运输质量则深刻影响旅游者的旅游体验。如表 248 所示，可以发现公路密度排名前十的省（自治区、直辖市、特别行政区）是天津市、海南省、上海市、山东省、宁夏回族自治区、湖北省、江苏省、吉林省、北京市、贵州省。其中，有 4 个是全国红色景区客源市场排名前十的。铁路密度排名前十的省（自治区、直辖市、特别行政区）是上海市、北京市、山东省、辽宁省、山西省、江苏省、安徽省、河南省、海南省、陕西省。其中，有 5 个是全国红色景区客源市场排名前十的，反映公路、铁路密度越大，热度则越多。

东部地区交通密度大，西部的基础设施相对落后、交通数字化普及程度略低，很大程度上限制了旅游业的发展。全国红色景区客源市场排名前十，且公路密度排名也前十的四个省（自治区、直辖市、特别行政区）都是东部地区的。全国红色景区客源市场排名前十，且铁路密度排名也前十的五个省（自治区、直辖市、特别行政区）中，四个是东部地区的，一个是西部地区的。位于东部地区的北京市、江苏省、广东省、上海市等省（自治区、直辖市、特别行政区）红色旅游景区热度较高，而位于西北部的西藏自治区，青海省，宁夏回族自治区等省（自治区、直辖市、特别行政区），检索总量通常排名比较靠后，这与我国交通发展东西不平衡的现状分不开。

表 248　2020 年各省交通情况统计表

省份	检索总量	检索排名	公路里程	铁路里程	面积	公路密度	公路密度排名	铁路密度	铁路密度排名
湖南省	7449198	1	241138	5646	21	11385	13	267	17
江西省	6546642	2	210642	4941	17	12621	11	296	13
北京市	6003498	3	22366	1205	2	13629	9	734	2
江苏省	5568690	4	158101	3998	11	14748	7	373	6
陕西省	5278452	5	180660	6423	21	8787	17	312	10
广东省	3491640	6	222000	4891	18	12352	12	272	16
山东省	3209820	7	286814	6881	16	18157	4	436	3
河北省	3105876	8	204737	2333	19	10908	15	124	23
上海市	2071926	9	12917	491	1	20372	3	774	1
黑龙江省	1887096	10	168199	6781	45	3717	25	150	22
湖北省	1736478	11	289960	5185	19	15598	6	279	15
辽宁省	1711782	12	129928	6195	15	8743	18	417	4
四川省	1690920	13	131642	5000	49	2708	27	103	27
广西壮族自治区	1514508	14	131642	5206	24	5540	22	219	20
云南省	1444236	15	292500	4100	39	7422	21	104	26
贵州省	1380918	16	236483	3873	18	13421	10	220	19
安徽省	1245864	17	144323	5159	14	10298	16	368	7
山西省	1143384	18	123080	6247	16	7854	20	399	5
浙江省	1119960	19	116367	3160	11	11020	14	299	12
甘肃省	1085556	20	210217	4454	43	4937	23	105	25
内蒙古自治区	839604	21	110118	14190	119	928	29	120	24
福建省	659898	22	107848	3774	12	8697	19	304	11
天津市	594018	23	180796	—	1	151086	1	—	—

续表

省份	检索总量	检索排名	公路里程	铁路里程	面积	公路密度	公路密度排名	铁路密度	铁路密度排名
吉林省	532896	24	270271	4877	19	14453	8	261	18
重庆市	59292	25	40163	2394	8	4874	24	291	14
河南省	0	26	36901	6134	17	2210	28	367	8
海南省	0	27	85131	1172	4	24080	2	332	9
宁夏回族自治区	0	28	118800	1350	7	17892	5	203	21
青海省	0	29	209220	2854	72	2897	26	40	29
西藏自治区	0	30	82137	1300	123	669	30	11	30
新疆维吾尔自治区	0	31	97785	7760	166	587	31	47	28

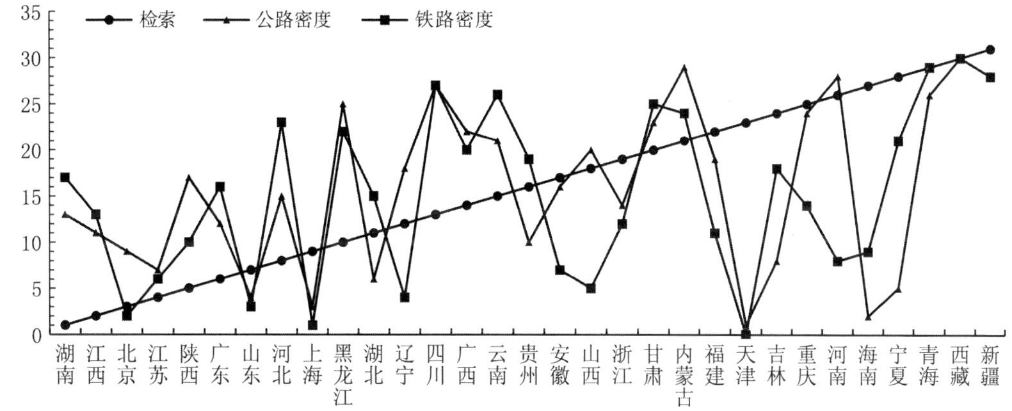

图 3　2020 年各省（自治区、直辖市、特别行政区）交通情况统计

四、区域内人口规模与教育水平

全国红色景区客源市场排名前十的是湖南省、江西省、北京市、江苏省、陕西省、广东省、山东省、河北省、上海市、黑龙江省；根据各省（自治区、直辖市、特别行政区）2020 年统计公报数据，收集 2020 年的年末常住人口数据，发现排名前十的省（自治区、直辖市、特别行政区）是广东省、山东省、河南省、四川省、江苏省、河北省、湖南省、安徽省、湖北省、浙江省。2020 年的人口数据排名前十的省（自治区、直辖市、特别行政区）中有 5 个是全国红色景区客源市场排名前十的，说明人口规模大的省（自治区、直辖市、特别行政区）能够为红色景区市场提供更多的客源。

根据国家教育局 2020 年各省（自治区、直辖市、特别行政区）统计数据，收集高等教育普通本专科在校生人数，发现排名前十的省（自治区、直辖市、特别行政区）是河南省、广东省、山东省、江苏省、四川省、湖北省、河北省、湖南省、安徽省、江西省。其中，有 6 个是全国红色景区客源市场排名前十的省（自治区、直辖市、特别行政区），说明教育水平越高的省（自治区、直辖市、特别行政区）的红色旅游潜在需求越多。

根据各省（自治区、直辖市、特别行政区）常住人口数、客源人数、在校学生数三条曲线的变化规律来看，各省（自治区、直辖市、特别行政区）的人口和教育水平对客源数量存在一定影响，如图 4 所示。

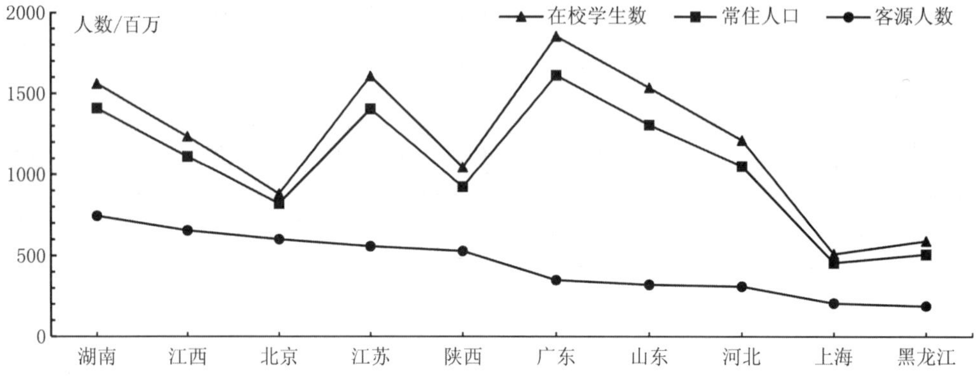

图 4　2020 年客源人数排名前十的省（自治区、直辖市、特别行政区）人口、在校学生数

五、区域内旅游发展整体情况

根据全国各省（自治区、直辖市、特别行政区）权威部门公布的数据，可以得知 2020 年旅游总收入排名前十的省（自治区、直辖市、特别行政区），分别是浙江、湖南、江苏、广西、四川、云南、山东、贵州、江西、福建，前五名都超过 7000 亿，后五名也都突破 5000 亿元，具体如下图。前十中浙江、江苏、山东、江西、福建都属于华东地区，湖南属于华中地区，广西属于华南地区，四川、云南、贵州属于西南地区。这表明华东地区旅游业相比于全国其他地区是发展较好的。而通过 148 个红色景区的全年热度排名可知，排名前十的景区中位于华东地区的有 3 个。这说明红色景区所在地的旅游发展状况对于红色景区的发展有较大影响，具有一定的带动作用，如图 5 所示。

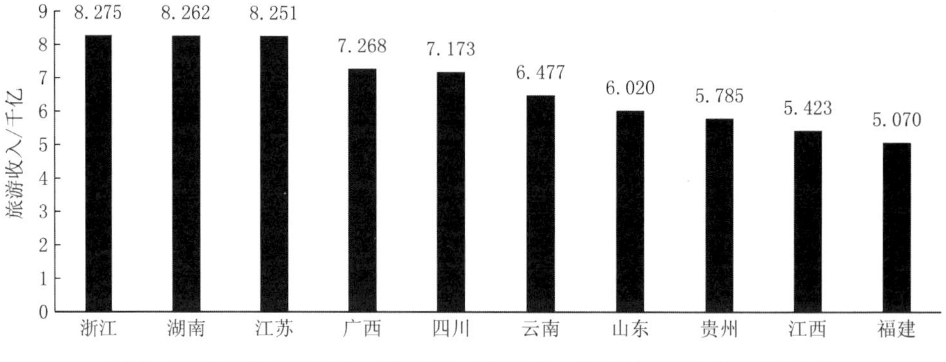

图 5　2020 年排名前十省（自治区、直辖市、特别行政区）旅游总收入

六、节假日与重大事件

随着经济和交通运输的发展，旅游已经成为人们日常生活中不可或缺的休闲活动，我国旅游需求长期受到休假时间的限制而不能得到满足，而节假日更是为工作繁忙没时间出游的人们提供了契机。2020 年 148 个景区热度的全年日均值为 315 次，全国范围内仅井冈山红色旅游系列景区、湖南第一师范学校旧址、枣庄市台儿庄大战遗址、侵华日军南京大屠杀遇难同胞纪念馆、南京市中山陵、武夷山赤石、大安红色旅游景区、石家庄市平山县西柏坡红色旅游系列景区（点）、代县雁门关伏击战遗址等 39 家超过该均值。但十一假期，高达 43 个景区热度高于全年平均水平，而春节假期，也有 53 个景区热度高于全年平均水平，充分说明了假期对游客需求增加的推动作用。以十一假期为例，受七天小长假的影响，天安门广场在此期间的热度日均值达到了两万以上，是全年日均热度的 8 倍以上。由于主流媒体的相关报道及大型活动的开展，引起了社会的广泛关注，以人物诞辰为例，12 月 26 日和 1 月 27 号分别为毛泽东和宋庆龄诞辰纪念日，在纪念活动期间单日百度指数搜索量达到最大值分别为 994 人次和 669 人次。

七、景区旅游资源状况

旅游资源在旅游产业中会起到至关重要的作用，旅游资源是景区的核心吸引力，旅游景区依托丰富的红色旅游资源，大力实施“旅游带动”战略，红色旅游产业迅速崛起，经济增长快速。景区所在地（是指景区所在的省份、自治区、直辖市、特别行政区）全年热度最高的是湖南省，达到 2328858 次。其次是江西省、北京市、江苏省、陕西省、广东省、河北省、四川省、湖北省和上海市等省（自治区、直辖市、特别行政区）（在此不加赘述，取排名前 10，具体如图 6 所示）。客源地（是指全国范围内对 148 个景区进行检索的 34 个省、自治区、直辖市、特别行政区）热度总值最大的是湖南省，其次是江西省、北京市、江苏省、陕西省、广东省、山东省、河北省、上海市和黑龙江省等省（自治区、直辖市、特别行政区）（取前 10）。就景区个数而言，广东省以 17 个红色旅游经典景区位居第 1 名，其次是湖南省、北京市、江西省、江苏省、山东省、陕西省、河北省、广西壮族自治区和四川省等省（自治区、直辖市、特别行政区）（取排名前 10）。以湖南省为例，拥有 13 个景区，红色旅游资源非常丰富。其中 5A 级景区 4 个，4A 级景区 5 个，在全国红色景区客源市场和全国年总值排名都为第 1 名。5A 级景区代表湖南第一师范学校旧址全年总值 688812 次，4A 级景区代表湘潭市湘潭县彭德怀故居全年总值为 80154 次。以湖南省与北京市为例，两者均拥有 13 个景区，但湖南省比北京市的 A 级旅游景区更多，所以湖南省的景区全年热度排名（第 1 名）比北京市的景区全年热度排名（第 3 名）更高，并且湖南省的景区全国客源排名（第1名）也高于北京市（第2名）。综上，景区自身旅游资源的状景区热度和客源有一定的影响。

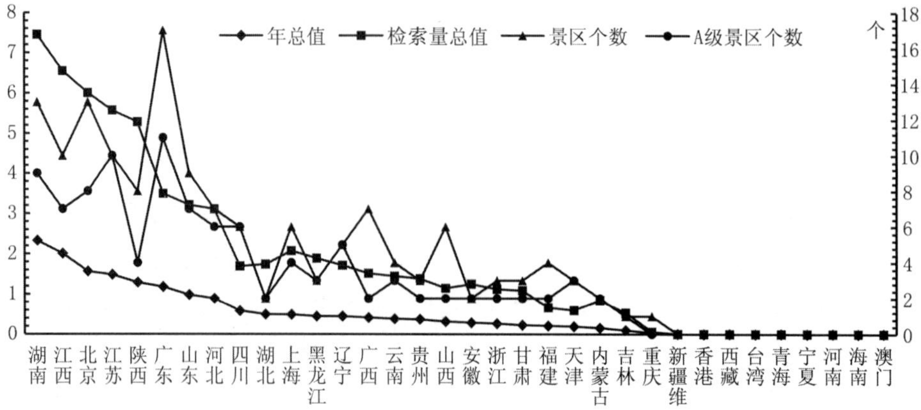

图6　景区热度、客源与旅游资源状况

第二节　建议

一、推动红旅政策落实，扩大建设资金投入

作为我国特有的一种旅游模式、作为一项具有革命教育意义的文化旅游形式，红色旅游发展离不开各级政府的大力支持。自2004年第一期全国红色旅游发展规划纲要颁布以来，中央政府相继发布多项指导政策，大力发展红色旅游事业，政策制定之初，要经过充分的调研和调查，充分听取旅游企业、旅游者等对政策的诉求，还包括地方政府、街头官僚等群体对政策的认识等，形成多元主体价值共创；地方政府应当积极响应中央政策，融合“变革思维”，加大对红色旅游发展的金融支持，促进红色旅游政策重构；部分省（自治区、直辖市、特别行政区）应当扩大对红色旅游景区建设的投入，同时鼓励社会企业参与红色旅游新基建，并对参与企业给予激励措施，尤其针对部分资源突出但发展落后的景区进行重点政策帮扶，加大资金投入，完善景区基础设施建设，提升旅游服务质量管理和从业人员素质水平；加强宣传领导，推动各项方针落实，建立有效的监管机制监督政策落实也极为重要。

二、充分挖掘红色资源，协同创新旅游发展

资源禀赋是旅游景区开发的基石，红色景区的资源条件取决于附着其上的人物与相关事件在中国革命奋斗史中的地位和价值。因此，红色旅游发展过程中，景区开发的关键任务是充分挖掘蕴藏的红色基因，并将其贯穿于整体规划设计，一切自然与人

文景观的打造都只为更好地呈现资源价值。同时，景区应顺应全域旅游发展趋势，与相关地区、其他资源、各环节配套服务等形成协同创新机制，打造综合性、沉浸式红色旅游产品，扩大旅游发展市场，提升知名度与美誉度。

三、加强红色文化教育，深度开发旅游产品

针对不同阶段学生开展红色文化教育，结合教育部关于推进研学旅行的相关意见，参照各学段的研学旅行目标设计特色课程，综合考虑当地红色资源特点与其他旅游资源赋存情况，青少年性格特质、知识水平与思维能力，开发具有吸引力、挑战性、融合度的特色旅游活动。充分了解各省（自治区、直辖市、特别行政区）居民对红色文化的不同需求，有的放矢地开展红色文化教育，注重旅游产品的深度开发，设计具有多样性和创新性的旅游路线，融入实践参与特色的体验活动。

四、以整体带动局部，以局部跃升红色旅游发展

从“全域旅游”推广以来，我国有很多红色经典景区是和周围其他著名景点捆绑营销，共同宣传，出现了一系列“红色 +”经典组合产品。检索过程中发现依托著名5A 景区的红色旅游景点热度排名较高，如“南京市中山陵景区”的全国全年热度排名第二。因此，推进一定区域范围内旅游的整体发展也至关重要，区域内各景点要加强合作，利用公众熟知的景点将游客吸引过来，再以红色景点丰富旅行行程，点面结合、整体推进，由此以整体带动局部，以局部跃升红色。

五、因地制宜抓特色，便捷交通利出行

红色景区发展需因地制宜，综合考虑当地自然及人文因素，充分利用区内各种资源，开发特色旅游产品；同时秉持动态平衡原则，及时根据所在区位条件的变化，调整景区发展战略，保持系统内各部门，各系统之间的协调统一，追求经济效益、社会效益、环境效益的有机统一；在交通方面要科学规划出行路线，改善基础设施，促进东西部平衡，提高交通服务质量，提升旅游者出游体验；同时协调区域交通类型，互为补充，借助互联网技术推动交通管理现代化，促进红色旅游高质量发展。

六、迎合节事新营销，鼓励旅游新年俗

对政府：尊重供需市场规律，适当缩短假期时间，增加假期次数。实现整体支持和重点扶持的有机统一，降低各地区无序竞争的风险，实现区域旅游业有序发展；另一方面统筹协调资源配置，既能为发展困难的老区带来建设扶持，又可切实减少一些区域的资源闲置与浪费。

对景区：热度较高的景区可以利用大数据平台，对客源进行科学分流，以此减少

景区拥挤，提升游览流畅度，提高出行愉悦度，确保景区的安全及生态环境可持续；热度较低的景区，前期做好旅客出游意愿调查，进行科学规划，采用节事营销手段，利用新媒体进行宣传，增加景区曝光度。

对旅游者：春节是我国一年中难得的长假，但根据本次调查数据，目前大众在春节的出游率普遍低于“十一”，甚至部分景区春节的出游率还没有平时高，可考虑鼓励人们举家旅游过年，形成新年俗。